商业银行事后监督

理论实务与战略转型

Commercial Banking Ex–post Monitoring

Theory, Practice and Strategic Transformation

易会满　牛刚　戴志华◎著

中国金融出版社

责任编辑：亓　霞
责任校对：潘　洁
责任印制：程　颖

图书在版编目(CIP)数据

商业银行事后监督：理论实务与战略转型（Shangye Yinhang Shihou Jiandu）/ 易会满，牛刚，戴志华著 . — 北京: 中国金融出版社，2013.7
ISBN 978-7-5049-6825-8

Ⅰ.① 商…　Ⅱ.① 易…　② 牛…　③ 戴　Ⅲ.① 商业银行—银行管理—研究—中国　Ⅳ.①F832.33

中国版本图书馆CIP数据核字 (2013) 第048447号

出版
发行　**中国金融出版社**

社址　北京市丰台区益泽路2号
市场开发部　(010) 63266347，63805472，63439533(传真)
网 上 书 店　http://www.chinafph.com
　　　　　　(010) 63286832，63365686 (传真)
读者服务部　(010) 66070833，62568380
邮编　100071
经销　新华书店
印刷　北京市松源印刷有限公司
装订　平阳装订厂
尺寸　169毫米×239毫米
印张　31.25
字数　505千
版次　2013年7月第1版
印次　2013年7月第1次印刷
定价　67.00元
ISBN 978-7-5049-6825-8/F.6385
如出现印装错误本社负责调换　联系电话(010) 63263947

序

　　银行业是经营风险并从风险中获取收益的行业，操作风险是商业银行"开店即来"的风险。2004年6月，巴塞尔银行监管委员会在出台的《巴塞尔新资本协议》中明确将操作风险与信用风险、市场风险一起列为现代商业银行的三大风险，对其度量和管理都提出了新的要求。对于当今的中国银行业而言，市场竞争更为激烈，各家商业银行都在努力地扩张经营规模和业务范围，应用复杂的金融技术和交易工具进行产品和服务的创新，这无形中加大了操作风险的管理压力。事后监督，作为中国商业银行界运行管理和操作风险管理的一种机制安排，自产生以来在商业银行经营发展中发挥了规范操作行为、提高核算质量、保障安全运行的重要作用。伴随着监督集约化程度的不断提高，事后监督的范围不断拓展，监督手段日益丰富，监督效能持续提升，监督价值进一步彰显。

　　理论是实践的总结，又反过来指导实践，促进实践的发展。然而，我们遗憾地看到，截至目前，无论是国内还是国外，无论是学术界还是实务界，尚不存在对商业银行事后监督理论、实践进行专门、系统论述的专著。该书的作者易会满等同事尽管工作繁忙，但始终没有停止对理论问题的研究和对实践经验的总结。他们撰写的《商业银行事后监督——理论实务与战略转型》一书，渗透了作者对商业银行运行管理和事后监督工作的思考成果，开创了事后监督理论研究的先河，填补了事后监督专业论著的空白。该书第一次清晰地界定了事后监督的监督目标、监督主体、监督对象、监督职能等学术框架体系，科学设计了新型事后监督的内在逻辑和实施路径，全面介绍了事后监督的运行机制、工作流程、监督方式和组织体系，完整展现了智能化的风险识别方式和流程化的风险管理链条，系统规划了与现代商业银行综合化、国际化经营和金融创新趋势相适应的事后监督发展愿景。

该书以业内实施的监督体系转型改革为基础，兼具学术内容的前瞻性和业务实践的创新性，针对以中国工商银行为代表的国内银行业，将中国特色的传统事后监督与国际通行的数据分析方法有机结合，创造性地设计了以收集风险事件、统一风险评估、选择风险动因为基础，集风险监测、质量检测、履职管理于一体，良性循环的全新监督体系，从根本上颠覆了沿袭30多年的业务复审模式，完成了向风险管理与质量控制的战略转型。学术前瞻性往往同实践创新性存在着一定的内在联系，因为对新领域的开拓本身便蕴涵着新的耕耘。该书将事后监督的丰富内涵、运行机制及其作用影响，置放在了中国工商银行业已建立的全新运行风险管理体系的大背景下，引入学界前沿的理论观点和研究成果，进行了多维度的深入探究和详尽阐释，给我们以耳目一新的启迪，必将引领业界翻开运行管理和内控机制建设的新篇章。

该书以操作风险管理和现代运营管理理论为基础，兼具理论视野的开阔性和理论框架的开创性。事后监督是金融学与管理学、风险管理和运营管理相互交叉的一个新的研究领域，必然要涉及许多学科的基本理论及其研究成果。目前事后监督理论研究滞后的一个重要原因就是没能综合地、科学地运用多学科的理论成果来透视、建设和完善这一领域。该书吸收借鉴了银行界的风险管理理论、企业界的现代运营管理理论、工业界的事故致因理论等众多学科的理论研究成果，并在此基础上进行综合性的剖析研究，提出风险驱动因素→风险事件→损失事件→风险损失的运行风险演变逻辑以及风险导向、流程导向、数据分析、良性循环、方式互补的监督理念和监督机制，有效提升了事后监督的理论研究价值。

该书从商业银行事后监督运行实践出发，兼具技术方法的实用性和对策思路的针对性。先进的理论对于实践的指导作用必须体现在与实践的结合上。该书各章所阐述的事后监督理论，都力求与事后监督实践密切结合。该书作者均是负责和从事商业银行业务运行实务的管理人员或专业人员，亲历事后监督的转型发展历程，熟悉事后监督的各个业务环节，总结提炼了大量丰富、具体、翔实的案例，具有引领业界开展监督实践的实务价值。在论述方式上，作者或先阐释理论，再依据理论介绍、说明在实践中如何运用，如"监督模型"、"风险计量"和"风险评估"等章；或边阐述理论边列举事例进行印证、论证和说明，如"风险监测"、"风险核查"和"组织体系"等章。在案例分析上，全书使用的典型案例均是商业银行日常业务运营中真实发生的风险事件，较好地讲解了风险监测、质量检测、风险核查的工作方法和工作程序。在监督实务工作的介绍上，从监督模型的构建过程到风险事件的甄别分析流程，从风险资本的高级计量到风险评估报告的撰写，从事后监督组织架构的设计到组织文化的建设，都是根植于国内各大商业银行的运行风险管理实践的。

通览全书，我确实感受到该书既立足于国内商业银行业务实际，又与前沿学术理论有机融合，集先进理念、实践成果与发展方向于一体，为读者打开了一扇全面了解现代商业银行运行管理和事后监督的窗口，是银行业开展运行管理和内部控制工作的必要指导用书和必备培训教材。

该书也可作为专家学者进行学术研究的参考书籍和高等院

校进行课堂教学的教科书。当前，国内高校金融专业的教学偏重于宏观和理论，对商业银行的具体运营则极少涉及。在我看来，以社会需求为导向，加快培养高层次、高技能、复合型的经济金融人才，在总量和结构上满足社会各界多种类、多层次的人才需求，以适应不断发展变化的金融实践需要，是教育教学改革与发展面临的迫切任务之一。因此，对于广大高校师生而言，通过对该书的学习，全面、系统地掌握商业银行事后监督的理论和实务，了解国内商业银行运营现状，加速培养适应商业银行实务工作的金融专业人才，也是该书编写价值的集中体现。

一枝独秀不是春，百花齐放春满园。我热切地希望，金融同业、高等院校和研究机构以此书的出版为先导，进一步深化对商业银行运行管理领域的研究，共同推动我国银行业加快构建与现代金融企业相适应的运行管理机制，促进整个银行业的科学健康发展。

值此付梓之际，欣然为序。

姜建清

2013年3月

前　言

　　中国银行业立足商业银行改革发展和业务运行实际,经过长期的实践探索,创建了独具中国特色的风险管理机制——事后监督,在完善银行公司治理、提升核心竞争力、保证安全运营方面发挥了重要的支撑作用。事后监督在其产生发展的数十年中积累了宝贵的实务经验,并不断被赋予新的管理内涵,已经成为商业银行运行管理和风险管理领域传统而又崭新的管理体系。然而,对于事后监督的系统总结和理论研究显然是滞后的,时至今日,尚未形成一套完整齐备的学术体系,这也是制约事后监督向更高目标、更深层次发展的障碍。正是基于这样一种背景,我们萌发了撰写本书的初衷。

　　本书力图在全面梳理操作风险管理研究与运行管理发展脉络的基础上,将当前国际盛行的管理理论与国内银行业长期积淀的管理实践有机结合,探索出一套可供同业和学界借鉴的事后监督理念、思路和做法。本书共分三个部分,十三章。前两章为第一部分,主要回顾了商业银行事后监督的历史沿革,确立了监督目标、环境、主体、对象、职能等事后监督理论框架体系,分析了传统事后监督的成效与不足,由此引出事后监督转型的历史背景以及理论依据;第三章至第十二章为第二部分,作为本书的重点,详细介绍了商业银行事后监督的转型设计、运行机制、监督方式、工作流程、组织体系等内容,论述了以数据分析、模型识别为特征的监督体系的内在逻辑,对以风险事件收集、风险统一评估、风险动因选择为基础的各种监督方式间的良性循环机制和风险分级管理机制进行了详细阐释；第十三章为本书的第三部分，系统论述了与商业银行产品综合化和经营国际化发展趋势相适应的事后监督发展规划，提出设立覆盖全球的事后监督共享服务中心、构筑境内外一体化的运营风险管理网络和建设基于过程控制的风险管理体系的战略目标，以期引领业界不断开拓创新，构筑起既具前瞻性、预见性，又具灵活性、可行性的商业银行事后监督体系。

本书从开始搜集素材到最终成书，前后用了两年时间。在本书终稿前，我们又向多位专家、学者征询了专业意见，最后基于专业意见修改定稿并编纂成书。本书最突出的特点就是理论与实践相结合、历史与发展相结合，具有理论视野的开阔性、管理实践的创新性、指导教学的实用性、图文并茂的可读性四大特色。书中既有先进管理理论的阐述，又有实际范例的解析；既有具体流程的文字描述，又有便于理解的图形解释；既有历史沿革的回顾，又有发展方向的规划，可谓立足当前、着眼长远。书中所述的管理理论、业务流程、方法技巧，力求言简意赅，通俗易懂，便于读者理解和掌握。希望本书的出版能为金融同业、高等院校和研究机构开展银行运行管理和风险管理机制研究提供参考，也为我国商业银行事后监督实务中相关问题的解决提供可靠的路径依据。

科峰蹉跎，学海浩瀚。由于时间与视野的限制，不妥之处在所难免，恳请专家、学者及各位同仁指正。

作 者

2013年3月

目　录

第一章　总论

商业银行作为经营货币的特殊企业，既在市场经济中发挥着融通资金、配置资源和调节社会供需平衡等不可替代的重要作用，也因自身经营对象的特殊性及基于股东财富诉求的逐利性，时刻面对着各种因政策环境、市场环境和信用环境变化以及操作事故和不正当获利行为所引发的风险威胁，处理稍有不慎，即会造成重大资金或声誉损失。特别是近年来，伴随着金融工具的不断创新和信息技术的不断突破，金融业界推出的各类基于新技术、新规则、新环境的新产品与新业务层出不穷，获利能力大幅提高，相应面临的风险威胁也日益加剧，且随着市场环境的复杂多变，风险的表现形式日趋多元化、隐蔽化，其中尤以操作风险的演进过程最为快速，所造成的威胁也更加直接而巨大。《巴塞尔新资本协议》将操作风险纳入银行资本监管的统一框架后，操作风险的管理能力成为衡量商业银行经营管理水平的重要标准。商业银行运行管理承载着流程管理、组织核算以及在此基础上的风险管理的重要职能，是商业银行内部控制的第一道防线，是操作风险过程控制和运行质量的最直接管理部门。为有效管理业务运行过程中的操作风险，以中国工商银行为代表的国内银行业通过多年来的探索，创建了中国特有的操作风险管理机制——事后监督。商业银行事后监督自建立以来，经过不断地完善和发展，至今已经形成了一套比较科学完备的体系，在商业银行的经营发展中发挥着不可替代的重要作用，并逐渐成为金融界和风险管理界所积极关注与重点研究的对象。

第一节　商业银行事后监督的沿革

监督是人类社会在管理活动中经常出现的行为。《汉语辞海》将"监"释为"从旁查看"，"督"释为"监察；监督；责罚"，对"监督"的解释是查看并督促。事后监督，顾名思义指对已存在的事项或已发生的活动进行查看、督促。商业银行事后监督，是指为保证银行经营活动中业务运行的安全有效以及业务核算的真实、完整、合规，揭示、防止差错、舞弊与欺诈，按照预先制定的目标、标准、程序和要求，对业务运行和核算结果进行持续监测、审查、核实、评价的风险管理与质量控制活动。

事后监督是随着商业银行的改革发展和业务运行、风险管理的要求而产生、发展并不断完善起来的。银行事后监督起源于中国人民银行。20世纪80年代初期，在全国大一统银行管理体制下，中国人民银行既行使着中央银行职能，又组织开展业务经营。作为银行业务具体经营者，为保证账务核算准确，减少业务差错事故，防范内部经济案件发生，中国人民银行于1982年制定了《中国人民银行储蓄所管理暂行办法》，提出银行必须坚持和加强事后监督工作，并成立专门储蓄核算组，从事储蓄账务汇总核对、账务凭证要素审查、凭证账表保管等工作，可以说是事后监督的雏形。

伴随着商业银行流程管理能力、风险管理形势的变化，商业银行事后监督发展主要经历了分散监督、集中监督、重点监督和风险导向监督四个比较典型的历史阶段。在此过程中，监督集约化程度不断提高，监督范围不断拓展，监督手段不断丰富，监督效能持续提升，监督价值进一步彰显。

一、分散监督阶段

这一阶段自20世纪80年代至90年代中后期。20世纪80年代中期，随着我国金融体制改革的全面推进，以中央银行为核心、商业银行为主体的银行体系初步建立。1985年、1987年，全国人民代表大会常务委员会和中国人民银行先后颁布《中华人民共和国会计法》和《全国银行统一会计基本制度》，要求各金融机构实施会计监督。商业银行开始在相关专业部门内陆续成立事后监督小组，对辖属营业网点的储蓄、会计（对公结算）等业务的核算分别进行监督，并根据管理需要先后制定相关管理办法及制度规定（见表1-1）。

表1-1　　　　　　　　部分银行事后监督管理办法一览表

银行名称	文件名称	颁布日期	实施日期
中国人民银行	中国人民银行储蓄所管理暂行办法	1982年12月27日	1982年12月27日
中国银行	中国银行个人本、外币存款事后监督管理办法	1990年7月11日	1990年8月1日
中国建设银行	中国人民建设银行储蓄事后监督管理暂行规定	1990年8月9日	1990年10月1日
中国工商银行	中国工商银行储蓄事后监督工作暂行办法	1991年2月1日	1991年2月1日
中国建设银行	中国人民建设银行会计结算事后稽核制度	1991年6月10日	1991年6月10日
中国工商银行	中国工商银行会计事后监督暂行办法	1991年11月21日	1991年11月21日

资料来源：根据部分商业银行内部资料及其他公开报道资料整理。

　　最早实施事后监督的是储蓄业务。商业银行储蓄事后监督脱胎于人民银行储蓄事后监督。在此阶段，银行储蓄成为国家宏观调节经济的手段之一。随着商业银行储蓄网点的不断扩张，储蓄业务逐步呈现营业网点分散、业务种类多、现金收支量大以及人员变动频繁、业务操作不规范的特点，储蓄业务核算管理难度增大。初期，由于营业网点采用手工方式进行核算处理，差错率较高，有必要配备专职监督人员进行业务复审，以保证核算的规范、正确。随着计算机的逐渐应用，商业银行上机储蓄所数量不断增加，储蓄经济案件和差错事故的表现形式不断翻新，直接影响商业银行的健康稳健发展。如某商业银行储蓄所柜员，于1993年8月至1995年4月期间，利用单人临柜之机，采取篡改储户底账或定期存单不套写等方式，以及利用系统缺陷，擅自取消上机业务指令并重新输入金额等手法，先后挪用储户存款95.8万元（见表1-2）。因此，建立健全储蓄事后监督已成为商业银行完善内部监督机制的必然要求。储蓄事后监督是为保证储蓄核算工作的质量，提高管理和经营水平而设置的一种事后复查稽核的账务处理方法，其依据储蓄制度，对辖内储蓄所办理的业务凭证、报表实行账务审查，逐户逐笔监督储蓄存款余额和利息，监督重要空白凭证、有价单证的领发和结存，以达到加强核算质量管理的目的。储蓄事后监督是储蓄核算的重要组成部分，是储蓄业务核算的继续[①]。

表1-2　　　　　　　某商业银行储蓄所部分储蓄案件发案情况

案件类型	案情简述	案件金额
收款不入账	采取篡改储户底账或定期存单不套写等方式，以及擅自取消上机业务指令并重新输入金额等手法盗取客户及银行资金	95.8万元
盗取库款	通过偷窃现金出库命令单并偷盖印章，谎称储蓄所请调现金方式盗用银行现金	21.3万元
虚存实取	利用出纳员离柜库款未上锁之机盗窃库款，并通过信用卡虚存实取方式盗用银行资金	35.0万元
假挂失	在没有任何证件的情况下为储户办理假挂失手续，并于当天以支取现金方式盗取客户资金	35.4万元

资料来源：根据某商业银行内部资料整理。

随着事后监督制度在储蓄业务的实施，为加强内部管理，各商业银行在此阶段将这一做法逐步推广到会计部门，即对公结算领域，由此实现了对营业网点业务的全面跟踪监督，从根本上强化了管理手段，完善了业务核算的制约机制，也为商业银行前台、中台、后台业务分离制度奠定了基础。

这一阶段的事后监督有以下特点：

1. 监督人员在营业网点或支行分专业配置。从层级上看，事后监督机制的实施落点在基层行，多以监督（小）组的形式存在，无专门的监督机构；从横向上看，监督（小）组分别在储蓄、会计等专业部门内设立，集约化程度不高，"部门银行"特征明显。从总体上看，这一阶段的事后监督体现了早期监督的分散特征。

2. 监督方式实行全面复审。以业务发生明细为监督内容，对营业机构凭证要素、业务处理结果进行逐笔复核、持续跟踪。这种复审式的监督方式，在特定阶段为保证商业银行的业务核算质量发挥了不可或缺的作用。

[①]　《中国工商银行储蓄事后监督工作暂行办法》，工银储字[1991]第27号。

3. 随着监督技术手段的更新,事后监督也逐渐从手工监督向计算机监督发展转变。手工监督主要采取"以表代账、按户监督、轧算收付、核对相符"的方法,将事后监督数据与营业网点业务数据进行勾稽核对;计算机监督采用"凭证数据再次输入,账户余额逐户监督"的方法,由计算机对商业银行各类账务核算的发生额、余额及利息进行自动控制和核对。尽管监督处理手段不同,从业务实质来看,监督作业就是对营业机构柜台业务的全面模仿,即后台监督人员对网点柜员的每笔业务都进行一次重复验证,以发现一些操作规范性问题,体现了早期监督的规范导向特征。

由于监督人员和网点柜台操作人员实行岗位分离,实现了事后监督的制度化、专业化,显现出较强的独立性和威慑力。事后监督的实施在纠正差错事故、保障资金安全方面发挥了重要作用。

二、集中监督阶段

这一阶段自20世纪90年代中后期至2004年前后。1995年,《中国人民银行法》和《中华人民共和国商业银行法》正式实施,银行业的改革发展步入法制化轨道。为进一步加强银行内部控制,有效化解金融风险,保证金融业安全稳健运行,中国人民银行在1997年制定了《加强金融机构内部控制的指导原则》(银发[1997]199号),首次从监管层面明确提出建立事后监督制度,要求"对已经处理过的会计账务实行再核对,重点监督重要业务的处理。会计部门须设置相应岗位,配备必需人员,落实监督事项"。

作为商业银行内部控制的重要方式,提高监督效能,突出对重点风险环节的监督管理,成为商业银行事后监督的重要目标。而从20世纪90年代中后期开始,商业银行各项业务快速增长,日益激烈的市场竞争压力也对商业银行的业务运行风险管理提出了严峻挑战。分散监督模式难以充分发挥集约化效应,客观上迫使商业银行投入过多的监督资源,占用、消耗大量人力、物力。受制于基层行人力资源配置,网点监督人员和柜台操作人员之间的岗位分离制度要求难以全面落实,存在一定的风险隐患。

伴随着金融体制改革的不断深化,沿袭传统分散复审模式的商业银行事后监督,无论是组织模式、监督方式还是监督手段已不适应商业银行风险管理的需要。因此,改进监督作业方式,优化监督资源配置,成为商业银行业务运行和核算风险管理的重要课题。与此同时,商业银行业务运行的电子化、信息化程度不断提高，业务综合处理水平进一步提升，客观上为商业银行事后监督向更高水平迈进奠定了业务基础。

1997年，为健全统一法人体制，增强集约化经营，提高经营管理水平，中国工商银行开始实施以"三统一、四集中、两综合"为主要内容的统一会计管理改革，即形成核算制度统一、核算账务统一和核算软件统一的会计管理基本格局，建立起联行核算、票据交换、资金清算、事后监督等业务集中核算的运作模式，逐步实现营业机构和柜面服务的功能综合化[①]，在此明确提出了实现事后监督集中的目标。从此，商业银行逐步开始业务核算事后监督的集中化进程，以建立更加有效的内部监督机制。

在这一阶段，大型商业银行逐步整合原分散在各营业机构、各专业部门的监督资源，以城市分行为单位，组建独立于营业网点的综合性事后监督机构，将会计（对公结算）、储蓄、银行卡等业务的核算监督功能纳入统一事后监督，履行集中监督管理职能。

在这一阶段，监督方式上仍按照业务发生明细对营业机构凭证要素、业务处理结果进行复核。部分商业银行仍然采用全面复审的方式，个别商业银行已经开始采取重点复审方式。如中国工商银行提出管理监督和重点监督，通过建立对业务核算依据和核算结果进行重点复审与全面抽查相结合的监督机制，将事后监督的重点由单纯数据复核转移到对大额业务、重要业务、特殊业务的监督上，重点监督资金的来龙去脉，以有效约束业务核算行为，构建防范重大差错事故和经济案件发生的监督保障体系[②]。

在这一阶段，计算机监督已被普遍采用。事后监督的主要任务是审查业务核算依据是否合法有效，发现并纠正各类核算差错，确保监督处理结果真实可靠；揭露业务核算中发生的各种违章、违纪、违法行为，督促各专业部门、各级营业机构提高防范重大差错、事故和经济案件的能力；考核业务核算质量和业务制度执行情况，促进商业银行核算质量稳步提高。

以某商业银行为例，截至1998年底，该行共有66%的机构实现事后集中监督。当年仅事后监督就发现各类差错484 313笔，累计金额达1 174亿元。各类核算差错中，以记账串户、印鉴不符、过期支票三种类型居多，笔数及金

---

① 《关于加强统一会计管理的实施方案》，工银发[1997]54号。

② 《中国工商银行业务核算事后监督办法》，工银发[1999]86号。

额占比分别达20.33%和14.48%，呈现笔数多、金额大的特征；其他差错类型包括远期支票、大小写不符、账号户名不符等诸多凭证要素问题，事后监督在质量控制方面发挥了应有的重要作用（见表1-3）。

表1-3　　　　　　　　某商业银行1998年会计事后监督概况

机构总体情况		差错类型	数量（笔）	金额（亿元）
实行监督集中的营业机构数量	11 219个	记账串户	48 393	135.77
日均监督数量	7 527 623笔	印鉴不符	21 995	23.21
事后监督人数	10 221人	支票过期	28 054	18.53
人日均监督数量	736.49笔	计息错误	18 766	0.77
		错漏计滞纳金	172	130.97
		联行差错	3 857	25.49
		其他	363 076	839.95
		合计	484 313	1 174.69

数据来源：根据某商业银行内部数据资料整理。

事后监督管理模式由分散式监督向集中式监督转变后，人力资源配置得到优化，监督工作成本较高的难题得以解决，监督工作效率得以提高。事后监督与网点业务核算实现了在机构、空间、人员上的分离，保证了岗位分离制度的有效落实。监督范围更加全面，监督标准相对统一，事后监督工作的独立性、权威性得到进一步提升。虽然这一时期的事后监督在组织模式、管理机制、监督方式和监督内容上发生了很大变化，但综合起来看，其实质仍是业务复审，主动识别风险的手段应用不足，依然体现出规范导向的特征。

三、重点监督阶段

这一阶段大约是2004年至2008年前后。这一时期是我国经济结构进行战略调整的关键时期，商业银行经营发展面临着前所未有的冲击和挑战，国有商业银行开启了股改上市的征程。为完善公司治理，国有商业银行着手构建管理科学、集约高效的组织架构和风险管理机制，股改上市也需要创造一个更加安全的运营环境。为适应日趋激烈的市场竞争，商业银行在业务处理模式上积极创新，集中、高效的综合业务处理系统相继投入开发并获得成功应用。综合业务处理系统的全面推广带动了商业银行事后监督方式、内容的变革，风险预警、客户对账、档案缩微等现代化风险监控方式和工具应用到事后监督领域，开始了从以查错防弊为主的"纠错式"被动监督向突出重点风险环节的主动监督的过渡，事后监督进入重点监督阶段。

在这一阶段，商业银行将分设的事后监督、客户对账、档案缩微等机构进行整合，建立起更加集约化、综合化的监督组织体系，人力资源配置得到优化。进一步健全了与业务处理分离的内外对账机制，实现事后监督与银企对账的一体化、事后监督与档案缩微的一体化，以发挥多种监管方式的整体效能，提升事后监督的技术支持水平。以人均业务量为标准，合理确定核算监督人员数量，充实对账人员，加快集中式对账系统建设，革新对账的技术手段，提高对账效率。监督方式进一步丰富，按照成本效益原则，加大重点监督力度，充实了监督机构的风险监测和预警职能，通过对账户资金流转的持续关注，实现了对各项业务处理的过程监控，以及对重点网点、重点柜员、重点时间、重点业务、重点环节的有目标监控和风险预警，并收集与管理对象相关的资料信息，监控风险因素的变动趋势，评价各种风险状态偏离预警线的强弱程度，逐步推进事后监督从简单操作型的静态事后复审凭证向智能型的动态预警分析转变。监督职能进一步前移，监督重点更加突出，监督工作效果明显改善。

以中国工商银行为例，通过事后监督一体化改革，该行将原来从事核算监督工作的30%人员充实到风险预警和银企对账岗位，以充分发挥核算管理、预警监控和银企对账职能。在此基础上，中国工商银行于2004年将全行的"事后监督中心"统一改组为"监督中心"，以体现组织模式与监督内涵的变化。改革促进了核算监督工作效率以及风险管理能力的不断提升，2005年末，该行发案件数、千人发案率、百万元以上大案件数和金额同比均大幅下降，案件高发势头得到有效遏制，为股改上市和战略转型营造了良好稳健的经营环境。

这一阶段的事后监督在管理机制上取得了一定的突破，监督方式和监督内容也更加丰富，但业务复审的模式仍然是主流。尽管事后监督、银企对账、档案缩微等系统已经开始应用，但系统间缺乏有机整合，主动识别风险的手段应用不足，仍然体现出规范导向的特征。与国有商业银行股份制改造的特定历史条件相适应，这一阶段的事后监督带有明显的过渡性特征，时间也较为短暂。

四、风险导向阶段

这一阶段由2008年前后至今。在此阶段，国有商业银行相继完成股份制改造并实现上市，股份制银行、城市商业银行的上市进程也在提速，股东价值最大化和公司治理、风险管理都对事后监督提出了全新的要求，打造效率更高、效果更佳、成本更低的事后监督体系成为必然选择。以中国工商银行为代表的国内银行界，将独具中国特色的事后监督方式与国际通行的数据分析方法有机结合，创造性地设计了以数据分析为基础，以监督模型为风险识别引擎，集风险识别、确认、计量、评估、报告等功能于一体高度整合、管理科学的全新监督模式，建立起以收集风险事件、统一风险评估、选择风险动因为基础，集风险监测①、质量检测②、履职管理③于一体的良性循环的全新监督系统（见图1-1）。事后监督实现了由规范导向到风险导向的战略转型，主动发现风险、识别风险对象的能力实现质的飞跃。为了区别起见，我们将前三个阶段规范导向的事后监督合称为传统事后监督。本书除特别指明以外，都将介绍新型监督体系的内容。

---

① 风险监测是指通过数据分析的方式，利用监督模型为分析引擎，识别、确认风险事件的过程。

② 质量检测是指监督人员依据风险评估的结果，对业务核算质量进行审查，审核业务核算的准确性、凭证的完整性与合规性，纠正业务核算差错，规范操作行为的过程。

③ 履职管理作为商业银行事后监督体系的重要组成部分，以事后监督系统为载体，以不同岗位人员的履职工作为基础，充分利用网络化、信息化手段，对不同岗位人员的履职行为进行记录和监控，督促其全面、有效履职，实现履职行为的电子化、流程化管理，达到完整收集风险事件的目的。

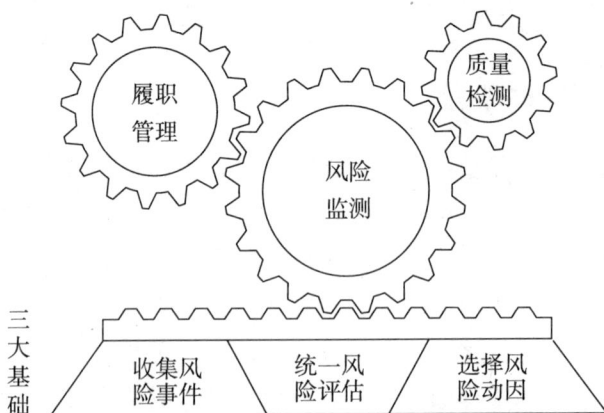

图1-1　全新监督系统良性循环示意图

第二节　商业银行事后监督的理论源起

事后监督是商业银行的业务运行与核算管理发展到一定阶段的自然产物，同时其产生也具有深厚的理论基础和成熟的理论依据。

马克思《资本论》第二卷中有一段著名的论述至今仍被人们经常引用，即"过程越是按社会的规模进行，越是失去纯粹个人的性质。作为'对过程的控制和观念总结'的簿记就越是必要[①]。"这里提到的"簿记"就是指现在的会计。为规范会计行为，1985年我国颁布《会计法》，将会计基本职能表述为会计核算与会计监督。会计监督职能是使用特定的程序和方法，对会计核算工作进行连续、系统、全面的监控和检查，及时发现并纠正会计工作中可能存在的偏差和错误，确保会计核算工作健康、有序、高效运行，保障会计信息的相关性、可靠性和单位经济活动的合法性、合理性、有效性。随着我国市场经济的发展，经济活动日趋复杂，会计监督被赋予新的使命，逐步形成一个独立于会计核算操作体系之外的监督体系，在提高会计核算质量、维护社会经济秩序方面发挥着越来越重要的作用。

商业银行事后监督由会计监督职能演变而来。由于经营对象的特殊性、

---

① 马克思：《资本论》第2卷，152页，北京，人民出版社，1975。

多重委托代理的经营管理特点以及从业人员心理和行为的有限理性，商业银行运行和核算领域一直是操作风险的集中高发区，需要建立一种监督机制对各项业务的核算和业务流程进行风险控制，监督业务核算的具体执行情况，发现核算差错、潜在风险隐患和业务流程缺陷并及时纠正，以提高核算质量和服务质量，切实化解商业银行业务运行中的操作风险。事后监督即这种机制安排中的重要一环。

一、基于委托代理理论产生的事后监督

信息经济学的研究结果表明，由于双方信息的不对称和有效激励机制的不完善，委托代理关系中委托人与代理人因效用目标不一致、合同不完全等因素，易引发逆向选择与道德风险问题。逆向选择（Adverse Selection）是指在双方信息非对称的情况下，拥有信息优势的一方，在交易中总是趋向于作出尽可能地有利于自己而不利于别人的选择。道德风险（Moral Hazard）是指在双方信息非对称的情况下，人们享有自己行为的收益，而将成本转嫁给别人，从而造成他人损失的可能性。道德风险的存在不仅使得处于信息劣势的一方受到损失，而且会破坏原有的市场均衡，导致资源配置的低效率。在商业银行经营过程中，委托代理关系及其导致的逆向选择与道德风险问题普遍存在，导致银行信息失真、业务执行失控，商业银行操作风险管理压力不断加大，客观上要求建立监控委托代理的管理机制，强化监督控制，保障商业银行安全稳健经营。

（一）商业银行与监管部门间的委托代理关系

商业银行在国民经济发展中扮演着重要的角色。在现代经济条件下，为维护正常金融秩序和稳定经济发展，商业银行或多或少都会得到来自政府的"保险"，主要体现在政府为保持金融稳定而对经营管理的保护。一方面，这种"保险"对于阻止挤兑、避免由于个别银行倒闭引起的系统性危机，稳定整个金融和经济体系有着积极作用；另一方面，由于经营管理风险在一定程度上由政府承担，所以在商业银行管理者的潜意识中，存在为追求利润最大化而进行轻率决策的可能，而外在的竞争压力会进一步强化这种可能，从而使得商业银行的道德风险难以避免。此外，由于这种"保险"机制的存在，降低了商业银行承担的风险损失成本，诱发了其承担更大风险的冲动，个别商业银行为实现经营短期行为，通过种种违规经营手段绕开监管，导致

业务操作风险的放大。

（二）商业银行与股东间的委托代理关系

在我国国有商业银行、股份制商业银行股份结构中，多数国有股东的背景使得股东与银行间的委托代理关系变得特殊且复杂。政府控股意味着国家是最后投资者和所有者，承担着最终的财产责任和经济损失。而国家作为最终所有权人又是一个虚拟的非人格化的产权主体，既不是自然人也不是法人，其终极所有权只能通过法律方式授予政府行使。因此，政府与商业银行之间的关系既是委托人与代理人的关系，又是代理人与代理人的关系。在商业银行现有产权体制下，政府以产权主体名义实施转委托，通过组织任命授权官员（董事会或管理层）代理经营，却无须就代理人的经营成果向所有者承担责任，容易产生产权主体虚位、代理人缺位的问题。长此以往，将进一步导致银行内部权力配置结构失衡，控制权和剩余索取权错位，部分经营管理者为谋求自身利益，将会出现一定程度的道德风险和短视行为，由此带来内部人控制问题和内部欺诈。

（三）商业银行内部的委托代理关系

目前我国大型商业银行的管理链条一般较长，多采取总行、一级分行、二级分行、支行、网点等五级管理层次，总行作为一级法人对分行实行授权、分行又对支行实行转授权经营，从而形成了多层次委托代理关系。因此，在商业银行内部，除去最基层的支行和网点外，总行、一级分行、二级分行都具有委托人和代理人的双重身份。多层次的委托代理链条，造成各级经营机构信息不对称，管理效力不断衰减，不利于委托人对内部所有代理人的管理，各级机构作为代理者，凭借自身信息优势进行机会主义投机行为，"逆向选择"与"道德风险"的产生不可避免。在现行商业银行机构管理模式下，虽然总行与分支行共同构成单一法人，但二者的目标并不一致，总行关心各分支机构的成长与发展，而各分支机构则关心自身的效用最大化，由此易导致银行系统内部的寻租行为并增加其内部的交易成本，进而使得商业银行业内部风险逐级累积，操作风险的发生概率逐步放大。

研究显示，商业银行员工产生的道德风险来源于银行与员工之间的委托代理关系。在这种关系中，银行是委托人，员工是代理人，银行不可能完全了解员工的动机和行为倾向，而员工也不会主动透露这些信息，雇佣双方的信息不对称，员工为了自身的利益可能采取一些不利于银行的行为，如果银行再对其员工缺乏相应的激励与约束机制，更会影响员工工作积极性的发挥，在多种因素共同作用下道德风险发生的概率会加大，而且这种道德风险会以操作风险形式表现出来，具有更大的隐蔽性和危害性。

（四）商业银行与客户间的委托代理关系

客户在商业银行办理业务，从而建立起与银行的委托代理关系。银行应该根据客户需要为其提供相应的产品与服务，但处在银行基层的工作人员出于上级考核与自身利益考虑，可能在介绍产品时夸大事实、虚假宣传，有意误导客户，使客户作出并非本人真实意愿的决策行为。例如，为提高理财产品销量，抢占理财市场份额，客户经理在解释产品或揭示风险时隐瞒部分重要信息，有意模糊预期收益和实际收益的差异，客户出于对银行的信赖缺乏必要的风险防范意识，容易被宣传的预期收益诱惑。

另外，在商业银行与客户的委托代理关系中，由于彼此信息不对称，客户隐瞒真实信息会造成商业银行"劣等客户驱逐优质客户"的逆向选择。如在银行与客户的信贷关系中，客户在贷款发放后可能私自改变贷款用途，从事有利于自身利益的经营活动，在股票市场行情较好时将进行实体投资的贷款变相投入高风险的股票市场获取高收益，偏离了银行放贷的初衷，也扰乱了金融秩序，一旦股市泡沫破裂将给银行带来实实在在的风险损失。

综上所述，由于商业银行与监管部门之间、商业银行与股东之间、商业银行内部分支机构之间、商业银行与客户之间的多重委托代理关系，因信息不对称引发代理人的逆向选择行为客观存在。为防止或尽量减少代理人以牺牲委托人的利益实现自己的经济效用，委托人必须构建监督系统来解决这种利益冲突问题。为适应商业银行这一发展要求，作为业务监督重要的制度设计之一，事后监督应运而生。通过事后监督机制，将认知范围内的委托代理关系，即存在风险环节的业务核算及业务流程纳入监督范围，以防患于未然。

二、基于行为金融理论产生的事后监督

行为金融理论（Behavior Finance）是行为心理分析和金融分析相结合的研究方法和理论体系。其研究范畴主要是分析人的有限理性对金融行为的作用机理，包括人的心理和行为是如何影响金融判断决策、金融资产定价以及金融市场发展趋势的。其理论基础是美国人西蒙提出的"有限理性"（Bounded Rationality）。西蒙认为，现实生活中，人们受记忆、思维、习

惯、能力、偏好等因素影响，所作出的决策往往只能介于完全理性与非理性之间，通常被称为有限理性。由于理性是有限的，人们在认识事物和作出决策时必然会夹杂各种非理性因素，而且由于各种心理原因的存在，决策者一旦作出某种判断后，通常很难轻易根据最新信息对其判断进行修正，从而与理性决策之间产生了一定程度的偏离。进一步分析商业银行操作风险的发生诱因发现，操作风险的发生大多都与员工有限理性行为相关，建立监督系统，对员工行为进行有效监控，预防和控制非理性行为发生，是商业银行化解操作风险的重要手段。行为金融理论是商业银行事后监督产生的重要理论基础之一。

（一）记忆偏差因素

Kahneman、Slovice和Tversky（1982）发现，人们往往倾向于寻求脑海中的记忆来对客观事情进行主观臆断。在面对外界信息时，人们对容易记起来的事情会更加关注，从主观上认为其发生的概率更大[①]。经验主义心理使人们误以为脑海中留存的记忆是最普遍存在的，而不易记忆的事情则是不常发生的。这种有限理性使商业银行员工在处理业务时凭借主观记忆，易发生执行失误。例如，对于常来办理业务的熟悉客户，员工往往疏于对其业务凭证的审核，从而导致操作风险发生。同样，信贷实务操作中，在顺经济周期时银行往往放松对贷款风险的警惕性，非理性扩张贷款规模，历史上发生的银行危机大多与虚假繁荣时期形成的大量呆坏账密切相关，这既是操作风险产生顺经济周期效应的表现[②]，也是银行信贷人员的记忆偏差在信贷业务方面的执行结果。

（二）启发式偏差因素

研究发现，人类解决问题时理性思考较少，而偏重于使用启发法，形成的错误结论将以心理偏差的形式表现出来，就是启发式偏差[③]。启发法主要包括代表性启发法、锚定与调整启发法和可获得性启发法。

---

① Kahneman D., Paul. Slovice, Tversky.A., Judgment under Uncertainty: Heuristics and Biases, New York, Cambridge University Press, 1982, p.61.

② 罗平：《巴塞尔新资本协议研究文献及评述》，88页，北京，中国金融出版社，2004。

③ 李心丹：《行为金融学——理论及在中国的证据》，25页，上海，上海三联书店，2004。

代表性启发是指人们倾向于根据观察到的某种事物的模式与其经验中事物的典型模式是否类似而进行总体判断，这种判断方式容易忽视先验概率或基率而高估事件发生的可能性，引发"小数定理偏差"。如银行员工在受理客户业务需求时，容易将客户提交的业务信息与其之前处理过的业务进行相似性比较，如果差异较小便主观认为与以前业务相同，可以按既定流程进行业务操作，从而忽视了业务的办理细节，造成审核把关不严，产生处理方面的偏差，进而形成风险事件。

锚定与调整启发是指人们在没有确切把握的情况下，往往将一个最易获得的信息作为判断和评估对象的锚点（或称为基准值），并以锚点为基准调整对象的目标值。基准值就像锚一样置于某一区间范围内，如果锚定的方向不正确，将会产生估计偏差。如商业银行在向客户发放信用卡时，如果担保人很有实力，银行审查人员往往在发卡审批环节会忽视对持卡人本身信用资质的调查。此时，银行非理性决策的"锚点"就是担保人的实力，而担保人实力与持卡人还款能力之间并不总是正相关的，所以锚定效应可能会带来一定程度的操作风险。

可获得性启发是指人们在判定某个客体或事件出现的可能性时，倾向于根据其在记忆中的可得程度来评估其出现概率，容易回想起来的事件被认为更常出现，这种认识上的偏差往往导致判断结果与实际情况出入较大。如商业银行信贷人员在决定是否向客户发放贷款时，主要将以往的信用记录作为放款依据，以此来确定客户信用等级，而极少研究对客户信用情况的未来预期。这种"向后看"而不是"向前看"的思维定式容易导致决策失误，从而给银行带来风险。

（三）过度自信产生的认知偏差因素

过度自信是指人们对自己的能力以及对未来前景的预期过于乐观，非常相信自己的判断，认为自己掌握的知识更准确，是自己超常的能力使自己走向成功，从而高估自己成功的机会。过度自信使银行员工对自己处理的业务充满信心，在审视业务处理结果时往往忽视负面信息，更加注重有利信息，导致难以及时发现业务处理过程中蕴涵的操作风险，进而形成风险事件。过度自信还会引起"自我归因"情形，即将业务处理成功的功劳归于自己，将业务处理失败的原因归咎于他人或各种客观条件，掩盖自身的操作失误，为银行经营管理埋下隐患。例如，商业银行管理者在制定重大决策时，如果经营层执行决策后反馈的信息与管理者对决策结果的判断相一致，就会引起管理者的重视，并进一步增强管理者对当初决策的信心；相反，如果二者不一致，管理者主观上更倾向于将这些不利信息过滤掉，使决策失误不能得到及时纠正。

（四）心境因素

心境，也就是人的心情、情绪，会影响到人对外界事物的判断。心境好的人会积极向上，并乐于为理想而付诸行动；而心境不好的人会消极怠工，行为散漫，不愿意努力工作。商业银行日常业务是与数字和货币打交道的，流程机械，内容枯燥，加上同业竞争激烈，考核压力较大，员工要承受心理上和工作上的双重压力，容易导致内心疲劳厌倦，可能导致部分工作时间处于非理性状态，极易出现因工作疏忽、操作失误和制度流程执行不力而产生的操作风险。

（五）羊群行为因素

社会心理学研究证实，人具有从众心理，这是一种非理性行为，即当其进行决策时，常常考虑别人的判断和行为，盲目跟风，模仿他人判断，这种从众行为便是行为金融理论中的羊群效应。在一个群体内部，当个人意见与其他大多数成员意见不统一时，个人会产生紧张心理，往往会迫于群体压力而放弃个人观点，并选择与大多数人一样的意见或行为，这就产生了羊群行为。近年来，国内银行界涌现出来的许多集体作案或窝案现象都属于羊群行为导致的操作风险事件。尤其在个别基层机构，由于管理基础薄弱，规章制度执行不力，违规现象较为普遍，即便有人对一些违规行为产生怀疑，也会因为其他人的羊群行为而产生从众心理，出现规章制度约束无效、人员集体违规现象。

（六）心理锁定因素

心理锁定是指人们在寻找真实的或者潜在的偏好时，如果犯错误但未被发现，致使侥幸心理蔓延，导致在面对相同问题时会产生相同的决定。例如商业银行少数员工常抱有侥幸心理，认为临时挪用一下客户账户的资金，过段时间归还后，商业银行风险监控系统未必能及时发现，抱着这种铤而走险的心理，屡次挪用客户资金，直至案件或事故完全暴露为止。心理锁定效应会产生强烈心理暗示，使员工有意或无意地多次进行违法违规操作，不断增大银行损失。

（七）"保守主义偏差"因素

"保守主义偏差"是指人们在面对新事物时，往往不愿意轻易放弃原有的个人信念，即使新事物的发展态势已经十分明朗时，也不会改变旧观念。以商业银行贷款经营方面的典型案例为例，当客户贷款到期无法及时偿还时，即使银行信贷人员感觉到该笔贷款在还款方面存在着诸多的不确定性，但仍然会保守估计信贷风险发生的可能性，在许多情况下给予客户展期，加剧了银行贷款经营风险，这便是由相关人员的"保守主义偏差"造成。

（八）确认性偏差因素

根据"视界理论"可知，决策者的预期效用函数不是概率的直接加权，而是将概率转换为一种权重函数，该权重函数具有"确定性效应"[1]。确定性效应是指在信息获取不全的情形下，人们头脑中原先保留的偏见会得到强化，从而使这种偏见愈演愈烈，产生确认性偏差。如信用卡恶意透支对商业银行发卡机构来说是一个小概率事件，所以相关人员对透支风险赋予的主观权重就往往小于风险发生的真实概率，造成对透支风险严重性认识不足而疏于管理，导致透支损失增加。

综上可知，由于有限理性的存在，人们在对有关信息进行收集、筛选、分析时要受到个人业务素质及知识能力的制约，即便在收集到充足的信息时，也难以准确地加工和判断这些信息，失误的发生也就难以避免。从我国商业银行操作风险管理实际情况看，也验证了这一推断。只要与人有关的业务，由于人的有限理性都会使得操作风险客观存在，人员因素也成为商业银行操作风险产生的主要原因。除了有限理性的影响，商业银行员工因赌博、投资失败等行为主观故意挪用银行资金的现象也时有发生，暴露出银行员工种种心理问题，如侥幸心理、过于自信、虚荣心强、贪婪而不能自控等，对员工异常行为监控成为商业银行操作风险管理的重要内容。事后监督作为必要的监督机制之一，对员工业务运行过程中的操作、核算行为进行监控分析，深入研究操作风险产生机理，制定有效化解操作风险的措施，有助于确保各项业务安全稳健运行。

---

[1] Kahneman D., Tversky A., Prospect theory: An analysis of decision under risk, Econometrics, 1979.

第三节　商业银行事后监督概念框架体系

理论是实践的总结，它来源于实践，又反过来指导实践，促进实践的发展。事后监督理论也是随着事后监督实务而产生和发展的。随着商业银行经营战略转型的深入推进，经营管理理论的发展，特别是业务运行和操作风险管理理论的发展，事后监督理论也逐步成熟起来。事后监督发展到今天，对其理论进行必要的提炼、升华也成为一种必需。本书尝试设计一个比较完整的概念框架和结构，以期形成一套相对完整的商业银行事后监督理论体系（见图1-2）。

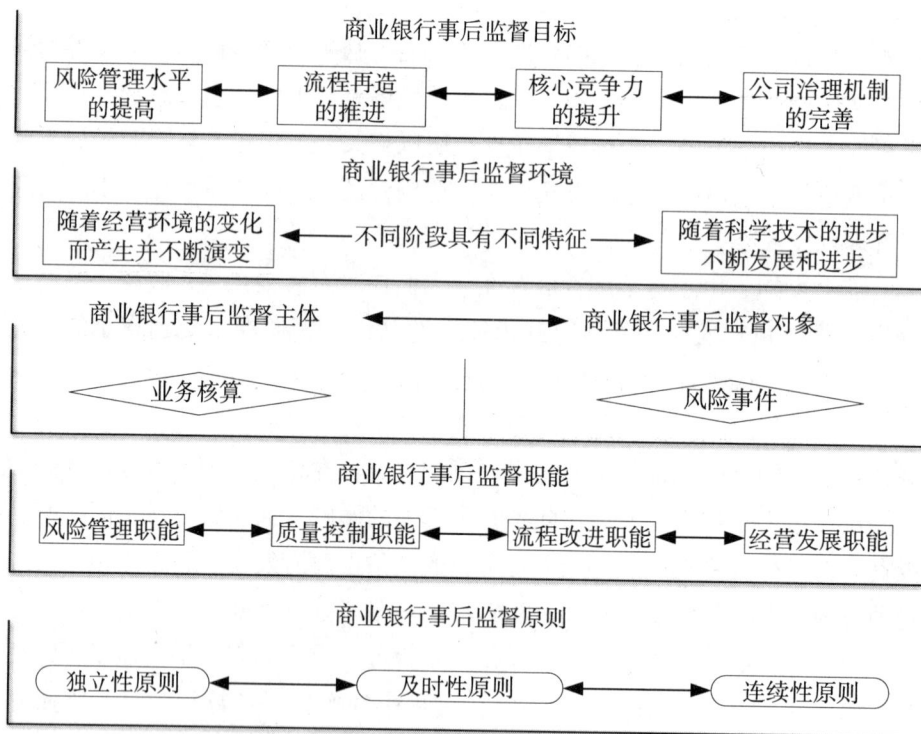

图1-2　商业银行事后监督概念框架体系

一、商业银行事后监督目标

事后监督理论体系以监督目标为起点。任何学科的研究工作，都必须首先明确学科的研究范围和目标。监督目标是事后监督理论体系的基础，整个事后监督理论体系和监督实务都是建立在监督目标的基础之上。所谓"目标"是指个人、部门或整个组织所期望的结果。事后监督目标是指在一定环境下，商业银行通过监督实践活动而期望达到的目的或标准。只有监督目标明确了，才能进一步明确事后监督应当收集哪些业务运行和核算数据，以及如何加工、采用何种方法加工和处理这些数据，从而为管理者提供决策有用信息，为监督工作指明方向。有了监督目标，就意味着对事后监督提出了应达到的要求。商业银行事后监督的目标应以适应现代商业银行发展要求为第一诉求，服务于风险管理、流程管理、公司治理和提高核心竞争力，以监督管理创造价值。

（一）商业银行事后监督服务于风险管理水平的提高

随着金融的全球化、产品的多元化、金融工具的不断创新以及信息科技的显著进步，商业银行面临的风险更为繁多复杂，不同类型的风险常常叠加在一起，同步发生或相互促发。与此同时，管理操作风险、信用风险、市场风险的复杂风险测量技术和金融衍生产品工具不断得以创新与应用。特别是自20世纪90年代以来，国际银行业的经营环境和监管环境发生了很大变化，操作风险的巨大破坏力日益凸显，开始出现部分信用风险和市场风险向操作风险转化的趋势，因操作风险管理不善而导致资金损失甚至机构破产的事件时有发生，1995年巴林银行的破产案就与其混乱和无序的内部控制与操作风险管理体系有着密不可分的关系。

长期以来，营业网点作为业务处理的主渠道，承担着国内商业银行绝大多数的业务核算工作量。柜员直接办理资金收付和操作重要的核算事项，经管各类核算要素。一方面，商业银行过长的管理链条和层层传导，很难保证制度在所有网点都能得到有效执行，影响了制度的执行力，孕育着大量的操作风险，呈现出风险点多面广的特点；另一方面，分散的业务处理和核算模式造成不同网点的业务处理标准差异较大，总体标准化程度较低。因而，国内银行业业务运行面临的操作风险形势不容乐观。据资料统计，从2006年至2008年，国内银行业共发生由于操作风险造成损失的事件1 832起，其中涉案金额百万元以上的共计488起。商业银行操作风险引发的案件数量、金额巨大，已成为商业银行面临的主要风险。

中国银监会2007年重新发布的《商业银行内部控制指引》，要求商业银行应当建立涵盖各项业务、全行范围的风险管理系统，开发和运用量化评估的方法和模型，对信用风险、市场风险、流动性风险、操作风险等各类风险进行持续的监督。2008年以来的金融危机，使国际银行业监管组织和许多国家相继发布了一系列监管法规和政策，从不同侧面显示了加强银行业内控及操作风险管理的监管取向变化。

无论是从事后监督的历史演进还是从操作风险管理的现实环境看，商业银行需要通过事后监督的监测、审核活动纠正内部差错、舞弊，防止外部欺诈和实施质量把关，了解和掌握业务运行与核算的整体情况，对风险管理形势作出准确的判断，以制定实施正确合理有效的管理措施。这也说明了事后监督在风险管理中的重要性和必要性。

（二）商业银行事后监督服务于流程再造的推进

商业银行的业务运行，主要以各种流程为基本控制单元，并依靠科学的流程在业务运行过程中实现产品和服务价值最大化。在当前各商业银行战略趋同和产品同质化的情况下，科学、合理的业务流程不仅影响运行效率，也是产品性能、产品价格竞争的关键因素。纵观商业银行的发展历程，由于业务规模快速扩张、经营产品不断创新、部门分工不断调整等因素造成的业务流程不标准、管理不统一的深层次矛盾，已经成为制约商业银行经营发展的瓶颈。长期以来，国内商业银行以产品为中心、以专业部门为主体的流程设计思路仍未根本改变，跨部门、跨业务线、跨系统和跨机构流程的横向协调性差，缺乏有效的内部整合和协调机制；地区间、分行间柜面业务流程不统一、业务规范程度低，致使集约化流程设计和改造面临很大困难；凭证、交易、授权等流程和制度建设缺乏统一管理，导致在解决存量问题的同时，又不断产生增量问题，极大地增加了营业网点业务的操作难度，降低了服务效率，影响了商业银行整体服务水平和市场竞争力的有效提升。

事后监督首先是商业银行内部的重要信息系统，事后监督提供的准确可靠的管理信息，有助于管理者进行合理的流程决策，有助于推动流程管理。商业银行从业务流程的视角审视监督所揭示的业务核算风险，能够深度挖掘、充分揭示业务流程问题，通过将问题及建议及时反馈，可在事后监督与流程改进之间形成"监督—反馈—流程改进"的良性循环，一方面通过监督来提高业务流程的风险控制能力，为流程的持续改进提供支持，另一方面流程的优化可以减轻事后监督的工作负荷，降低监督成本。因此，商业银行完全可以借助于事后监督这一来源于实践、应用于实践的最为根本、最为客观的流程管理手段，制定与客户风险程度相适应的管理策略，在有效提高风险过程控制能力的同时，优化业务流程，提升客户体验，确保商业银行流程管理在正确的、科学的、稳健的道路上不断前行。为商业银行流程管理提供信息，是事后监督发展的一个重要方面，也是事后监督目标的一个重要内容。

（三）商业银行事后监督服务于核心竞争力的提升

商业银行，尤其是作为公众公司的上市银行要不断创造出一流的经营业绩来回报广大投资者，这要求商业银行具有强大的核心竞争力，实现又好又快的发展。从竞争环境看，随着银行业全面开放时代的到来，国际化竞争持续升级，国内银行业集团化、综合化、国际化的步伐进一步加快，竞争进一步加剧。

商业银行内部经营管理的好坏，直接影响到银行的经营效益，影响到银行在市场上的竞争能力，甚至可以说关系到银行的前途和命运。银行业的竞争，在本质上说是产品与服务的竞争，而产品和服务的竞争必须通过银行内部运作才能够转化为现实的竞争力，越是个性化、高附加值、高贡献率的业务，越需要优质高效的后台运行作为依托。

事后监督是业务运行与核算的重要组成部分，是业务核算的继续。通过事后监督的审核把关，提供质量好、满足客户需要的服务，将科技优势转化成为最具竞争力的产品与服务，使客户获得超过产品外在功能的价值，是商业银行竞争力的源泉之一。提升核心竞争力，关键在于提高市场拓展能力和风险管理能力。激烈的竞争环境要求商业银行一方面要开源——积极拓展市场，另一方面要稳固"后方"，越是在高速发展的同时越要保持业务运行安全稳定。目前商业银行尚处在转变发展方式过程中，经营状况受宏观经济环境的影响依然较大，随着全面开放格局的形成和经济全球化进程的加快，商业银行面临的风险进一步呈现跨行业、跨市场、跨国界的特点。通过有效的事后监督降低由于风险管理不当造成的损失成本，提供低成本、有竞争力的服务，是商业银行核心竞争力的另一源泉。深入研究与应用事后监督这一操作风险管理手段，共享运行风险管理信息，实现对客户收益、成本、风险的综合计量，以提升客户服务管理、客户风险管理、客户贡献管理，践行事后监督服务于经营、服务于发展的宗旨，是锻造商业银行不可复制的核心竞争力的重要组成部分。在激烈的市场竞争环境中，强化银行内部管理，增强银行在市场中的竞争能力，是事后监督服务于商业银行核心竞争力的一个重要内容和必然要求。

（四）商业银行事后监督服务于公司治理机制的完善

我国商业银行股份制改革的目标是建设资本充足、内控严密、运营安全、服务和效益良好、具有国际竞争力的现代公司法人。完善的公司治理需要建立权责分明、管理科学、激励和约束相结合的内部管理体制。随着改革的推进，现代商业银行公司治理结构逐步建立，并确立了市场化经营目标和理念，但在经营效率、发展质量、风险管理能力等方面与国际一流的商业银行仍然有较大的差距，商业银行面临更强的资本、成本和风险约束。

在市场经济和公司治理条件下，商业银行处于复杂的经济关系之中，其经营活动与政府、投资者、存款人、员工和社会公众等方面存在着密切的联系。从监管层面看，监管当局为了维护正常的监管秩序，为了取得财政收入，要求商业银行尽快完善内部治理，严格职责落实和责任追究制度；从投资者层面看，为实现股东利益最大化，要求商业银行安全营运，提高营运效率，需要了解银行资产保管、使用的安全状况，监督银行提高资产的使用效益；从存款人层面看，出于自身存款安全的考虑，需要关注银行的业务运行情况和风险管理水平。另外，商业银行还应按照巴塞尔新资本协议要求加快完善全面风险管理体系，完善风险报告制度，健全风险管理责任机制与考核、评价体系，坚持全面风险拨备制度，保持充足的拨备水平。

事后监督是激励和约束相结合的内部管理体制的重要组成部分，是健全决策科学、执行有力、监督有效的运行机制，提高公司治理效率的重要一环，也是操作风险管理水平高低的测量仪。满足各有关方面对事后监督及监督信息的需要，为内部治理和操作风险计量、资本分配服务，是事后监督发展的另一个重要方面，也是事后监督的一个基本目标。

二、商业银行事后监督环境

商业银行事后监督总是处于一定的社会经济环境之中，不可避免地受所处的社会、经济、文化环境的影响和制约。商业银行不同的经营发展阶段，使得不同阶段的事后监督有着不同的特征；不同银行的制度环境和企业文化，也使得不同商业银行的事后监督有着不同的特点。正是各商业银行事后监督所处的经营环境的差异，导致在行际间、不同历史时期形成了不同的监督模式。这是因为，事后监督作为一个风险管理系统和信息系统，总是服务于处于一定社会经济环境之下的银行主体，通过监督银行主体的业务运行与核算，为银行主体实现其目标服务。而银行主体的经营活动总是受一定的社会经济环境的影响和制约，是在一定的社会经济环境的约束下所进行的经营行为。因此，商业银行事后监督也只有适应其所处的社会经济环境，并为其所处的社会经济环境服务，才能得以存在发展。

首先，事后监督本身就是随着银行经营环境的不断变化、不断演进和发展而产生和发展的。事后监督是适应商业银行的改革发展和业务运行、操作风险管理的要求而产生的。随着商业银行经营环境的发展变化，对事后监督也提出了更新更高的要求，使得监督方法逐步更新，监督理论不断丰富，监督领域不断拓宽。在初期，事后监督通过审查、核对实际凭证与业务流水是否相符、业务凭证要素是否齐全、业务核算处理手续是否合规等流程，对营业机构办理的各项业务的过程与结果进行合理性审核、正确性核对；发现核算差错的，及时下发查询书，督促被监督机构落实整改。伴随着管理理念逐步从结果管理到过程控制转变，管理手段逐步从人工复审向数据分析转变，管理视角逐步从单笔业务向关联业务转变，事后监督的内涵不断丰富、外延不断拓展，已经发展成为在事后深度揭示风险的基础上，兼具事中控制和事前预警能力于一体的，全面、系统、科学的商业银行内部监督保障机制。

其次，随着科学技术的进步，特别是电子技术、信息技术的发展，事后监督手段也从手工操作，发展到电子化、信息化阶段。在初期，与当时的核算手段相适应，事后监督也以手工方式进行业务核算数据的勾稽核对。20世纪90年代中期以后，核算技术从手工操作完成向电算化的全面过渡，监督也普遍采用计算机。随着网络技术的普及和数据集成技术的发展，数据分析、模型智能识别手段广泛应用到事后监督领域，极大地提高了监督效率，监督效果也更加明显。

社会经济环境制约和影响着事后监督，但事后监督也并不是被动的，其对社会经济环境也存在着反作用。事后监督通过自身的风险管理和质量控制活动，也对其所处的社会经济环境产生一定的影响，推动其所处的社会经济环境发展变化。事后监督通过纠正内部舞弊和防止外部欺诈，可以促进社会信用环境的改善，维护正常的社会经济秩序，有利于国民经济协调稳定健康发展。事后监督为商业银行风险管理、流程管理出谋划策，为客户提供高质量、低成本的服务，可以促进商业银行在市场竞争中立于不败之地。事后监督为满足商业银行有关各方安全运营的需要提供保障和信息服务，可以协调银行与各方面的关系，为企业经营活动创造良好的外部环境，在一定程度上也是维护正常的经济运行秩序。

三、商业银行事后监督主体

商业银行事后监督主体又称监督实体，是指为实现监督目标，针对所面临的变化不定、错综复杂的经营环境，而确定的事后监督工作为其服务的特定单位或组织。它明确的是事后监督活动的空间范围，即事后监督从什么主体的角度进行监督。商业银行的经营活动是由各项具体的经济业务所构成的，而每项经济业务又都是与其他有关的经济业务相联系的。因此，对于事后监督机构和人员来说，首先就需要确定监督的范围，明确哪些经济活动应当予以监督，哪些不应包括在其监督的范围内，也就是要确定监督主体。

监督主体的作用就在于界定事后监督的性质、范围，它要求事后监督区分自身的业务活动与其他部门的业务活动。事后监督是业务核算的继续，是业务核算流程中的一个阶段。作为业务核算体系的重要组成部分，其在业务核算体系中属独立于核算操作体系的核算管理体系。我国《会计法》明确规定"会计机构内部应当建立稽核制度"，事后监督就是会计机构内部稽核制度的组织形式之一。具体到商业银行，经管业务核算的会计机构就是运行管理部门。事后监督机构设在运行管理部门内部，事后监督人员是运行管理人员，在运行管理部门负责人领导下工作，因此，事后监督作为运行管理内部的自我约束机制，是运行管理的组成部分，事后监督制度是运行管理机构内部的一种工作制度。

事后监督"业务核算"的主体明确了，我们便可以清晰地界定哪些业务活动属事后监督的范畴，哪些不应包括在事后监督的范围内。如信贷业务核算属事后监督范畴，信贷管理活动则不属事后监督范围；又如金融市场交易（外汇买卖、债券交易）不属事后监督范围；财务核算[①]由于和业务核算的对象不同，也不属于事后监督的范围。

在实践中，容易将商业银行事后监督（有的银行称事后稽核）与内部审

---

① 财务核算是指面向银行内部的各项财务收支的核算、成本效益的管理，不同于主要职能定位于面向客户提供结算服务的业务核算。

计（有的银行称内控合规）相混淆，实际上，内部审计和事后监督是两个完全不同的概念，它们之间有本质的区别。具体表现在：

1. 法理依据的区别。事后监督主要根据《会计法》和会计制度进行监督；而内部审计则根据《审计法》及内审制度开展工作。财政部颁发的《会计基础工作规范》"第五章　内部会计管理制度"第90条规定："各单位应当建立稽核制度。主要内容包括：稽核工作的组织形式和具体分工；稽核工作的职责权限；审核会计凭证和复核会计账簿会计报表的方法"，它是会计即运行管理的范畴。《审计法》则明确规定要"建立健全内部审计制度"。

2. 组织形式的区别。事后监督是运行管理机构内部的一种工作制度，是运行管理机构内部设置的稽核机构；内部审计则是运行管理机构外另行设立的平行的监督机构，是对运行管理工作及其他经营管理工作进行再监督的一种制度，内部审计机构对商业银行的董事会或行政领导人负责。

3. 职能范围的区别。事后监督是对商业银行业务核算有关事项进行检查，通过监控业务核算的操作风险对经营活动发挥监督作用；内部审计的职能范围广泛，依法对商业银行执行财经政策、法规、内部控制制度及经济效益等情况实施全方位的监督和评价，涉及业务核算事项、财务核算事项乃至全部经营活动的真实、正确、合规、效益等方面，具有较高的权威性。

4. 地位性质的区别。事后监督是商业银行运行管理体系中的业务核算管理体系，相对独立于核算操作体系；内部审计是单位的经济监督系统，具有极高的独立性。

5. 方法程序的区别。事后监督对业务核算的监督具有经常性、连续性和时效性的特点，内部审计所审查的内容更加局部，具有间断性、专题性和滞后性的特点。

综上所述，内部审计与事后监督二者之间不能互相替代，任何将事后监督与内部审计对立起来，或者认为有了内部审计就可以削弱事后监督的看法都是片面的，不正确的。

四、商业银行事后监督对象

事后监督对象是为实现监督目标，在特定的监督环境下，监督主体所需要监督的内容。由于银行业的不断发展，商业银行事后监督也处在不断变革中，商业银行事后监督的对象与事后监督的发展演变息息相关。

　　与20世纪80年代商业银行业务发展特点相适应、脱胎于大一统银行管理体制下的早期商业银行事后监督，监督主体仅限于储蓄业务核算，主要是通过事后监督汇总储蓄账务，审查账务凭证，监督明细分户账、核对账、折总号及保管凭证账表，监督对象是储蓄业务核算的规范性。

　　随着我国金融、会计体制改革的推进，《中华人民共和国会计法》和《全国银行统一会计基本制度》先后颁布。自20世纪90年代初起，银行会计核算在内容、方式和范围上都发生了较大的变化，建立一套全面、系统、科学的监督保障机制已迫在眉睫。各商业银行相继将会计业务（对公结算）的核算纳入监督范畴，并要求与储蓄业务分别进行监督。2002年5月，《中国人民银行会计事后监督办法》中明确了会计事后监督的对象是会计核算业务，即监督人员对业务的会计核算全过程进行的审核、控制和检验。准确地说，这一时期的监督对象是储蓄、会计业务（对公结算）核算的规范性。

　　伴随中国加入世界贸易组织，金融业更加开放，逐步与国际接轨，商业银行的会计管理体系也发生了显著变化。会计不再是狭义的对公结算部门会计，而是涵盖了对公结算、个人业务、信用卡、国际业务等银行各项业务核算的统一会计体系。事后监督也扩展到信用卡、国际业务等所有柜面业务的核算，但监督工作仍然是围绕着商业银行业务核算所涉及的凭证、账表、系统日志及其他会计资料进行复审，事后监督的对象是各类业务核算的规范性。

　　随着《巴塞尔新资本协议》的实行，监管机构对操作风险管理提出了更加严格的要求，股改上市也对商业银行事后监督提出了新的挑战，传统的全面复审式的监督方式已难以适应现代商业银行操作风险管理的要求，事后监督关注的重点不再局限于业务核算的规范性，而是业务核算的操作风险，即运行风险。为此，商业银行对于事后监督的管理对象进行了重新思考和界定。

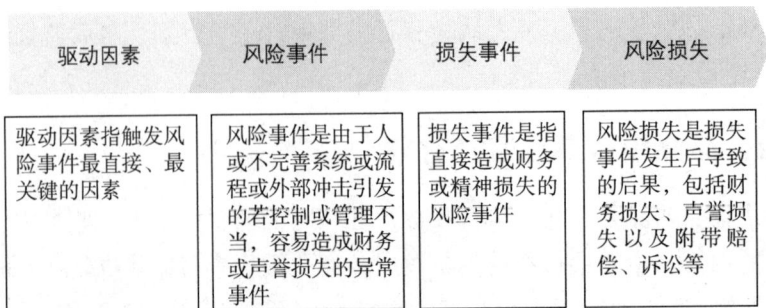

驱动因素	风险事件	损失事件	风险损失
驱动因素指触发风险事件最直接、最关键的因素	风险事件是由于人或不完善系统或流程或外部冲击引发的若控制或管理不当，容易造成财务或声誉损失的异常事件	损失事件是指直接造成财务或精神损失的风险事件	风险损失是损失事件发生后导致的后果，包括财务损失、声誉损失以及附带赔偿、诉讼等

图1-3　运行风险演变逻辑

从运行风险的演变逻辑（见图1-3）分析，可以将运行风险划分为四个阶段，即风险驱动因素、风险事件、损失事件、风险损失。风险事件、损失事件是业务运行风险的表现形式，其中风险事件是业务运行风险存在的前兆性标志，损失事件是业务运行风险释放的结果；风险驱动因素是触发风险事件或损失事件最直接、最主要的原因；风险损失是损失事件发生后导致的后果。从案件或事故的发生机理看，单个具体的损失事件本身作为风险释放的结果，具有偶然性，其发生的精确时间、详细地点是根本无法预测的，但可以通过减少或消除风险事件来避免或减少损失事件的发生。同时，由于业务运行、核算环节的风险具有数量累积性特点，公众、投资者、股东、监管当局或董事会、高管层关注的焦点可能更多是损失事件和重大损失事件（见图1-4）。风险事件由于数量大很容易被忽视，但其却是异常事件，如果大量风险事件不能被有效管理，量变到质变是事物发展的必然规律，极可能引发损失事件。而出现损失事件后，关注度再高也改变不了损失的事实，只能力争将损失和影响降到最小。因此，无论从提高商业银行操作风险管理水平的角度，还是从降低损失的角度出发，商业银行都应将业务核算中的风险事件作为操作风险管理的主要对象，以达到减少风险损失事件数量和减轻损失事件财务影响的目的。因此，商业银行事后监督对象是运行风险的风险事件而不是损失事件（见图1-5）。

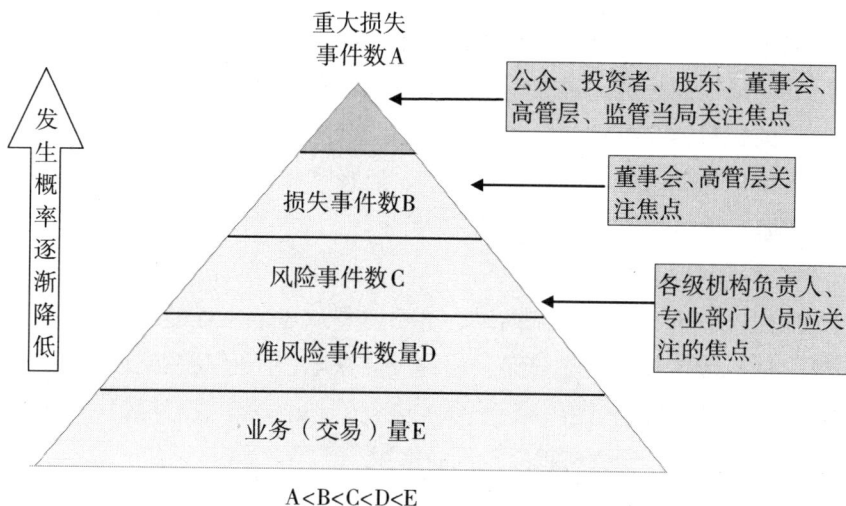

图1-4 运行风险数量累积分布图

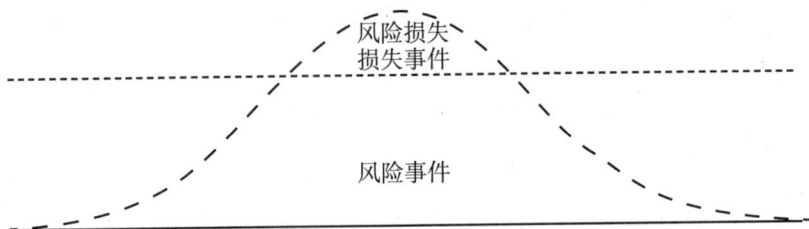

图1-5 商业银行事后监督的对象

五、商业银行事后监督职能

商业银行事后监督的职能是由事后监督的本质特征所决定的固有的、直接的功能，其服从和服务于事后监督目标，主要包括风险管理、质量控制、流程改进、经营支持四大职能。

（一）风险管理职能

为满足银行经营发展需要，事后监督依据预先制定的目标、标准、程序和要求，对日常经营活动中的业务核算，审查核算依据是否合法有效，落实处理过程是否真实可靠，对重要的业务环节以及营业网点、柜员的业务核算全过程进行重点监控，揭露报告事故案件，主动识别风险，准确确认风险，完整收集风险，科学评估风险。

（二）质量控制职能

为保证业务核算工作的质量，提高银行经营管理水平，事后监督按照预先设定的质量控制标准，对业务核算质量进行鉴别把关，审核业务核算的准确性、凭证资料的完整性和合规性，以预防和降低业务核算差错、反馈和报告核算质量信息、改进和提高核算质量、监督和规范操作行为，最终提升商业银行整体的质量管理水平。

（三）流程改进职能

利用风险管理和质量控制结果，事后监督从业务流程的视角审视业务核算风险，通过深度挖掘、充分揭示流程设计缺陷，及时反馈流程优化建议，推动业务流程持续改进，在事后监督与流程管理之间形成"反馈—调整—再反馈"的良性机制，发挥流程改进推动作用。

（四）经营支持职能

通过建立科学的风险识别分析和计量评估机制，事后监督从人员、机构、业务线、渠道、时间、地域等维度加强对重点、关键领域风险的监测预警，降低由于风险管理不当造成的损失成本，减少运行领域操作风险的资本分配，为商业银行建立全面风险管理机制和经济资本约束机制、完善公司治理和内部控制提供决策依据。同时，以服务经营、服务发展为宗旨，依托事后监督工作成果，共享运行风险管理信息，综合计量同一客户的收益贡献、营运成本和风险威胁，为业务发展和客户服务提供信息支持，为产品设计和业务推广指明发展方向。

事后监督的风险管理、质量控制、流程改进、经营支持职能之间的关系十分密切，四者相辅相成、不可分割。风险管理、质量控制是事后监督的基本职能，流程改进是从根本上提高风险管理水平的途径和手段，经营支持是事后监督价值作用的最终体现。四者必须结合起来发挥作用，才能有效地提高经营效益。如果没有可靠的、有效的风险管理和质量控制，经营活动就不能顺利开展，经营支持职能就成了无源之水、无本之木；没有完善、有序的业务流程，风险管理和质量控制的难度就会加大，管理和控制效果就会降低。

六、商业银行事后监督原则

监督原则是指为实现事后监督目标，基于事后监督的职能所确定的基本规范和规则，是对事后监督工作的基本要求。事后监督原则是事后监督实务经验的高度总结和归纳，体现监督实务的基本规律和基本要求。事后监督的一般原则包括独立性、及时性和连续性，这些原则是商业银行事后监督工作应遵循的最基本的原则性规范。事后监督原则也为事后监督人员选择确定监督程序和监督方法提供基本的指导。事后监督人员只有在监督原则的指导下，才能充分、有效地履行职责，达到事后监督机制设立的目标。

（一）独立性

独立性是指事后监督作为业务核算管理体系，应独立于核算操作体系，监督机构与营业网点机构分设，监督场所与营业场所空间分离，监督人员与柜员岗位分离。事后监督岗位作为独立的专职岗位，不得与营业网点其他岗位兼岗，不得与其互相顶班替岗。监督人员也不能以任何理由替代网点业务经办人员进行差错更正。独立性保证事后监督工作在机构、人员、空间及利益上与营业网点分离，是客观、公正履行监督职责的基础。

（二）及时性

及时性指监督业务必须第一时间处理，当日应当监督的业务必须当日完成，不得积压或延后。营业网点必须在营业终了规定的时间内（当日，最迟次日），将业务凭证或业务影像信息传递至监督机构，以保证能够及时监督。

（三）连续性

连续性即在任何情况下（包括节假日），都要确保监督作业不间断。营业网点当日发生的业务应在次日最迟T+2日完成监督，节假日发生的业务应在下一个自然日或最迟T+2个自然日内完成监督，不得将多日业务合并在一个工作日内进行。事后监督机构要科学安排内部组织结构及工作流程，合理调整劳动组合，形成连续不间断监督机制，确保各类隐患在第一时间得到发现、问题在第一时间得以纠正、补救在第一时间得以实施，不给不法分子以可乘之机。

监督的独立性、及时性和连续性是事后监督机构有效履行监督职能的原则性要求，偏废任何一个方面都极易酿成风险隐患甚至诱发案件。如2002年春节，某商业银行分行监督机构春节期间擅自放假，某基层网点储蓄柜员杨某利用这一监督真空期，自农历正月初一起通过虚存实取手段盗取人民币300余万元，分别存入事先准备好的35个活期存折，并于随后3天从48个储蓄所取款116笔。当监督机构正式上班后发现该笔存款疑点时杨某已潜逃。综观此案，杨某的作案手段并不高明，其正是利用春节休假期间监管松懈的时机下手，钻了监管漏洞的空子。如果监督机构实施连续监督，一则可以及时发现案件隐患，使得杨某无法从容作案以致潜逃，二则会对营业网点产生强大的威慑力，使得不法分子慑于监督威力而放弃作案。

第四节　对传统事后监督的评价

一、传统事后监督的成效

传统事后监督通过对业务核算真实性、完整性、合规性的复审，在提高商业银行业务核算质量、提升操作风险管理水平、保障银行安全运营等方面发挥着积极而重要的作用。

（一）传统事后监督促进了商业银行业务核算质量提升

传统事后监督在服务于商业银行业务发展前提下，规范化、标准化、集约化程度日益提高，在核算质量管理中发挥着重要的事后审视作用，有效地保证了商业银行核算质量的提高。事后监督开展以来，商业银行一方面强化其工作成果的应用，通过定期或不定期地对核算差错进行总结分析，对一段时间内较频繁、较集中出现的业务差错进行关注，制定相应管理对策，指导营业机构提高业务核算水平。另一方面，商业银行参考事后监督所发现的业务核算差错统计数据，建立营业机构和员工核算质量的评价考核机制，督促营业机构加强业务核算管理，规范核算行为，从事后监督视角提出改进意见和相关建议，帮助各营业机构完善内部管理，提高业务核算质量。从实践数据看，商业银行开展事后监督以来，业务差错率逐年减少，影响资金安全的重大差错锐减，这在一定程度上印证了事后监督在规范业务核算行为、提高业务核算质量中的积极作用。以国内某大型国有商业银行为例：1991年该行正式启动会计事后监督工作，截至1992年5月末，会计事后监督就发现串户9 204笔、印鉴不符凭证1 323笔、过期支票308笔、大小写金额不符凭证948笔，及时追回了款项，避免和最大限度地减少了损失，为有效提高核算质量夯实了基础。1997～2004年，该行事后监督年均发现各类核算差错40余万件，监督效果显著；2007～2008年，营业网点常见规范性差错呈现大幅度下降态势，年下降幅度达28%，有力地促进了商业银行业务核算质量的提升（见表1-4）。

同时，为减少业务核算差错，提高核算质量，商业银行事后监督在监督内容、监督方式上进行了持续调整和优化，将容易出现核算差错的业务环节、核算管理薄弱的网点和柜员列入重点监督范围，突出对节假日等敏感交易日期的连续监督，监督重点更加突出。例如，为防止串户或账务记载差错，对一定额度以上的业务进行付款指令信息与账务处理信息的核对等。这些行之有效的监督手段，提高了监督工作的导向性和有效性，促进了商业银行业务核算信息质量的提升，增强了金融服务效能，营业机构业务核算管理日趋规范，业务核算质量基础不断夯实。

表1-4   某商业银行2007～2008年营业网点常见规范性差错统计表

单位：笔

常见规范性差错	2007年	2008年
凭证手写内容与机打内容不符	6 442	4 063
业务凭证要素不全	4 014	3 157
结算凭证或业务申请表无客户签字或涂改	2 126	2 273
票据、结算凭证无经办章、业务章、附件章等	2 167	422
重要空白凭证账实不符	473	358
特定业务的手续不符合有关规定	285	348
结算凭证无账号或账号有误、涂改	606	341
票据、结算凭证无主管（办）签章	362	313
票据、结算凭证大、小写金额书写不规范	335	291
逾期或远期票据	159	227
结算凭证大、小写金额不符或金额涂改	276	190
凭证上下联不符、凭证与附件不符或支票与进账单不符	242	183
票据背书不规范	153	168
票据背书错误	120	162
错用凭证	129	136
记账串户	183	110
结算凭证日期不规范	182	105
结算凭证未在有效期内办理转账	105	89
票据日期、金额、收（付）款人名称有误	45	70
票据或结算凭证无预留银行印鉴	102	67
票据、结算凭证金额前无币别符号	43	46
票据、结算凭证金额记错	41	41
结算凭证无收（付）款人或收（付）款人有误或涂改	19	26
错用内部账户	69	14
冲账错误	9	9
自制凭证无摘要或摘要不全、不清楚	9	6
传票不按规定传递	12	3
结算凭证无日期或日期涂改	6	3
合计	18 714	13 221

资料来源：根据某商业银行内部资料整理。

（二）传统事后监督提升了商业银行风险管理水平

传统事后监督实现了业务监督在空间和人员上与营业机构的完全隔离，保证了监督的独立性和权威性，从体制、机制上使风险管理得到有效加强。通过建立完备的事后监督管理制度体系，规范监督作业流程，差错处理机制更加完善，为监督效能的持续提升奠定了扎实的基础。依据监督管理程序，监督机构对发现的一般核查差错及时向被查机构的业务主管发出查询；对重大核算差错或隐患，除发出查询外还会向上级行报告。这种独立事后监督工作机制，对柜面人员形成了较大的威慑作用，对有效规避员工非理性行为，起到了良好促进作用，柜面的风险"盲点"不断减少。例如：为防范内部案件发生，商业银行将营业网点柜员操作行为纳入监督范围，对伪造业务凭证、错用会计科目、存款虚存、人为调整账务等违规行为进行重点监督；为防范外部欺诈，研究和分析各类经济、金融案件，准确把握不法分子可能实施诈骗的切入点，并将其列为重点监督业务或重点监督环节；关注新兴业务发展，如网上银行业务、金融衍生产品等业务的核算，主动将其纳入重点监督范围等。商业银行事后监督内容的有效覆盖，增强了商业银行风险防御能力，夯实了商业银行风险管理基础，对商业银行案件高发势头的有效遏制起到了一定的作用，经济案件发案件数、百万元以上大案件数和金额同比呈逐年大幅下降趋势，为商业银行业务发展营造了良好稳健的经营环境。据银监会年报数据统计，2006～2008年银行业金融机构各类案件数量及百万元以上大案件数与同期相比，均呈下降趋势（见表1-5）。

表1-5　　　　　2006～2008年银行业金融机构案件情况统计表　　　单位：个，%

年份	发现案件数量	同比降幅	百万元以上案件数量	同比降幅
2006	1 085	-14.80	273	-17.00
2007	438	-59.63	126	-53.85
2008	309	-29.00	89	-29.00

资料来源：根据中国银监会统计年报整理。

（三）传统事后监督营造了良好的商业银行内部控制环境

有效的内部控制是确保商业银行稳健经营的内在需要，良好的业务监督管理环境是商业银行提高内部控制管理水平的重要条件。根据《巴塞尔新资本协议》的要求，"在所有情况下，确定单个银行的资本水平都应考虑该行的风险轮廓、风险管理程序及内控的有效性"，完善的商业银行内部控制也成为商业银行运用先进资本计量方法、节约经济资本的重要前提。健全的商业银行事后监督体系是管理科学、激励和约束相结合的内部控制环境的重要组成部分，不仅适应了金融业风险管理发展的需要，同时也为商业银行加强内部控制建设奠定了基础。

事后监督机制建立以来，国内商业银行充分认识到事后监督在提高员工风险意识、强化内部管理、防范案件发生、保障客户资金安全等方面的重要作用，通过强化事后监督管理，推进事后监督改革，充分发挥事后监督的监督职能，不断提升事后监督管理价值，积极营造良好的商业银行内部控制环境。从事后监督工作机理看，事后监督通过对商业银行业务核算的审核及监控，对日常核算的违章违规行为及时进行纠正、制止，提高了员工规章制度的执行意识，规范了员工业务操作行为，起到了遏制业务差错发生、防范案件事故的监督管理作用。正是这种防微杜渐型的监督工作方式，促进了商业银行员工风险防范意识的提升，使员工逐渐认识到事后监督在业务经营管理中的重要作用，增强了对事后监督的认同感，有利于引导员工正确处理业务风险控制与业务发展间的关系，促进其风险防范意识的提升。同时通过不断的规范引导，使商业银行各级管理人员逐渐认识到风险管理在业务经营管理中的重要作用，积极支持事后监督人员依法行使监督职责，为有效开展银行内部监管创造良好的环境。

二、传统事后监督的局限性

现代商业银行操作风险管理要求在加强合规性监管基础上，把监管着力点放在风险监控上。传统的事后监督机制、监督方式和监督手段与现代商业银行风险管理要求的差距越来越大，主要表现在：监督方式落后，风险导向性不强；监督理念滞后，监督效能低下；监督机制欠缺，业务流程改进推动力不够；监督与其他监管机制缺乏有效协同，风险管理合力难以充分发挥。复审式事后监督已不能适应商业银行快速变化的风险管理形势，其发展的历史局限性日益凸显。

（一）监督方式落后，风险导向性不强

商业银行事后监督产生于20世纪80年代，当时营业网点采用手工方式进行业务处理，差错率较高，事后监督主要通过核对凭证要素与柜员业务核算信息是否一致进行监督，以保证核算的规范、正确。随着信息化水平的大幅提升，系统和业务流程的风险控制能力有了较大提高，但监督的主要方式仍然沿袭着传统的简单、机械复审式监督模式。该方式是基于"交易行为正常"基础上对业务发生过程的全面模仿，因而是一种规范导向的监督。在商

业银行业务量持续增长情况下，监督业务量不断放大，这种规范性的监督难以把有效监督资源集中到对高风险业务环节的控制上来。同时，被监督业务彼此间相互孤立、割裂，监督人员难以透过业务之间的相互联系，实质、系统、有机地主动识别风险。而且对于网点和柜员而言，这种有规律的监督方式其监督规则是完全透明的，既削弱了监督对柜员的威慑作用，也在一定程度上导致了监督效能的缺失，制约了监督效果的发挥。商业银行金融产品日趋丰富，金融服务日趋多元，经营环境日趋复杂多变，客观上要求建立一个管理效果更好、管理效率更高和管理成本更低的事后监督体系，来应对更加严峻的操作风险管理形势。

（二）监督理念技术滞后，监督效能未充分发挥

在操作风险管理实践中，国外银行业已经投入了相当的资源来满足巴塞尔协议监管要求，风险计量逐步从标准法过渡到高级法，建立了较完善的操作风险管理体系。如汇丰集团深化操作风险管理理念，强调操作风险无处不在，并把"没有操作风险方面的负面报道"视为汇丰股价持续增长的绝对影响因素，将风险管理责任落实到集团每一个人身上，在集团内部建立了层次清晰的风险管理框架。相比较国外银行业而言，我国商业银行操作风险管理无论是在理论准备上还是在实践经验上均存在一定不足，主要体现在风险管理理念落后，简单地认为操作风险管理就是防控银行内部案件，将操作风险管理等同于案件管理，风险管理局限于风险点的堵截，风险控制存在一定滞后性。在风险监管体系建设方面，商业银行尚未形成全员参与、全过程控制的风险管理文化，尚未建立一套集识别、控制、计量等为一体的完整操作风险管理流程，监管体系设计不尽完善和科学。

因此，基于上述操作风险管理理念设计的传统事后监督系统存在较大历史局限性。主要体现在风险管理职能是定位在事后的查错防弊方面，风险管理滞后，监督效能低下。尽管个别商业银行根据需要开发了相关的风险预警功能，但因未全面考虑风险管理的各种关键因素，未全面考虑风险事件生成的关键驱动因素，特别是缺乏客户交易习惯异常的分析，系统操作型特征明显，无法满足商业银行风险管理需要；而且各系统之间缺乏有效的功能整合，无法实现风险信息共享和沟通，难以给业务发展和风险管理提供有力的支撑。理念老化的事后监督诸系统难以持续优化和升级。

监督本身是一个不断对业务运行风险进行识别、确认、计量、评估、

报告的循环过程,对监督人员有较高的业务素质要求。但系统固化的业务复审操作模式一方面导致大量人员被投入网点业务核算的简单复审工作,另一方面也影响了监督人员知识技能的提升,而且给相当一部分管理人员形成误导,认为监督是简单、机械操作,在监督人员配备上呈现出"高年龄、低学历"特征,反过来进一步制约了事后监督风险管理职能的发挥。

除了监督理念和手段落后外,监督技术落后也是影响商业银行事后监督效能发挥的主要因素之一。商业银行尽管已经建立一些相关的指标来计量管理操作风险,但没有形成完整的指标体系,不能科学有效地计算衡量风险系数,合理评估各级经营管理机构风险管理成效,操作风险管理主要依靠风险监管人员的经验和直觉,依靠员工的自律。尤其是在操作风险的识别、评估和控制等环节,因不能做到定量分析,风险信息零散,风险管理只能是定性估计或主观感觉,造成事后监督成果应用水平不高,风险管理针对性不强,特别是对新业务、新产品缺乏必要的风险分析和研究。现代商业银行风险管理实践证明,操作风险个案是可以通过强化控制手段等方式得到治理的,但是从一个较长时间看,操作风险的发生呈现统计学上的规律性,这种规律性并非通过强化控制手段可以完全人为改变的,或者说强化控制手段在成本效益上是不可行的。因此借鉴国际领先商业银行管理经验,从防范、控制操作风险转向管理操作风险,建立一套定性定量相结合的操作风险管理指标体系,提升操作风险管理水平,成为我国商业银行事后监督改革的共识。

（三）监督管理机制欠缺,流程改进推动力度不足

国内商业银行虽然在积极推进"流程银行"建设,但长期以来囿于"部门银行"的管理格局,形成了以产品为中心、以专业条线为主的流程设计机制,导致跨部门、跨业务、跨系统和跨机构流程的整体协调性不够,而且各部门在开发新产品、新业务时,缺乏将操作风险控制手段优先嵌入业务流程的主动风险管理意识,业务风险控制过度依赖事后监督,导致事后监督内容不断增加,事后监督压力持续加大,占用了较多的监督人员。由于缺乏监督准入机制,纳入事后监督的业务往往缺乏风险预评估,监督的方式、手段和标准没有明确规定,难以实现对流程风险、关键环节风险的有效监督,使得监督陷入简单的业务复审操作,监督成本高、效率低的矛盾日益凸显。

另外,从监督过程看,传统模式下的事后监督系统是一种被动监督,未设计业务流程风险评估机制,缺乏分析产生流程风险的深层次原因的有效工

具，导致监督的结果与流程改进之间未形成良性循环，即监督结果不能为流程的持续改进提供支持，无法通过监督来提高业务流程的风险控制能力，事后监督对商业银行业务流程改进的推进力度不够。此外，由于缺乏事后监督的退出管理机制，一些通过业务流程改进，风险已经得到有效管控的业务仍长期停留在监督体系中，造成监督业务量持续被动增加。国际上管理先进的商业银行早已认识到效果最好、效率最高的风险管理策略在于利用业务流程和系统硬控制方式管理风险。因此监督体系的价值不仅在于以较低的监督成本取得最佳的风险管理效果，而且在于通过对监督业务的准入、考核和退出机制及持续不断的流程评估机制，促进业务流程的持续改进和优化，增强业务流程对风险的控制能力，提升风险管理效果，继而提升商业银行的核心竞争能力。

（四）事后监督与其他监管机制缺乏有效协同

根据外部监管要求及内部控制需要，国内各大商业银行基本都建立了一整套涵盖事前、事中、事后的内部风险管理机制。现场管理人员履行营业网点的事中控制和业务管理职责；检查督导人员对所辖机构规章制度执行情况进行现场检查，针对检查发现的问题对相关机构人员进行辅导；事后监督人员对经营活动中业务核算的真实性、完整性、合规性进行非现场审查，揭示、纠正差错与舞弊；内部审计（或内控合规）人员依法对商业银行执行财经政策、法规、内部控制制度及经营活动的经济效益等情况实施全方位的监督和评价。各部门各岗位各司其职，形成了风险管理部门、业务主管部门、各级机构共同参与、齐抓共管的多维风险管理格局。但在这种多维格局下，风险监管职能比较分散，各岗位基本自成体系，缺乏有机协调；加之缺乏统一管理平台，监督、检查的结果无法实现共享，现场监管工作与事后监督机构的非现场监管工作在时点和力度上存在差距，难以发挥风险监管体系的整体效能与监管合力。

综上所述，我国商业银行事后监督体系自建立以来，已经走过了30多年的发展历程，在服务于商业银行经营发展的同时，其规范化、标准化、集约化程度不断提高，在保障商业银行业务安全运行、提高风险管理和质量控制水平方面发挥了重要作用。但还应清醒地看到，随着商业银行业务的迅速发展，客户需求持续升级，外部经营环境不断变化，传统的以业务复审为主的监督方式已经不能满足风险管理的需要。因此，将事后监督改革与现代化商业银行公司治理有机结合起来，通过改革事后监督体系，优化风险监督资源配置，打造理念创新、技术先进、快速响应的高效率、低成本的科学事后监督体系已成为国内商业银行建设国际一流现代金融企业的一项基础性工程，是商业银行提升风险管理水平、打造核心竞争力的必然选择。

第二章　商业银行事后监督理论基础

21世纪初期，知识经济和信息化时代的到来转变了经济发展的方式，改变了商业银行的操作风险管理环境，不同程度地影响了商业银行传统事后监督的构成要素，对传统事后监督的工作机制和运行效果提出了新的挑战。为完成事后监督的战略转型，需要对其赖以存在的理论基础进行重新思考，注入新的理论源泉。通过借鉴商业银行风险管理理论、现代运营管理理论和西方工业界事故致因理论，本章初步搭建起商业银行事后监督的理论框架。当然，这套理论并不是全新的发明创造，而是在继承商业银行传统事后监督理论的基础上，吸取国内外相关理论精华后的一次创新。

第一节　商业银行风险管理理论

美联储前主席格林斯潘曾经说过："商业银行的基本职能是预测、承担和管理风险。"所以，与其说商业银行是经营货币的企业，不如说商业银行是经营风险并从风险管理中获取收益的企业。可见，风险管理是银行的生命线，是现代商业银行最重要、最具决定意义的管理实践之一，也积淀了丰富的管理理论。

一、商业银行风险与风险管理

风险是指由客观环境因素的不确定变化引致行为主体遭受损失的可能性。风险的特点首先是广泛存在性，表现形式各异并随时可能发生；其次是造成损失的不确定性，这与风险程度的大小有关。商业银行的风险是指商业银行经营活动中的某些因素发生始料不及的变化，导致银行的实际收益与预期收益不一致，或者实际发生的成本与预期成本之间产生背离，从而使银行蒙受经济损失的可能性。商业银行风险所具有的本质属性为商业银行进行风险管理提供了必要和可能。

第一，商业银行风险的实质在于它是一种不确定性。这种不确定性是由商业银行发生风险事件的可能性所决定的导致发生某种风险损失的可能性。只有在具备一定的发生风险的时间条件和相关风险触发因素的情况下，商业银行风险才会由一种可能性转化为现实性。如果商业银行对风险由可能变为现实所带来的变化缺乏行之有效的管理，商业银行就会蒙受现实的经济损失。因此，商业银行风险管理是有效防止风险损失发生的必要工作之一。

第二，商业银行风险具有客观存在性。商业银行风险的客观存在主要源于其主营业务的特殊性和其所处的社会环境的复杂性。商业银行经营的是货币这种特殊商品，其基本经营业务遍及社会各个角落、各个阶层、各行各业，并同时受外部的宏观环境和微观环境的影响。无论是国家的经济金融政策、金融管理当局对商业银行的监管以及国内、国际经济环境的变化，还是同业竞争、利率汇率的变动、商业银行内部管理等微观环境的变化，都会给商业银行的业务经营带来不同程度的变化和影响。因此，商业银行的风险便成为一种客观存在，对于商业银行自身来讲，需要认真分析和尽量排除各种可能存在的风险，减少风险发生的可能。

第三，商业银行风险是可变的。商业银行作为货币业务的经营主体总是处于一定的时间和空间环境中，其客观存在的风险也是具体产生于特定的时间和空间条件下的，在时间和空间发生变化时，即便是同一商业银行的同类风险，其内容和程度也会出现某种差异。一方面，国际经济金融市场日趋一体化使得商业银行的风险因素日趋复杂，相互之间的作用日益深化，发生变动的国际传递及其影响机制更加迅速灵敏，导致商业银行风险的程度呈增大趋势；另一方面，日益活跃的金融创新使得银行传统的金融交易技术发生变化，新兴的国际金融技术使商业银行的风险呈现很多新的转换。这就决定了对商业银行风险进行管理既艰巨又复杂，同时也要求不断改进风险管理方法。

第四，商业银行风险具有可测性和可控性。对于商业银行风险，人们可以充分发挥主观能动性，应用现代的计量方法和技术，根据以往的统计资料和统计经验进行测量。这就为商业银行制定风险管理战略提供了科学依据，使对商业银行风险的有效管理成为可能。

商业银行风险是一个外延广泛、不断变化的范畴，存在于商业银行经营活动的全过程，并且伴随着商业银行的发展，其内容也在不断扩充。因此，研究商业银行风险不可能囊括一切方面，而应结合特定需要有重点、有侧重地研究。本书以管理商业银行运行领域操作风险的事后监督机制为研究对象，故本节将在全面风险管理理论框架下，重点介绍操作风险管理理论，为商业银行事后监督战略转型奠定风险管理理论基础。

二、全面风险管理理论

2004年9月，美国COSO委员会 [①] 正式发布《全面风险管理——整体框架》（*Enterprise Risk Management—Integrated Framework*）（以下简称ERM框架），引起了国际企业界、金融界和政府监管部门的广泛关注。ERM框架对全面风险管理的定义是：全面风险管理是一个过程，它由一个企业的董事会、管理当局和其他人员实施，应用于企业战略制订并贯穿于企业各种经营活动之中，目的是识别可能会影响企业价值的潜在事项，将风险控制在企业的风险容量之内，并为企业目标的实现提供保障。

ERM框架提出了四类目标：战略目标，是对企业战略活动预期的主要成果的期望值，是企业宗旨中确认的企业经营目的、社会使命的进一步阐明和界定，也是企业在既定的领域展开战略经营活动所要达到水平的具体规定，具有全面性、宏观性、长期性、相对稳定性、可分性等特点；经营目标，是企业在一定时期内生产经营活动要达到的预期成果，是指作为一个独立经济实体的企业，其全部经营活动所追求的并在客观上制约着企业行为的目标，是企业生产经营活动目的性的具体反映与体现，具有整体性、客观性、终极性等特点；报告目标，是指为企业提供与既定经营目标相适应的完整准确的信息，包括财务和非财务信息，用来支持企业开展经营决策和监控自身的业绩和活动；合规目标，是指企业的经营活动符合适用的法律和法规，涉及环境、员工、福利、市场、定价、税收和国际贸易等方面，企业的合规战略会

---

① 该委员会为全国虚假财务报告委员会下属的发起人委员会。

影响其在社会和市场的声誉。在这个目标体系中，战略目标的层次最高，其他三类目标都应从属于战略目标，为战略目标服务①。与内部控制类似，企业风险管理只能为目标的实现提供合理的保证，同时对不同的目标所提供合理保证的内容也不尽相同。对于报告目标和合规目标而言，因为所提供报告的可靠性和与法律法规的相符性属于主体可控范围，所以可以期望企业风险管理为这些目标的实现提供合理保证。而战略目标和经营目标的实现还取决于一些不在企业控制范围之内的外部事项，所以企业风险管理能够提供合理保证的仅是在目标实现过程中的有效信息沟通②。

为保证企业目标的实现，ERM框架提炼出八个相互关联的构成要素，这些要素与管理者经营企业的方式密不可分，并成为衡量企业风险管理是否有效的标准。这八个构成要素包括：

第一，内部环境。内部环境影响人们的风险观念，影响企业战略目标的制订和经营活动的开展，影响企业识别、评估风险并采取行动的作用过程，是所有其他构成要素的基础。内部环境因素包括风险管理理念、风险容忍度、董事会的监督、员工的诚信、价值观和胜任能力，以及管理者的权力分配和职责赋予的方式等。

第二，目标设定。内部环境只是让企业的每个人都有了思想准备，如果真的要将思想付诸行动，还必须要有一个明确的目标，只有这样，管理者才能界定有利于目标实现的潜在事项。企业风险管理可以为管理者采取适当的程序去设定目标提供基本保障，使所选定的目标支持和契合企业的使命，并符合其风险容忍度。目标设定是事项识别、风险评估和风险应对的前提。

第三，事项识别。事项是影响战略实施或目标实现的内外部事件。管理者必须能够识别可能对企业产生正面或负面影响的潜在事项，具有正面影响的事项意味着机会，管理者应将其纳入战略和目标设定过程，具有负面影响的事项意味着风险，管理者需要对其进行合理评估和有效应对。在开展事项识别时，管理者要在企业整体范围内统筹考虑所有可能带来风险和机会的内部和外部事件。

---

① [美] COSO：《企业风险管理——整合框架》（方红星、王宏译），13页，大连，东北财经大学出版社，2005。

② 张宜霞、刘明辉：《企业风险管理整合框架及其评价》，载《财务与会计》，2005（11）。

第四，风险评估。对于潜在事项影响目标实现的具体程度，企业可以通过风险评估来测量。管理者一般采用定性和定量相结合的方法，从事项的可能性和产生的影响两个角度对事件进行评估，并以此作为风险管理决策的依据。

第五，风险应对。在评估相关事项的风险程度后，管理者就要考虑如何应对风险。在对风险发生的概率及其影响程度进行深入分析的基础上，根据风险性质和企业的承受能力，制定包括回避、承受、降低或者分担等对策在内的防范计划。

第六，控制活动。控制活动是保证管理者的风险应对策略得以实施的管理程序。控制活动贯穿于整个企业，遍及企业的各个层级和各个职能机构，主要涉及批准、授权、验证、业绩评价、资产安全、职责分离等方面。

第七，信息与沟通。识别、获取相关信息并进行有效沟通，是员工正确履行职责的前提。风险因为不确定性的存在而存在，无效的信息沟通往往会加大这种不确定性，进而使风险扩大化。为使企业的各个部门成为一个整体，在全面风险管理过程中，就要求各部门进行充分的信息交换与沟通。

第八，监控。企业的目标会随着时间推移发生变化，相应的风险管理策略也会发生改变，曾经有效的风险应对方式会失灵，曾经既定的控制活动也可能会变得无效或不需要再执行。面对这些变化，管理者需要通过监控手段，密切关注内外部环境的变化，及时评价企业的风险管理活动是否持续有效。

ERM框架包括三个维度：第一个维度是企业的四类目标，第二个维度是全面风险管理的八个要素，第三个维度是企业的各个层级，包括整个企业、各职能部门、各业务条线及下属各子公司，如图2-1所示。ERM三维之间的关系可以表示为：企业内部的各个层级都要坚持四类目标，全面风险管理的八个要素是为企业的四类目标服务，企业的每个层级都必须从以上八个方面开展风险管理活动。该框架适合各种类型的企业或机构的风险管理。

商业银行在经营过程中主要面临的是信用风险、市场风险和操作风险，这些风险相互联系、相互作用，交织在一起形成了全面风险管理的对象。商业银行全面风险管理是指对整个银行内各个层级的机构、各种风险类型的通盘管理，要求将信用风险、市场风险、操作风险以及存在这些风险的各种金融资产或资产组合，承担这些风险的各层级机构统一纳入风险管理体系，依据统一的标准进行测量、控制和管理，目的是构建安全高效的商业银行风险管理的综合架构。

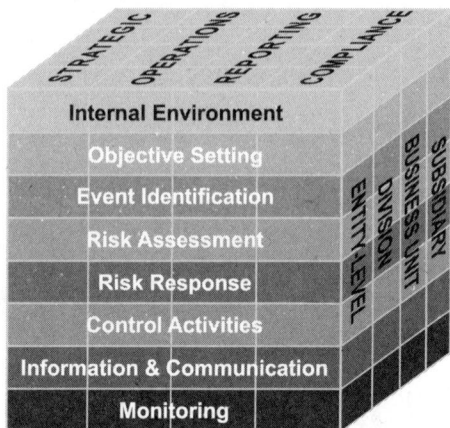

图2-1　全面风险管理的整合框架

三、操作风险管理理论

操作风险由于风险特征多样、形成因素复杂、影响范围广泛等特点，使得准确界定其概念较为困难。2004年正式发布的《巴塞尔新资本协议》对操作风险概念进行了明确。操作风险是指有问题或不完善的内部程序、人员及系统或外部事件所造成损失的风险，操作风险包括法律风险，但不包括战略风险和声誉风险。从操作风险的定义可以看出，操作风险的成因主要包括内部程序、人员、系统、外部事件四个方面，针对这些产生原因，可以采取一定的操作风险控制与缓释手段对操作风险进行有效管理。

（一）商业银行内部控制

内部控制是为了实现预期的经营目标，保护资产的安全完整。保证信息资料的正确可靠，确保经营方针的贯彻执行，而在商业银行内部采取的自我调整、约束、规划、评价和控制的一系列方法、手续与措施的总称，是我国商业银行最传统也是最熟悉的操作风险控制方法。由于操作风险贯穿于银行的每一个业务条线、每一类产品、每一项流程甚至每一名员工中，因此商业银行各部门对于与自身密切相关的条线、产品、流程和人员的管理和控制是否达到应有的要求成为操作风险管理的关键环节。商业银行内部控制表现为为保证业务经营正常进行所采取的一系列必要的管理措施，不仅包括管理者用来授权与指挥经营活动的各种方式方法，也包括核算、审核、分析各种信息资料及报告的程序和步骤，还包括对经营活动进行综合计划，控制和评价而制定的各项规章制度，这些措施与业务经营和管理是密不可分的。在职责分工上，银行各业务部门对于自身的内部控制承担首要和直接的责任，要保证自身的制度和政策执行与商业银行总体的内部控制政策方针相一致，而审计部门则是对各业务部门内部控制的有效性进行评价与监督。商业银行内部控制的具体措施有：为避免潜在利益冲突而确定的部门之间的职能分工以及职能的适当分离；对各部门执行指定风险限额或者权限情况的监督管理；对员工是否具有与从事业务相适应的业务能力进行考评并为员工安排相关培训；识别与预期收益相背离并存在风险隐患的业务或产品；对交易账户进行定期复核和对账；制定关键岗位轮岗轮调、强制性休假制度和离岗审计制度；制定重要岗位或关键环节员工的八小时行为规范；建立激励和保护基层员工揭发违法违规问题的有效机制；建立奖惩兼顾的操作风险管理激励约束机制。

（二）经济资本与准备金

经济资本是银行内部应合理持有的资本，是从银行所有者和管理者角度出发所定义的用来承担非预期损失和保持正常经营所需的资本。经济资本描述的是在一定的置信度水平上、在一定的时间内，为了弥补银行的非预期损失所需要的资本。它是根据银行资产的风险程度的大小计算出来的。准备金包括商业银行的库存现金和按比例存放在中央银行的存款，实行准备金的目的是为了确保商业银行在遇到突然的、大量的存款提取需要时，具有相当充足的清偿能力，准备金一般用于覆盖银行风险的预期损失部分。对于操作风险损失的覆盖，经济资本和准备金通常在准确评估和计量操作风险暴露水平及构成的基础上来计提。在对操作风险控制和缓释的作用原理方面，经济资本和准备金明显不同于内部控制，内部控制主要是通过对过程和行为的控制来防范操作风险事件的发生和风险损失，可是一旦内部控制失效，银行仍将承担由此产生的严重后果，而经济资本和准备金恰恰是从操作风险事件的结果角度出发而对风险损失的抵补和拨备，是防止银行出现危机的补救措施。

（三）风险政策

风险政策是针对风险特征而制定的与之相适应的风险管理规定，包括但不限于业务的准入和退出管理、风险管理的频度和标准等。商业银行可以结合已有的风险点和损失数据库的验证结果，从自身机构的设置、人员的编制、岗位职责与分工、业务开展的流程方式等方面，制定相关政策与法规、业务限额等来防范操作风险的发生。如某商业银行规定"营业网点业务主管必须两年轮岗一次，支行行长必须三年轮岗一次"，"损失率超过3%的业务必须及时退出经营"等。风险政策与限额能够在事前对操作风险起到良好的制约作用，实现对可能发生的风险损失的有效控制，这是一种主动管理操作风险的手段。

（四）业务连续性管理

业务连续性管理是一整套突发性事件预防和反应的机制，包括业务连续性计划、应急管理和危机管理三大部分内容。业务连续性计划是企业为了防止突发性事件对其经营生产连续性造成严重影响或者为了在突发性事件导致业务中断后保证在最短时间内恢复正常生产经营所制订的计划，因此又称为业务恢复计划。这一计划需要确定关键业务恢复的先后顺序，明确灾难恢复的时间目标，建立各项业务风险隐患的预警机制，制订突发情况下银行的业务、人员、系统、数据、环境及外部资源的恢复和持续运行的程序。银行各业务部门须针对本部门范围内可能发生的突发事件制定相应的应急措施，成立应急事件领导小组，明确应急处理责任人与处理流程，在突发事件演变为危机后，应建立与外部监管机构、客户和媒体等进行沟通的机制，并制定详细的危机处理程序，减少突发事件造成的不良影响和风险损失。

四、风险管理理论与事后监督

事后监督是对商业银行业务核算领域的操作风险进行监控管理的一种风险管理机制。事后监督发挥作用的过程便是风险管理的过程，更是操作风险管理的过程。而操作风险贯穿于商业银行业务活动的全过程，涉及商业银行业务活动的所有领域、各个环节和所有人员，不同银行、不同业务、不同环节的操作风险特征都不相同，因此需要在全面风险管理框架的统驭下进行研究。商业银行事后监督作为操作风险管理的重要手段，不仅是运行管理部门及其人员的工作，而且需要商业银行整个组织体系、各业务部门和全体员工共同参与，是一项系统性的管理工程。

在事后监督机制设计过程中，应以先进的风险管理理念为指导，以全方位的风险管理体系、全面的风险管理范围、全新的风险管理方法、全程的风险管理过程、全员的风险管理文化为依托，对所有部门、所有业务、所有过程、所有环节的运行操作风险进行统一管理。在宏观层面上要求有统一的风险管理战略、统一的风险管理政策、统一的风险管理制度、统一的风险管理文化；在微观层面上要求对整个银行蕴涵的各种运行操作风险加以识别，要用统一的标准和先进的技术方法进行测量并评估各种风险，在通盘考虑各种风险状况和影响的基础上，采取相应的风险管理与控制措施。

在事后监督流程设计方面，从制定运行操作风险目标开始，应该实施全面风险管理框架，尤其是要将ERM的八个要素与运行操作风险管理流程有机结合起来，采取主动识别、确认、计量、评估和报告等一系列方法和措施，形成贯穿所有业务和人员的不间断的持续监督的过程，如图2-2所示。

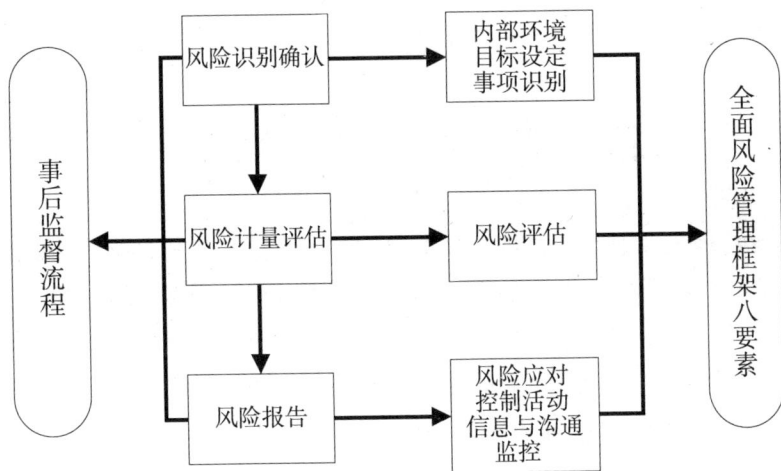

图2-2 事后监督流程与全面风险管理框架要素对照图

风险识别确认。商业银行对业务运行中存在的操作风险以及导致风险的具体因素予以识别分析确认。比如，商业银行在开发新产品时，像手机银行业务、电话银行业务、手机购物理财等，银行应在识别现有风险的基础上，密切关注风险类别之间的转换和相互影响，在准确识别判断的基础上，要结合事先制定的运行风险统一标准进行风险类型和风险等级的认定。在风险识别确认环节，应注重考虑ERM的内部环境、目标设定、事项识别三个要素。

风险计量评估。商业银行针对运行操作风险，应结合监管要求和自身实际明确计量评估内容与方法，实现对操作风险的有效量化，进行这一步骤时，通常需要通过考察风险的驱动因素，估计该风险发生的概率，选择或者开发相应的模型，以适应运行操作风险的量化需求。在风险计量评估环节，应着重考虑ERM的风险评估要素。

风险报告。商业银行在准确识别和评估运行操作风险后，可以采取分散、转移、规避、补偿等手段对操作风险进行管理，对超过预警指标的风险状况，采取有效措施予以控制，并定期向管理层及董事会报告，同时按监管要求向投资者和社会公众披露操作风险信息，操作风险报告包括商业银行面临的关键或潜在的风险点、风险事件和补救措施、已采取措施的有效性、为管理操作风险而采取的步骤等方面信息。在风险报告环节，应着重考虑ERM的风险应对、控制活动、信息与沟通以及监控要素。

第二节　现代运营管理理论

运营管理是商业银行实现产品价值增长、服务客户和获取利润的基础，是打造银行核心竞争力的重要组成部分。流程管理、过程控制、精益运营、六西格玛等先进管理理念、技术、工具已经引导国际商业银行在组织架构、业务流程、资源配置和风险管理等方面进行了一场深刻变革，也为商业银行事后监督的未来发展指明了方向。

一、流程管理理论

1990年，美国的管理学家迈克尔·哈默在《哈佛商业评论》发表了一篇名为"Reengineering Work：Don't Automate，But Obliterate"的文章，第一次提出业务流程再造（Business Process Reengineering，BPR）思想，随着业务流程再造理论研究的不断深入，业务流程管理（Business Process Management，BPM）理论也应运而生，业务流程管理理论倡导从根本上对业务流程进行重新思考、重新设计，使当前绩效考核的关键指标得到较大的改进，如成本、质量、服务和速度等。从本质上看，流程管理是跨功能的，跨越了商业银行内部部门和公司界限；从方法上看，流程管理需创造性地利用信息技术，但是应以流程为导向，跨越组织的现有边界来寻找工作的新方法；从目标上看，使流程合理化，重新设计工作组织，以在流程处理和价值增值方面取得成效[①]。流程管理理论在商业银行操作风险管理中发挥着重要的作用，有效的流程管理可使操作风险控制能力得到显著增强，满足操作风险的质量、效率、创新以及服务等方面的要求。

流程管理理论和操作风险管理理论的有机结合主要体现在以下四个方面[②]：第一，流程管理应着眼于最终结果，而非具体任务。由不同人完成的操作风险专业化管理工作应该合并为一个工作，这个工作可以由个人或一个工作小组来完成。围绕操作风险最终结果来组织流程管理可以缩短管理过程、实现集约运营，从而加快管理效率，提高操作风险管理的时效性。第二，对需要使用流程的人员，要参与流程管理。流程管理必须要求最熟悉操作风险管理流程的人员参与，从而打破部门内和部门间的传统界限。通过员工、管理者的共同参与，以及流程管理各相关部门的共同合作，运用科学管理来减少流程的环节，大幅度提高运营的效率和质量，增强操作风险管理能力。第三，把地理位置上分散的操作风险管理集中化。当前，信息技术已经使分散或集中的混合运营模式变为现实，信息技术可以让许多独立的组织执行同一项任务，实现并行工作，大大增强操作风险管理的整体控制能力。第四，把信息处理整合到产生信息的实际工作中。操作风险管理的信息收集人员应该同时负责处理信息，这样能大大降低其他工作人员协调和处理信息的成本，通过减少在信息处理过程中与外部联系的次数来降低信息处理的错误率。第一时间在信息系统上收集和处理信息，能够避免收集错误信息以及重新获取信息的高额成本。

商业银行业务流程是实现自身价值的一系列的业务活动，是隐含操作风险、造成风险损失的重要载体。操作风险涉及业务活动的各个方面，流程中的人、系统、操作程序等都是操作风险管理的重点，构建基于业务流程的运行操作风险管理体系是商业银行事后监督转型的核心内容之一。事后监督应

---

① M. Hammer and J. Champy, "Reengineering the Corporation: A Manifesto for Business Revolution", 1993.

② M. Hammer, "Reengineering Work: Don't Automate, Obliterate", Harvard Business Revolution, 1993.

从流程管理的视角重新审视监督机制的设计，以"流程导向"取代"职能导向"，这为事后监督的转型发展提供了一个全新的思路。一方面，事后监督的发展阶段是由流程管理能力所决定的。如果流程管理能力较强，则大部分运行操作风险环节则消除在事前预警和事中授权控制过程中，需要进行事后监督的业务量则相对较少；反之，如果流程管理能力较弱，则很难充分发挥事前和事中机制对运行操作风险的控制效果，大部分风险点需要在事后监督中加以识别管理，增加了监督成本。另一方面，事后监督通过对商业银行业务流程的监测分析，寻找出导致业务运行风险的流程因素，提出流程优化建议，反馈至流程管理部门，为实施运行风险的系统和流程硬控制提供依据，从而实现事后监督的流程导向作用。

二、过程控制理论

1924年，美国的沃特·阿曼德·休哈特（Walter A.Shewhart）应用统计方法对过程中的各个阶段进行监控和诊断，首创了过程控制理论和监控过程的工具控制图，被称为统计过程控制（Statistical Process Control，SPC）。SPC本质上是运用图表形式进行过程控制和质量管理，以达到保证和改进质量的目的。1950年，美国的威廉·爱德华兹·戴明把统计过程控制理论引入日本，在吸收休哈特理论的基础上，提出了过程变异理论，认为变异是所有过程都固有的，分为一般变异和特殊变异，引起过程变异的特殊原因来自于系统的外部，人是决定和解决引起过程变异的特殊原因，造成过程变异的一般原因是系统内部所固有的设计和结构，隔离和减少造成过程变异的一般原因是管理层的责任，一个尚未出现引起特殊变异因素的系统是稳定的，这意味着系统的过程变异是可预见的。

由于系统受内外部复杂的、非线性因素变化的影响，任何系统都不能永远保持稳定，都不可避免地会经历"稳定—不稳定—稳定"这个循环，而过程中有许多变异源存在，且每个变异源的发生是随机的，时大时小，时正时负，以不可预测之势影响过程的输出——质量特性。因此，如何有效进行过程控制对于系统的稳定来说至关重要。过程是为了组织共同的目标，把投入转化为产出的业务活动的集合，过程控制的目的就是使整个过程最优化，并使过程向既定目标发展（见图2-3）。

2. 维护过程
监控过程控制性能
查找特殊变异
采取有效控制措施

维护
过程

分析
过程

1. 分析过程
本过程应该做什么？
会出现什么样错误？
本过程正在做什么？
是否达到控制状态？
确定过程控制能力。

改进
过程

3. 改进过程
优化过程从而充分
理解一般变异
减少一般变异

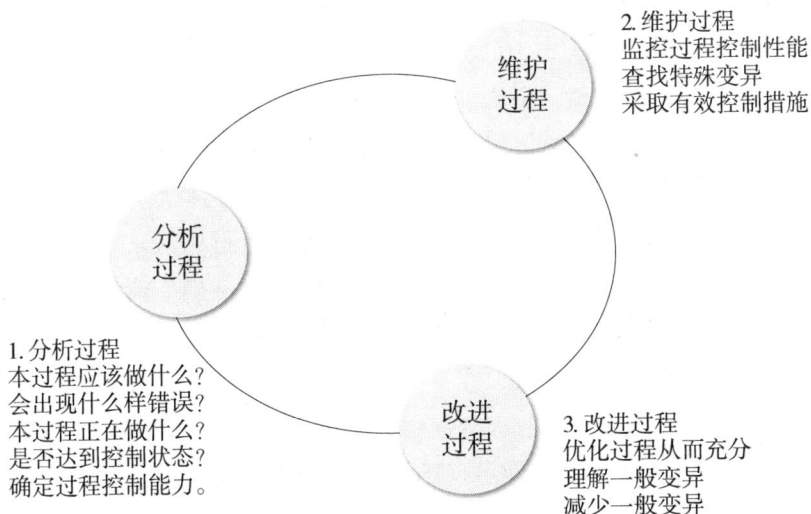

图2-3　过程控制示意图

过程控制主要有分析过程、维护过程和改进过程三个流程组成，通过分析过程控制状态，监控过程控制性能，查找特殊变异，理解和减少一般变异，并采取有效控制措施。过程控制理论中过程变异的来源主要有以下六个方面：一是人员的变异，表示不同操作人员之间运营结果的差异；二是机器的变异，表示不同机器设备之间运营结果的差异；三是原材料的变异，表示不同供应商的物料所存在的结果差异；四是方法的变异，表示不同的运营方式所引起的结果差异；五是环境的变异，表示不同的运营环境所引起的结果差异；六是评估方法的变异，表示评估系统的误差所引起的结果差异。过程控制理论能辨别和区分变异的来源，帮助商业银行排除特殊变异，稳定过程，然后集中于减少一般变异，从而不断改进过程。过程变异的持续减少，尤其是控制范围内过程变异的持续减少，对提高质量、效率和可预测性是至关重要的。

从过程控制理论看，操作风险过程的质量特征有变异是正常现象，无变异是虚假现象，消灭变异是不可能的，但控制和减少变异是可以实现的。过程控制理论就是把操作风险的过程变异限制在允许的范围内，对于超出范围或者有超过范围趋势的就需要进行严格控制，对于范围内的过程变异要防范特殊变异，尽量减少一般变异。事后监督作为商业银行运行管理机构内部的一种工作制度，应通过有效控制业务核算过程中的变异，充分发挥运行管理在商业银行操作风险管理中的关键过程控制作用。首先，在事前建立动态完善的业务运行制度体系。针对业务改革和发展带来的新变化以及各类新业务、新产品、新系统的投产，动态完善业务运行制度体系，保证制度的适用性和可操作性。周密设计各项管理办法、操作规程和岗位履职手册等制度体系，全面管理人员、业务、系统、技术等潜藏的运行风险。把运行制度的要求嵌入流程管理和系统设计，实现规章制度和业务操作流程的"无缝对接"，实现制度设计、流程管理和风险过程控制的统一，为增强业务流程的风险管理能力奠定基础。其次，在事中增强实物和交易的过程控制能力。强化银行营业网点的现场管理，充分运用电子化履职手段，加强对现场管理人员的业务指导和管理，确保网点现场管理人员具备相应的能力素质。在积极研究和探索运用系统硬控制的同时，进一步丰富现场管理的技术手段，确保现场业务真实性审核的风险控制到位。根据外部欺诈风险变化趋势，推广应用支付密码、电子验印等技术手段，提高一线操作人员反欺诈水平。规范事中授权管理，根据业务流程变化调整授权内容，确定科学统一的业务授权标准。最后，在事后提高事后监督的风险识别能力。通过设计智能化的监督模型，将业务运行过程中可能发生的风险点纳入模型监督范围，扭转传统手工监督模式下存在大量无效监督的局面。应用数据挖掘等先进的数据分析技术，对事后监督系统的业务数据进行试算验证，提高模型识别的准确性水平。研究建立一套运行风险计量指标体系，使商业银行总行能够直接对网点、柜员的风险状况进行实时跟踪、科学计量、精确定位，触动基层的合规经营意识，形成风险主动披露、全员管理、全程管理的运行风险管理文化。

三、精益运营理论

精益运营的思想来源于日本丰田公司的精益生产方式。顾名思义，精益生产就是在生产上追求精益求精，从而达到最好的经济效果的一种生产方式。精益生产以社会需要为依据，以充分发挥人的积极性为根本，以彻底消除无效劳动和浪费为目标，有效配置和合理使用企业资源，最大限度地为企业谋取经济效益。其核心思想就是及时制造、消灭故障、消除一切浪费、向零缺陷零库存进军。精益生产方式的两大支柱是准时化（Just in Time，JIT）和自动化。准时化，是指在必要的时间内生产必要数量的合格产品，以杜绝过量制造，消除浪费，降低成本。自动化，特指赋予机器以人的智慧，出现异常就立即停机，防止错误的继续传递，这种"防止失误装置"能够防止生产次品，及时制止过量制造，能自动控制现场发生的异常情况，使人从机器旁解放出来。生产准时化是精益生产方式的基础，自动化为企业的准时化生产提供实时质量保证。精益生产是企业生产方式的又一次革命性飞跃，被普遍认为是最适用于现代制造企业的一种生产组织管理方式。

随着精益生产的广泛应用，它的核心思想已经发展成为独特的精益思想，它的应用也已经不再局限于生产领域，而是外延到企业活动的各个方面，例如精益设计、精益采购、精益物流、精益销售、精益服务等企业经营活动的全过程，成为"精益管理"，其核心都在于最大限度地降低浪费。简单地说，精益管理就是关于通过消除那些被认为是有浪费的活动来为顾客创造更多价值的一种工具、任何活动或是过程。只要消耗了资源、增加了成本或是占用了时间而没有创造价值的活动或过程就都会成为被消除的对象。精益管理的一个重要的方面就是集中于系统层面的改进（而非某一点的改进），它是系统层面的操作，将极大地提高一个公司的基本绩效。如何适当地消除浪费，对任何成功的精益管理的执行都是非常重要的。对于服务型企业而言，精益管理可以提升企业内部流程效率，做到对顾客需求的快速反应，可以缩短从顾客需求产生到实现过程的时间，大大提高顾客满意度，从而稳定和不断扩展市场占有率（见图2-4）。

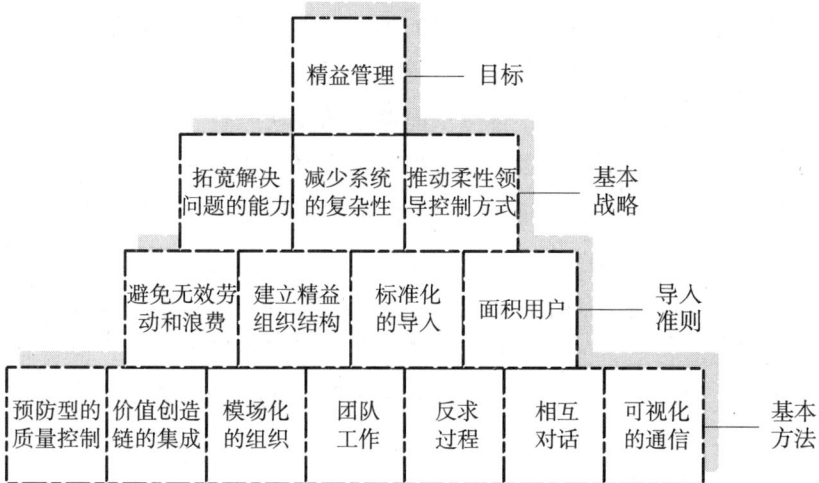

图2-4　精益管理的内涵及其运作

　　精益运营是把基于核心产品或服务所形成的价值流融入企业整体价值流加以分析，确定增值作业和非增值作业，并通过科学、系统的方法减少和消除非增值作业，以最少的资源取得较佳效用的生产方式。精益运营的根本目的可以归纳为运用精益原则，建立更适合企业的运营体系，改善企业运作机制，提高企业生产效率，加速核心业务运转，降低企业运营成本，从而快速响应市场，为客户提供更符合其消费需求的、标准化的产品和服务，提高客户满意度、提升客户贡献价值。精益运营的出发点是以客户需求确立的价值目标，核心思想是消灭各生产流程中的浪费，实现方式是全面持续优化生产流程；管理对象是没有创造价值而消耗资源、增加成本、占用时间的流程环节。精益运营要求全面、系统地管理所有流程，保证整体流程最优前提下，细化各个流程中人员、要素和生产线的搭配。

　　鉴于精益运营以摒弃浪费为核心思想，其在银行运营领域的具体应用体现为几个方面：减少等待时间、缩短流程周期、减少多余的不增值流程、提高响应能力，减少浪费、减少重复操作、减少操作差错，持续改进。精益运营通过分析客户对于产品质量与服务品质的需求，带动了设计者对于银行业务流程的持续优化热情，不断满足着股东和管理者在成本、质量、服务等方面的卓异追求。事后监督作为银行的操作风险管理机制之一，通过引入精益运营理论，可以在降低差错、优化流程、提高核算质量等方面发挥更大的作用。一方面，再造精益型监督流程，提升监督效果。通过深入剖析传统监督模式下存在大量无效监督或低效监督的根本原因，研究实施传统事后监督的人工机械复审方式向现代事后监督的模型智能监测模式的转变，探索建立全新的与风险严重程度相匹配的监督资源分配机制，消除传统监督模式下的无效操作和非增值环节，使监督体系能够主动发现风险、识别风险，提高监督作业效率，保证业务核算质量，进而减少监督对资源的占用和消耗，降低监督成本。另一方面，改进业务流程，降低整体运营成本。事后监督不仅仅局限于自身工作流程的改进，更重要的是通过流程导向作用的发挥达到推动银行所有业务流程持续优化的目的。科学、合理的业务流程不仅影响着运行效率，决定着后台运行的支持和服务水平，而且是产品性能、产品价格竞争的关键因素，对银行运行质量的全面提升和服务水平的不断强化起到关键作用。事后监督通过对风险事件的关键动因的挖掘分析，及时发现业务运行过程中潜藏风险的不合理和不规范的业务流程，并提出流程改造优化建议，使商业银行以越来越少的投入——较少的人力及设备、较短的时间、较低的风险，获取越来越大的价值，为商业银行节约更多的运营成本，进而创造更大的价值。引入精益运营理论的事后监督聚焦于商业银行的服务转型、管理转型、效率提升和成本降低等关键环节，目标更加明确，对于流程改进的拉动能力更加强劲。精益的事后监督作业着眼于内部风险管理资源的整合，包括系统建设、流程构建、环节设置、人员配置等环节，达到减少冗余的作业环节、提升工作效率、合理计量成本、实现监督效率最大化的目标。精益事后监督作业模式见图2-5。

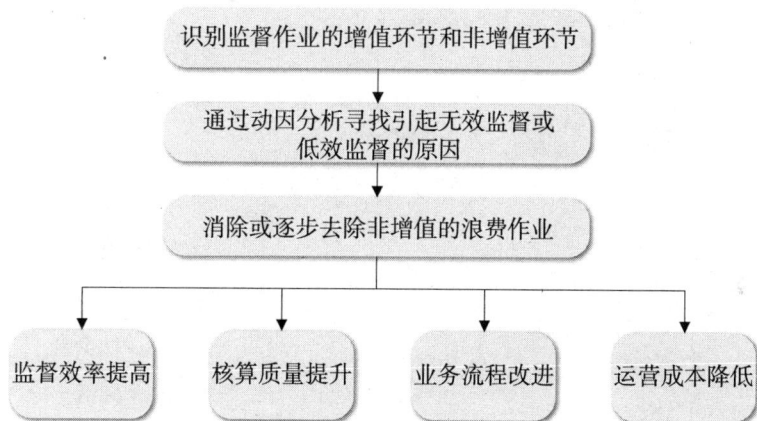

图2-5　精益事后监督作业模式

四、六西格玛理论

六西格玛管理最早是在20世纪80年代由摩托罗拉公司提出的。当时摩托罗拉的大部分市场已经被日本吞食，为了夺回市场，维持生存，摩托罗拉内部开始进行管理革新，改进产品质量。通信部门的George Fisher发明了六西格玛管理方法，并在全公司内推广。通过对顾客需求的满足情况进行持续追踪和比较，并在产品质量上不断向期望目标迈进，从实施六西格玛管理的1987年到1997年，摩托罗拉公司的销售额增长了5倍，利润每年增加20%，累计节约成本140亿美元[1]。

---

[1]　曾凤章、焦明朋：《六西格玛管理——提高企业核心竞争力的战略选择》，载《四川兵工学报》，2003（1）。

σ是一个希腊字母，统计学用来表示标准偏差，即数据的分散程度。对连续可计量的质量特性，用"σ"度量质量特性总体上对目标值的偏离程度。几个西格玛是表示品质的一种统计尺度。任何一项工作程序或工艺过程都可用几个西格玛表示。六个西格玛可解释为每百万个机会中有3.4（3.4dpmo）个出错的机会，即合格率是99.99966%。按照正态分布表查得6σ的dpmo值应该是0.001，显然不同于与6σ相关的3.4dpmo，这是将长期均值漂移的1.5σ值考虑在内的结果。在六西格玛管理中，这种均值的漂移一般是可以接受的。3.4dpmo是长期过程性能，而6σ是过程集中后的短期性能。经过长期过程性能与短期过程性能转换公式，得到长期过程性能为4.5σ，由正态分布表就得出长期过程性能为3.4dpmo（见图2-6）。

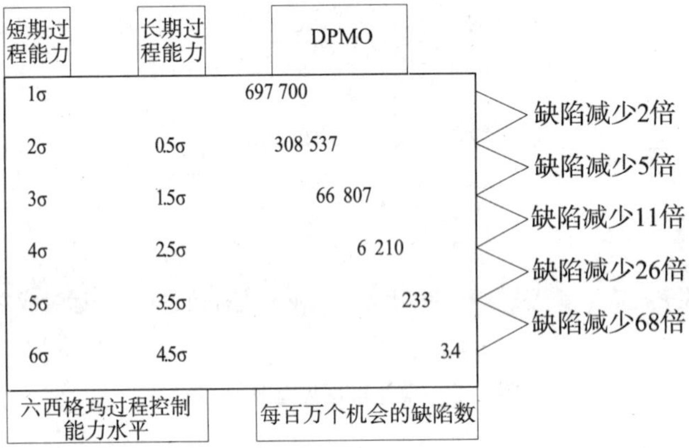

短期过程能力	长期过程能力	DPMO	
1σ		697 700	缺陷减少2倍
2σ	0.5σ	308 537	缺陷减少5倍
3σ	1.5σ	66 807	缺陷减少11倍
4σ	2.5σ	6 210	缺陷减少26倍
5σ	3.5σ	233	缺陷减少68倍
6σ	4.5σ	3.4	
六西格玛过程控制能力水平		每百万个机会的缺陷数	

图2-6　西格玛水平与百万个机会缺陷数之间的关系

六西格玛管理是一种以数据为基础、几乎追求完美的质量管理方法。通过持续消除过程缺陷来提高质量和服务水平，降低运营成本，增强企业竞争能力。西格玛水平可以对过程控制能力进行度量，西格玛水平越高，过程控制能力就越强，西格玛水平越低，过程控制能力就越低。对企业而言，在巨大的市场压力及竞争压力面前，需要不断提高过程控制能力，寻找改进经营业绩的机会，运用六西格玛的严格的管理方法来探索经营模式的改进路径。表2-1介绍了不同产品从3.8σ（合格率为99%）到6σ（合格率为99.99966%）的改进成果。

表2-1 不同产品质量水平的比较

3.8σ(99%)	6σ(99.99966%)
每小时丢失2万件邮件	每小时丢失7件邮件
每天有15分钟有不安全自来水	每7个月有1分钟有不安全自来水
每星期有5 000例不成功的外科手术	每星期有1.7例不成功的外科手术
有一些主要机场每天有2个航班不能降落	有一些主要机场每5年有1个航班不能降落
每月有7个小时停电	每34年有1个小时停电
商业银行每分钟有118笔业务操作有误	商业银行每分钟有4笔业务操作有误

尽管六西格玛源自统计学上的正态分布，但现在六西格玛管理的理念已经完全超出统计学含义，既成为企业的产品质量目标，又成为以客户为中心、持续改进的管理哲学。应用六西格玛方法对产品和服务过程进行改进，消除过程中的缺陷和不增值作业，从而提高产品和服务质量、缩短运营周期、降低经营成本、提高客户满意度，是增强企业核心竞争力的有效途径。

一是以客户为关注焦点。客户的需求只有在被充分理解和满足之后才会增加对企业产品和服务的满意度和忠诚度，进而增加对该企业产品和服务的消费，从而使企业获得相应的回报，增加企业的利润，因此，有效识别客户需求至关重要。六西格玛管理正是从深度理解客户当前和未来的需求出发，深入探究客户需求的最关键最核心部分，以此为基础驱动业务流程和产品服务的设计与改进。当然，对六西格玛管理效果的评估也是以客户满意度来衡量的，即以客户为关注焦点，以客户需求为导向，以创造客户价值为中心，这是六西格玛管理的核心理念之一。

二是用数据和事实说话。六西格玛管理强调以数据和事实为依据，通过对数据和事实的量化分析，准确定位改进方向，进而改善业务流程。六西格玛管理认为有助于改善流程的所有有用信息都已经以数据形式体现，一切源于数据，一切终于数据，强调让数据说话，六西格玛管理将"基于事实和数据"的管理提升到了一个更高的层次。

三是聚焦流程，消除变异。六西格玛管理将所有从客户需求出发、为满足客户需求所开展的活动都定义为流程，包括产品和服务的设计、业绩测评、效率提高和客户满意度提升，每项活动都是流程的一部分，即一切活动都是流程，而所有的流程都可能发生变异。发生变异的流程会扰乱产品生产计划，会使既定的经营活动失去协调，造成生产周期不确定、产品或服务质量不稳定的现象，进而使交货期无法预测，难以满足客户需求。六西格玛管理通过应用各种过程控制措施来减少甚至消除流程中的变异，从而保证产品和服务质量的符合性，在为客户提供价值时形成企业的竞争优势。可见，流程是六西格玛管理成功的关键。

四是持续改进。由于客户需求总是处于动态变化中的，在今天客户的需求得到满足之后，在明天还会有新的客户提出更多、更高的要求，企业必须具备持续满足客户需求的能力，所以六西格玛管理所追求的目标不是静止的，需要周而复始、反复不断地对整个流程实施定义、测量、分析、改进和控制（DMAIC），实现流程的螺旋式提升和持续改进（见图2-7）。

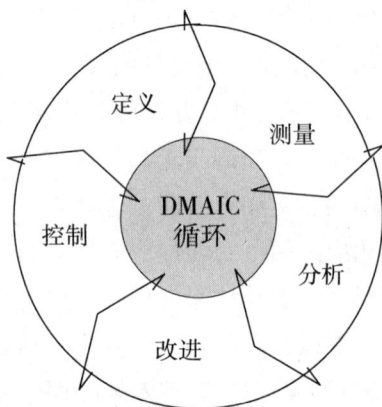

图2-7　DMAIC循环改进方法

D(define)：定义。识别客户的关键需求并确定需要改进的产品或流程，决定要进行测量、分析、改进和控制的关键质量特性，将改进项目界定在合理范围内。

M(measure)：测量。通过测量和评估现有过程，制定期望达到的目标及业绩衡量标准，识别影响过程输出的输入变量，并验证系统的有效性。

A(analysis)：分析。通过数据分析确定影响输出的关键输入变量，即确定过程的关键影响因素。

I(improve)：改进。优化过程输出结果并消除或减小关键输入变量的影响，寻找最优改进方案，使过程的缺陷或变异降至最低。

C(control)：控制。固化改进成果，采取修订文件等方法使成功经验制度化，并密切监测运行过程，不断寻求进一步提高效果的持续改进方法。

目前，发端于制造企业的六西格玛管理理念已广泛应用于现代商业银行业务运营领域。通过实施六西格玛，能够最大限度地减小业务流程变异，提高过程控制能力和稳定性，提高服务或产品的稳健性；能够缩短业务流程，缩短服务时间，准确快速理解和响应顾客需求，降低运营成本；能够减少冗余环节，提高资源利用效率；能够提高顾客满意度，提高市场占有率。六西格玛也为商业银行运行风险管理提供了一套科学有效的量化工具和方法。我们认为，商业银行每天处理的大量业务中出现运行风险事件的概率应该控制在一定的西格玛水平内。在事后监督领域，西格玛表示每百万笔业务量或交易中出现风险事件的个数。西格玛的数值越高，表明风险事件发生率越低，风险暴露水平越低，面临的风险冲击可能性越小。相关数据见表2-2。

表2-2　　　　　　　　西格玛水平与风险事件数量之间的关系

西格玛（个）	每百万笔业务量中的风险事件数量（笔）
1	697 700
2	308 537
3	66 807
4	6 210
5	233
6	3.4

基于六西格玛的事后监督，应将风险事件作为管理的主要对象，并利用监督模型作为识别风险事件的主要方式，实行风险导向和流程导向的监督。通过风险导向的监督，对风险事件进行持续有效的识别、确认、计量、评估和报告，在提高风险定量管理能力的同时，通过DMAIC循环持续改进监督作业流程，达到消除冗余、提高效率、降低成本、提升服务的目的，实现对监督流程的标准化、精细化管理，从而获得规模经济效益；通过流程导向的监督，不断收集风险驱动因素，分析业务流程中存在的触发运行风险事件的关键原因，推动商业银行整体业务流程的持续改进，通过增强流程和系统的过程控制能力，从根本上减少风险事件，消除损失事件赖以生存的土壤和环境，减少或避免风险损失的发生。在风险导向和流程导向的指引下，不断提

高运行风险的西格玛管理水平，不断发现并改进影响业务运行流程的关键驱动因素，使业务流程日趋合理化、精益化、人性化，在改善客户体验的同时大幅提升客户满意度。

第三节　工业界事故致因理论

在西方工业界发展过程中，为避免生产事故带来的巨大损失，改变事故频发的状况，西方工业界对生产过程中的操作风险进行了深入研究，取得了大量的研究成果。通过研析工业界的操作风险管理理论，可以发现商业银行日常业务的运行风险与工业企业的事故发生机理类似，都是以各种风险事件的形式表现出来。因此，在进行商业银行事后监督转型设计过程中，有必要参照工业界的事故致因理论，将事故致因理论的精髓与现代商业银行业务运行风险发生实际相结合，探索建立契合商业银行业务运行风险特征的事后监督管理机制。本节主要就事故因果连锁理论、瑟利事故模型、轨迹交叉理论、变化失误理论等具有代表性的事故致因理论进行介绍。

一、事故因果连锁理论

事故因果连锁理论认为伤害事故不是孤立事件，而是互为因果的原因事件相继发生的结果，研究导致事故发生原因与事故之间的关系至关重要。海因里希、博德、亚当斯和北川彻三等都对事故因果连锁理论进行了有益探索。

（一）海因里希事故因果连锁理论

1936年，美国的海因里希最先提出了事故因果连锁理论，通过对工业界的伤亡事故进行总结和验证，认为伤亡事故的发生与各原因间具有因果连锁关系。海因里希用五个因素论证工业界伤亡事故的发生、发展过程具有的因果连锁关系，即社会管理和社会环境欠缺造成人为失误，人为失误造成人的不安全行为或物的不安全状态，人的不安全行为或物的不安全状态导致意外事件，并由此产生伤亡事故①。

海因里希事故因果连锁理论又称为多米诺骨牌理论（见图2-8），海因里希通过借助多米诺骨牌形象地描述事故发生的因果连锁关系，即事故发生是一连串事件按照一定顺序互为因果的依次发生。当一块骨牌倒下时，将发生连锁反应，使后面骨牌依次倒下。如果移去因果连锁中的任意一块骨牌，则因果连锁将被破坏，事故过程即被中止，从而达到有效控制事故发生的目的②。

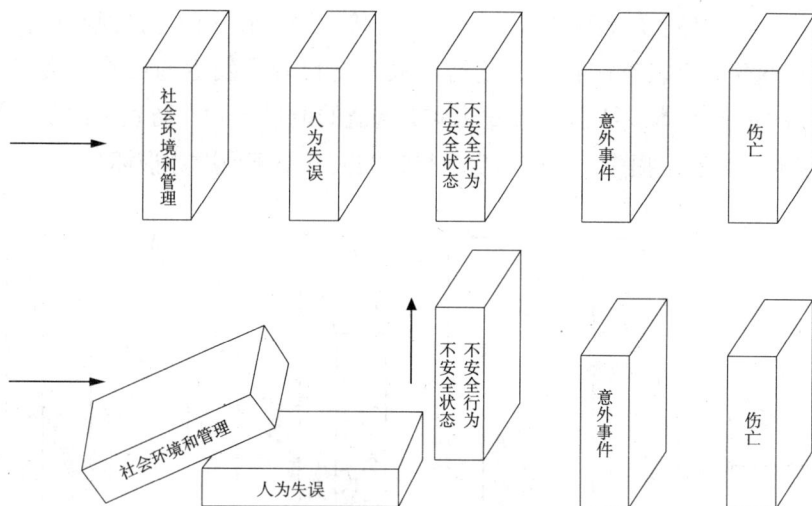

图2-8 多米诺骨牌理论

（二）博德事故因果连锁理论

美国的弗兰克·博德（Frank Bird.）在继承海因里希事故因果连锁理论的基础上，从安全管理的视角研究事故因果连锁理论，认为人的不安全行为和物的不安全状态仅是导致事故发生的重要原因之一，而管理失误才是导致事故发生的最本质原因。博德认为事故因果连锁过程影响因素的顺序为：管理失误→个人因素及工作条件→不安全行为及不安全状态→事故→伤亡，通过移去中间的骨牌中断事故发生的进程，达到安全管理的目的，防止不安全行

---

① 焦霞：《论海因里希因果连锁理论对企业安全管理的启示》，载《科技情报开发与经济》，2007（36）。

② H. W. Heinrich, Industrial Accident Prevention, New York: McGraw-Hill Book Company, 1979.

为和不安全状态的发生，从而避免损失的发生[1]。

博德事故因果连锁理论（见图2-9）具备五个要素，其内涵各有不同。第一，管理失误是本质原因。工业企业仅依靠技术措施预防事故和伤亡是不够的，由于工业企业的生产无法实现本质安全化，事故和伤亡概率则无法避免，只能通过加强安全管理来防止事故和伤亡的发生。第二，个人因素和工作条件是基本原因。个人因素是指由于工人缺乏安全知识和技能，造成行为动机不正确；工作条件是指由于安全操作规程不健全，造成设备和材料不合格。第三，不安全行为或不安全状态是直接原因。在实际生产过程中，不安全行为和不安全状态的存在，使得事故和伤亡有了发生的可能。第四，事故。事故是指人体或结构与超过其承受阀值的能量接触，防止事故发生就是防止接触。第五，损失。直接由事故导致的人身伤害或财务损坏[2]。

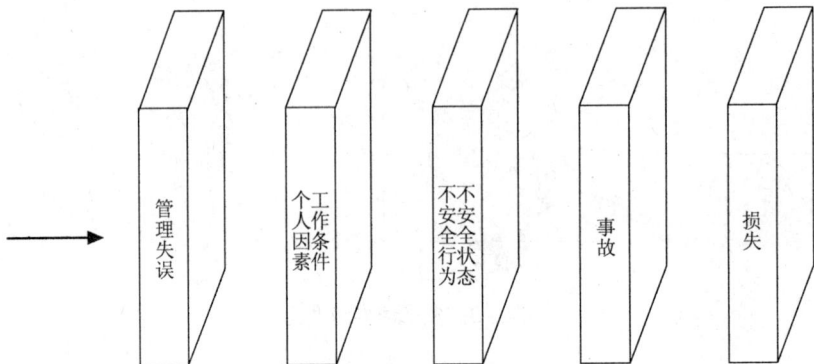

图2-9　博德事故因果连锁理论

（三）亚当斯事故因果连锁理论

英国的约翰·亚当斯（John Adams）通过对海因里希理论缺陷的补充，提出包含领导决策错误、安全管理失误、现场失误、事故、损失等内容的事故因果连锁理论（见图2-10）。亚当斯事故因果连锁理论核心内容是提出现场失误的管理原因，认为人的不安全行为和物的不安全状态导致的现场失误

---

[1]　Bird. Jr. Frank，Management Guide to Loss Control，Atlanta: Institute Press，1974.

[2]　赵立祥、刘婷婷：《事故因果连锁理论评析》，载《经济论坛》，2009（8）。

是由管理失误造成的，企业领导者决策错误和安全管理失误对企业经营和安全管理具有决定性影响。

管理失误是由企业管理体系中的问题所导致。一方面，管理失误是由领导者决策错误或未作出决策等问题引起的，这些决策涉及政策、目标、权威、责任、职责、范围和授权等方面。另一方面，管理失误是由安全管理疏忽或错误等原因引起的，包括行为、责任、权威、规则和业务活动等[1]。

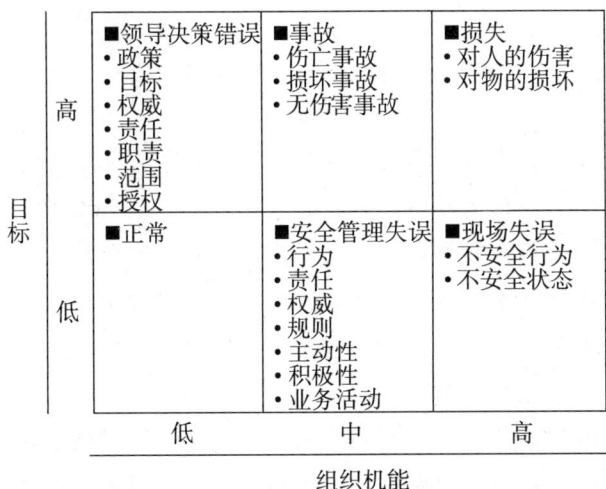

图2-10　亚当斯事故因果连锁理论

（四）北川彻三事故因果连锁理论

日本的北川彻三认为海因里希、博德、亚当斯等人的事故因果连锁理论主要考察企业内部事故预防工作，对于外部其他因素的考察较少，尤其是政治、经济、文化、历史、科技和教育等诸多外部的社会因素，这些因素对事故发生有着间接的影响，同时也为企业管理者制定预防措施提供依据。北川彻三在继承海因里希事故因果连锁理论的基础上，提出了以基本原因、间接原因、直接原因为主的事故因果连锁理论（见图2-11）。

---

[1]　Adams. JGU，Risk and Freedom: the Record of Road Safety Regulation, Transport Publishing Projects，1985.

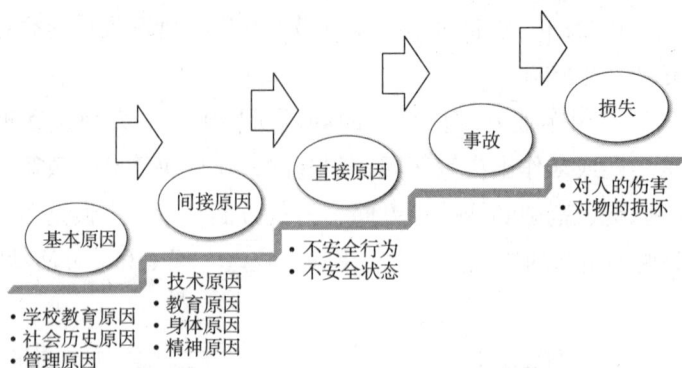

图2-11 北川彻三事故因果连锁理论

北川彻三从基本原因和间接原因两个最为普遍的方面论证了事故因果连锁理论。北川彻三认为基本原因包括管理原因、社会历史原因和学校教育原因，管理原因是指企业领导者人员安排不得当、安全管理不重视、维修保养不到位、作业标准不明确和工作热情不积极等管理上的缺陷；社会历史原因是指安全法规不完善、安全观念落后和安全管理机构不完备；学校教育原因是指小学、中学和大学教育机构的安全教育不充分。间接原因主要包括技术、教育、身体和精神四个方面，技术原因是设备、机械、建筑物等由于设计、建造、维护不到位等引发的技术缺陷；教育原因是由于缺乏安全知识、操作方法的培训，员工操作不熟练、操作习惯不正确、忽视操作过程中的风险；身体原因是操作人员出现头痛、昏迷、近视、耳聋、疲劳等身体状态不佳的问题；精神原因是焦躁、紧张、恐惧、偏激等精神不安定，以及消极、抵触、不满等不良态度。北川彻三认为企业管理者应在关注直接原因的基础上，充分认识各种基本原因和间接原因，综合利用管理手段、先进技术、教育改革、安全文化等措施预防和避免事故的发生[①]。

二、瑟利事故模型

1969年，美国的瑟利（Surry J.）在分析事故发生的原因后，提出根据人的认知过程来描述事故发生的因果关系，被称为瑟利事故模型（S—O—

---

① 毛海峰：《现代安全管理理论与实务》，29～32页，北京，首都经济贸易大学出版社，2000。

R）。瑟利事故模型把事故发生过程分为危险出现、危险释放两个阶段，危险出现和危险释放都包含一组类似的感觉、认识和行为响应的处理过程（见图2-12）。

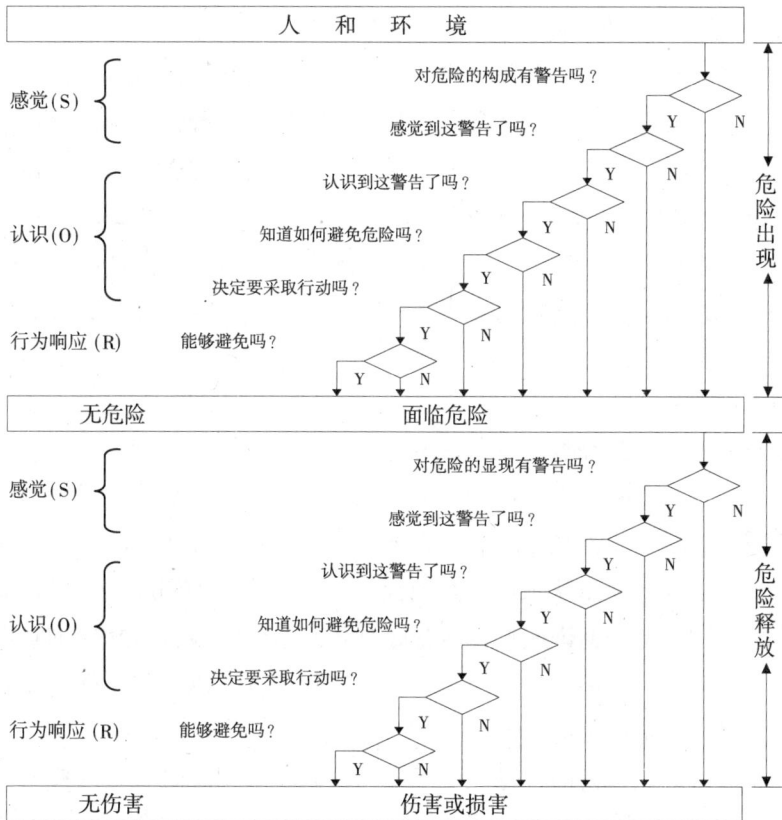

图2-12　瑟利事故模型

在危险出现阶段，假设信息处理过程中每个环节都是对的，则危险能被消除或得到控制，若任何一个环节出现问题，则会使操作者直接面临危险[1]。在危险释放阶段，假设信息处理过程中每个环节都是对的，虽然面临着已经显现出来的危险，仍然可以避免危险释放出来，不会带来伤害或损害，若任何一个环节出现错误，危险会转化为伤害或损害。

---

[1]　Surry, J. Industrial Accident Research A Human Engineering Appraisal. Canada：University of Toronto，1969.

（一）感觉

危险出现和危险释放中感觉成分有两个问题。第一个问题是"对危险的构成（显现）有警告吗"，这个问题是询问环境的瞬时状态，了解环境对危险的构成是否客观存在警告信号，环境中是否可感觉到安全和危险两种运行状态的差异，这个问题隐含表示出危险如果没有可感觉到的线索，则一些事故是不可避免的，同时也提醒我们在系统运行期间应该密切观察环境的状况。第二个问题是"感觉到这警告了吗"，若环境有警告信号，是否能被操作者感觉到，这个问题包括两个方面的含义。一是人的视力、听力和动觉性等感觉能力。若人的感觉能力差或过度集中精力于工作，那么即使有客观警告信号，也可能未被察觉。二是人在环境中受各种因素的干扰影响程度。若干扰严重，那么可能妨碍对危险信号的发现。因此，应及时安装便于操作者发现危险信号的仪器。

（二）认识

危险出现和危险释放中认识成分有三个问题。第一个问题是"认识到这警告了吗"，这个问题询问操作者是否知道哪些是危险线索，且每个线索都意味着什么危险，关键是操作者是否能够接受客观存在的危险信号，经过大脑的分析后变成主观的认识，并意识到了危险。第二个问题是"知道如何避免危险吗"，这个问题询问操作者是否具备与避免危险行为相应的知识和技能，为了具备这种知识和技能应对操作者进行训练。以上两个问题是紧密相连的，认识危险是避免危险的前提，若操作者不认识、不理解危险线索，即使有了危险的知识和技能也是无济于事的。第三个问题是"决定要采取行动吗"，在危险释放阶段，这个问题询问若不采取行动就会造成伤害或损坏，因而必须作出肯定的回答；在危险出现阶段，这个问题表明操作者在察觉危险之后不一定必须立即采取行动，这是因为危险由潜在状态变为现实状态不是绝对的，而是存在某种概率关系，潜在危险下不一定会导致事故，造成伤害和损坏。在察觉潜在危险后立即采取行动，固然可以消除危险，但是要付出代价，如停产减产等；反之，若不立即采取行动，尽管要冒显现危险的风险，然而却可以减少花费和利益损失；因此，是否立即行动应该正确估计危险由潜在风险变为显现风险的可能性，正确估计自己避免危险显现的技能。

（三）行为响应

瑟利事故模型最后一个问题是"能够避免吗"，这个问题询问操作者避免危险的技能情况，如能否迅速、敏捷、准确地作出正确反应和行动。由于人的行动和危险出现的时间具有随机变异性，其反应速度和准确性不是稳定不变的，这将导致即使行为响应正确，有时也不能避免危险。正常情况下危险由潜在风险变为显现风险的时间可能足够允许人们采取行动来避免危险，但有时危险显现可能提前，如按正常速度行动就无法避免危险了。因此，随机变异性可以通过机械的改进、维护的改进、避免危险技能的改进而减少事故发生的概率，但是随机变异性导致事故的可能性是难以完全消除的。

20世纪70年代，许多经济学家对瑟利事故模型进行完善和修正，具有代表性的有海尔模型、威格里沃思模型、劳伦斯模型、安德森模型等。1970年，海尔（Hale A.R）通过研究操作者与运行系统的相互作用，提出了一个闭环反馈系统的海尔模型，认为在人们对事件真实情况不能进行及时响应时，事故则会发生，但不一定能够造成伤害[1]。1972年，威格里沃思（Wigglesworth E.C.A）把事故完全归因于人的失误，提出人的失误管理模型，认为人的失误是构成所有类型事故的重要基础，失误是错误地或不适当地响应外界刺激，模型突出分析了以人的不正确行为导致事故的机理，但不适用于以物为主因的事故原因分析[2]。1974年，劳伦斯（Lawrence A.C.）在瑟利和威格里沃思等人的失误模型研究基础上，提出针对矿山企业以人的失误为主因的事故管理模型，该模型把识别事故征兆、估计危害、控制措施、矿山安全管理等有机结合起来，阐述了不同的事故后果，关键对策是迅速撤离危险区域[3]。1978年，安德森（Anderson R.）等人对瑟利模型进行了扩展和修正，在瑟利模型之上增加了一组问题，涉及的是危险线索的来源和可觉察性，运行系统内的波动，以及控制和减少这些波动使之与人的行为过程相一致，该模型称为安德森模型。与瑟利模型不同的是，安德森模型是针对整个系统，而瑟利模型仅仅是针对某一具体的危险线索[4]。

---

① Hale, A. R. & A. I. Glendon, Individual Behavior in the Face of Danger, Amsterdam: Elsevier, 1987.

② Wigglesworth, E. C., A Teaching Model of Injury Causation Arid a Guide for Selecting Countermeasures, Occupational Psychology, 1972.

③ Lawrence, A. C., Human Error as Cause of Accidents in Gold Mining, Journal of Safety Research, 1974.

④ Anderson R., The Role of Accidentology in Occupational Accident Research, Arbete och halsa, 1991. Solna, Sweden, Thesis.

从人的特性、机械性能和环境状态的匹配协调程度来看，事故因果连锁理论的机械性能、环境状态信息能够不断通过人的感官反映到大脑，人若能从中发现事故的致因，揭示出预防发生的途径，并及时正确地作出决策和采取行动，就能够化险为夷，避免事故和伤亡。

三、轨迹交叉理论

随着生产技术的不断进步，人们非常重视机械设备、生产条件不安全的问题。20世纪70年代，斯奇巴等人认为生产操作人员与机械设备两种因素都对事故的发生有影响，并且机械设备的危险状态对事故的发生作用更大一些，只有当两种因素同时出现时才能发生事故，为此斯奇巴等人提出了轨迹交叉理论（见图2-13）。

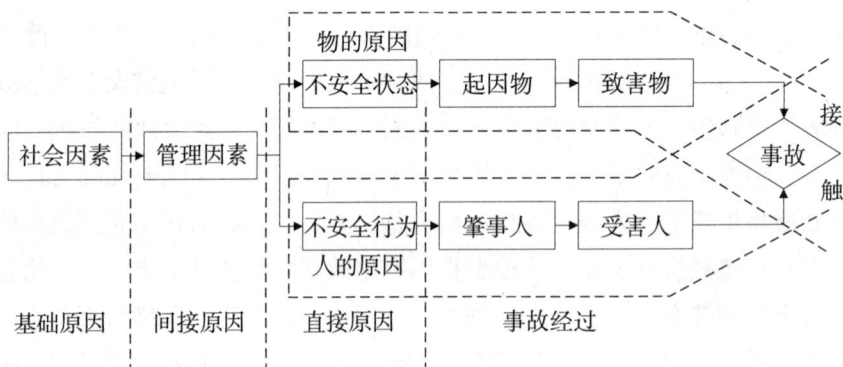

图2-13　轨迹交叉理论事故模型

轨迹交叉理论是一种从事故的直接和间接原因出发研究事故致因的理论，认为伤害事故是许多相互关联事件顺序发展的结果，包括人的发展和物的发展两个部分，若不安全行为和不安全状态在特定时间、空间发生了接触，产生控制失当的现象，事故则会发生。事故发展过程为基础原因→间接原因→直接原因→事故→伤害，这个过程是事故致因因素导致事故的运动轨迹，人的因素和物的因素有不同的运动轨迹[1]。

---

① 李万帮、肖东升：《事故致因理论评述》，载《南华大学学报》，2007（1）。

（一）人的因素运动轨迹

对人的基础原因进行追踪可以发现，主要有遗传因素、经济文化、教育培训、社会环境等因素，以及身体、生理、心理、知识技能、工作态度、规章制度、人际关系和领导水平等管理缺陷。人的不安全行为基于生理、心理、环境、行为四个方面产生。第一，生理、先天身心缺陷；视、听、嗅、味、触等感官能量分配上的差异；第二，社会环境、企业管理上的缺陷；第三，后天的心理缺陷；第四，行为失误。

（二）物的因素运动轨迹

对物的基础原因追踪可以发现，主要有设计、制造缺陷、标准缺乏等社会因素，以及维护保养不当、保养不良、故障、使用错误等管理缺陷。在物的因素运动轨迹中，在生产过程各阶段都可能产生不安全状态。主要包括设计上的缺陷、工艺流程上的缺陷、维修保养上的缺陷、使用上的缺陷等方面。

统计数据表明，绝大多数事故与人的不安全行为、物的不安全状态都有关，两者彼此往往互为因果、互相转化，人的工作失误占比较高，因此防范事故发生的关键是发挥人的主动性。从这个角度来看，如果我们采取相应措施，控制人的不安全行为或物的不安全状态，避免二者在特定时间、空间上的交叉，就可以在相当大的程度上控制事故的发生[1]。

四、变化—失误理论

1975年，约翰逊（Johnson）认为变化是引起人的失误和物的故障的主要原因，也是一种潜在的事故致因。事故的发生往往是由意外能量释放而引起的，这种意外能量释放是管理者或操作者未适应物的因素或人的因素的变化，由此产生行为失误，破坏了对意外能量释放的控制，导致人的不安全行为和物的不安全状态，造成生产过程中的人员伤亡和财产损失[2]。

变化—失误理论认为运行系统中与失误相对应的变化是事故发生的根本原因，没有变化就没有事故。人们能感觉到变化的存在，也能采用一些基本的反馈方法去探测那些有可能引起事故的变化。对变化的敏感程度，也是衡

---

[1]　陈宝智：《安全原理》，21~55页，北京，冶金工业出版社，2002。

[2]　Johnson, W. C. MORT, "The Management Oversight and Risk Tree",
Journal of Safety Research, 1975.

量各级管理者和专业安全人员的安全管理水平的重要标志（见图2-14）。

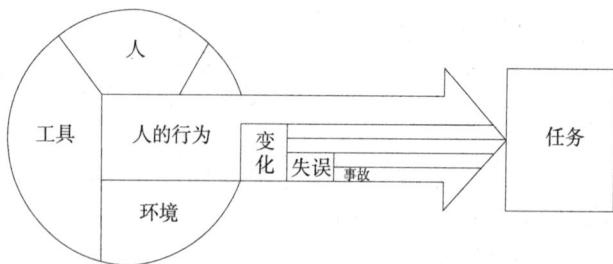

图2-14　变化—失误理论模型

在管理实践中，变化是不可避免的，关键在于管理者能否及时适应客观情况的变化。事故的发生大多是由于各种原因造成的，包含一系列的变化、失误的连锁，包括管理者的失误、操作者的失误、监督者的失误等，变化—失误理论有助于对新情况、新问题提出管理上的要求。

五、工业界事故致因理论与事后监督

从上述事故致因理论的分析中可以看出，西方科学家普遍认为事故是风险释放的结果而不是表现。为了弄清楚事故的发生机理，科学家曾跟踪调查大量不同行业工人的工作经历，证明事故发生是风险积累到一定程度而释放的结果，是一个由量变到质变的发展过程。当风险积累到一定程度，若不加以有效管理，一定会以事故或重大风险事件的形式释放出来，因此事故的发生有其必然性。如海因里希曾统计了55万件机械事故，其中死亡、重伤事故1 666件，轻伤48 334件，其余则为无伤害事故。统计发现在机械事故中，死亡和重伤、轻伤、无伤害事故的比例为1：29：300，国际上把这一法则叫事故法则。这个法则说明，在机械生产过程中，每发生330起意外事件，有300件不会产生人员伤害，29件造成人员轻伤，1件导致重伤或死亡。

虽然商业银行经营的对象是货币，其生产和销售的是一种金融服务，但从运行风险管理的角度看，商业银行的业务运行流程与工业企业的生产流程非常类似，均涉及大量的人工操作，所以工业界的研究成果可以在商业银行的业务运行风险管理领域得到有效应用，这为商业银行的事后监督转型提供了一种全新的设计思路。

结合运行风险演变逻辑，运行风险最终是以损失事件的形式释放出来的。在每一起损失事件（案件或事故）的背后，可能曾经发生了N起风险事件；而这N起风险事件并未得到有效管理和控制。虽然单个具体的损失事件的发生具有偶然性，其发生的精确时间、详细地点和造成的风险损失无法准确预测，但如果能够对大量的风险事件进行有效控制与管理，对触发风险事件的驱动因素进行持续分析并消除，则损失事件的发生概率和带来的风险损失将会有效减少和降低，进而从根本上提高商业银行的业务运行安全水平。可见，风险损失产生的根源是由于风险驱动因素未能得到及时消除，因而不断触发风险事件，风险事件又未得到及时管理而减少，使得大家对风险事件习以为常，大量的风险事件在特定的条件下引发了案件或事件等损失事件，损失事件则导致了一系列的财务或声誉损失，这又进一步证明了风险损失在特定条件下发生的必然性。因此，我们在将风险事件确定为事后监督对象的基础上，还应重视风险驱动因素的研究与管理。通过建立不断监测、识别、评估、管理风险事件的循环机制，找出关键的风险驱动因素进行归类分析和反馈控制，从流程、制度、系统、人员等方面持续改进，既能减少风险事件，消除损失事件，降低风险损失，提高业务运行风险管理水平，又能持续提高业务运行效率，提高客户服务水平，提升商业银行的市场竞争能力（见图2-15）。

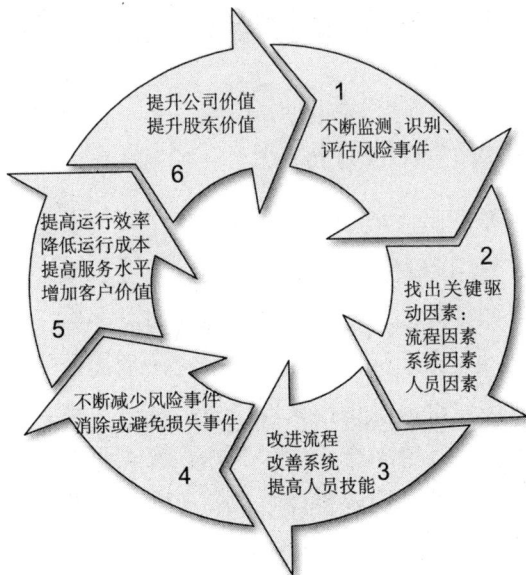

图2-15　商业银行管理风险事件的价值

第三章 商业银行事后监督转型设计

　　适应现代商业银行业务运行特点和风险管理要求，运用先进的风险管理理念，借鉴现代运营管理理论和工业界事故致因理论，重新思考和定位事后监督的目标、重新认识事后监督的作用、重新梳理事后监督机构与各产品部门之间的关系，设计崭新的事后监督模式与流程，服务于构建科学的价值型运行风险管理体系这一目标，是商业银行事后监督转型的重要内容。实现事后监督战略转型，对完善商业银行现代公司治理、转变经营发展方式、优化人力资源配置具有十分重要的现实意义。

第一节　事后监督转型的目标与路径

一、事后监督转型的目标设计

　　事后监督体系转型是一项艰巨复杂的系统工程，其最终目的是实行科学的运行风险管理。对国内商业银行而言，运行风险主要存在于业务核算、柜面业务处理的流程和相关岗位的操作中，呈现出点多面广的特点，这种现实是制约国内商业银行业务运行风险管理水平进一步提升的根本原因。在当前国内商业银行全面构建价值型运行管理体系、打造卓越金融服务后台的战略背景下，立足中国监管环境和行业运营实际，深入思考商业银行事后监督体系的发展路径和所处阶段，确定符合中国商业银行经营发展实际的事后监督体系转型目标显得尤为重要。

（一）流程管理能力决定了监督体系的发展阶段

依据流程管理能力的高低，可以将商业银行流程管理划分为初级阶段、中级阶段、高级阶段和理想阶段，与此相对应，事后监督体系的发展也划分为四个阶段（见图3-1、图3-2）。

对比国内外商业银行的操作风险管理模式，可以发现国外大型商业银行没有事后监督机制，对操作风险的控制主要体现在系统硬控制和事中控制体系之中，并通过定期的业务流程审计来强化流程的风险控制能力。究其原因，主要是因为国外大型商业银行大多具备高水平的流程管理能力，在操作风险管理上更加重视产品的流程设计，而流程设计的质量决定了后台风险控制的难度、效率和成本，从而使得国外商业银行能够以较低的成本及较高的效率满足客户服务和风险管理的要求。

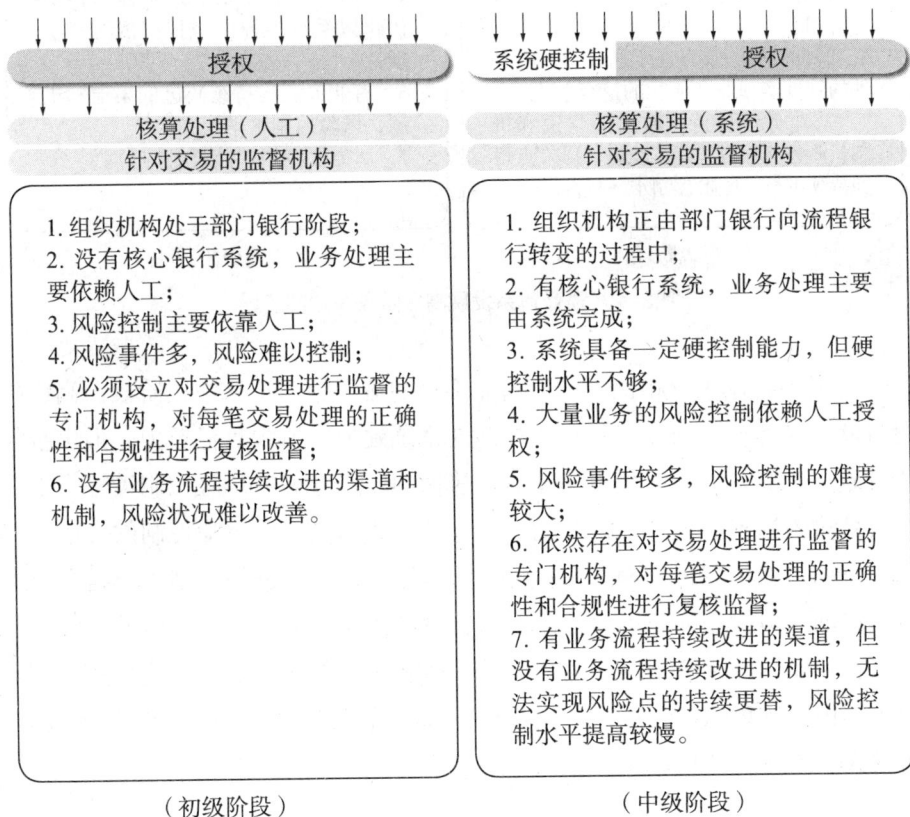

（初级阶段）	（中级阶段）
授权 核算处理（人工） 针对交易的监督机构 1. 组织机构处于部门银行阶段； 2. 没有核心银行系统，业务处理主要依赖人工； 3. 风险控制主要依靠人工； 4. 风险事件多，风险难以控制； 5. 必须设立对交易处理进行监督的专门机构，对每笔交易处理的正确性和合规性进行复核监督； 6. 没有业务流程持续改进的渠道和机制，风险状况难以改善。	系统硬控制　授权 核算处理（系统） 针对交易的监督机构 1. 组织机构正由部门银行向流程银行转变的过程中； 2. 有核心银行系统，业务处理主要由系统完成； 3. 系统具备一定硬控制能力，但硬控制水平不够； 4. 大量业务的风险控制依赖人工授权； 5. 风险事件较多，风险控制的难度较大； 6. 依然存在对交易处理进行监督的专门机构，对每笔交易处理的正确性和合规性进行复核监督； 7. 有业务流程持续改进的渠道，但没有业务流程持续改进的机制，无法实现风险点的持续更替，风险控制水平提高较慢。

图3-1　监督体系发展初级阶段和中级阶段

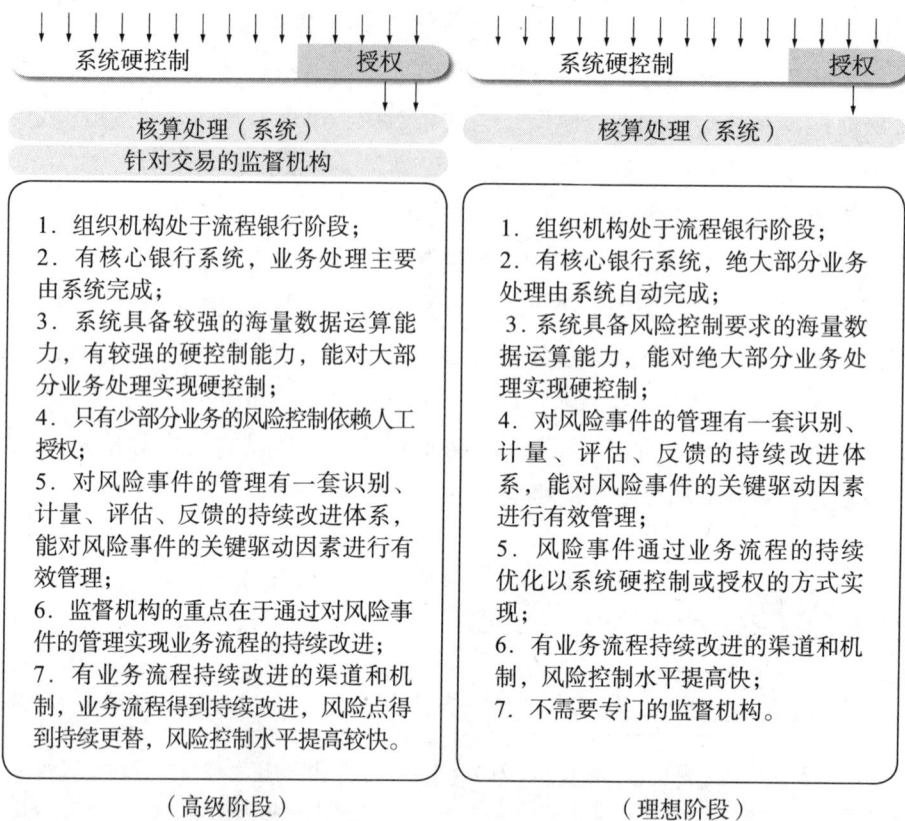

图3-2　监督体系发展高级阶段和理想阶段

与国外商业银行相比，国内商业银行的流程管理正从中级阶段向高级阶段过渡。虽然各家商业银行也积极地向系统硬控制风险目标努力，但由于起步较晚，长周期的系统建设又滞后于快速的业务发展，风险控制策略尚未完全有效融入系统的设计，产品的流程设计无法满足全面风险控制的要求，大量业务的风险控制仍依赖人工授权，业务流程持续改进的机制尚未建立，业务流程的风险控制能力尚有差距，需要专门的监督机构对流程运行的结果进行监督，以弥补业务流程在风险控制方面的不足（见图3-3）。这是事后监督改革的内部约束条件，决定了商业银行事后监督体系改革的取向在于创新监督模式，提高监督的效率与效果。

图3-3 流程管理能力与监督体系关系图

（二）外部监管环境决定了监督体系的发展方向

为促进商业银行建立和健全内部控制，保障银行体系安全稳健运行，中国银行业监督管理委员会于2007年发布的《商业银行内部控制指引》（中国银行业监督管理委员会令 2007年第6号）第十九条规定：商业银行应当建立有效的核对、监控制度，对各种账证、报表定期进行核对，对柜台办理的业务实行复核或事后监督把关；第八十二条明确要求商业银行应当建立事后监督制度，配置专人负责事后监督，实现业务与监督在空间与人员上的分离。这就决定了事后监督作为中国特色的商业银行运行风险管理机制，其存在不仅具有客观性、必然性和长期性，也是政府监管层面的法定要求。这是事后监督改革的外部约束条件，即改革不是取消事后监督制度，而只能是在坚持事后监督制度基础上的自我完善。

中国银行业监督管理委员会2007年发布的《商业银行操作风险管理指引》明确指出，商业银行应制定有效的程序，定期监测并报告操作风险状况和重大损失情况；针对潜在损失增大的风险，建立早期的操作风险预警机制；应当建立并逐步完善操作风险管理信息系统，管理信息系统至少应当记录和存储与操作风险损失相关的数据和操作风险事件信息，支持操作风险和控制措施的自我评估，监测关键风险指标等。监管部门为商业银行的操作风险管理指明了方向，而传统的事后监督由于缺乏对风险事件理念的认识，没有风险量化指标的设计与划分，也难以实现早期的操作风险预警和自我评估等。现实的不足与严格的监管要求迫切需要商业银行引入先进风险理念，全面推进事后监督的转型。

（三）事后监督转型的目标

商业银行自身的流程管理能力和监管部门的监管要求从内因和外因两个方面共同作用，使得商业银行事后监督转型目标的设计需要从国情行情实际出发，从业务流程设计和操作风险管理的现实出发。

事后监督近期转型的目标主要是依托基于数据分析的事后监督系统，再造监督流程，改革传统规范导向的监督方式，实行风险导向的监督，增强业务运行风险管理能力；实行流程导向的监督，推动业务流程的持续改进；整合监督资源，完成监督体系由业务复审向风险管理与质量控制的战略转型。

未来，随着商业银行对产品流程设计的更加重视，流程管理能力将不断提升，系统硬控制水平持续增强，业务规模化、集约化处理能力不断提高，业务操作的风险控制将主要在系统和授权体系中完成，事后监督体系也将逐步完成历史使命。

二、事后监督转型的路径设计

事后监督体系的价值不仅在于以较低的监督成本取得最佳的风险管理效果，更重要的意义在于通过监督推动业务流程的持续改进，不断提升业务流程的事中风险控制能力，增强商业银行业务竞争力。效果最好、效率最高的风险管理策略应该是在事中通过业务流程和系统硬控制风险方式管理风险。因此，事后监督转型不应局限于单纯的事后监督机构和事后监督机制的转型，而应着眼于与之相关的，融事前、事中、事后机制于一体的全方位转型；也不仅仅是事后监督系统的升级与重构，而是对商业银行整个监督资源的重新配置与优化。

（一）在事前和事中机制方面，突出增强系统和流程对风险的控制能力

由于国内商业银行流程管理能力与国外先进商业银行尚有较大差距，因此，在实施事后监督体系转型时，既不能简单模仿国外大型商业银行模式，取消事后监督，单纯采取流程硬控制风险方式，也不能固守传统的事后复审模式，而应有选择性地吸收借鉴国外大型商业银行流程管理与操作风险管理经验，采取多种方式增强系统和流程对风险的控制能力。

1. 以电子化、自助化为手段，提高业务处理的自动化程度。在产品层

面，优先发展电子化产品，对传统产品进行全面电子化改造，并以此为基础，充分利用网上银行、手机银行、自助终端等非柜面渠道有效分流柜面业务，使交易信息更多地通过系统进行不落地传递和处理，在为客户提供更加高效服务的同时，减少柜面业务操作环节，增强事中风险控制能力。

2．以集约化、预约化为途径，实现业务流程的向前向后延伸。在科学测量评价柜面服务效率和操作风险控制效果的基础上，按照能集中不分散的集约经营原则，通过推进柜面业务分离、客户分层和业务流程优化，持续加大后台集约化的业务处理范围，减少柜面人工操作，将业务流程向前向后延伸。在新产品开发时，优先考虑将业务集中处理的要求，充分发挥并加强系统的硬控制能力，将传统柜面业务"后移"至后台进行集中处理，提高集约化、标准化、规范化业务处理能力。同时，通过建立客户预约服务和客户自助预填单、系统预处理模式，将传统柜面业务受理环节"前移"，缩短客户柜面等待时间，建立高效快捷的业务受理流程，在提高客户满意度的同时降低银行柜面操作风险。

3．以直通化、简约化为目标，建立关联性业务系统间的直联直通机制。按照能自动不手工、能直通不落地、能联动不分步、能直驱不分离原则，建立商业银行内部管理系统与核算账务系统间、行内与行外系统间的无缝对接，解决系统不衔接、不直通导致同笔业务需在多个系统处理的问题，实现跨系统、跨专业、跨机构的业务流程整合，提高业务处理效率和风险控制水平。

此外，通过构建事权划分机制，优化授权流程，强化授权管理，规范网点的现场管理，确保事中控制活动的有效性。

（二）在事后机制方面，着力再造科学高效的监督流程

转型后的监督体系要顺应商业银行风险管理的发展趋势，就必须在系统建设、流程设计上具有一定的前瞻性。系统方面，将国内商业银行特色的事后监督与国际通行的数据分析方法有机结合，设计风险监测、质量检测、履职管理等多种风险识别方式相互补充、良性循环的风险监控平台；流程方面，将监督体系各构成要素有机协调，以风险事件识别为重点、以风险事件的管理为主线，以提升流程风险控制能力为目的，设计与现代事后监督相适应的集风险识别、确认、计量、评估、报告于一体的管理流程。

1．设计智能化的监督模型。根据风险形成机理和风险特征，引入数据分析方法，对客户交易习惯（主要交易对手、支付金额、支付频率等）和员工

操作行为以及网点的内控水平进行具体量化，设计智能化的监督模型，通过模型识别、多点反馈、归并确认的方式将与客户交易习惯不符的异常信息筛选出来，全景重现风险事件的特征，实现风险导向的监督。

模型识别指系统以监督模型作为风险识别引擎，自动、智能地识别可能存在风险的异常交易信息；多点反馈指当同一风险事件触发多个监督模型时，将同时展现风险事件的全部风险特征；归并确认指将同一风险事件具备的多个风险特征有效归并起来，进行统一认定，有助于更加全面、准确地确定风险事件的性质和风险程度。

2. 建立风险分级管理机制。全面梳理业务流程中的风险点，不断将认知范围内的主要风险环节纳入监控，按照系统硬控制、业务处理环节分离控制和授权控制的顺序，将梳理出来的风险根据控制途径进行分类，确定风险形成机理和风险特征，以及与商业银行财务损失的关联程度和严重程度，并据此建立风险的分级管理机制，根据不同风险管理对象的风险程度，实施与之相匹配的监督，投入不同的监督资源、适用不同的监督流程、采用不同的管理措施。

3. 建立业务监督的准入、评估和退出机制。风险导向的监督要求将有限的监督资源用于对高风险对象的监督，因此，需要根据风险的不断变化持续调整监督的对象、监督的内容和监督的重点，实现对业务监督准入、评估和退出的有序管理。

一是准入机制。对将要纳入监督的业务，商业银行各业务部门需要向事后监督主管部门提交业务监督准入申请以及详细的业务流程说明与监督需求，并确定具体监控内容和监控方式，事后监督主管部门依据监督准入标准进行综合评定后统一纳入监督。

二是评估机制。事后监督机构定期对所监督业务进行数据分析，评价风险管控的有效性与针对性，并找出风险事件的关键驱动因素，将产品设计和流程改进的建议及时反馈给各业务部门。

三是退出机制。对于已经纳入监督的业务，商业银行各业务部门要逐步通过流程改进将风险尽可能以系统硬控制的方式进行管理；对于通过流程改进，已经实现系统硬控制或授权控制的业务，要及时退出监督范围。

（三）在运行监督资源整合方面，注重发挥各类管理资源的协同效应与整体合力

事后监督转型过程中，全新的监督模式和高效的监督流程必然会带来监督

资源的优化与重新配置。商业银行应该更加注重发挥管理资源的协同效应与整体合力，实现监督信息的完全共享和监督结果的相互利用。依托统一的事后监督系统，将网点现场管理人员、事后监督人员、检查审计人员有机联动，通过系统提供的风险监测、质量检测、履职管理三种风险识别方式的互为补充、相互作用，发挥事后监督的整体效能。履职的结果可以为监测和质检提供指导，质检的结果能够为履职和监测提供依据，监测的结果又为质检和履职提供支持，有利于开展有目标、有重点的监督、检查，实现现场检查与非现场监控的有机结合，全面构建层次清晰、各司其职、协调运转、内控严密的监督管理体系，形成监督有效果、质检有方向、履职有重点的良好局面。

在监督人员配备和岗位设置方面，商业银行事后监督转型使得监督理念、监督方式、监督流程、监督机制等核心要素发生巨大变化，风险识别能力和识别效率的提升将大幅减少监督资源的占用，释放出的大量监督人员可以投入市场营销、业务处理和经营管理工作，为商业银行提高整体竞争能力提供了有利前提。同时，监督人员的作业模式、工作方法和素质结构也将发生变化，有关工作岗位的设置应契合转型后的事后监督的要求，由以往的简单操作型向知识型、技能型岗位转变，突出岗位的专业性和技术性，可按照监督体系各构成要素设置相应岗位，如风险监测岗、质量检测岗、风险核查岗、风险评估岗等，每个岗位可根据风险导向的数据信息量合理配置人员数量。

第二节　新型事后监督体系的运行机理设计

一、新型事后监督体系的总体框架

事后监督体系转型应依托全新的事后监督系统，将现场管理、业务检查和事后监督等管理体系的各种要素有机协调起来，确定一个管理有序、信息共享、有机协作、环环相扣的监督链条，形成科学协调、职责明晰、重点突出、简洁高效的监督体系。在总体框架设计上，主要包括三个方面的内容：

一是设计分工明确的业务处理架构。遵循业务集约共享与风险集中控制的理念，通过建立统一的业务处理后台体系，将更多的业务纳入后台进行集中化、专业化处理，商业银行营业网点主要承担业务受理和服务营销职能，对网点业务操作和业务集中处理中的运行风险点的管理则更多地依靠系统硬控制来实现。

二是设计充分反映运行质量、运行风险管理要求的内部控制架构。通过事后监督转型，将以业务复审为主的规范导向的监督转变为以数据分析为主的风险导向和流程导向的监督，将事后监督机构由业务复审中心转变为风险管理与质量控制中心。

三是设计覆盖运行全过程、垂直的运行操作风险管理架构。通过网点业务运行风险的现场管理人员负责制、分行（或支行）业务运行风险的集中检查制、监督机构业务运行风险的事后监督制三个层面的风险管理和控制，充分发挥商业银行操作风险监管队伍的合力。

二、新型事后监督体系的运行机理

事后监督转型的目标是实现风险导向和流程导向的运行风险管理，风险导向的目标主要靠系统来实现，流程导向的目标主要靠机制来实现。风险导向的监督实质在于具备主动发现风险、识别风险对象的能力，并根据对象的风险程度，实施与风险程度相匹配的监督，真正做到监管资源分配以风险为基础，高风险高密度监管，低风险低密度监管[①]。流程导向的监督实质在于监督的视角要深入到流程层面，通过监督推动业务流程的持续改进，从根本上提高业务运行风险管理水平。遵循风险导向和流程导向的事后监督体系运行机理设计如下：

（一）数据分析

数据分析是指用适当的统计方法和计量工具对收集来的大量第一手的数据资料进行分析，以求最大化地开发数据资料的功能，发挥数据资料的作用，是为了提取有用信息和形成结论而对数据加以详细研究和概括总结的过程。数据分析的目的是把隐没在一大批数据中的信息集中、萃取和提炼出来，找出所研究对象的内在规律，帮助人们作出判断，以便采取适当行动。在商业银行事后监督领域，如何从海量的交易数据中找出隐藏在绝大部分正常交易下的可疑数据，识别出有价值的风险信息，正是运行风险管理的关键所在。传统事后监督未引入数据分析方式，而是依靠人工对已经发生的业务

[①] http://www.cbrc.gov.cn，银监会有关负责人就发布《商业银行操作风险管理指引》答记者问，2007。

进行全面模仿式的复核，注重凭证要素的规范性管理，缺乏对风险实质的监督，不具备主动发现风险、识别风险的能力；同时监督人员将每一笔监督业务视为彼此间相互孤立的个体，无法将不同时点发生的前后关联的交易有机联系起来，不能从中发现潜在的异常交易信息。这种仅仅依靠人工复审的非数据分析方式难以达到识别风险的效果，并且需要占用大量的人力资源，这与商业银行追求利润最大化的价值目标是相悖的，也不符合现代社会的集约发展理念。为此，需要在事后监督转型过程中，适当运用数据分析方法，用风险导向的数据分析取代以往规范导向的业务复审，以提升风险识别的针对性和有效性。在具体设计时，应将利用数据分析方法构建的监督模型作为识别风险的主要方式，通过预定的规则对银行每天的业务数据进行标准化的过滤筛选，以有效解决传统手工监督模式下由于人员数量有限、执行标准不统一、前后业务的风险关联监督不足导致的监督效率低下的难题，风险识别能力将大为增强，风险识别效果也将显著提高。

事后监督的质量检测功能也应基于数据分析方法来设计，对风险暴露水平较高的网点或柜员实施重点质检。由于网点及其柜员将无法了解其所办理的哪些业务被质检，什么时间被质检，具体质检的规则是什么，呈现出一种不透明、无规律的特点，这会极大地增强质检功能的威慑力。建立在数据分析基础上的事后监督体系将从根本上颠覆我国商业银行存在30多年的传统规范导向的监督模式，对风险的识别也将实现由人工复审为主向以监督模型识别为主的转变。这种转变在提升风险管理效果的同时，也会对商业银行监督人员的风险识别和风险判断能力提出更高要求，进而为监督队伍整体业务素质的提高指明新的努力方向。

（二）管理科学

随着商业银行电子化水平的大幅提高，网上银行等新型交易方式使得客户资金交易几秒内即可完成一次，同一笔资金一天内可以循环多次使用，倍数急剧放大，同时商业银行业务的迅速发展使得业务量成倍增加。按照成本效益原则，商业银行不可能无限制增加监督资源，也使得人工复审监督模式不可持续。因此，商业银行事后监督转型必须走内涵式挖掘、科学化管理的发展道路。新的事后监督体系应坚持运用科学的管理方法，通过先进的系统设计实现智能化的风险识别和确认。基于对记录公司客户交易习惯和个人客户消费行为习惯的交易数据的深度分析，我们可以从交易对手、交易金额、交易频率、交易渠道、交易时间等角度出发，针对不同类别的客户建立具有针对性的差异化的客户交易行为习惯模型。同时，综合运用"模型识别、多点反馈、归并确认"的方式（见图3-4），集中展现同一风险事件的多个风险特征，全景重现风险事件的风险特征原貌，准确评估风险的严重程度。为提高监督资源的利用效率，应对不同程度的风险采用不同的监督流程，设计一种将不同类型不同级别的风险事件进行分层管理的机制，对与财务损失关联度比较高的准风险事件[①]，采取逐笔核实的方式进行重点管理；对风险程度较低的准风险事件，则采取统计分析方式，并根据统计分析结果实施有针对性的管理措施。如此，可将整个商业银行的风险管理资源全部调动起来，为制度完善、人员培训、系统优化等提供决策依据，充分发挥事后监督对商业银行各项业务的推动和促进作用。

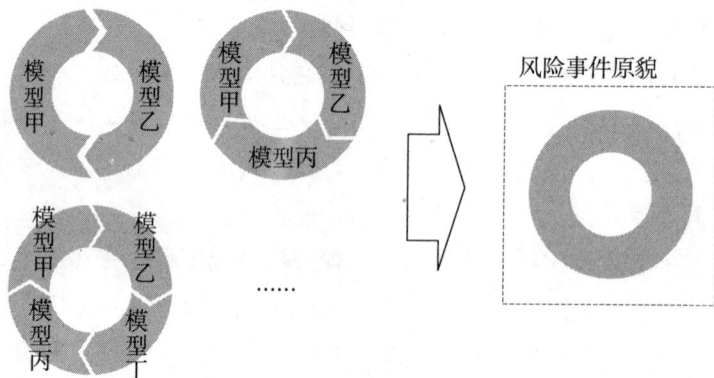

图3-4 "模型识别、多点反馈、归并确认"的识别方式

（三）良性循环

良性循环是事物之间相互关联、互为依托，组成一个循环滋生链条，形成共同促进的因果关系，进而呈现不断优化、持续发展的过程。良性循环是能在经济管理活动中使每一项活动有效进行的一种工作程序，因为每个循环都不是在原地周而复始的运转，而是像螺旋式攀升一样，每一个新的循环都有新的目标和内容，这意味着经过一次循环就可以解决一批问题，进而达到自我完善、自我改进的目的。新型事后监督体系应具备风险监测、质量检

---

① 准风险事件是指在业务运行风险管理过程中收集到的有待确认的异常事件。

测、履职管理等主体功能模块，并在全面收集风险事件、统一风险评估、选择风险驱动因素三大基础之上实现主体功能之间的相互作用，即构建起系统化的风险管理流程体系，通过风险监测、质量检测、履职管理等功能识别、确认风险事件，将收集到的风险事件按既定规则组成风险事件库，依据设定的风险计量指标体系，利用风险评估模块对风险事件进行持续评估，风险评估的结果又可以反馈给监测、质检和履职管理模块，用于评估、优化监督模型和修正、调整风险管理对象，进一步提升监督效能。同时，监测、监测结果、风险评估之间就可以形成作用与反作用的良性循环，实现风险导向的监测；质量检测、质量检测结果、风险评估之间也可以形成作用与反作用的良性循环，实现风险导向的质量检测；履职、履职结果、风险评估之间也能形成作用与反作用的良性循环，实现风险导向的履职管理。通过实行风险导向的监督，监督体系应可以根据风险不断变化和迁移的特点持续调整监督的方向和重点，始终将关注的焦点锁定在高风险对象上，使监督体系具备不断自我调整和优化的能力，保证监督体系运行质量的持续提升（见图3-5）。

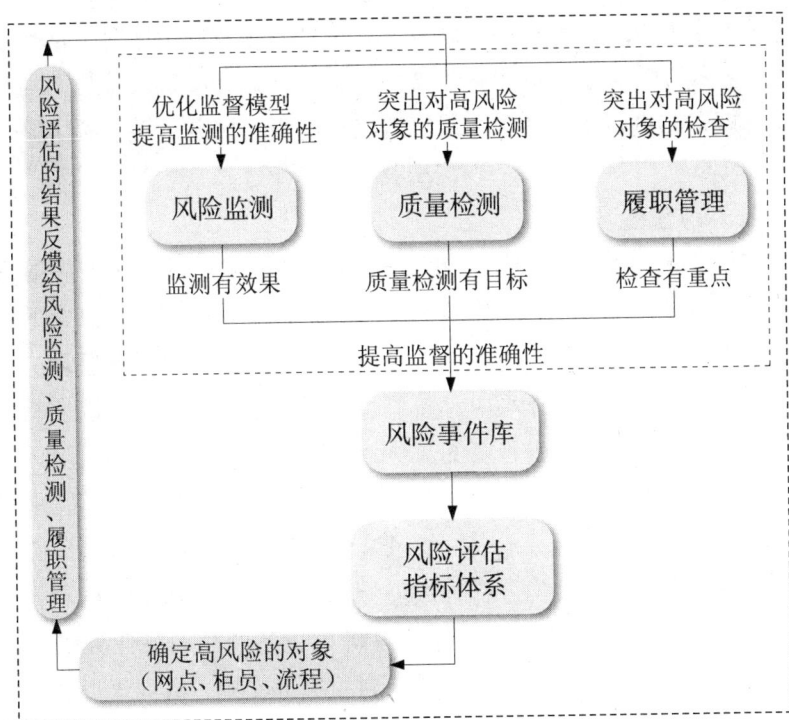

图3-5　监督体系良性循环示意图

（四）方式互补

为实现监督体系转型的战略目标，监督系统的重构是基础，各种管理资源、管理机制的整合也极为关键。设计良好的监督体系不仅应实现内部各主体功能的良性循环，而且应有助于监督体系与营业网点事中控制、运行业务检查等各种风险管理机制的良性互动。因此，为充分发挥商业银行风险管理体系的整体效能与监管合力，在事后监督的转型设计中应更加注重各种管理机制的综合运用，并把监督方式的变革和管理资源的整合结合起来统筹考虑。针对国内商业银行业务处理相对分散、流程风险控制能力不强以及业务运行风险点多面广、风险触发环节复杂的实际情况，新的事后监督体系应有针对性地设计系统监测、质量检测与客户核实、现场检查等多种管理机制相互补充的管理方式，事后监督为事中控制、现场检查指明方向，后者又为前者明确监督重点。在业务运行风险管理过程中，可以根据风险事件的业务类别、发生过程、风险特征和管理需要等采取不同的管理手段。各种管理手段相互补充且结果相互利用的新机制，将从根本上改变业务检查等管理机制与事后监督机构缺乏沟通和协作的状况，既能全方位涵盖业务运行的全过程，促进管理的全面性，又能提高管理效率，保证管理效果。同时，依托这种信息共享、方式互补、结果共用的监督体系，对网点、支行、分行的运行管理与风险管理资源进行深度整合，以打造层次清晰、协调运转、精干高效的管理格局。

（五）功能完备

传统事后监督通常定位于城市分行的监督作业平台。转型后的事后监督体系的功能设计应该是齐全完备的，不仅可以支持监督机构日常的运行风险控制需要，而且能够满足商业银行总行及各级分支机构风险管理决策的需要。为此，新的事后监督体系应具备风险分析评估功能，通过以衡量和揭示特定对象面临风险事件冲击程度的风险暴露水平指标为核心的风险评估指标体系的设计，对不同机构、不同业务线、不同柜员的业务运行风险进行统一计量，使同一商业银行全行范围内的风险管理信息共享成为可能。商业银行各级分支机构可以应用聚类分析等数理分析工具，对高风险机构和柜员的风险暴露水平进行计量排名，科学评价各机构、各产品、各业务线的风险特征，为各级管理者、各业务部门提供有力的决策支持，有利于形成风险评估日常化、风险考核定量化、风险管理信息化的良好局面。新的监督体系应该能够为商业银行总行及各级分支机构对业务运行风险实施"透明式跟踪"、"直通式管理"提供工具，全方位评估、多维度揭示运行风险在不同范围内的特征及发展趋势，管理维度可直达具体的网点或柜员。系统平台的风险评估功能应能通过构建量化的风险指标体系，为商业银行全行业务运行风险实行有目标的管理提供有力手段（见图3-6）。

	风险控制操作		风险管理决策	
功能 维度	监测	分析	评估	管理
业务线	√	√	√	√
机构	√	√	√	√
人员	√	√	√	√
渠道	√	√	√	√
时间	√	√	√	√
地域	√	√	√	√
客户	√	√	√	√

- 满足日常风险控制的操作需要
- 满足风险管理决策需要
- 支持全行业务发展

图3-6 监督体系功能完备示意图

（六）流程导向

新型事后监督体系应当建立一种机制，使得业务监督能够严格地准入、科学地评估和有序地退出，将事后监督和流程控制有机地结合起来，推动业务流程的持续改进，增强业务流程的风险控制能力。在监督准入环节，对需要监督的业务，首先明确监督方式、监督手段、监督内容，待经过系统的论证后，对于能够监督以及监督有效果的业务方可纳入监督范围。对处于监督范围内的业务，不能长期停留在监督体系中，要通过持续的评估找出风险事件的形成原因，为相关业务部门实施业务流程改进提供方向和科学依据；相关业务部门要积极采取措施，从根本上消除风险事件产生的关键驱动因素，提高业务流程的风险控制能力。为此，新型监督体系应建立风险驱动因素的收集和分析功能，为流程改进服务。对于通过流程改进，业务运行风险已经得到有效管控的业务，通过事后监督退出机制将其及时退出监督范围。通过监督准入、评估和退出机制的设计，新的监督体系可以将推行流程导向的监督变为现实，可以不断提升流程的风险控制能力，不仅立足当前，更着眼长远，达到标本兼治的效果（见图3-7）。

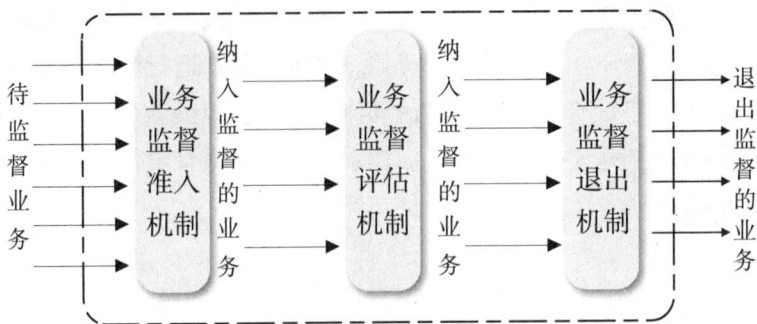

图3-7　业务监督的准入、评估和退出机制

（七）高度整合

整合就是把一些分散的信息资源通过某种方式彼此衔接起来，从而实现信息系统的资源共享和协同工作，其主要的精髓在于将零散的要素组合在一起，并最终形成有价值有效率的一个整体。事后监督的转型设计需要依托一套高度整合的系统来承载和付诸实践，该系统不仅应具备风险监测、质量检测、履职管理、风险评估的功能，还应完整涵盖传统事后监督、相关数据分析系统等多套系统的核心主体功能，同时应根据风险管理需要设计风险的识别、确认、计量、评估和报告等功能，以有效改变传统事后监督在长期发展过程中形成的多套监督系统并行、多重监督方式并存、结果缺乏有机运用、资源缺乏整合的情况，既能够节约监督资源、提高监督效率、量化监督成果，又可以形成完整的以"反馈—调整—再反馈"为特征、持续改进的风险管理链条。

（八）架构灵活

传统事后监督的监督层级集中在城市行以下，主要负责城市行辖属分支机构的业务监督，与之相匹配的监督系统架构也是基于城市行而设计的，不能超越这个层级。随着商业银行客户跨地区经营步伐的加快以及商业银行网点布局的不断调整优化，传统事后监督层级架构的局限性暴露出来，过于固化僵硬的系统设计使其不能根据监督和管理需要及时调整。为有效解决传统事后监督存在的弊端，并与现代商业银行集约化、扁平化的发展理念相适应，新的事后监督体系应更加注重系统功能的灵活性与可扩展性，在系统架构设计方面应采取开放式的机构和人员管理模式，能够支持不同级次的跨机构（如跨省级分行、跨城市分行等）业务监督，能够根据监督管理需要进行机构和人员的灵活调整，为事后监督体系向更高层级集中提供有力支持。同时，考虑到商业银行网点布局调整、劳动组合优化的需要，新的监督系统在权限管理上应采用功能组合的设计理念，能够根据不同岗位设置赋予不同的功能权限，以进一步增强系统的适用性。

三、事后监督转型的实施原则

为保证事后监督转型总体目标的实现，在转型推进过程中，一般应遵循如下原则：

（一）风险导向原则

转型过程中，应将提高运行风险管理能力作为主要工作内容，以风险事件的管理作为开展各项工作的重点，挖掘风险动因，规范操作流程，健全规章制度，提高系统硬控制风险能力，实现监督工作由规范导向到风险导向的转变。

（二）流程改进原则

事后监督转型作为商业银行经营战略转型的基础性工程，应始终坚持以客户为中心，充分运用监督成果，全方位审视业务运行过程，通过业务流程的持续改进，不断提高商业银行的风险管理和客户服务水平。

（三）统筹规划原则

事后监督转型涉及业务运行的整个流程，转型过程应基于商业银行现有机制，持续改革无效、低效机制，形成覆盖业务运行全过程的监督体系。在商业银行总行的统一部署下，整体推进全行范围内监督转型的各项工作，同时要统筹改革、发展、稳定的关系，坚持把改革的力度、推进的速度和可承受的程度统一起来，实现在稳定中推进改革发展，通过改革促进稳定发展。

（四）成本效益原则

事后监督转型必须与商业银行价值最大化的根本目标相一致，按照成本效益要求，高效运用监督资源，实施集约化运营。建立价值驱动的管理机制，在风险管理目标范围内，充分发挥系统优势，实施标准化、自动化的监督，提高监督质量，实现监督效益，降低监督成本，在质量、效益、成本之间找到合理的平衡点。

（五）审慎现实原则

在事后监督转型的推进过程中，应充分考虑国内商业银行自身的业务特点、所处的发展阶段和外部的监管要求等多方面现实因素，在充分调研与论证的基础上，分步实施、稳步推进，确保运行和监督的连续性不受影响。

四、事后监督转型的保障

（一）高管层的重视和支持是事后监督转型成功的关键

事后监督转型是商业银行运行风险管理和流程改进的重要内容，不仅要建立科学高效的监督流程，还要建立一套严谨的适应风险导向和流程导向监督的制度体系，以明确事后监督的工作机制和各级监督机构与有关业务部门的工作职责，这些都需要商业银行高级管理者的最终决策。与事后监督转型相伴的体制机制和组织机构的改变，不仅涉及监督机构改组、大量人员转岗等与广大监督人员切身利益密切相关的问题，更涉及商业银行各级机构、各业务部门风险管理职责和流程管理职责的变化，其改革成功与否直接关系着银行基础平台能否安全高效运行以及业务流程改进能否有效推进，这是商业银行生存与发展的根基所在。新的事后监督体系用以数据分析为基础、以监督模型为风险识别引擎的监督模式取代了过去的业务复审监督方式，这就需要全面改造传统事后监督系统，并对原从事与监督工作相关的岗位人员进行整合，配备与新型监督工作流程相适应的技能型监督人员，这些都离不开商业银行大量的人力、财务、科技等资源的投入。可见，没有高管层的高度重视和大力支持，单凭事后监督机构的一己之力是难以保证事后监督体系转型取得成功的。此外，监督体系转型过程中，提出了传统事后监督所没有的风险导向、流程导向、风险分级管理等创新的管理理念，数据分析、方式互补、良性循环等全新的管理概念，以及主动披露风险、管理风险等先进的管理文化，这些都需要高管层持之以恒地加以传导和灌输，以确保新旧监督体系平稳过渡和有序转换。

（二）主动识别风险与充分暴露风险的文化保证了事后监督转型的效果

新的事后监督体系建立在主动披露风险、管理风险的文化基础上，基于对风险损失演变客观规律的认识，将风险事件作为运行风险管理的主要对象，这就需要上至董事会、高管层，下至基层每名普通员工，深刻理解监督体系转型的内在含义，正确认识运行风险，树立起科学管理风险、全面揭示风险、准确收集风险的正确理念。商业银行实务操作中，很容易出现将风险事件混同于差错、用风险指标高低衡量管理水平好坏的错误认识，导致基层机构和基层人员对主动披露风险缺乏积极性，甚至消极地对待，使得事后监督转型工作流于形式，制约转型效果的显现。事实上，新的监督体系风险管理作用的发挥在很大程度上需要依赖基层业务人员对风险事件暴露的全面性和准确性以及事后监督人员对风险事件、风险驱动因素收集的完整性和准确性。某一柜员或某一网点发生风险事件，仅仅说明该柜员或网点面临被内外部各类风险因素冲击的危险，并不代表该柜员或网点出现差错或管理不善，事后监督收集风险事件的目的在于揭示出风险的存在，但谁应为风险事件负责，应结合风险驱动因素即风险形成原因加以确认。同样，基于风险计量所构建的商业银行运行风险指标体系中，相关风险指标也不等同于风险程度，而是客观衡量某一机构、柜员或业务受风险冲击的可能性大小，通过将这种可能性进行充分的分析揭示，有助于经营管理者有针对性地采取措施强化管理，提高商业银行整体的运行风险管理能力。

第三节　新型事后监督的运行流程及系统架构

将事后监督转型的目标与运行机理落到实处，设计一套先进的监督流程以及与之相匹配的监督系统来承载，这既是事后监督成功转型的重要保障，也是新型监督体系高效运转的基础。

一、运行流程设计

新型事后监督体系通过引入先进的风险管理理论，将国内商业银行特色的事后监督与国际通行的数据分析方法有机结合，构建了以监督模型为风险识别引擎的全新监督模式。为了将新的监督模式应用到运行风险管理实践中，需要创造性地设计集风险识别、确认、计量、评估、报告等于一体的全新监督流程（见图3-8）。

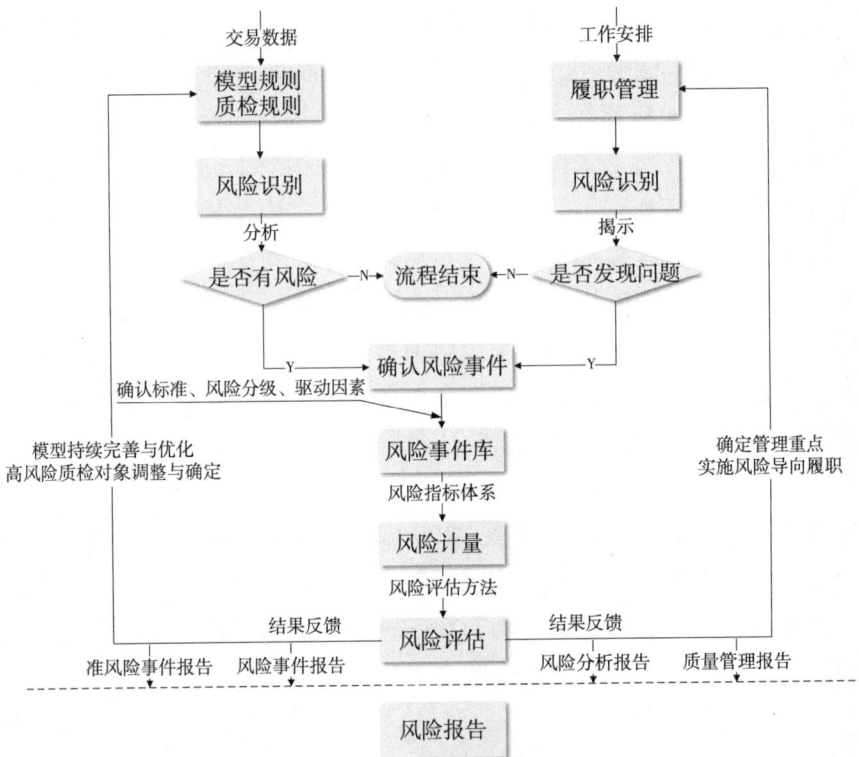

图3-8　监督体系运行流程设计图

如图3-8所示，在全新的事后监督体系运行流程设计中，既注重了事后监督自身的变革要求，将以往依赖人工复审的监督方式转变为通过监督模型和质量检测规则的技术设计来对商业银行每天的交易数据进行过滤筛选，找到可能存在风险的异常交易信息，完成对商业银行业务信息的风险识别；又注重了运行风险管理资源的协同作业和信息共享，将网点事中控制和业务检查的工作安排通过履职管理模块嵌入事后监督的运行流程，实现对网点事中控制和业务检查过程中发现问题的有效归集，完成对商业银行日常管理、制度执行、人员履职等信息的风险识别。可见，针对不同类型业务信息的多种风险识别方式各有侧重，互为补充，共同保证了风险识别方式的全面性和准确性。在对识别出来的可能存在风险的信息的后续处理方面也各有不同，前者通过监督人员的甄别分析和核查人员的现场核实完成异常风险信息的确认（即风险事件或正常）；后者通过网点现场管理人员和业务检查人员对发现问题的录入完成确认风险事件的过程，更加注重风险的主动揭示和充分披露。经过不同方式识别、确认后的风险事件统一纳入监督体系的风险事件库进行管理，共同参与风险计量指标的计算，并通过应用不同的风险评估方法实现对特定对象面临运行风险冲击状况及变化趋势的有效评估，评估的结果又可在良性循环机制的作用下反作用于监督模型的持续完善和优化、高风险质检对象的选取和调整以及履职管理重点的确定，实现风险导向的监测、质检和履职。这些风险信息都是风险报告的内容，通过监督流程的风险报告环节，为各级机构与有关业务部门实施有针对性的运行风险管理提供可靠依据。监督体系运行流程中各环节的具体内容如下：

（一）风险事件收集

风险事件收集，包括前述监督流程设计中的风险识别和风险确认两部分内容。风险识别是风险管理的第一步，也是风险管理的起点。只有正确识别出自身所面临的风险，才能够主动选择适当有效的方法进行处理。风险确认是风险识别结果的直接体现，可以掌握风险的严重程度或等级。风险识别与风险确认共同完成了风险事件的完整收集。事后监督的风险事件收集途径主要包括风险监测、质量检测和履职管理。

风险监测主要针对业务交易数据信息，以触发监督模型的异常信息为对象进行分析、收集风险事件，具体流程见图3-9。

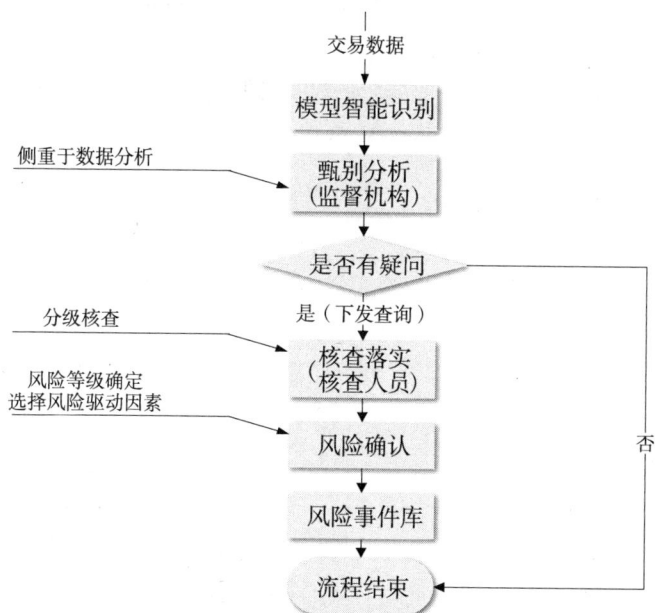

图3-9　风险监测流程图

质量检测主要以办理业务的凭证为基础，对业务核算的准确性、凭证的完整性与合规性进行审核，收集风险事件，具体流程见图3-10。

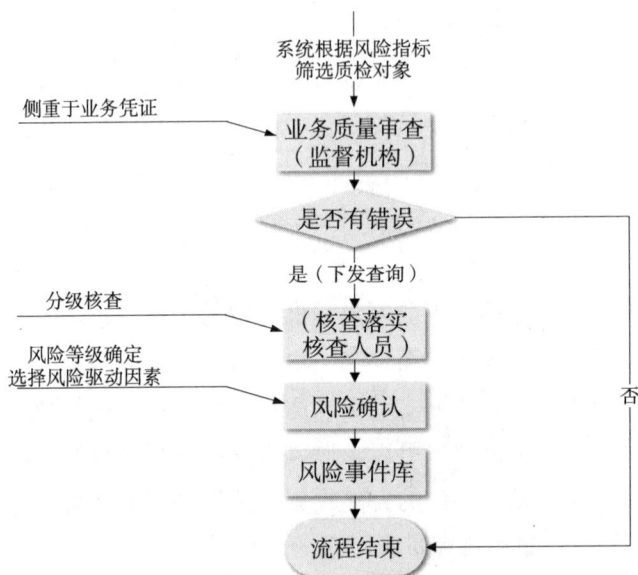

图3-10　质量检测流程图

履职管理主要侧重于对网点现场管理人员和业务检查人员的履职行为进行监控，在履职过程中完成风险事件的收集。根据履职时间点不同，又分为事中控制履职管理（具体流程见图3-11）与业务检查履职管理（具体流程见图3-12）。

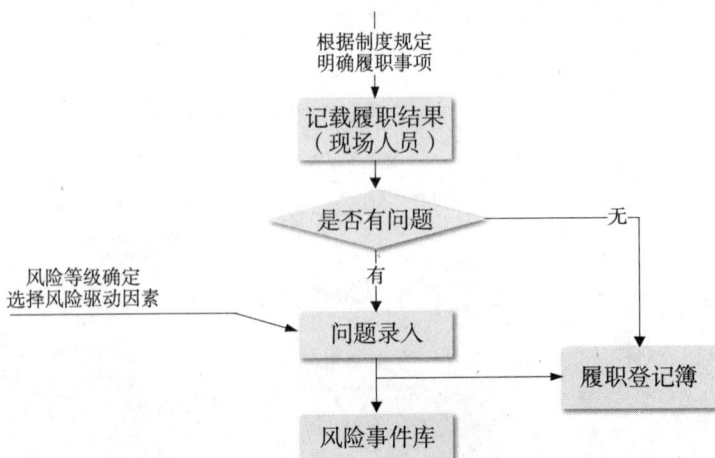

图3-11　事中控制履职管理流程图

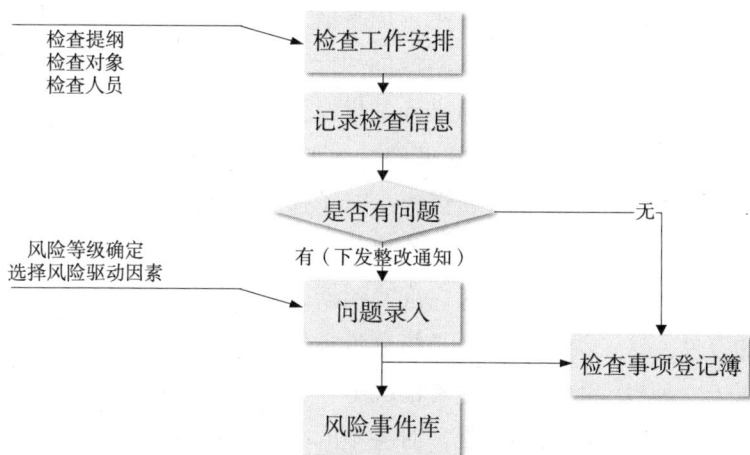

图3-12 业务检查履职管理流程图

综上所述，风险监测、质量检测、履职管理三种风险识别方式各有侧重，缺一不可，共同保证整套体系风险事件收集的完整、准确。其中，以监督模型作为风险识别引擎、由系统自动识别风险是国际公认的有效方法，风险事件收集的效率最高，效果也最好。但运行风险点多面广和影响因素错综复杂的特点，决定了通过监督模型识别出来的异常事件，并不是全部都有风险，因此，需要由专业人员使用一定的手段核查后才能判定是否为风险事件。关于风险核查内容将在第八章进行介绍。

（二）风险计量

风险计量，又称风险测量或风险量化，主要用于衡量风险概率和风险对项目目标的影响程度，其根本目的就是要保证风险信息能够被正确的方法测算出来，并尽可能减少计量结果的变异，以便为管理层提供准确的风险管理决策信息。风险计量是全面风险管理、资本监管和经济资本配置得以有效实施的前提，是确定资本充足水平的重要依据。

根据《巴塞尔新资本协议》的建议，对操作风险的计量主要有基本指标法、标准法和高级计量法，这将在以后章节中进行详细介绍。操作风险所具有的突发性、风险损失的不可预测性、风险分布的不平衡性以及风险与报酬的不对称性等特性，决定了对它直接进行计量具有很大的困难。日常监督工作中，根据风险的性质，一般将风险划分为高频高危、高频低危、低频高危、低频低危四种类型。低频低危风险事件按照重要性原则通常可以忽略不计，高频高危风险事件则经常发生，危害极大，后果非常严重，导致商业银行难以持续经营。相对而言，高频低危和低频高危风险事件是商业银行操作风险管理的重点。高频低危风险事件是指发生概率比较大，发生时损失比较小，在经营过程中经常会发生的事件，主要为日常业务流程处理上的小错误，比如清算失误、交易记录错误等。对于这一类风险，可以建立比较准确的计量模型，并可对未来预期损失作出较为准确的估算。低频高危风险事件是指发生的概率比较小，很难对它准确预期，且一旦发生就会对银行造成很大损失的事件。这一类风险主要是指会带来较大损失的自然灾害、大规模舞弊等，属于一种极端的情况，通常情况下不会发生，对它的测度最好采用高级计量法中的损失分布法。可见，对待不同类型、不同特性的风险需要运用不同的计量方法以实现对运行风险的有效计量。

监督体系转型将风险计量作为连接风险事件收集与风险评估的纽带与桥梁，纳入了整个监督流程的设计。为使风险概况转变为更加直观的量化数据，需要以风险事件为对象，构建一套独特的风险计量指标体系，该套指标体系应该能够全面涵盖和完整体现运行风险的发生特征与严重程度，可以由风险暴露水平、风险度、风险率等核心指标组成，每个指标又可分为由银行内部因素触发的内部指标和由银行外部因素触发的外部指标。以风险暴露水平指标为例，该指标用于衡量特定对象面临风险威胁的现实状况，揭示其被风险事件冲击的程度，包括来自内部和外部两方面的冲击，即总的风险暴露水平等于内部风险暴露水平与外部风险暴露水平的加总之和。风险暴露水平越高，说明该对象被风险事件冲击的程度越高，越容易引发损失事件；风险暴露水平越低，说明该对象被风险事件冲击的可能性越低，形成损失事件的概率越小。这种对特定对象面临风险冲击程度大小以及风险管理水平高低的衡量即进入了事后监督体系中的风险评估环节。

（三）风险评估

风险评估是在风险识别、风险确认和风险计量的基础上，通过对特定对象面临的运行风险状况及其变化等进行分析评估，确定特定对象面临风险冲击的具体因素，揭示业务运行风险在不同范围内的特征及发生概率。风险评估的主要任务包括但不限于：评估对象面临的风险类型、风险概率和可能带来的负面影响，衡量对象承受风险的能力，确定风险消减和控制的优先等级，推荐风险消减的对策措施等。要完成风险评估任务，需要采用定性、定量等多种分析方法，全面衡量和精确界定某机构或业务面临的风险及其影响。只有对风险进行准确评估后，才有可能制定针对性的风险管理措施，最终达到消减和控制风险的目的。

鉴于风险评估在事后监督流程设计、体系运转与运行风险管理过程中的重要性，为充分体现其价值，在事后监督体系转型中，应将风险评估作为监督系统设计的重要功能模块，并在事后监督机构专门设置风险评估岗位开展此项工作。风险评估岗位人员应根据风险指标体系的计量结果，分析特定对象的风险管理状况及其风险变化趋势，并对不同对象的风险特征进行归纳总结，找出其中的共同点，进而得出整个商业银行各项经营活动中所面临的主要风险冲击；同时，风险评估人员需要深度挖掘形成风险冲击的驱动因素，提出切实可行的能够消除这些不安全因素的有效措施，并持续关注有关机构和有关部门是否采纳了评估建议，是否针对这些风险冲击制定了相应的控制措施，以及这些控制措施的有效性，进而提出优化控制措施的方案等。

（四）风险报告

风险报告是监督流程中的最后一环，可以为相关管理机构和管理人员提供有助其作出科学决策的风险管理信息。通过风险监测、质量检测、履职管理完成了对风险事件的完整收集，但收集风险事件的目的不仅仅是进行风险计量与评估，最根本的目的在于进行科学的风险管理，通过找出触发风险事件的系统、流程、人员等关键驱动因素，研究减少风险事件数量的有效措施，消除风险事件产生的土壤，实现从源头上控制风险的目标。风险事件的出现，一方面说明某些机构的业务运行面临着风险事件的冲击，另一方面说明商业银行业务运行中某些环节没有处于最佳状态，还有待进一步改善。因此，事后监督机构应以事后监督系统为载体，采取多种方法对各类风险信息进行汇总分析、加工整理和归纳总结，形成有价值的风险管理报告，并按照规定级次、规定内容、规定频率报送至相应机构负责人和有关业务主管部门。

接到风险管理报告的商业银行各级机构与各业务部门需要根据管辖范围，结合风险事件发生实际，针对风险事件的不同特征，采取恰当的风险管理策略。风险事件管理的首要任务是防止高频高危类风险事件的发生，对于高频高危风险事件，最佳的解决之道是通过流程、系统的根本性改造来彻底消除或有效化解。在化解路径上，可以有两种选择：一是先将其转化为高频低危风险事件，再进一步转化为低频低危风险事件；二是先将其转化为低频高危风险事件，再将其转化为低频低危风险事件（见图3-13）。两种化解方式最终殊途同归，实现降低风险事件发生频率与危害程度的共同目标，进而从总体上降低商业银行遭受风险冲击的严重程度。

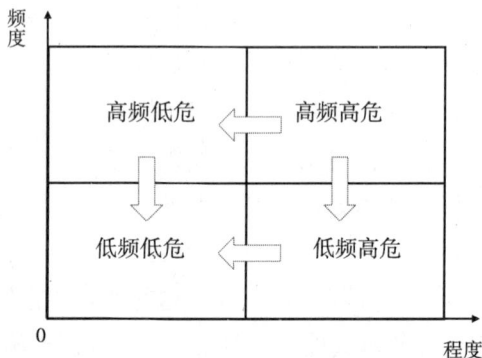

图3-13 风险事件管理策略图

二、系统架构设计

转型后的事后监督体系进行了大量的理念创新、功能创新与技术创新，运行机理与流程设计都比较先进，内容非常丰富，流程环节较多，且彼此关联度高。为将其付诸实践，需要功能强大的计算机系统平台作为支撑，将转型内容有机融入系统架构设计。

（一）系统架构设计的概念模型

在进行系统架构设计时，为了将事后监督体系的各种要素与转型的内容抽象为系统中的某一种信息结构，需要使用概念模型（Conceptual Model）。概念模型是对真实世界中问题域内事物的描述，通过概念模型去定义出一个面向用户、面向现实世界的数据模型，描述出它的概念化结构，有助于系统开发人员在系统设计的开始阶段把主要精力用于了解和描述现实世界上。商业银行事后监督体系的概念模型是对事后监督实际活动及其过程的一般抽象描述，与商业银行日常经营、业务运行、风险控制密切相关，主要涉及监督过程中的业务流、人员流、信息流等要素（见图3-14）。

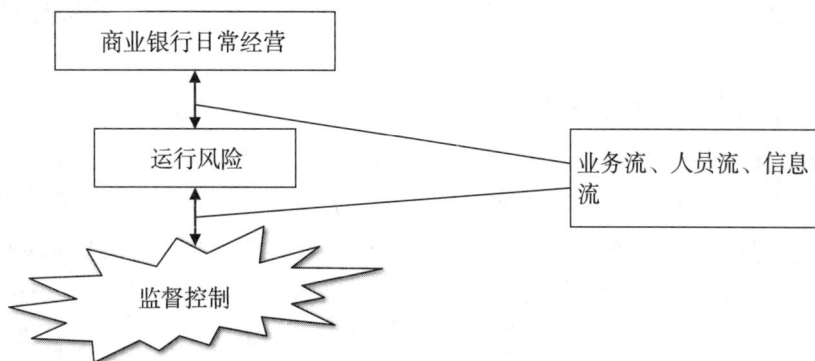

图3-14　监督体系概念模型

　　商业银行作为经营货币的特殊企业，同普通企业一样，需要遵循现代企业的经营原则，不断地创造价值，以维系其生存、发展与盈利。但商业银行创造价值的源泉并不是普通的商品实务，而是依托信用体系经营着与货币资金密切关联的资产业务、负债业务、中间业务等，并从货币资金流转中创造价值。在商业银行经营活动中，由于外部经济环境与社会环境会不断变化，可能由某些突发事件导致信用体系受损而产生信用风险；同时，与业务经营同步发生的货币资金流转过程，需要伴随大量的银行员工操作，不可避免地会产生一些客观上的操作失误，带来一定的操作风险；更为严重的是银行员工的主观故意行为，利用制度、系统、流程上的漏洞蓄谋舞弊，包括内部人员的监守自盗和内外勾结的资金诈骗等，从中获取不当利益并且不易被人察觉，其中蕴涵着大量的操作风险，一旦爆发给银行造成的损失和后果往往非常严重。为了降低这种风险对银行的冲击，商业银行一是需要加强员工队伍的建设，强化日常的教育和管理，即从"人防"的角度开展运行风险管理；二是需要建立严密的风险过程控制机制、现场管理制度和配备先进的风险识别工具来强化运行环节的风险管理，即从"技防"的角度探索有效的运行风险防控措施。无论是"人防"还是"技防"，都属于事中控制的范畴。事后监督作为商业银行运行风险管理的一种事后的机制安排，在商业银行不同发展阶段发挥的重要作用有目共睹，并需要适应银行运行风险管理的新变化和新趋势，体现其在商业银行风险管理中的价值以及经营发展中的重要地位。因此，新的事后监督系统在抽象概念模型时应紧密结合商业银行日常经营和风险管理实际，统筹考虑内外部的各种风险因素以及事后监督本身的发展方向，具备一定的全面性、创新性和前瞻性。

为了将事后监督诸要素嵌入系统，新的事后监督系统可以从人员流、业务流、信息流三个方面统筹考虑系统设计流程，分别从人、事、物三个维度支撑起整个事后监督体系的有效运转（见表3-1）。业务流，主要是系统通过风险监测、质量检测、履职管理三大主体功能进行风险事件的识别、确认，完成风险事件收集，并按照设定的风险指标体系进行风险计量、评估的过程。对人员流的理解有狭义和广义之分，从狭义角度讲，事后监督系统的人员流主要是指事后监督整个岗位体系的设置及其职能的发挥，包括风险监测、质量检测、风险核查、风险评估等岗位，是各岗位职责发挥作用的过程；从广义上来说，人员流也包括发生风险事件的柜员以及事中控制、业务检查等岗位职责的履行情况，其在评估各级机构、各柜员面临风险冲击以及制定风险管理策略时提供重要的基础性信息。信息流涵盖了整个系统的信息流转，新的监督系统最为关键的革新体现在被监督业务在各岗位、各环节流转过程中均能实现电子化操作，如取消纸质查询书、纸质整改通知书等，使得每步业务操作都留有电子痕迹，在提高效率的同时也为明确责任划分提供了有力证据。除此之外，信息流也包括经系统筛选的异常交易信息、经核查确认的风险事件信息以及商业银行核心交易系统中的交易数据、经过传输和抽取至数据仓库系统的数据等。事后监督人员流、业务流、信息流的有效结合与流转，需要依靠强大的计算机系统将流程固化在系统中。图3-15基于"三流"设计的监督系统框架很好地体现了业务流、信息流、人员流与事后监督以及基础环境的关系。

表3-1   "三流"的基本概念

业务流	人员流	信息流
识别、确认、计量、评估风险的过程	落实各岗位职责和职能的过程	信息传递、交互、提取的过程
依托计算机系统将流程固化实现，完成"三流"的顺畅流转		

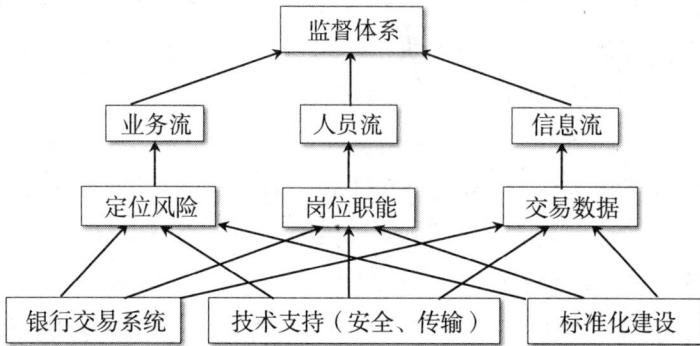

图3-15 基于"三流"设计的监督系统框架

（二）系统架构设计的具体内容

新的事后监督系统应该是一个高度整合的智能化的系统，不仅具备监测、质检、履职管理和风险计量、评估、报告等主体功能，还应采用开放式的机构和人员管理模式，支持跨地区、跨省甚至跨国别等不同层级的业务监督和管理，满足各级管理人员针对辖内机构、业务和人员的日常监控和风险管理需求，在架构设计上应灵活并易于调整。

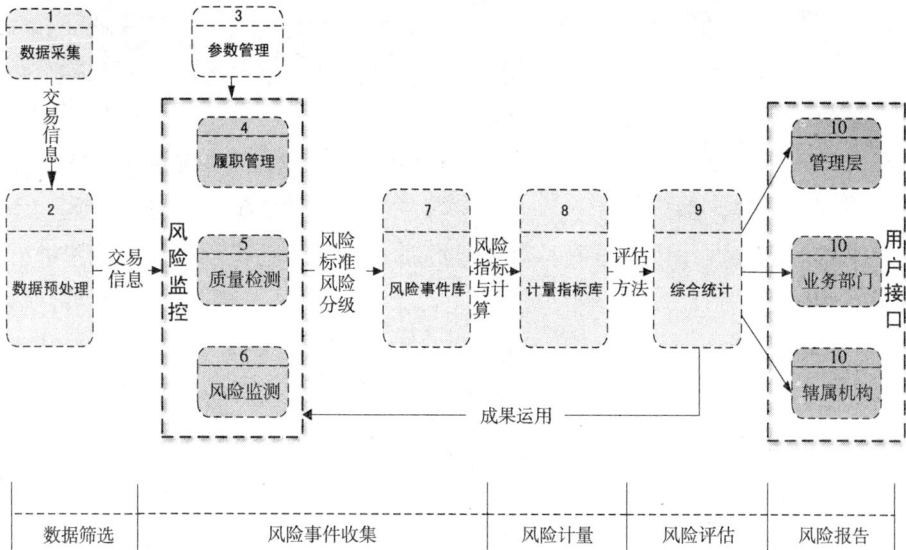

图3-16 系统功能架构图

如图3-16所示，为保证监督转型内容能够依托系统有效付诸实施，新的监督系统架构需设计十个功能模块，共同完成数据的筛选流转以及风险事件的收集、计量、评估、报告流程，具体内容如下：

1. 数据筛选。数据采集、数据预处理这两个模块实现系统的数据筛选功能。定时从核心交易系统（包括但不限于对公结算系统、资金汇划系统、零售业务系统、银行卡系统、国际结算系统、网上银行系统等商业银行的主要业务系统）中采集对公结算、个人金融、电子银行、银行卡、国际业务等各类交易信息，以及机构、账户、员工等数据信息，并及时传递至事后监督系统。由于各个系统中的信息可能在数据格式、计量单位等方面存在着很多不同，还需要对数据进行标准化预处理，转化成统一的、适合数据处理的格式。

2. 风险事件收集。风险监测、质量检测、履职管理模块结合参数管理模块共同实现了风险监控功能，是整个系统的核心组成部分。经过数据预处理环节后的核心交易系统数据信息将由监督模型、质检规则及关联参数表进行筛选、过滤，将符合规则的信息及时展现。对于系统展现的准风险事件信息，监督人员结合关联信息，采用资金交易、客户背景等分析方法还原场景，并辅以远程视频、凭证影像等工具对事件进行全面诊断、分析，对于存在疑问的及时下发查询，说明查询原因；经各级风险核查人员查证后及时进行风险等级确认（可能是正常，也可能是风险事件），完成风险事件的确认。现场管理人员、业务检查人员按照规定的频率将履职中发现的问题及时录入系统，共同完成风险事件收集。最终通过这三个模块收集的风险事件将被纳入风险事件库进行统一管理，为后续的计量、评估环节提供数据源。在日常系统运行中，参数维护人员通过参数管理模块对系统参数进行设置，系统定时对风险数据集市的监测参数进行更新，并使用更新后的参数设置进行数据处理。

3. 风险计量。在计量指标库模块中对收集的风险事件，按照预先设计的计算方法，包括风险暴露水平、风险度、风险率等风险指标，由系统自动进行风险信息的量化，计算出不同层级机构、人员、业务、产品等不同维度的相关指标数值。

4. 风险评估。通过综合统计模块对特定对象面临的运行风险状况及其变化等进行查询、分析，开展相关评估工作。综合统计模块应能够支持趋势分析、比率分析、因素分析等各类分析方法的运用，例如为支持趋势分析，综合统计模块应存留一个较长周期的数据，并可以针对不同时期的数据开展纵向比较，确定特定对象面临风险冲击的具体因素，揭示业务运行风险在不同范围内的特征及发生概率等。

5. 风险报告。通过用户接口模块，将各类风险事件信息及关联信息，按照风险分级管理要求及时提供给管理层、业务部门、辖属机构等。该接口在主动发送相关风险事件信息的同时，还应支持按照时间段、专业、机构等不同维度进行灵活查询，方便相关机构和人员开展针对性的分析，帮助其作出科学决策。

第四节　风险分级管理机制设计

新的事后监督体系为商业银行搭建了一个功能齐备的基础风险管理平台，如何在商业银行全行范围内高效利用这个平台，是事后监督体系风险管理效能充分发挥的关键。监督体系通过风险监测、质量检测、履职管理等途径收集的风险信息，涉及商业银行不同层级的机构和业务部门，为保证这些风险信息能够在机构间、部门间得到有效处理，用较少的风险管理资源投入实现较大的风险管理价值，事后监督转型设计中应引入一套将各级机构、各业务部门纳入监督流程的科学机制，即风险分级管理机制，并将该机制有效融入运行风险管理工作，始终贯穿于风险识别、确认、计量、评估、报告的全过程，以实现风险分级管理的流程化运作与系统化控制。

一、风险分级管理的内涵

风险分级管理，是指依托事后监督系统，根据准风险事件和风险事件的性质、金额等要素确定风险等级，并根据既定等级进行分级核查、分级报告、分级负责和分级管理。科学划分业务运行风险等级，实施分类控制，是严格落实运行风险管理责任、强化运行风险管理的有效措施。

风险分级管理涉及两个层面，一是各级机构的风险分级管理，即纵向管理；二是各业务部门的风险分类管理，即横向管理。前者主要是指事后监督机构与准风险事件（或风险事件）发生机构分属于不同层级，在人员上、空间上相互独立。事后监督机构应将其所揭示的准风险事件（或风险事件），根据风险程度不同，提供给各经办机构或其管理机构，由后者指定专门人员或授权人员进行逐一核查落实，及时发现风险环节，各级机构负责人也应根据报告事项反映的风险状况，及时采取针对性措施实施风险管理。如风险程度一般的准风险事件可由经办机构进行核查、落实、管理，风险程度较高的准风险事件可由经办机构的上级机构或管理机构进行核查、落实、管理等。对于监测、质检等功能所涉及的风险分级核查则属于该类风险分级管理内容。而事后监督体系外的各业务部门的风险分级管理是监督体系转型的重大创新和突破，将其纳入监督体系的转型机制设计是非常必要的。事后监督的业务涉及不同渠道、不同业务线、不同产品线，各业务部门、产品部门作为某项业务或某类产品的主管部门，对制度规定、流程设计及其潜在的风险隐患或管理薄弱环节有更深入的理解与认识，有必要将事后监督体系发现的属于自身所辖的业务或产品的潜在风险和管理缺陷进行深入剖析，并通过加强自身的风险管理来从根源上加以解决。再者，事后监督承担着商业银行运行操作风险管理的职责，同时也为商业银行操作风险管理搭建了一个平台，对于商业银行所有业务和产品中涉及的全部运行风险管理也不能完全依赖事后监督机构，而是需要各业务部门的共同参与和分工协作，以形成运行风险管理合力。由此，事后监督机构揭示的准风险事件、风险事件，业务主管部门应按照风险分类管理的要求，从专业角度进行必要的核查，及时发现风险和业务管理缺陷，并采取必要的管理措施，消除风险隐患。如网点开户未执行个人实名制规定所形成的风险事件，应由个人金融业务部门进行核查和规范。

风险分级管理在实施中，应确保定性准确、重点突出、责任关联和信息共享。定性准确，是指对风险事件等级进行认定时，要按照统一制定的分级标准，充分衡量风险事件的严重程度，综合考虑风险发生的行为性质、控制力度和后果影响，客观地认定风险事件的类别和等级。风险事件准确定性是开展风险科学计量与评估工作的基本保障。重点突出，是指在风险事件确认过程中，根据已经查证落实的各类风险特征，找准风险实质，定位关键风险部位，为各级管理者实行针对性、目标性管理提供可靠依据。责任关联，是指将风险事件的等级与风险责任机构或责任人关联起来，即不同严重程度的风险事件由与之相匹配的管理机构或人员负责处理，把责任落实嵌入风险管理过程，使各级管理者切实担负起风险管理责任。信息共享，是指以事后监督系统为平台，构建畅通高效的信息渠道，及时发布风险信息，做到发现即预警、核查需到位、整改必报告、原因详分析，确保各级管理者都能应用系统查找需要的相关风险信息。

二、风险分级管理的意义

在事后监督工作中，将收集到的全行各营业机构、各业务条线的风险事件按照危害程度进行等级划分，投入与管理对象的风险程度相匹配的监督资源，采取不同的监督流程，既可以平衡风险管理资源和风险管理效果之间的关系，又可以明晰各级机构、各业务部门的风险管理职责，规范风险事件的核查、报告、整改路径，便于有针对性地实施风险事件的分级控制和分级管理，以确保每笔风险事件都能得到妥善处理。同时，风险事件的分级核查和分级报告流程均嵌入系统的流程设计，各级机构、各业务部门均可通过事后监督系统及时了解管辖范围内的风险事件概况、风险指标信息、风险高发部位和风险管理形势等方面，以利于发挥风险管理的协同效应。具体来说，实施风险分级管理，可以实现如下风险管理目标：

一是有利于形成自上而下的风险管理链条。风险分级管理机制通过明晰各级管理者的风险管理职责，将商业银行各层级的管理人员纳入运行风险管理体系，各级机构的管理者都有相应等级风险事件的管理义务，建立起自上而下的风险管理链条。各层级机构的管理者直接参与风险管理，可以更好地对操作行为形成约束，促使网点对风险事件的发生场景和形成过程进行真实还原和及时反馈，对发生成因进行自我剖析，对风险隐患进行自查自纠，有利于上级机构把脉基层行的风险管理盲点。

二是有利于建立分工协作的风险管理格局。新的事后监督体系通过风险分级管理机制的设计，解决了传统事后监督模式下风险管理渠道单一、信息缺乏系统性共享、不能有效将风险信息传递至各级管理层与业务主管部门的问题。在事后监督系统的流程设计中，明确了风险事件的核查和报告程序，建立了风险事件报告反馈制度，细化了各相关业务部门的运行风险分类管理职责（见图3-17）。通过将责任落实到具体部门和个人，形成不同层级机构、不同业务部门齐抓共管的风险管理格局。

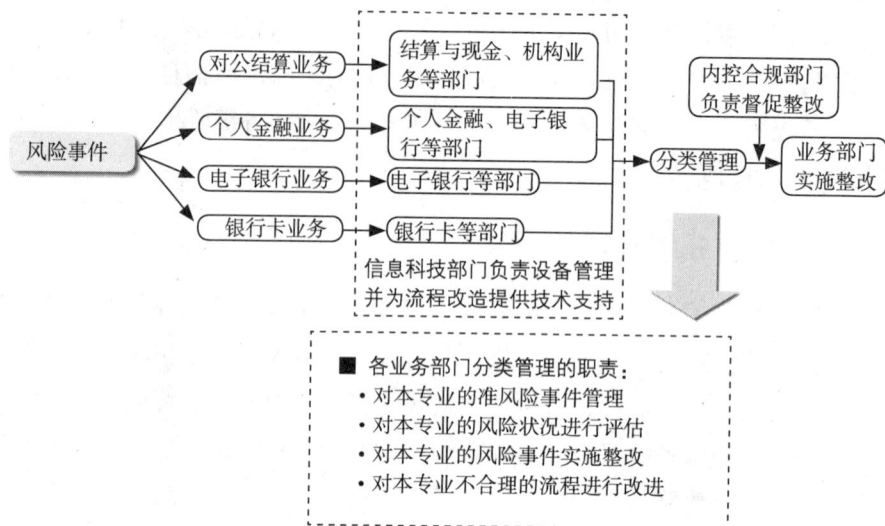

图3-17　相关业务部门的运行风险管理职责划分

三是有利于及时完善制度流程。新监督体系将发现的准风险事件、风险事件定时发送至相关的业务部门和各层级机构，有利于各责任主体全方位审视与自身相关的产品服务和业务流程中的风险环节，对于由制度不明晰、不合理或缺少制度规定而导致的风险事件，则及时完善相关制度，从制度方面进一步加以规范；对于流程设计不科学或流程繁复交叉、存在冗余导致的风险事件，需要及时梳理和改进业务流程，提升业务流程的风险控制能力。

四是有利于贯彻全员参与的风险管理文化。实施风险分级管理后，各级机构、各业务部门均是风险分级管理机制中的重要一环，在统一的事后监督系统平台上，风险信息实现完全共享，各级机构、各相关部门均可在第一时间了解风险状况，均可及时参与到风险管理工作中去，可以形成全员参与的良好的风险管理文化氛围。重大风险事件必须由更高层级的机构负责人直接负责，使商业银行的高级管理人员更加关注本行的风险管理形势和风险管理水平，确保运行风险管理层层推进，形成"风险管理人人有责"的共识。

三、风险分级标准的制定

制定风险分级标准是风险分级管理机制设计的基础，是实施风险分级核查、分级报告、分级负责和分级管理的前提。风险分级标准贯穿于事后监督的整个工作流程。鉴于通过监督模型识别出来的异常风险信息即准风险事件经过核查后确有问题的才确认为风险事件，由此风险的分级相应地分为准风险事件的分级和风险事件的分级，分级标准的制定自然也要分为准风险事件分级标准的制定和风险事件分级标准的制定。

（一）准风险事件分级标准的制定

对于准风险事件，一般可根据商业银行的风险偏好，结合准风险事件的性质和金额，设定相应的等级来客观反映准风险事件的严重程度。按照简单适用原则，结合商业银行不同的业务类型，按照风险严重程度从高到低，本书将准风险事件划分为重点关注、关注、一般关注三个等级。具体的分级标准包括但不限于如下内容：

1. 对于备付金核对不符类、银行员工禁止类业务，由于存在严重的风险隐患，可直接将风险等级定为重点关注。

2. 对于挂失解挂类、客户对账信息变更类、调整类业务，可将风险等级定为关注。

3. 对于网上银行注册类，可视业务性质与内容，按笔数分别确定相应的风险等级。

4. 对于反交易类、冲正类，久悬未取账户支付类，单笔大额异常支付类业务，可综合考虑商业银行的业务量，结合客户日常交易行为习惯，按照金额大小来具体确定相应的风险等级。如金额在人民币50万元（注：金额大小可结合商业银行的风险偏好确定，本节仅是举例说明，下同）以下的，风险等级为一般关注；金额在50万（含）～100万元的，风险等级为关注；金额在100万元（含）以上的，风险等级为重点关注。

5. 对于网上银行变更类，当日重置网银登录密码或介质密码且近日发生异常转账的，也可参照第4条按金额确定风险等级。

6. 对于N日累计类业务，可按照交易笔数确定相应的风险等级。如交易笔数10笔（注：笔数多少可结合商业银行的风险偏好以及事件性质确定，本书仅是举例说明，下同）以下的，风险等级为一般关注；10（含）～30笔的，风险等级为关注；30笔（含）以上的，风险等级为重点关注。

7. 符合两个风险特征的准风险事件，风险等级可为关注；符合三个（含）以上风险特征的准风险事件，风险等级可为重点关注。同一笔准风险事件符合多个风险等级判定标准时，按照其最高等级标准确定。

8. 质量检测发现的准风险事件，由事后监督人员根据业务性质、涉及金额、事件发生次数等确定相应的风险等级。

（二）风险事件分级标准的制定

对于风险事件，可依据其性质、金额、频率等要素，确定分级的标准。本书将商业银行对公类业务和个人类业务进行区分，按照风险程度由高至低，将风险事件分为一类、二类、三类三个等级。

无论是对公类业务还是个人类业务，均可依据交易金额和性质来综合评定风险等级。但由于对公类业务的交易金额一般高于个人类业务，因此，在制定分级标准时，对公类业务的金额划分标准应高于个人类业务。例如，对公类业务涉及金额在500万元（含）以上的或性质严重的风险事件定为一类，个人类业务涉及金额在100万元（含）以上的或性质严重的风险事件定为一类；对公类业务涉及金额在100万（含）～500万元的或性质较为严重的风险事件定为二类，个人类业务涉及金额在50万（含）～100万元的或性质较为严重的风险事件定为二类；其余的风险事件则定为三类。

需要说明的是，在对准风险事件、风险事件进行等级标准划分时，由于二者所处的业务监督时间节点不同，准风险事件等级与风险事件等级之间没有必然的关系，如关注类准风险事件被确认风险事件后，其风险事件等级不一定是二类，也可能是一类，需要结合风险核查结果及风险事件成因进行综合判定。即使同一类风险事件，也可能因为性质不同，导致风险事件等级评定结果不同，如1笔5万元转账业务的风险事件，甲柜员是工作疏忽将金额录入错误后进行反交易造成的，乙柜员是为逃避上级行监控采取涂改业务凭证与差额补记等方式进行账务调整的，显然乙柜员的性质更严重，其风险事件等级要高于甲柜员。

四、风险分级管理机制的具体实施

如风险分级管理流程图（见图3-18）所示，准风险事件分级后，即进入了分级核查的环节，分级核查就是根据准风险事件的性质和金额，将准风险事件划分为不同等级，分别由不同级次机构对业务发生真实情景进行核实。对于核查确认的风险事件，按照风险事件分级标准确定风险事件等级，监督机构据此上报风险事项，按照规定频率和途径，分别报送不同层级机构负责人或相关专业部门，让其知晓其管辖范围内的风险事项或风险管理状况。

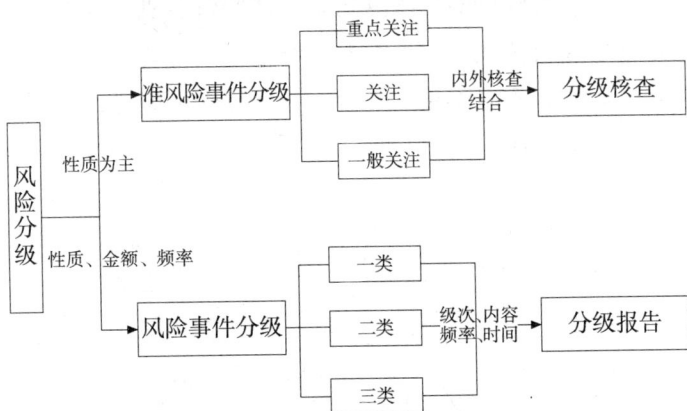

图3-18　风险分级管理流程图

　　从具体操作层面看，通过参数设置将业务的性质、金额和发生频率等植入监督模型的设计，由事后监督系统自动判断每笔准风险事件的严重程度，展现准风险事件的不同等级，分别由商业银行不同层级机构负责组织准风险事件的核查。以国内大型商业银行"总行、省分行、市分行、支行、网点"的五级组织机构为例，潜在风险程度较低的准风险事件由网点核查人员负责核查；潜在风险程度较高的准风险事件由网点的上一管辖机构即支行的核查人员进行核查；有可能造成较大损失的准风险事件则由更上一级管辖机构即市分行进行核查，依此类推，直至总行层面也可介入最为严重的准风险事件的核查工作。通过对有待确认的可能存在风险的准风险事件信息的深度核查，确认风险事件，同样根据风险事件的性质、金额等确认风险等级；风险等级越高的，报送的级次也越高，依次报送至支行、市分行、省分行、总行等相应层级的行长以及业务管理部门，告诉各级管理者"事件的性质、事件的严重程度、事件应如何加以管理"等信息，督促业务管理部门或责任单位采取风险事件整改措施，消除风险隐患。对造成不良后果的，统一进行责任认定，根据责任大小实施处罚，将风险管理措施落到实处，保障事后监督体系的风险管理效果。

　　通过对业务运行风险实施分级、分类、分层管理，可以更好地落实运行风险管理责任，促进各层级管理机构、各相关业务部门共同参与运行风险管理（见图3-19）。运行风险分级管理工作机制，实现了对准风险事件、风险事件等的分级负责和分级管理，既有效防止基层营业机构瞒报、漏报重大风险信息，增强事后监督体系的威慑力，又将商业银行各相关业务部门、各级营业机构纳入事后监督管理流程，使得监督资源的利用更为高效，运行风险管理合力的发挥更加充分。

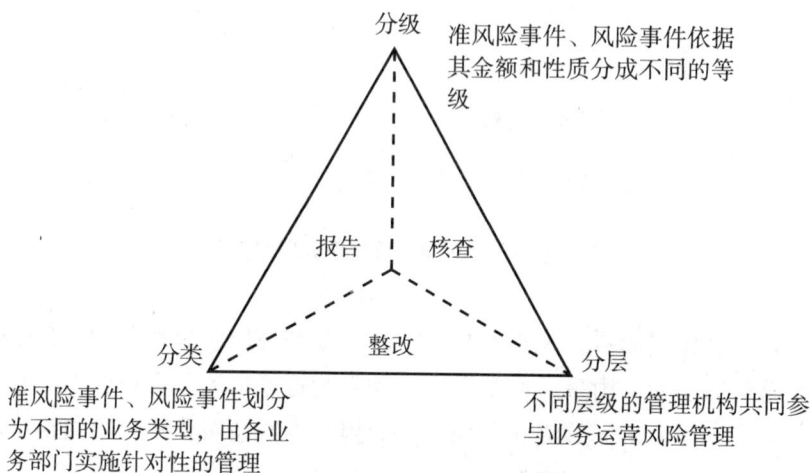

图3-19　风险分级、分类、分层管理机制

第五节　风险动因管理机制设计

监督体系转型不仅仅是监督方式和运行机理的变革，也不单是工作流程和监督系统的重构，更是监督理念的重大突破。为保证转型后的监督体系能够满足商业银行业务运行风险管理需要，即可以实现对商业银行业务核算、柜面业务操作和后台业务集中处理过程中发生的可能导致银行自身或客户财务损失的操作风险的有效管理，首要任务就是要研究清楚与业务运行相关的案件的发生过程及机理。通过借鉴西方工业界操作风险管理中较为成熟的事故致因理论，我们发现，银行日常业务的运行风险与工业企业事故发生机理类似，也是以各种风险事件的形式表现出来。而风险事件具有数量累积性特点，当风险事件的发生频率积累到一定程度，并得不到有效控制与管理时，很可能会产生质的变化，转化为损失事件甚至是重大损失事件。从这种意义

上讲，虽然风险事件的发生具有随机性、突变性和潜伏性，但损失事件的发生却有其必然性、因果性和规律性，其根源都是因为没有对大量的风险事件进行有效管理，没有对引发风险事件的关键驱动因素进行持续分析并消除。因此，为降低损失事件的发生概率和带来的风险损失，需要从根源上对风险诱因进行深度挖掘，对业务运行过程中涉及的人、流程、物、外部事件等进行妥善的管理，消除其中隐含的潜在风险隐患，保证这些业务运行风险的诱发因素处于安全状态，这也是监督转型中风险动因挖掘机制设计的初衷。

风险动因，即风险驱动因素，是触发风险事件或损失事件最直接、最主要的原因。科学的理论可以指引着改革实践走向成功，为了更好地将风险动因挖掘机制应用于商业银行风险管理、质量控制和流程改进等实际工作中，需要对风险驱动因素的相关理论进行系统研究和追根溯源，在这方面国际先进同业以及巴塞尔委员会关于操作风险成因的研究为我们提供了借鉴。

一、国外对操作风险成因的研究

国际先进同业经过多年的实践探索，在操作风险的内涵与成因分析上取得了一定的研究成果，并在对操作风险的定义中体现出来。

（一）国际先进同业对操作风险内涵与成因的研究

瑞士信贷集团认为，商业银行操作风险是由于以不当或失败的方式操作业务而对业务带来负面影响的风险，操作风险也可能是由外部因素造成的，包括机构、政策、过程、技术、人员、外部风险。苏格兰皇家银行认为，操作风险是由于人员差错、无效或设计不充分的流程、系统和不当行为（包括犯罪行为）造成的损失。花旗集团认为，操作风险是由于内部流程、人员或系统不完善或失败以及外部事件而造成损失的风险，包括同业务操作和市场行为相关联的声誉和授权风险。美国银行将操作风险界定为由于涉及人员、过程、技术、外部事件、执行、法律、合规与监管、声誉等事件造成损失的可能性。渣打银行认为，操作风险是源于技术、流程、基础设施、人事等方面的失误所造成的直接或间接损失的风险以及其他具有操作影响的风险。加拿大皇家银行认为，操作风险是源于流程、技术、人员行为以及外部事件的欠缺或失败而造成的直接或间接损失的风险。德意志银行认为，操作风险是一种潜在的损失，可能招致损失的相关因素有职员、合同规范和文本、技术手段、系统等基础设施的失误或者灾难性毁损、项目、外部影响和客户关系等。具体范围包括：未经授权的交易、产品流动性、适宜性、错卖、项目管理风险、自然灾害、法律风险、业务中断、模型风险、重组和并购风险、数据安全风险、监管风险、顾问风险、欺诈、辨别风险、结算中断、数据质量风险、往来账不符、失误等。

（二）巴塞尔委员会对操作风险内涵与成因的研究

《巴塞尔新资本协议》把操作风险定义为，"由不完善或有问题的内部程序、人员及系统或外部事件所造成损失的风险"。巴塞尔委员会认为这一定义对于操作风险的度量与管理都是合适的，但定义本身更侧重于对操作风险形成原因的概括总结。从定义可以看出，巴塞尔委员会将操作风险的成因划分为四大类，即人员因素引起的操作风险、流程因素导致的操作风险、系统因素导致的操作风险和外部事件引起的操作风险。按照导致操作风险损失事件的具体原因的不同，可以进一步将其划分为以下7种类型（关于不同类型操作风险成因的具体分类解释和业务举例见表3-2）。

1. 内部欺诈(Internal Fraud)：有机构内部人员参与的诈骗、盗用资产、违犯法律法规以及公司规章制度的行为。如内部人员虚报头寸、偷盗、进行内部交易等。

2. 外部欺诈(External Fraud)：涉及第三方的诈骗、盗用资产、违犯法律的行为。如抢劫、伪造票据、开具空头支票等。

3. 就业政策和工作场所安全性(Employ Practices & Workspace Safety)：由于企业不履行合同、不符合劳动健康和劳动安全法规而引起的赔偿要求。如员工赔偿要求、违反雇员健康安全规定、有组织的罢工等。

4. 客户、产品以及业务操作(Client，Products & Business Practices)：有意或无意造成的无法满足某一客户的特定需求，或者是由于产品的性质、设计问题造成的失误。如受托人违约、滥用客户的秘密信息、金融机构不正确的交易行为等。

5. 实体资产损坏（Damage to Physical Assets）：由于灾难性事件或其他事件（如恐怖事件、地震、火灾等）引起的有形资产的损坏或损失。

6. 业务中断和系统失败（Business Disruption & System Failure）：由系统、设备等问题造成的无法正常办理业务。如软件或者硬件错误、通信问题以及设备老化等。

7. 执行、交割及流程管理（Execution，Delivery & Process Management）：

交易失败、过程管理出错、与合作伙伴的合作失败。如交易数据输入错误、间接管理失误、未经批准访问客户账户、合作伙伴的不当操作等。

表3-2　　　　　　　　　巴塞尔委员会的操作风险成因分类

风险成因	定义	细分类型	业务举例
内部欺诈	故意骗取、盗用财产或违反监管规章、法律或公司政策导致的损失，此类事件至少涉及内部一方，但不包括性别/种族歧视事件	未经授权的活动	交易不报告、交易品种未经授权（存在资金损失）、头寸计价错误（故意）
		盗窃和欺诈	欺诈/信用欺诈/不实存款、盗窃/勒索/挪用公款/抢劫、盗用资产、恶意损毁资产
			伪造、多户头支票欺诈、走私、窃取账户资金/假账/假冒开户人等、违规纳税/故意逃税、贿赂/回扣、内幕交易（不用企业的账户）
外部欺诈	第三方故意骗取、盗用财产或逃避法律导致的损失	盗窃和欺诈	盗窃/抢劫、伪造、多户头支票欺诈
		系统安全性	黑客攻击损失、窃取信息（存在资金损失）
就业政策和工作场所安全性	违反劳动合同法、就业、健康或安全方面的法规或协议，个人工伤赔付或者因歧视及差别待遇事件导致的损失	劳资关系	薪酬/福利/劳动合同终止后的安排、有组织的劳工行为
		环境安全性	一般性责任（滑倒和坠落等）、违反员工健康及安全规定、劳方索偿
		歧视及差别待遇事件	所有涉及歧视的事件
客户、产品和业务操作	因疏忽未对特定客户履行分内义务（如诚信责任和适当性要求）或产品性质或设计缺陷导致的损失	适当性，披露和诚信责任	违背诚信责任/违反规章制度、适当性/披露问题（了解你的客户等）、未尽向零售客户的信息披露义务、泄露隐私、强制推销、为多收手续费反复操作客户账户、保密信息使用不当、贷款人责任
		不良的业务或市场行为	垄断、不良交易/市场行为、操纵市场
			内幕交易（用本行的账户）、未经有效批准的业务活动、洗钱
		产品瑕疵	产品缺陷（未经许可等）、模型错误
		客户选择，业务推介和风险暴露	未按规定审查客户信用、对客户超风险限额
		咨询业务	咨询业务产生的纠纷

风险成因	定义	细分类型	业务举例
实物资产的损坏	实体资产因自然灾害或其他事件丢失或毁坏导致的损失	灾害和其他事件	自然灾害损失、外力（恐怖袭击、故意破坏）造成的人员伤亡和损失
业务中断和系统失败	业务中断或系统失灵导致的损失	信息系统	硬件、软件、网络与通信线路、动力输送损耗/中断
执行、交割和流程管理	交易处理或流程管理失败和因交易对手方及外部销售商关系导致的损失	交易认定，执行和维护	错误传达信息、数据录入、维护或登载错误 超过最后期限或未履行义务、模型/系统误操作 账务处理错误/交易归属错误、其他任务履行失误、交割失误、担保品管理失效、交易相关数据维护
		监控和报告	未履行强制报告职责、外部报告不准确导致损失
		招揽客户和文件记录	客户许可/免责声明缺失、法律文件缺失/不完备
		个人/企业客户账户管理	未经批准登录账户、客户信息记录错误导致损失 因疏忽导致客户资产损坏
		交易对手方	与同业交易处理不当、与同业交易对手方的争议
		外部销售商和供应商	外包、与外部销售商的纠纷

资料来源：巴塞尔新资本协议，http://www.bis.org。

二、国内对操作风险成因的研究

借鉴《巴塞尔新资本协议》对操作风险成因分析的思路，我国商业银行结合管理实际，也从人员、内部程序、系统、外部事件等方面对风险形成原因进行分析总结，通过对风险成因的管理达到对可能发生的操作风险进行事前识别与防范、事中控制的目的。

（一）人员因素

主要表现为内部员工风险意识淡薄、风险警惕性不高，业务知识不足、业务技能和经验缺乏，工作不尽职、恶意欺诈、与外部人员勾结谋取个人利益等，进而造成银行的损失。对商业银行而言，几乎所有的日常运转都是依靠员工完成的，员工既是银行经营战略和制度措施的制定者，也是银行业务运营和制度措施的执行者。在商业银行自上而下的各个经营管理环节中，大到管理者的管理能力不够、制度制定不完善、公司治理不健全，小到网点柜员业务的不熟练、技能的缺乏以及制度执行的不到位，都是银行操作风险的高发部位和关键环节，都可能由于人的行为的不可控性而形成风险隐患。

（二）内部程序因素

主要指内部制度不完善、内部流程缺失、部门分工不明晰造成的管理"真空"或管理"重合"，使得制度执行力不够或被过度执行等。内部程序的健全与否直接关系着商业银行能否稳健经营。一个成熟的商业银行应该有着完整的流程管理程序与完善的内部控制制度，并将其进一步细化，使得无论是产品条线还是业务条线，无论是前台部门还是后台部门的每一步操作都有章可循，有法可依。而在实际运营过程中，制度的设计和产品的研发经常无法同步进行，也就是说，内部流程与制度和业务与产品的开发之间存在一定的时滞性。同时，多个业务部门协作开发的很多新业务和新产品，在风险控制环节会产生既有空白又有重复的现象，自然会留下巨大的操作风险隐患。

（三）系统因素

主要指银行内部相关系统不健全、设计与维护不完善、系统存在漏洞容易受到攻击等，使得各业务部门的信息无法共享，不能形成有效的风险制约。现代商业银行的所有业务几乎都要依托系统来实现，包括产品的开发设计、业务的测试推广、具体的业务操作以及信贷管理、人力资源管理、行政管理、内控管理等，都需要计算机系统的支持。而在银行内部设计的诸多系统中，信息能否及时共享，是否具有保证系统安全稳定的相关机制、系统内的各个模块能否根据业务发展及时更新等，都可能成为诱发操作风险的潜在隐患。

（四）外部事件因素

主要指外部自然灾害、突发事件、外部欺诈等，例如地震、海啸、火灾及恐怖袭击等。

三、事后监督对风险驱动因素的设计与管理

风险驱动因素作为事后监督转型新引入的先进理念，与风险事件紧密相

连。在纷繁复杂的风险事件背后一定隐含着风险事件发生的最主要、最关键的原因，这些原因也是多方面的，可能是人员的原因，也可能是流程或系统的原因；可能是银行内部的因素，也可能是银行外部的因素。可见，风险事件的发生并不一定是当事人的原因，需要深入分析、准确定位风险事件的关键成因。为此，新的事后监督体系需要设计风险动因挖掘机制，即科学选择风险驱动因素，并与风险事件完整收集、风险事件统一确认共同作为转型后的事后监督体系有效运转的三大基础。

（一）风险驱动因素的分类设计

风险动因挖掘机制是建立在科学认识风险驱动因素的基础之上的。通过对国内外操作风险成因理论与实践的研究借鉴，结合国内商业银行监管部门的有关要求，统筹考虑运行风险的演变逻辑，在事后监督转型中，将驱动因素分为制度因素、流程因素、执行因素、操作因素、系统因素、政策因素、设备因素、道德因素、客户因素、电力因素、通信因素、不可抗力因素等，并实现了与巴塞尔协议风险成因的国际接轨（见表3-3）。

表3-3　　事后监督的风险驱动因素与巴塞尔协议的风险成因对照表

事后监督因素类别	巴塞尔风险成因类别
制度因素	执行，交割及流程管理
流程因素	
执行因素	
操作因素	
系统因素	
政策因素	
设备因素	业务中断和系统失败
道德因素	内部欺诈
客户因素	客户、产品及业务操作
	外部欺诈
电力因素	业务中断和系统失败
通信因素	
不可抗力因素	实体资产损坏
……	……

为实现对风险事件的有效管理，需要进一步对事后监督的风险驱动因素进行细化分类，为科学选择风险驱动因素、认定风险管理责任奠定坚实基础。

一是按风险事件成因划分，将风险驱动因素划分为内部驱动因素和外部驱动因素。内部驱动因素是指由于商业银行自身因素引起的风险事件，包括但不限于制度因素、流程因素、执行因素、系统因素等（见表3-4），如柜员由于录入错误，导致记账串户或金额错记，可归类为操作因素；又如因系统设计程序失误、运行指令发布失误而引起的风险事件，则可归类为系统因素等。外部驱动因素是指由于社会经济环境或法律环境变化造成银行经营环境的不利变化，进而给银行带来损失的可能性及外部欺诈等，包括但不限于客户因素、电力因素、通信因素、不可抗力因素等（见表3-5）。

表3-4 内部驱动因素分类表

因素类别	风险驱动因素描述	备注
制度因素	未制定制度或制度滞后	如未制定业务制度或者业务发生变化时未同步修订制度
	制度冲突	如一项或多项制度对同一业务要求不一致
	……	
流程因素	流程不明确	如业务开办前未制定相应的流程或者流程制定的不明确等
	……	
执行因素	未按流程办理业务	如未对员工进行制度、流程的培训或培训后员工未掌握
	……	
操作因素	与客户沟通不够	如柜员未能准确掌握客户业务办理需求
	工作疏忽	如柜员录入信息不准确、应做而漏做相应审核程序等
	……	
系统因素	系统设计与制度或流程不匹配	如系统未按制度进行设计，导致执行结果错误等
	新系统投产或版本升级	如新系统投产时因系统设计缺陷导致账务记载错误
	……	
设备因素	设备故障	如计算机故障，导致业务中断或业务数据不完整
道德因素	掩饰操作失误	如伪造、变造、涂改业务凭证或虚假表述业务事实等
	……	
……	……	

表3-5　　　　　　　　　　　外部驱动因素分类表

因素类别	风险驱动因素描述	备注
客户因素	客户违约	如客户未履行与银行签订的协议，信息变更未通知银行等
	伪造/变造结算凭证	如客户提供伪造凭证被成功截堵等
	……	
电力因素	电力故障	如因外部电力故障，导致业务中断或业务数据不完整
通信因素	通信故障	如因为人行通信故障造成无法进行联网核查
不可抗力因素	不可抗力	如自然灾害等致使业务中断或业务数据不完整
……	……	

二是按风险事件可控性划分，将风险驱动因素分为可控因素和不可控因素。可控因素，即主观因素，是由银行经办人员有章不循、未按流程操作所导致的风险事件，可通过银行主动风险管理及员工素质技能提升完成对风险驱动因素的有效控制或消除，包括执行因素、操作因素、道德因素等。与可控因素相对的是不可控因素，有些风险事件的发生有其客观性，不随操作人员的主观意志而转移，即客观因素，主要包括制度因素、流程因素、系统因素、政策因素、客户因素、设备因素、不可抗力因素等。

风险驱动因素分类中，也需要充分考虑到其适用的层级，如制度一般是由集团总部制定，如果因制度因素导致的风险事件，就不能选择网点等操作执行层级，换言之就是制度因素引发的风险事件不能归咎于网点。

（二）风险驱动因素的管理价值

从运行风险案件或事故的发生机理与逻辑分析，单个具体的损失事件是风险由量变到质变演变与释放的结果，具有偶然性，其发生的精确时间、详细地点是根本无法预测的，给人难以预防难以管理的假象。但通过风险动因挖掘机制的设计，可以发现这些单个的具体的损失事件背后往往沉淀着大量无人关注的风险事件，正是由于没有对风险事件的成因进行分析挖掘并加以管理消除导致了运行风险最终以损失事件的形式爆发出来。因此，为避免或减少损失事件，需要对风险事件进行有效管理，而管理风险事件的重中之重就是消除风险驱动因素。为便于理解，我们以一起交通事故为例来说明风险驱动因素管理的重要性。比如在一个大雪天，某人在下班的车流高峰期，骑着没闸、没铃的自行车去购物，中途不幸被一辆刹车失灵的出租车撞倒，发生交通事故。这起交通事故表面看似偶然，但实际发生存在其必然性，自行车没闸没铃、出租车刹车失灵、道路车流拥挤等都是这起交通事故形成的原因，假设提前消除了这些因素，这起交通事故或许不会发生。

交通事故的案例表明了管理风险驱动因素的价值与意义。但在实际监督工作中，一笔风险事件背后的成因往往多种多样，有直接的原因也有间接的原因，有主要的原因也有次要的原因，如何准确把握就成为风险动因挖掘的关键所在。如果风险驱动因素选择不准确，就会形成风险计量、评估结果的偏差，致使各级管理人员、业务主管部门无法了解风险事件形成的真正原因，进而造成风险管理决策的错误和风险控制措施的失效，无法达到风险管理效果。因此，监督人员选择风险驱动因素时，应准确挖掘驱动风险事件发生的最主要、最关键因素，确保驱动因素选择的唯一性。如某客户因口齿不清楚，柜员为其办错业务，进而引起反交易。从表面上来看，反交易的原因是客户自身未能很清楚地表达业务需求，是客户因素引发。但从实质和重要性原则上来看，是因为该柜员与客户沟通不够，未能准确掌握客户业务办理需求或未对客户进行必要的提示等，应选择操作因素，而不是客户因素。此外，选择驱动因素也应贯彻分层管理的思想，即按照不同管理机构或人员在风险事件形成过程中承担的责任不同，将风险驱动因素按相应机构的管理层级划分为总行（部）、分行、营业网点、柜员等不同层级，明确每一笔风险事件的责任机构或责任人，以细化风险事件管理责任，提高风险管理的针对性和有效性。如一笔风险事件的驱动因素选择执行或操作因素，其驱动因素层级多为网点，其具体责任人应为网点柜员。

通过将风险动因挖掘机制融入事后监督的转型设计，可以找出触发风险事件的关键驱动因素，便于从流程、系统、人员等方面持续改进，一方面可以减少风险事件数量，降低损失事件发生的概率，提高业务运行风险管理水平，另一方面可以优化业务运行流程，提高业务运行效率和客户服务水平，进而提升商业银行的市场竞争能力。

第四章 监督模型

模型是人们依据研究的特定目的，在一定的假设条件下，再现原型（antetype）客体的结构、功能、属性、关系、过程等本质特征的物质形式或思维形式。商业银行事后监督体系的监督模型是为准确识别确认风险事件，应用数据分析方法，依据风险特征制定不同的风险管理规则，并将风险规则按照风险监控目的进行灵活组合而构成的风险识别引擎。

在深入总结分析商业银行大量历史案件或典型风险事件的基础上，结合外部风险形势的发展演变，设计基于商业银行海量交易数据的监督模型，对于实施有目标有重点的风险监控、提升事后监督体系的运行质量和效果具有非常重要的现实意义。为此，持续开展模型设计研究，创新模型设计方法，强化监督模型管理，将监督模型打造成事后监督体系风险识别最精准最有效的手段，是商业银行建立高效运转的事后监督体系的永恒课题。

第一节 监督模型设计方法

传统事后监督主要依赖人工复审的监督方式，从业多年且具有丰富风险管理工作经验的专家是传统事后监督体系最宝贵的财富，这些专家总是可以从看似平常的交易中发现可疑的异常信息。但随着商业银行业务量的迅速增加以及交易复杂度的提高，单凭有限的专家力量是难以完成对海量交易数据的风险识别与管理的，如何将专家的经验智慧提炼、拓展、融入计算机技术，实现对风险数据的智能筛选和有效识别已成为事后监督体系转型的重要任务。纵观技术发展，引入人工智能AI(Artificial Intelligence)等前沿计算机技术去替代并扩展运用专家经验智慧已是大势所趋，也是有效识别风险、管理风险的现实选择。人工智能技术虽然看似遥不可及，但在现实生活中已有很多成功典范，其代表之作就是著名的"人机对弈"。在1997年5月3日至11日，IBM公司利用人工智能领域相关技术开发的"深蓝"电脑（Deep Blue）以3.5：2.5战胜国际象棋棋王卡斯帕罗夫（Kasparov），轰动一时。当时，国际象棋棋王被公认为具有人类顶尖的智力水平，但却输给了"深蓝"电脑，"深蓝"的这次获胜也表明人工智能技术应用已经达到了一个新的高度。

人工智能是研究开发用于模拟、延伸和扩展人类智能的理论、方法和技术的一门新的科学。美国斯坦福大学人工智能研究中心尼尔逊教授对人工智能作了这样一个定义："人工智能是一门关于知识的学科，是怎样表示知识以及怎样获得知识并使用知识的科学。"这个定义虽然反映了人工智能学科的基本思想和基本内容，但比较抽象，很难与人工智能的实践应用联系起来，美国麻省理工学院的温斯顿教授则给出了一个便于理解的比较直观化的定义，他认为"人工智能就是研究如何使计算机去做过去只有人才能做的智能工作"，即人工智能是通过研究人类智能活动的规律，构造具有一定智能的计算机系统，使得该系统可以去完成以往需要人类智力才能胜任的工作。

人工智能目前主流的技术包括：专家系统、人工神经网络、模式识别等。业内领先的部分商业银行已经采用专家系统、人工神经网络等技术设计风险模型，完成对风险的识别、监控与管理，并收到很好的效果。模式识别技术一般不直接应用到建模中，但在辅助模型设计与实施、开展客户聚类分析、提取风险特征等方面可以发挥巨大的作用。

一、专家系统

（一）专家系统技术概述

专家系统（Expert System)是人工智能中最重要的一项应用技术，是一类具有专门知识和经验的计算机智能程序系统，一般采用知识表示和知识推理技术来模拟通常由某业务领域专家才能解决的复杂问题。专家系统实现了人工智能从理论研究走向实际应用，从一般推理策略探讨转向专门知识运用的重大突破。

从功能上来说，专家系统结合数学、统计学等工具，使用计算机技术，根据某领域业务专家提供的多年积累的知识和经验，模拟出专家的思维过程，通过对信息进行分析、推理和判断，解决那些需要人类专家才能处理的复杂问题。专家系统需要具备某领域的专家级知识，并能够模拟专家思维，达到专家级的水平，因此，专家系统又被称为基于知识的系统。

人工智能中的知识表示有产生式、框架、语义网络等形式，而在专家系统中运用得较为普遍的知识是产生式规则。产生式规则以类似IF…THEN…的形式出现，就像BASIC等编程语言里的条件语句一样，IF后面跟的是条件（前件），THEN后面的是结论（后件），条件与结论均还可以通过逻辑运算AND、OR、NOT进行复合，以实现更为复杂的运算和判断。产生式规则看似非常简单，如果前提条件得到满足，就会产生相应的动作或结论，但如何将现实中的专家知识归纳总结成计算机的规则又非常困难，需要模型设计人员不断地探索、研究和总结。

（二）专家系统实现原理

专家系统的基本结构通常由人机接口、知识库、推理机、解释机、数据库、知识获取机等6个部分构成，工作流程如图4-1所示。

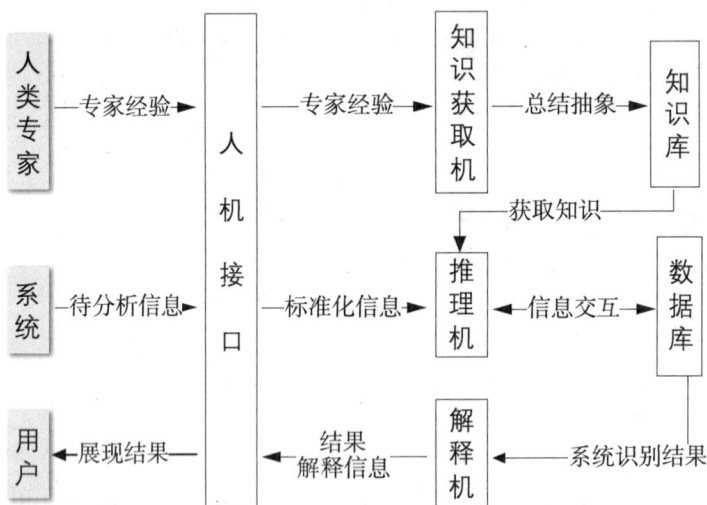

图4-1 专家系统工作流程图

1. 专家系统知识库构建。专家系统通过人机接口实现人类信息和系统数据的互联互通。在获得人类专家经验后，知识获取机将这些专家经验总结、抽象、固化为具体的计算机逻辑规则，并存储在知识库中。用户可以通过知识获取机改变、完善知识库中的知识内容，反复对知识库及推理规则进行改进试验，归纳出更完善的结果，提高专家系统的性能。

知识库存储和管理的专家系统中求解实际问题的领域知识，包括事实、可行操作与规则等，是专家系统的核心组成部分。知识库中存储的知识一般有两大类型，一类为事实，另一类是启发性知识。所谓事实，通常指的是公共定义的或已经发生的具体事件，或成为公开性的知识，包括领域中的定义、理论和一些常识性的东西，这些知识通常收录在相关的学术著作和教科书内。而启发性知识则是领域专家的个人知识，是领域专家经过长期的业务实践所获得的经验总结，是领域内遇到新情况、新问题时能够作出准确判断的根本保证。知识库依靠这些存储的领域知识有效地处理异常的数据信息，从纷繁复杂的表面现象中辨别出问题的实质，寻找解决问题的最佳途径，所以知识库是决定专家系统工作效能的关键。

2. 专家系统智能识别。专家系统在问题识别过程中，将通过人机接口采集的需要分析的数据信息进行标准化处理后，依托推理机与知识库中的各个规则进行反复匹配，获得问题的求解结果，并存放到数据库中。一般而言，推理方式有正向推理和反向推理两种。正向推理是从条件匹配到结论，反向推理则先假设一个结论成立，再看它的条件有没有得到满足，是根据事先假定的结论来匹配条件。推理机就如同专家解决问题的思维方式一样，根据原有的知识对输入的信息去进行逻辑推理从而得出结论。

3. 专家系统识别结果输出。专家系统在完成问题识别后，将存放到数据库中的相关结论通过人机接口输出、提供给用户使用的过程即是识别结果输出。为使以计算机语言形式呈现的识别结果能够为人类所用，需要进行一定的"翻译"，这正是解释机的功能所在。解释机用来向用户解释专家系统的行为，包括解释推理结论的正确性以及系统输出其他候选解的原因，并对专家系统的问题求解过程或对当前的求解状态提供说明，因而使专家系统更具人性化，避免了机器语言不易被用户理解的问题。

（三）专家系统应用情景

由于专家系统具有对人类专家的一定程度的替代性，因此，使用专家系统可以节约对专家资源的占用，能够产生巨大的经济效益。随着专家系统理论和技术的不断突破，其应用渗透到几乎各个领域，不少成功的专家系统已经在功能上达到甚至超过同领域中很多人类专家的水平。在实际应用中，专家系统适合于完成那些没有公认的理论和方法、数据信息量大、人类专家短缺或专门知识十分昂贵的诊断、解释、监控、预测、规划和设计等知识密集型任务。商业银行事后监督领域的运行风险识别即属于这样一种知识密集型的业务领域。随着银行业务的高速发展和业务量的迅速增长，事后监督如果还单凭有限且相对短缺的专家力量将难以完成对海量交易数据的风险识别与管理，也难以达到对复杂交易的风险管理效果，所以应用专家系统技术，将风险管理专家们多年积累的风险管理经验和业务知识固化进知识库，构建成监督模型，就成为事后监督系统识别风险非常合适的选择。尤其是在需要监控的风险场景的监控规则相对明确、需要设置的规则参数相对较少时，专家系统的计算机技术实现难度将会较低，更易于通过开发程序模拟专家的思维过程，实现对运行风险的快速监控和准确定位。这种技术在实际运用中可实现对规则和参数较为便捷的调整，运行时工作效率较高，因此，基于专家系统技术的监督模型在识别分析运行风险方面将发挥更大的作用。

二、人工神经网络

（一）人工神经网络概述

人类的大脑可谓世界上最神奇而又复杂的地方，一个人的大脑皮层中大约有100亿个神经元，60万亿个神经突触以及它们的连接体，它们在一起共同帮助人类实现了学习、记忆、识别、计算等复杂的功能。而如何从人脑的生理结构出发来研究人的智能行为，模拟人脑信息处理的功能，成为近年来的热点研究领域。科学家通过对人脑结构的抽象、简化和模拟，在计算机中构建大量处理单元（神经元，Neurons）广泛互连而成的人工神经网络（Artificial Neural Network，ANN），简称神经网络，期望实现人脑的上述复杂功能。

人工神经网络的构筑理念是受到生物（人或其他动物）神经网络功能运作的启发而产生的，通过构建特定结构的网络拓扑结构，再采用基于数学统计学类型的学习方法来实现相关功能，所以人工神经网络也是数理统计学方法的一种实际应用，通过统计学的标准数学方法，能够得到大量的可以用函数来表达的局部结构空间。另一方面在人工智能学的人工感知领域，通过数学统计学的应用还可以实现人工感知方面的决定问题，也就是说通过统计学的方法，人工神经网络能够实现人类才具有的决定能力和判断能力，这种方法比起基于逻辑的推理演算更具有优势。

（二）人工神经网络实现原理

人工神经网络的实现原理较为复杂，是一种由看似简单的各个处理单元所组成的数量众多的并行分布的处理机，这些处理机具有存储和应用经验知识的自然特性。它与人脑的相似之处表现为两个方面：一是利用神经网络从外部环境中不断通过学习过程获取知识，二是通过内部神经元（突触权值）来存储获取的知识信息，即每两个节点（神经元）间的连接都代表一个对于通过该连接信号的加权值，称为权重，这相当于人工神经网络的记忆。

简单来说，一个人工神经元网络通常是由一个多层神经元结构组成的，每一个神经元都有输入和输出，每层上的神经元把对应在前一层上的神经元输出作为它的输入，将这些输入结合权重求和并通过激励函数运算就得到该神经元的输出，需要注意的是，该输出是一个非线性的数值，也就是说，通过激励函数求得的数值根据极限值来判断是否要激活该神经元。而不同的神经元连接方式就构成了不同的神经网络，其中主要的网络结构有：单层前向网络、多层前向网络、反馈网络、随机神经网络、竞争神经网络等，其具体的输入输出及激励函数也有一定的差异。

一般来说，一个神经元模型应具备三要素：

1. 具有一组突触或连接，常用w_{ij}表示神经元i和神经元j之间的连接强度，或称为权值。权值的取值区间可在负值与正值之间。

2. 具有反映生物神经元时空整合功能的输入信号累加器u_i。

3. 具有一个激励函数$f(\cdot)$用于限制神经元输出。激励函数将输出信号限制在一个允许的区间范围内，使其成为有限值。通常情况下的神经元输出范围在[0，1]或[-1，1]的闭区间内。

下面就是一个典型的人工神经元模型：

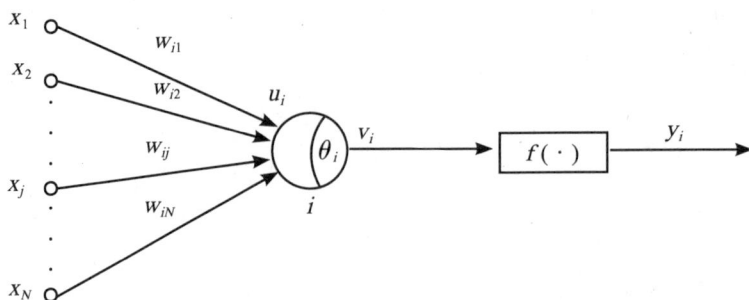

其中：x_j ($j=1$, 2, $\cdots$, N) 为神经元 i 的输入信号，w_{ij} 为突触强度或连接权。u_i 是由输入信号线性组合后的输出，是神经元 i 的净输入。θ_i 为神经元的阀值或称为偏差，用 b_i 表示。v_i 为经偏差调整后的值，也称为神经元的局部感应区。

$$u_i = \sum_j w_{ij}\, x_j \qquad (4\text{-}1)$$

$$v_i = u_i + b_i \qquad (4\text{-}2)$$

$f(\cdot)$ 是激励函数，y_i 是神经元 i 的输出。

$$y_i = f\left(\sum_j w_{ij}\, x_j + b_i\right) \qquad (4\text{-}3)$$

构建出来的神经网络需要通过学习才能掌握知识，这里的"学习"特指通过神经网络所在环境的刺激作用调整神经网络的权重参数，使神经网络以一种新的方式对外部环境作出反应的过程。能够从环境中学习和在学习中提高自身性能也是神经网络的最有意义的性质，即通过对训练样本的学习实现对各层的权重进行校正而建立模型的过程，称为自动学习过程。学习过程中因网络结构和模型不同采用的具体学习算法也不同，目前主流的神经网络学习算法有基于记忆的学习、纠错学习、随机学习、竞争学习等。

在应用效果上，虽然人工神经网络还远没有达到人类大脑所具备的能力，但以前人类所独有的学习、记忆、识别、计算等复杂功能经由人工神经网络加以实现。与其他人工智能方法相比，该技术具备两大显著特点：一是容错性和稳定性较强，能够在某些系统参数变化的情况下维持基本的特性，也就是说，一些局部的异常并不影响整体的结果；二是自学习能力很强，能够根据新的输入生成合理的输出，并通过学习过程不断完善自己，这也是其与专家系统等人工智能方法显著不同的特点，即具备在学习过程中自动提取特征的能力。

（三）人工神经网络应用情景

人工神经网络在结合金融学、通信工程、控制技术等诸多学科知识后，表现出一定的非线性特性和大量的并行分布结构，使其在自学习、自组织、联想、类比以及容错方面具有较强的能力，可以为缺少物理或统计理解、观察数据存在统计变化、数据由非线性机制产生等棘手问题提供可靠的解决办法。拥有这些特点的神经网络技术广泛应用于诸如时间序列分析、工业控制、图像处理、信号处理、机器人技术等方面以及金融、电力、交通、军事、矿业、农业和气象等领域。例如在经济金融领域，人工神经网络经常被用来对商品价格、股票价格进行短期预测，对企业的可信度、客户的评级等进行分析判别。

在事后监督体系的模型构建过程中，如果业务风险情景较复杂、人工无法及时有效提炼出模型监测规则时，人工神经网络技术就可以凭借其强大的自学习能力被应用其中。通过选择合适的神经网络模型，学习由异常业务事件和正常业务事件组成的历史样本，使其具备抓取异常业务事件和识别相关风险特征的能力。在这方面，一些国际咨询公司、高科技公司，如SAS公司、FICO公司等，已经走在了前列。他们将人工神经网络技术成功运用到银行交易反欺诈领域，实现对相关异常交易的快速监控。如Fraud Analyties，是FICO公司针对信用卡反欺诈推出的一款欺诈分析产品，该产品核心模块中的模型构建采用的就是人工神经网络技术，通过对大量历史交易信息进行训练，使得该模型具备了识别欺诈类交易的能力，再在核心模块的前后端辅以基于规则的专家系统模型，这些模型交互作用，共同完成对信用卡欺诈风险的识别监测功能。具体的工作原理是，首先通过专家系统的模型过滤掉一些相对正常的交易，然后将剩余的异常交易输入核心模块中基于神经网络的模型进行分析，每笔从神经网络评分模型出来的交易都会有一个欺诈评分，该评分通常是依据神经网络输出的欺诈概率经过线性变换而得到的一个整数分值，最后核心模块后端的基于专家系统的模型会根据欺诈评分给出最终的欺诈判断结果（见图4-2）。

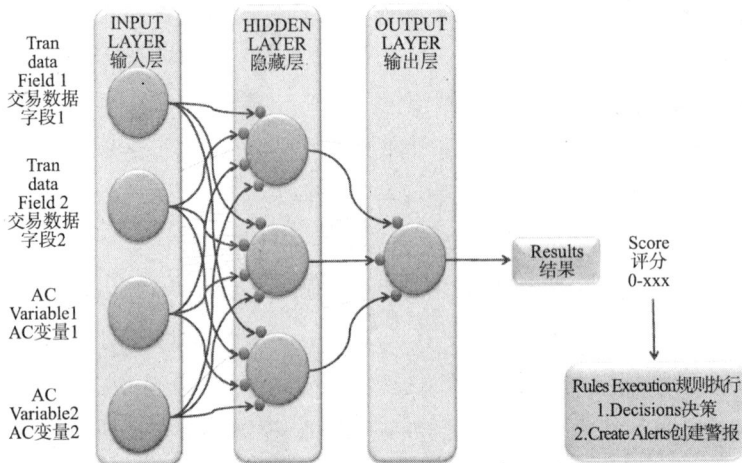

图4-2 信用卡反欺诈的人工神经网络模型

三、模式识别

（一）模式识别概述

模式（Pattern）这个概念的内涵是很丰富的，直观上来说凡是人类能用其感官直接或间接接受的外界信息都可以认为是模式，比如：文字、图片、景物、声音、语言。人类大脑在信息处理过程中的一个重要形式是生命体对环境及客体的识别，这就是模式识别，所以从本质上来说模式识别是人类的一项基本智能。在日常生活中，人们无时无刻不在进行"模式识别"，比如认识文字、图像等。

模式识别技术最早产生于20世纪四五十年代，计算机的出现以及人工智能科学的兴起使人们尝试应用计算机来代替或扩展人类的部分脑力劳动，即用机器去完成人类通过视觉、听觉、触觉等感官去识别外界环境中自然信息的那些工作。但直到近年来计算机科学技术不断推陈出新，模式识别才从真正意义上发展为一门新兴学科，成为信息科学和人工智能的重要组成部分。通过在计算机上使用数学等技术方法来研究模式的自动处理和判读，机器系统实现了自动的模式分类，以完成人类具有的模式识别功能。

模式识别技术通过对表征事物或现象的各种形式的信息（包括数值的、文字的和逻辑关系的）进行处理和分析，以对事物或现象进行描述、辨认、分类和解释，其功能实现与人类的学习过程相似。以"汉字识别"为例，将汉字图像进行计算机处理，抽取其主要表达特征并将特征与对应的汉字代码存在计算机中，就像学生学习"这个字叫什么、如何写"，并记在大脑中一样，这一过程就叫做"训练"；当新输入一个汉字图像时，将其与计算机中所有存储的字进行比较，找出最相近的字作为识别结果，这一过程叫做"匹配"或是"识别"。

（二）模式识别技术原理

根据识别对象和目的的不同，可以运用不同的模式识别理论和方法。目前主流的技术包括统计模式识别、句法模式识别、模糊模式识别等。根据商业银行监督模型设计和客户特征分析需要，统计模式识别技术应用得较多。

统计模式识别（Statistic Pattern Recognition)的基本原理是：有相似性的样本在模式空间中是互相接近的，并形成"集团"，即"物以类聚"。其分析方法是根据模式所测得的特征向量$X_i=(x_{i1}, x_{i2}, \cdots, x_{id})^T$ $(i=1, 2, \cdots, N)$，以一个给定的模式归入M个类$C_1, C_2, \cdots, C_M$中，然后根据模式之间的距离函数来判别分类。其中，N为样本点数，d为样本特征数。统计模式识别技术的理论较为完善，方法也很多，主要包括聚类分析法、判别类域代数界面法、统计决策法、最近邻法等。

聚类分析法是利用待分类模式之间的相似性进行分类，将比较相似的作为一类，将不相似的作为其他类。在分类过程中以一个待分类模式与各类中心的距离作为对其分类的依据，不断地计算所划分各类的中心。该类方法可以根据待分类模式和已知判出类别的模式的距离来确定其类别，也可以将待分类模式进行自主分类。

判别类域代数界面法是利用已知类别的训练样本产生判别函数，根据待分类模式代入判别函数后所得值的正负来确定其类别。

统计决策法是在一些分类识别准则下严格地按照概率统计理论导出各种判别规则，这些判别规则可以产生某种意义上的最优分类识别结果。

最近邻法是根据待分类模式的一个或K个近邻训练样本的类别来确定分类结果。

（三）模式识别技术应用

在结合统计学、心理学、语言学、生物学等诸多学科的知识后，模式识别技术所独有的特征提取能力，使其在信息维度较多、数据量较大的时候，发挥出更大的作用，可以承担人类无法有效完成的特征提取及模式分类工作，可以广泛应用于客户分析、自动化控制、身份认证等方面。以金融服务业为例，随着企业的经营宗旨由"以产品为中心"向"以客户为中心"转变，模式识别中的聚类分析技术被大量应用到对客户特征的数据挖掘分析中，从大量的客户原始特征中筛选出能够显著识别的特征，用于设计客户识别分类器，研究客户特征，定位目标客户，提炼出不同客户或客户群的行为规律。通过客户识别和分类，商业银行可以更好地了解客户需求，可以从众多客户中发现哪些是最有价值的客户，哪些是可能给银行带来损失的客户，进一步提高客户关系管理的针对性。通过这些聚类分析结果，商业银行可以根据自身战略发展需要制定合适的客户服务和风险管理实施策略。

在构建监督模型的过程中，当监督模型需要设置业务参数较多、人工无法一一设置时，可以采用模式识别技术，运用聚类分析法、判别类域代数界面法、统计决策法、最近邻法等方法，对从风险事件和正常业务事件样本中抽象出来的各维度数据信息进行特征提取，根据分析结果确定较为合适的参数值。对客户的历史交易行为也可以应用模式识别技术进行分析，提取客户交易行为特征，按照一定的维度对客户进行聚类，将客户划分为若干个群。当客户与群内的客户进行交易时，可以认为符合其历史交易行为习惯，相对来说客户被欺诈的概率较低。

第二节　监督模型设计流程

为最大限度地发挥事后监督体系的风险管理效能，需要设计一套数量合理、覆盖有效、理念科学、方法先进、识别精准的监督模型，作为整个事后监督体系高效运转的基石。基于对商业银行风险管理历史经验的规律性总结及对当前和未来风险发展趋势的研判，不断开阔模型设计思路，运用模型前沿技术，拓展模型应用领域，是持续提升模型的智能化识别能力、始终保持监督模型设计先进性的必然选择。在具体设计过程中，应立足商业银行业务运行和风险管理实际，以发现风险、识别风险为核心，从多重分析维度入手，全面梳理商业银行所有涉及运行风险的业务环节，在保证有效覆盖的基础上，突出对重要风险事项、关键风险部位的监控，使监督模型的管理重点始终集中在高风险对象上。

　　一套设计良好的监督模型体系中，每个监督模型应具备识别不同风险特征的能力，针对不同类型的风险事件或者风险事件的不同方面实现准确识别。银行的海量业务交易，经过监督模型的数据分析处理和识别过滤，一旦该交易符合某个特定的风险特征，就会被自动识别出来；如果一笔交易同时符合了多个风险特征，也应被多个监督模型识别，从而实现全景展现，确保运行风险管理工作疏而不漏。

　　要做好模型设计工作，一般来说需要经过情景分析、模型构建、模型训练、模型识别结果的处理和模型管理五个步骤。通过情景分析确定需要使用监督模型监控的业务风险环节，然后运用恰当的设计方法完成模型建模，并将初步构建的监督模型进行训练，确保监督模型的有效性和准确性达到设计目标，再对设计完成的模型的识别结果确定监控频率和处理方式，最后对投入使用的监督模型进行持续的全生命周期管理。

一、情景分析

　　根据我国商业银行运行风险典型案件的分布情况及潜在的风险隐患，在进行情景分析时，应结合商业银行业务经营实际，从客户、机构、产品、渠道、员工、外部等不同维度，进行全面细致的场景梳理，判断业务运行过程中是否存在需要控制的风险环节，如客户异常交易行为、流程/产品设计缺陷、业务渠道风险冲击等，概括和抽象出风险特征，设计相应的监督模型，覆盖认知范围内的业务风险环节。

　　（一）场景梳理的维度

　　客户维度是指客户的资产情况、账户特征、交易金额、交易渠道、交易地点、交易关联性等，依据不同类型客户的交易行为习惯设置模型监控规则。

　　机构维度指不同营业机构的地域特征、人员结构、管理特点等，根据机构特征设置模型监控规则。

　　产品维度指不同金融产品的产品特点、业务处理流程、风险环节等，依据产品特性设置模型监控规则。

　　渠道维度指营业机构柜面渠道、网上银行渠道、ATM自助服务渠道、POS机消费渠道等，依据业务办理的渠道不同设置覆盖相应渠道风险特征的监控规则。

员工维度指根据员工的交易行为特征设置监控规则，防止员工参与客户的资金往来、违规办理业务等。

外部维度指根据外部环境给银行经营带来的风险冲击类型设置监控规则，如对非法集资类客户的风险识别等。

在从上述维度梳理业务情景、归纳风险特征时，应注意各个维度并不是相互割裂的，同一笔业务可能涉及多个客户、多个产品、多个渠道等，因此，应统筹考虑监控规则的设计，既要覆盖全面，又要突出重点，还要注意发挥合力。因为事后监督收集的风险信息涉及商业银行不同的业务部门，为保证监督模型设计的科学性和准确性，应将业务部门自我梳理与事后监督主管部门梳理相互结合，这样既可以避免业务人员因为长期陷入日常事务性工作而忽视某些风险环节，也可避免事后监督主管部门由于远离业务而对风险环节把握不深入的问题。

（二）场景梳理的结果

将场景梳理的结果即所有可能存在运行风险的风险点进行科学分类，一方面可以清晰地了解将要设计的监督模型所覆盖的业务范围与特征，另一方面也可以避免后续的重复开发。在对风险点的分类方法上，可以从以下两个维度去划分。

一是按照风险点所属的专业条线，可将风险点划分为个人、对公、信用卡等类型。这种分类方法便于各专业部门根据模型识别结果，采取针对性的管理措施，及时消除风险隐患，切实有效防范风险。例如可针对相关模型识别出个人金融业务流程的设计缺陷，由个人金融业务部门及时研究制定流程优化等后续管理措施。

二是按照监督对象的风险特征，可将风险点划分为资金异动和交易行为两大基本类型。资金异动类主要是指与客户、账户的支付行为直接相关，交易表现存在显著异常的风险点，通过设计监督模型对其进行有效识别，可避免银行或客户的直接资金损失；交易行为类主要指外部人员或银行内部员工办理业务过程中表现出来的异常行为，包括未按照规定流程办理相关业务、非正常营业时间办理业务、柜员频繁查询客户资金等，这类行为本身可能并不直接引发财务损失，但长期无视这类行为的存在，疏于对它们的管理可能导致内部舞弊、内外勾结作案等非常严重的后果。

二、模型构建

基于情景分析的结果，根据风险点的风险动向和风险特征，对可能产生的风险后果作出科学预测和合理判断，确定模型具体设计思路，是构建监督模型的重要一步。由于商业银行的很多业务处理并不是孤立的，往往涉及多个产品和多个业务部门，因此，在模型设计过程中，应充分考虑各个业务处理环节和各类风险之间的相关性，保证风险特征分析和监控规则设计的全面性。

在设计思路确定后，如何选择合理的模型设计方法是确保模型应用效果的关键。对于专家系统、人工神经网络等人工智能新技术在监督模型构建中的应用，应从应用场景、系统运行、风险应变性、开发难易程度、后续可维护性等方面进行综合比较分析。（1）应用场景方面。由于专家系统的监督模型是在总结专家经验的基础上提炼出来的一系列的逻辑规则，该方法得到有效应用的基本前提就是需要有相对明确的专家经验。而当场景异常复杂，多种影响因素交融在一起时，专家便难以从中提炼出清晰的监控规则，这时人工神经网络技术就可以发挥其强大的自学习能力，结合计算机系统的快速计算，开展对大量异常及正常事件的样本学习，使其具备对相关风险特征的识别能力。（2）系统运行方面。基于专家系统的监督模型是由一系列相对静态的规则组成，知识库设计并装载完成后系统一般具有很好的稳定性，可以长期运行。在后续的规则更新中，会有规则的添加、删减和修改等维护操作，但是不会对整个系统运行造成影响。基于人工神经网络的监督模型投产后，可能需要对模型效果跟踪较长一段时间，对于效果不理想的模型需要进行较大的调整，包括网络模型的重新训练甚至是网络结构的重构，并将重新训练和重构的网络模型保存到系统中。这种频度和范围的调整在一定程度上会影响整个系统运行的稳定性。（3）风险应变性方面。专家系统设计的监控规则是一种硬性的单一规定，对于满足监督模型中的规则或者规则组合的异常风险信息，就会被模型判为某个类别，对于不符合模型规则或者规则组合的信息，即使存在严重风险隐患也无法被识别。而商业银行现实经营活动中的风险行为往往是千变万化的，应变性差也就成为基于专家系统的监督模型的缺点。相比之下，基于人工神经网络的监督模型的应变能力很强，因为神经网络建模是在综合考虑多种因素的基础上最终给出一个可能结果的定量描述，不会因为单个因素的变动而彻底改变结果。而且基于神经网络的监督模型会定期训练新的样本，调整风险识别模式，能够较好地识别新类型的风险事件，这也体现出其较强的应变性。（4）开发难易程度方面。专家系统模型是基于规则的处理，如"IF … THEN … ELSE …"，其数据处理流程比较符合计算机语言，所以将规则转化为计算机的各类逻辑判断流程，对于开发人员来说比较容易实现。人工神经网络模型的开发则相对困难，包括各类训练算法的选择、网络拓扑结构的优化和设计等，不仅对计算机程序设计的要求较高，对于开发人员的数学和人工神经网络理论功底也有一定的要求。另外，由于其特殊的训练模式，还需要再单独开发一套训练环境，又会增加一定的工作量。（5）后续可维护性方面。基于专家系统的监督模型的维护集中体现在对规则的维护。规则的维护一方面需要专家经验，银行风险管理专家通过多年的行业经验，综合历史案例，设计出一系列的监控规则；另一方面专家经验给出的规则是否有效可用，需要使用者进行长期的测试和跟踪。因此，基于专家系统的监督模型的维护需要大量的专业人员和技术人员参与，人力成本较高。而基于人工神经网络的监督模型，只要初始模型建立完成，随后的维护工作主要就是定期将新发现的欺诈交易及正常交易样本数据输入神经网络模型进行训练，更新相关模型信息，整个过程相对来说不需要太多的人员参与，所以维护成本相对也较低。

通过对专家系统和人工神经网络两种方式建模的优劣分析，很难得出哪个技术一定比哪个技术更优越的结论，关键是要根据各家商业银行的实际情况和风险管理需要，因地制宜地加以选择，充分发挥各项技术的优势。通俗来讲就是"没有最好的，只有最合适的"。在事后监督模型构建过程中，应结合情景分析得出的风险点的风险特征，灵活运用两种模型设计方法。对于资金异动类风险点，可通过专家经验与人工神经网络相结合的技术，从交易对手、交易金额、交易频率、交易时间、交易渠道等角度出发，深度分析个人客户消费行为习惯和企业客户交易行为习惯，并设计出资金异动类监督模型，再通过模型对海量交易数据进行筛选、匹配，智能地识别出可能存在风险的资金异常变动信息。而对于交易行为类风险点，由于设计规则较为简单，风险特征较为单一，所以主要通过专家经验来完成交易行为类监督模型的设计。

三、模型训练

为保证监督模型在有效性、准确性等方面达到预定的设计目标，还需要应用银行历史交易数据对初步构建的监督模型的运行效果进行测试检验，也就是开展模型训练。通过对模型规则、模型参数等的充分校验，使模型投产后的准风险事件数据量可控，风险识别能力符合预期。

对于不同类型的监督模型，应采用适用的训练方法开展模型训练工作。资金异动类监督模型，由于模型规则较为复杂，可通过"数据还原"法，抽样选取真实业务中的数据，整理为模型对应的风险事件和正常事件，将其作为测试样本利用训练环境进行测试，检验模型规则的全面性、有效性和准确性。也可通过"压力测试法"，应用商业银行实际的业务全量数据对模型进行压力测试，充分检验模型的运行效率、监督系统的稳定性和承载能力等，该方法对于大型商业银行尤为重要。有些在小型商业银行运转良好的模型，应用到大型银行时，由于数据分析量扩大数百倍导致系统宕机，无法按预期时间生成识别结果。还可通过"冠军—挑战者"法，在模型训练环境下，将设定的模型规则与大量不同的模拟监督规则逐一进行性能比较，经过反复的验证比对，全面测试模型规则效果，确定最优的模型规则，并将结果反馈至模型管理人员，从而选取"冠军"策略部署到实际生产环境中。而交易行为类监督模型的模型规则一般较为简单，所以可直接通过数据还原法和压力测试法对监控规则进行测试，一般不需要应用"冠军—挑战者"法对海量规则开展训练比对。

通过模型训练，如果发现模型识别能力不能满足风险管理要求，则必须重新学习或者调整模型规则；如果学习或者调整后仍未达标的，则表明模型设计是失败的，须重新考虑该模型的设计架构，采取其他的模型设计方法进行重新研发。只有达到风险管理要求的监督模型，方能投入商业银行实际生产运行环境，发挥风险识别、监测和控制的作用。当然，投产后的模型也不是一成不变的，还需要根据实际运行情况和外部风险环境变化不断进行调整优化。

四、模型识别结果的处理

模型运算规则设计、训练完毕后，还需要明确模型的监控频率和对识别结果的处理方式。因为不同业务的不同环节发生运行风险事件的频率是不一样的，所以应根据风险事件的发生概率，确定模型的监控频率，如可按每日、每周、每月、每季度甚至更长周期。当然，由于商业银行的经营环境也经常发生变化，后续也应根据业务变化情况随时调整相应的监控频率。

此外，由于每个模型的监督目的、识别效果不尽相同，所以对不同模型的识别结果（准风险事件）也应有不同的处理方式。对于模型识别出的结果100%异常的，就可以通过系统直接确认为风险事件，不再需要人工判别；而对于风险特征不明显、识别结果不确定的，监督人员应综合运用多种风险识别方法进行逐笔监测或趋势分析，如果仍无法核定风险事实的，就需要风险核查人员配合开展核查工作后再行确认。

五、模型管理

对于设计完成的监督模型，是否投入应用、运行效果如何、是否需要改进、何时退出监督等，都是需要不断研究的问题，也就相应地需要对模型进行持续的管理。同时，与现代经济高速发展和信息科技日新月异相伴而生的是商业银行业务创新步伐的加快以及业务产品种类和复杂程度的增加，需要不断研发新的监督模型去覆盖这些即将出现或已经出现的业务风险环节；而对于通过加强管理已经消除的业务风险环节，也需要将相应的监督模型退出监督范围。为适应这一业务发展规律，商业银行事后监督可引入企业界的产品全生命周期管理理论对监督模型进行全生命周期管理（见图4-3）。

产品生命周期管理（Product Life-Cycle Management，PLM），是对从产品的需求开始到产品淘汰报废的全部生命历程开展的一种管理活动。PLM是一种先进的企业信息化思想，它让人们思考在激烈的市场竞争中，如何用最有效的方式和手段来为企业增加收入和降低成本。在产品生命周期的早期阶段，为企业优化产品的需求进行定义、概念设计和设计验证，旨在降低成本，提高产品生命期的生产力。在产品生命周期的中期阶段，让企业能够充分利用现有的智力资产，迅速进行产品的变型、引申和改良，以完全创新的产品研发使企业不断盈利。而在产品生命周期的后期阶段，企业应研究产品新的用途和使用方法，力争进入新的销售市场，提供数字化的服务与维修，尽量减少维修成本，从而延长产品的生命周期，对于确实没有市场竞争力的产品，则应退出生产领域，防止给企业带来损失。

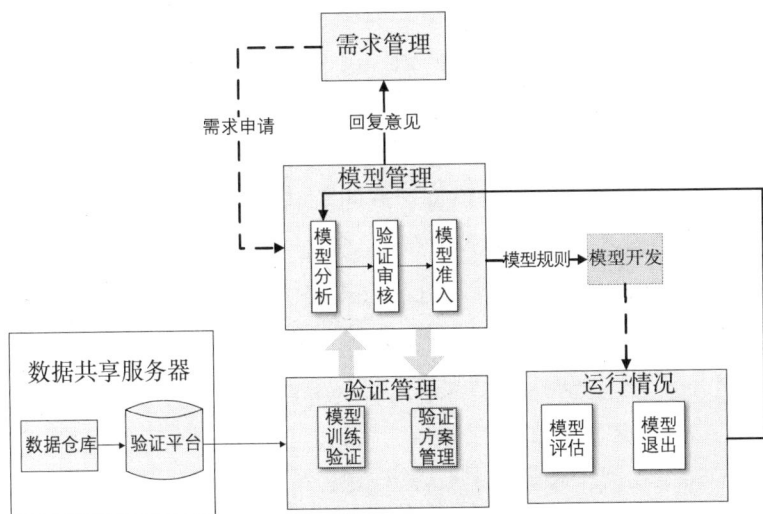

图4-3 监督模型的全生命周期管理

借鉴产品全生命周期管理理论，可以进行监督模型的准入、评估、优化和退出管理，确保模型数量和质量适应现代商业银行发展需要。

（一）监督模型准入管理

各业务部门在推出新产品、新业务时，应对业务流程中的运行风险环节进行认真分析和全面审视，对需要纳入事后监督的风险控制要点，按照模型准入标准和管理流程，向事后监督主管部门提出模型设计申请。事后监督主管部门按照模型准入标准，在进行充分论证核准后，统一纳入模型研发计划，实现监督模型的准入管理。监督模型准入标准主要包括：

1. 模型依据充分，包括但不限于契合当前风险管理动向、有充分的制度规定、曾发生案件/事故、流程/产品存在风险隐患等方面。

2. 被监控情景符合监督模型监控范围，适合采取数据分析方式实现。

3. 能够预估风险损失，发生概率（覆盖范围、区域）等。

4. 模型数据展现合理，准风险事件生成率在合理范围内。

对于纳入研发计划的模型，事后监督主管部门应根据模型所属业务类别进行分类管理，防止出现模型重复开发，监督资源重复投入的问题。

（二）监督模型评估管理

事后监督主管部门通过定期开展监督模型监测效能的全面分析，评估模型识别效率，跟踪模型应用效果，为监督模型动态管理和持续优化提供依据。

1. 有效性评估。通过对监督模型触发准风险事件、风险事件的概率分布及触发频次的量化分析，验证模型规则和参数设计的有效性。

2. 准确性评估。通过对监督模型风险识别准确性的量化分析，找出风险识别率过高或过低的监督模型，分析导致这种现象的深层次原因。

3. 资源占用评估。对监督模型展现的准风险事件，在进行甄别分析和核查处理过程中需要占用一定的监督资源，通过对资源占用的量化评价，可以为进一步优化模型规则、调整模型处理方式提供参考。

4. 其他评价。开展用户体验活动，验证模型规则的合理性，或对某类监督模型开展调研评价等，以持续优化监督模型设计。

（三）监督模型优化管理

在模型运行实践中积累经验，根据模型评估环节对已经投产使用模型的持续性评估结果，将监督模型的持续优化管理贯穿于监督模型生命周期的始终。当监督模型识别率持续下降时，需及时找出模型设计不合理的原因，对模型监测规则进行调整。如是参数设计存在问题，应及时调整参数；如是神经网络等自学习类模型，则应重新训练，学习新的样本；如监督模型通过学习、训练仍然不能达到识别要求的，可能需要重新设计模型结构。通过优化环节，不断提高监督模型设计、开发、应用水平，提升模型有效识别运行风险的能力，是最大限度地发挥基于数据分析的监督模型效能的关键。

（四）监督模型退出管理

当监督模型符合退出标准时，事后监督主管部门应主动对模型实施退出管理，并通知业务部门，或对业务部门提交的模型退出申请予以核准，并在事后监督系统中及时关闭相关模型，完成模型的全生命周期管理。这样既可减少监督资源的浪费，又能提升监督体系的运转效率。监督模型退出标准包括但不限于：经过业务流程持续优化、改造，商业银行产品或业务处理中需监控的风险环节得到有效控制；监控的相关产品和业务取消推广等。

第三节　监督模型设计实例

本节将选取两个真实的运行风险典型案例，介绍如何采用专家系统和人工神经网络技术构建监督模型，而模式识别技术在辅助模型设计上的应用，也将通过一个具体案例加以说明。

一、基于专家系统的模型构建

案例一：宋某在担任某股份制商业银行网点业务主管期间，经常以帮客户查询账户余额为由查询企业账户余额及明细。某年8月，宋某发现A公司账面有300多万元存款，通过日常业务接触，发现该公司财务管理较为混乱，遂萌生作案动机。通过盗取网点经办人员保管的印鉴卡并伪造单位印鉴，于9月3日指使外部人员刘某，持盖有伪造印鉴的申请书和重要空白凭证领购单赴网点修改账户密码、骗购支票。9月6日至10日，宋某先后指使刘某持5张支票分次将款项转入其他公司账户后提取现金。截至案发日，宋某、刘某勾结作案5次，累计盗用金额203万元。

（一）情景分析

针对此案例，首先从客户、机构、产品、渠道、员工、外部等不同维度，进行全面的场景梳理分析。案件实质是银行内部员工宋某通过盗取经办人员保管的印鉴卡并伪造单位印鉴，通过修改客户账户密码、骗购支票，盗取A公司资金。如果单纯从转账这一业务以及柜面业务办理渠道的业务处理程序来看，可能无法核实出这些交易的异常，因为业务处理手续都是完整的，客户在柜面转账是最正常不过的业务了。然而有经验的银行风险管理专家却可以从中发现一些异常现象，比如从客户维度分析A公司之前的经营资金往来，就会发现和这些被转入的公司之间从来没有发生过一笔业务。同时从外部维度分析，业务办理人员刘某并非该企业平时来银行办理业务的财务人员。这些异常信息因与客户支付行为直接相关，所以可将该风险点归入资金异动类型，按照资金异动类模型设计流程进行模型设计。

（二）模型构建

1. 选择模型设计方法。该案例虽然在业务办理和账务处理上都是正常的，风险信息隐藏较深，但还是可以从中发现蛛丝马迹。是否可以依据专家的实践经验建立知识库，设计监督模型，实现对上述异常交易数据的自动识别，是模型设计的一个切入点。下面就以专家系统方法为例详细介绍模型设计过程。

企业、个人客户在商业银行的绝大部分资金流动行为，一般都认定为是反映其主体的正常经营模式的，其背后暗含的是大部分企业和个人的投资、经营、消费等正常行为。基于这一基本假设，可以探讨如何建立反映客户正常模式的模型。如果能够找到这一正常模式，并据此分析客户后续发生的资金交易行为与正常模式之间的差异，就可以进一步判断识别与客户历史资金交易模式不一样的交易，即可疑交易。

采用建立用户历史交易习惯的方式来检测可能的欺诈交易，不仅依据的是银行专家的经验，在理论上也是有一定依据的。Johnson等人提出的欺诈理论(Theory of Deception)指出，在进行交往或交易前，主体方会基于个性特点或原有经历对交往或交易形成一定的期望；进行交往或交易后，主体会通过观察、体验，寻找线索，形成感知，一旦感知与期望不一致，主体将产生怀疑，并试图寻找产生这些不一致的原因，进而对是否被操纵或欺诈进行假设；有了假设，主体还会对其进行评价和检验，基于检验结果，主体可判断是否存在欺诈。

在商业银行运行风险管理实践中，一般客户在一段较长时期内都有稳定的支付交易习惯，即客户在较长时间内与其交易对手（日常交易对手或非日常交易对手）的交易金额、交易频率呈现出比较典型的、倾向性的特征。当发生这种欺诈类交易时一般都会在交易金额、交易频率、交易对手等方面与其历史行为有较大的偏离。所以这种资金异动类监督模型的设计可以建立在客户历史交易行为习惯分析基础之上，确定特定账户与不同交易对手交易时在交易金额、交易频率方面的参考阈值。当特定账户与其特定交易对手的交易金额或交易频率超过参考阈值时，就可以认为该交易不符合客户交易行为习惯，作为异常现象进行预警。

上述案例中，A公司在正常的经营过程中形成了特定的交易对手范围、资金金额特性、资金交易频率等特征，当宋某将A公司的资金转入其他公司账户时，一般来说会和其历史交易行为习惯产生一定的偏离，而这些异常的偏离正是我们应该重点关注的事件。所以根据上述银行专家分析管理经验和欺诈理论，通过分析客户交易习惯，提取客户交易行为特征，可以进行风险建模，设计"单位账户异常支付业务监测"模型。

2. 确定模型设计要素。该模型建模主要涉及如下指标：日常交易对手清单、客户账户笔均发生额、发生额关注系数、账户风险程度系数。

日常交易对手清单是指根据专家经验判断，如果A公司经常与B公司发生贸易往来，则B公司欺诈A公司的可能性就非常低，这也符合一般人们所认可的"熟人文化"（熟人更为可靠）理念。所以对于A公司来说，B公司就是其日常交易对手，风险程度相对较低。

客户账户笔均发生额是客户非常重要的一个交易习惯信息，等于特定周期内交易总金额除以总交易笔数。账户的笔均发生额越大，账户可能被挪用资金的风险程度越高，越需要加强关注。因此要将笔均发生额划分为不同的交易金额等级来赋予相应的关注程度。

发生额关注系数是根据账户的不同交易金额等级确定的，笔均发生额大的账户通常风险程度更高，一旦发生风险损失，其影响程度更大。因此，如果以笔均发生额作为计算资金偏离的基础，对于笔均发生额较大的账户应设置较小的发生额关注系数，保证二者相乘之后计算出的资金偏离度结果一旦稍有异常就会被有效识别出来，体现了对该类账户风险的容忍程度较低。例如笔均1亿元的A客户，与另外一个笔均1万元的B客户，如果采用相同的发生额关注系数（如2倍），不考虑其他影响因素，则A客户2亿元以上的交易才作为异动展现，B客户2万元以上的交易就可以展现。从发生风险损失的可能性及影响程度角度看，我们认为A客户1.5亿~2亿元的交易也可能存在风险，而且其预计损失明显高于B客户的2万元的交易，所以为不同发生额的账户设置统一的系数是不科学的，应进行差别设置，笔均1亿元的A客户的发生额关注系数可设为1.5倍、笔均1万元的B客户的发生额关注系数可设为4倍，而不是都设为2倍，这样也便于监督人员为之匹配不同程度的风险管理资源。

账户风险程度受到账户属性、印鉴方式、对账结果、账户开户营业机构的管理水平等多种因素的影响，可以对这些因素进行量化，计算账户的综合评分，进而确定账户的风险等级。例如属性为基本户的账户管理与风险控制要好于一般类账户；印鉴方式为"密码+图章"的客户的风险控制显然也好于仅凭图章作为印鉴方式的客户；经常对账成功的客户说明其经营管理、财务管理较为规范，风险要小于不对账的客户。账户的风险等级越高，认为客户受风险冲击的可能性越大，越需要对这类账户进行重点关注。

根据上述风险因素信息，可以建立计算机程序自动统计客户过去特定时间区间的交易信息，确定客户的历史交易行为习惯。既然客户与经常有业务往来的"熟人"发生资金交易时被欺诈的概率较低，受风险冲击的可能性较小，就应该区分日常交易对手和非日常交易对手，把资金异动的关注重点转移到与非日常交易对手的资金交易上来。应用专家系统技术对账户笔均发生额、发生额关注系数、账户风险程度系数等关键指标进行合理设置，将计算资金偏离度的方法进行固化，就可以构建出"单位账户异常支付业务监测"模型。

（三）模型训练

"单位账户异常支付业务监测"模型属资金异动类监督模型，可应用数据还原法进行训练。抽样选取银行真实业务数据作为测试样本，检验模型规则的有效性、准确性。在样本制作过程中，要着重注意的是对以往相关案件信息的收集，包括与此案例相似的银行内部员工盗用客户资金，或是企业内部人员采取不法手段从企业在银行的账户中盗取资金等类型，将真实案例作为测试样本，可以充分暴露模型设计中未考虑的事项以及模型中各类指标权重参数设定的不合理之处，防止模型投产后因风险识别能力不足再进行较大调整或重新设计。

（四）模型识别结果的处理

监督系统从银行交易系统中采集A公司的相关交易信息，利用系统中的监督模型对这些交易信息进行分析处理，计算这些交易是否符合其设定的模型规则。由于此案件中这些资金转入公司不是A公司的日常交易对手，"单位账户异常支付业务监测"模型对其中宋某将A公司资金转入其他公司账户的交易数据进行分析，计算其偏离度，如果超过模型设置的特定阀值时就将这笔交易数据作为准风险事件识别出来，交由风险监测、核查等人员进行进一步的跟踪分析。具体的监测、核查流程等将在后续章节中详细介绍。

"单位账户异常支付业务监测"模型的设计，改变了以往简单依靠交易金额大小决定是否进行事后监督的方式。在客户风险等级相同的情况下，笔均交易发生额为1 000万元的客户，当发生500万元的交易时可能并不需要进行核实，而另一个笔均发生额只有10万元的客户，当发生50万元的交易时可能就需要被核实；而同样是笔均发生额100万元的客户，客户的风险等级不同也会影响风险识别结果，如高风险客户可能发生了150万元的交易就被监测，低风险客户可能发生了500万元的交易才被监测出来，监督模型的有效性大大提高。

（五）模型的优化与管理

如果该模型能够将与此案例类似的所有异常交易识别出来，就可以有效防止客户和银行的资金损失。因此，设计该模型是非常必要的，按照模型管理机制，对该模型应予以"准入"，并做好模型设计档案的管理工作，包括模型分类、模型验证方案、模型的风险控制要点等。

在模型正式投产运行一段时间后，需要对模型的运行效果进行评估，如果发现有类似事件未能及时识别出来，则应该开展相应的模型优化工作。模型优化分为两个层面：一是在原模型规则基础上叠加新的风险特征识别规则；二是原模型规则本身的优化，包括有关参数的变更、阀值的调整等。

1. 叠加新的识别规则。比如此案例中的宋某非常狡猾，作案期间每次盗用A公司的资金额都非常小，考虑到模型的识别效率、展示的风险信息量等问题，又无法将阀值设置过低，以至于"单位账户异常支付业务监测"模型无法将这些金额较小的交易识别出来，这时就需要考虑叠加新的规则来弥补此模型的不足。根据银行专家的经验，主要可以从"交易对手异常支付"和"一定时期累计异常支付"两个角度出发，前者防止由于宋某长期作案导致这些被转入的公司变成了A公司的正常交易对手的情况，后者从一个较长的时间周期来分析，防止宋某采取"老鼠搬家"的手法长期作案，积少成多。

（1）叠加"交易对手异常支付"监测规则。该监测规则与"单位账户异常支付业务监测"模型规则大体类似，所不同的是该规则增加了与日常交易对手之间交易的监测。虽然与日常交易对手的资金往来风险较小，但如果都不进行监测，则无法防范上述情景下的风险。考虑到监督资源的利用效率，可以对这一类的业务场景设置较大的风险容忍程度。

（2）叠加"一定时期累计异常支付"监测规则。该监测规则的设计思路与前述模型规则也类似，不同点主要在于原模型规则是基于单笔交易的，将要叠加的是对一定时期累计交易监控的规则，防止出现单笔金额较小但一定时期多次发生的异常情况。该模型的资金偏离度计算也是基于账户日均发生额、账户风险程度和发生额关注系数的。其中，账户日均发生额是特定时间段内客户每天的平均交易金额，其作用与笔均发生额类似，也是用来确定客户交易行为习惯的重要依据。

2. 原模型规则的优化。该模型引入了客户交易行为，比较客观地反映了客户账户在较长时间内与交易对手（日常交易对手或非日常交易对手）交易时的交易习惯，比如在交易金额、交易频率等方面会呈现出比较典型的、倾向性的特征。当与交易对手的交易金额或交易频率超出容忍程度时，模型将此交易视为资金异常变动信息予以风险预警。可见，不同客户的预警界限是不同的，这种为每个客户提供个性化、差异化的风险管理服务，较传统的为某个地区客户制定统一的预警金额的做法是具有较强的先进性和优越性的。但由于模型的风险识别效果同时受到数据积累、数据质量、专家经验等多种因素的影响，也需要对模型规则进行持续的优化。在优化过程中，需要考虑如下几个因素：（1）历史样本数据因素。客户交易行为习惯是建立在客户很长一段时间的交易基础上的，需要进行较长时间的数据积累才能达到精准建模的要求。因此，在监督模型设计时可能无法充分利用历史数据对模型参数值准确设置，只能先根据专家的经验值进行初步预设，再在模型投产后的运行过程中逐步验证优化，这需要一个过程。（2）模型设计理念因素。利用监督模型，特别是通过是否偏离客户交易习惯的思路来识别资金异动类风险事件，在国内外同业都是一种创新和探索。银行业专家们的经验和知识也还在不断总结和积累，所以建立的专家系统中的知识库规则可能会有不尽完善之处，需要持续的补充修正。（3）交易行为习惯因素。银行客户所处的行业、地区及外部经济环境、自身经营周期等因素都可能影响企业的日常经营情况，所以结合客户的这些特点，可以利用商业银行的真实交易数据信息，以交易时间、地区、行业、渠道等为数据分类依据，从资金交易金额分布、资金流动时间特征、资金流动地区特点、资金交易渠道特征、资金流动间隔频度分布等多个维度探索建立更加全面的客户交易行为习惯，而不仅仅限于交易金额或交易频率的分析。

综上所述，正是因为影响模型识别效果的因素众多，其风险识别的科学性、完整性和准确性的提高是一个渐进的过程，所以应根据模型的实际运行情况，持续优化模型规则，不断扩展模型规则的全面性、合理性。

（六）小结

针对此案例设计监督模型的过程简要总结如下：通过对客户交易情景与行为习惯的深度分析，选择专家系统作为模型设计方法，从日常交易对手、交易金额、交易频率等角度出发自动为每个客户账户建立交易习惯指标，再通过模型训练以真实案例作为样本检验模型的有效性，设计出"单位账户异常支付业务监测"模型，并且不断进行模型规则叠加与优化，实现对单位账户异常交易行为的监控。依托模型对银行每天的海量交易数据进行筛选，自动、智能地识别不符合客户账户交易习惯的资金异常变动信息，作为监督人员甄别分析的内容。

二、基于人工神经网络的模型构建

案例二：某年8月，A市警方破获了一起诈骗案，犯罪嫌疑人林某利用在某酒吧工作的机会，用读卡器窃取他人的银行卡信息，并在其消费刷卡时获知密码，随后交由其他犯罪嫌疑人制作克隆卡。8月8日12时许，另外两名犯罪嫌疑人来到××市一商场的真金首饰店，用复制的银行卡消费了17万余元。

（一）情景分析

银行卡已经成为一种方便快捷的支付方式，它不仅可以用于日常购物、柜面转账，还可以用于网上支付、ATM取现等，用途日益广泛，在为用户提供便利的同时也带来了一定的风险，大量关于银行卡的欺诈案件对银行卡发行者和持有者都造成了极大的损失，其中给持有者造成的通常是经济损失、个人身份信息泄露等，银行卡发行者同样也会因为赔偿客户而造成经济损失，比如案例二中后续A市法院就通报了这起典型的"克隆卡"案件，并判该发卡银行应付客户被盗存款损失的一半；更重要的是这类案件导致客户对银行的安全运营失去信心，银行会损失大量的忠实用户，品牌形象也会大打折扣。因此，采取有效措施防控银行卡欺诈对银行卡持有人和发卡银行自身都有重要意义。

就目前来看，银行卡欺诈的形式和手段包括伪冒交易、伪卡欺诈、遗失、被盗、邮购欺诈等。一份来自美国Better Business Bureau的调查表明：在2006年，大约有890万成年美国人由于被欺诈造成了损失。这些欺诈类型主要分为4种，一是卡丢失和账户失窃的，约占30%；二是由一些熟悉的人，如朋友、亲戚、邻居等盗用的，约占15%；三是通过截获邮件形式窃取账户信息的，约占9%；四是通过在客户计算机中设置木马和"网络钓鱼"盗用的，约占9%。可见，这些欺诈手段占到了所有欺诈类型的63%，并由此给持卡人造成了大量的经济损失。就我国的银行卡欺诈现状来看，伪造银行卡后资金被盗用的现象较为普遍，客户卡未丢失但被盗刷的新闻屡见不鲜，从具体的欺诈渠道上看主要可分为两大类。

一类是传统渠道欺诈。即欺诈分子利用传统的POS机、ATM、柜面等渠道，盗取了持卡人的"卡片+密码"信息，从而挪用持卡人资金。根据卡片真实性的不同，细分为伪卡欺诈和盗刷欺诈。伪卡欺诈，即欺诈事件中银行卡本身就是被欺诈分子伪造的。欺诈分子利用盗取的客户银行卡的机密信息，用制卡设备伪造与被盗银行卡持卡人相同的卡磁条信息，并偷窥到客户的密码。这类案件通常是由盗取银行卡信息的团伙与职业的欺诈犯罪团伙联合作案，能够大批量伪造银行卡获取暴利。盗刷欺诈，即银行卡是真实的，但由于持卡人保管不善或其他原因，造成卡片遗失或被盗，从而被欺诈分子利用实施欺诈。欺诈分子先收集持卡人的相关信息，然后冒用持卡人的名义，要求银行卡发卡银行把对账单送到新的通信地址，并向银行谎报银行卡丢失，要求制作新卡。发卡银行制作完成银行卡后需要邮寄卡片给客户，欺诈分子又要求把新的银行卡寄到指定的通信地址，从而获得银行卡，更有甚者专门在银行卡邮寄过程中拦截盗取。在获得银行卡后，欺诈分子便可利用窃取的有关持卡人的信息进行开卡激活，从而盗取持卡人资金。此外，如果持卡人不慎遗失银行卡，在挂失前也常会被大量地欺诈性使用，由于很多银行卡用户密码设置较为简单，并且很多信用卡刷卡消费只需要签字，无密码或身份验证环节，而签字又非常容易模仿，导致这类欺诈比较容易得手。

另一类是新兴渠道欺诈。即欺诈分子通过网上银行、电话银行、手机银行等新兴电子支付渠道，盗用银行卡电子信息挪用持卡人资金，与卡片本身是否真实、是否仍由持卡人本人保管无关。尤其近年来随着电子商务的兴起，网上支付异常活跃，一些钓鱼手段、虚假网站、欺诈木马等新兴技术，也大肆被用于盗取客户信息，该类欺诈的占比每年以几何级数飞速增长。钓鱼指假借支付宝、eBay、PayPal、商业银行的电子银行平台等可靠机构的名义，通过电子邮件等方式联络，企图骗取用户名、密码及银行卡信息等敏感数据进行欺诈的方式。虚假网站指诈骗者建立一个假网站，并使假网站看上去感觉像银行建立的电子银行平台，或是第三方支付平台等，从而诱骗目标受害者泄露相关重要信息。欺诈木马通常现身于网上购物过程中，欺诈分子假借卖家名义发来商品图片，实为木马病毒程序，诱使买家点击查看商品图片，买家接下来的付款过程就完全被欺诈分子偷窥和掌控。

由于银行卡欺诈手段种类繁多，技术含量高，资金转移迅速，因此，针对此类交易的监督模型必须能够在第一时间找出可能存在风险的可疑交易，并立刻通知发卡机构，由发卡机构及时采取相应的风险控制措施，以达到有效识别伪卡，防范卡片冒用、套现等欺诈风险，减少欺诈损失的目的。

（二）模型构建

首先对银行卡欺诈是否可使用银行专家经验进行模型设计展开分析。就其风险实质而言，通常这类欺诈交易和客户之前的历史交易行为之间是有较大差异的，比如某持卡人近3个月均集中在中午11点至下午1点之间和卡片所在地用卡，从未有凌晨的用卡记录。但在某日凌晨2点，发生一笔大额交易，这笔交易被欺诈的可能性将远远大于一笔中午时间的交易。再例如本案例中，该客户之前可能从来没有用卡去黄金店进行大额消费，突然发生的这笔17万元的交易被欺诈的可能性也非常大。所以通过对持卡人静态客户资料、交易行为、历史数据和已发生的各类欺诈案例的分析，能够对潜在的欺诈风险交易做到早期识别、及时调查，对持卡人的风险管理变被动追缴为主动防御，利用各种先进技术和分析手段，降低欺诈类交易带来的风险损失。因此，使用专家系统的方式设计针对银行卡欺诈类业务的监督模型是可行的，主要通过监测交易是否触发监控规则来实现，该模型的核心模块是由一组规则组成的知识库，比如"If Time Between 000000 And 050000 And Pos_Amount>=10000, Then Case.Status=False"，即如果夜间12点至凌晨5点单笔消费总额大于等于10 000元，则判为交易异常。利用这些规则识别出可能存在欺诈的异常交易，提供给监测人员进行后续处理。这种基于规则的专家系统模型虽然能够满足本案例的风险识别要求，但是需要定期对知识库中的反欺诈规则进行更新和维护，这就对负责更新的银行风险管理人员的专业知识和相关领域经验提出了更高的要求，这些人员要能够按照当前的风险动向和管理要求制定出可行有效的反欺诈监测规则，可以说是一个很大的挑战。更为关键的是，银行卡欺诈交易的作案手段和过程非常复杂，多种欺诈因素通常交织在一起，很难清晰定义专家规则或规则组合，所以可以在专家经验的基础上，采用神经网络技术来构建此类监督模型，充分发挥神经网络强大的自学习和自适应能力，进一步提升模型的质量。

神经网络模型的工作原理是通过学习大量的正常交易和欺诈类交易，对未来发生的交易是否属于欺诈交易进行合理评判。下面将详细介绍神经网络技术在银行卡欺诈交易识别模型中的应用。

1. 变量的选择。从成百上千的交易信息和客户信息中抽象出合适的指标作为输入变量是该模型建模的难点之一。判别哪些变量对于欺诈可能性有较高的潜在影响，既依赖于银行相关风险管理专家长期积累的反欺诈经验，又可结合采集和分析的历史风险数据信息，选出最有利于判断欺诈概率的变量。

根据实践经验，输入变量主要来源于四个方面：一是交易的基本信息，如交易金额、交易日期、交易时间、卡账户余额等，如果是信用卡，还有"信用额度"等信息；二是卡片的基本信息，如交易卡号、交易账号、开户地点、开户日期、账户到期日期等；三是商户的基本信息，如商户地区编码、商户国家、商户名称、商户编号、商户终端编号等；四是客户的历史交易行为，如一定周期的国外消费次数及金额、旅行及娱乐消费次数及金额、赌场消费次数及金额、网络消费次数及金额、取现次数及金额、日常交易集中时间段等。

2. 变量的标准化处理。由于神经网络要求的输入变量是数值型的，而欺诈交易中的很多指标是非数值型的，这就需要进行一定的数学转化处理，将其映射到相应的数值上。而有的指标虽然是数值型的，但最大值和最小值之间的跨度过大，对学习或识别的效率影响很大，还有必要对输入的初始值进行归一化处理，即通过一定的数据处理方式将初始输入值调到较小的区间[-1，1]内。通过对指标的标准化处理，会形成变量标准化处理参数表（表结构、数据举例见表4-1）。

表4-1　　　　　　　　　变量标准化处理参数表

模型变量	最小值(MIN)	最大值(MAX)	平均值(AVG)	标准差(STD)
X_1	1	10	5	2
X_2	1	20	10	4
⋮	⋮	⋮	⋮	⋮
X_n	20	200	100	40

根据变量标准化处理参数表，通过变量标准化公式对变量进行标准化处理，不同的模型根据实际需要可选择不同的公式。常用的变量标准化公式如下：

$$X_1 = -1 + \frac{2 \times (X_1 - MIN)}{MAX - MIN} \tag{4-4}$$

$$\text{或} \quad X_1 = \frac{X_1 - AVG}{STD} \tag{4-5}$$

当X_1=9时，经过公式（4-4）或公式（4-5）的标准化处理后应该等于0.78。

3. 变量的网络拓扑结构。网络拓扑结构主要涉及网络层次和隐含层神经元个数两个需要研究和明确的问题。网络层次的增加可以使学习过程变得更容易，但在后面的模型学习阶段也会增加网络训练和学习的时长。在模式空间中，即使各样本分布在相互犬牙交错的复杂区域内，三层神经网络已经能够设计所需要的复杂判别函数，因此通常采用三层神经网络，将选取的变量依次划分为输入层、隐含层和输出层（见图4-4）。

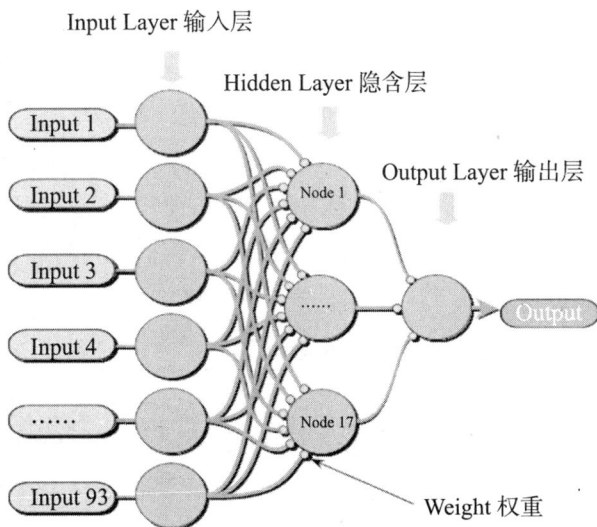

图4-4 人工神经网络拓扑图

输入层：该层的输入变量是风险管理专家预先确定的各类指标，也可能是上述指标组合而成的复合变量。

隐含层：隐含层代表神经元，各个输入变量通过隐含层的激活函数进行计算。

输出层：隐含层的各个神经元的计算结果乘以变量权重，得出评分，累加后进行标准化转换，即可得出交易的判断结果，也就是输出层的内容。对于反欺诈模型，输出结果就是是否被欺诈。

网络的层次确定后，还需要确定隐含层的单元个数，其主要与所求解问题的要求、输入输出层的单元个数有关。从理论层面来讲，隐含层的单元数越多，对提高训练样本的拟合程度越有帮助，但同时也会约束模型的自由度，降低模型的泛化能力，容易导致过度训练。目前在实践领域，主要依靠经验来确定隐含层的单元数目。以三层网络为例，确定隐含层单元数的经验法则有三条：一是它既不能是各层中节点数最少的，也不可能是最多的；二是它最好介于输入输出节点数之和的50%～70%；三是它应小于学习样本的数目，因为如果节点数大于样本数的话，则说明过程中必有冗余节点可归并，如果节点数与样本数相等的话，则神经网络就变成了插值网络，其泛化能力是比较差的。

（三）模型的训练（学习）

神经网络模型的训练（学习）过程是一个反复迭代的过程。首先给神经网络模型一组初始权值，然后输入一个样本来计算其输出的数值，通过将实际输出的数值与期望数值之间的对比来计算差值，根据差值的大小相应地修改网络权值，逐步减小差值，经过反复执行这个过程，直到差值小于预先确定的数值为止。关于神经网络模型初始权值的确定，可以根据实践经验通过随机函数生成[-0.5，0.5]之间的随机数，再将这些随机数赋给各连接权，避免由于过大的输入值或权值导致网络饱和或陷入瘫痪状态。在对足够的样本进行反复多次训练后，所得到的那组权值便是神经网络通过自适应自学习所得到的最优结果。

因为风险环境和风险特征总是在不断发展变化的，所以选取的学习样本既要能够反映大量的正常交易的性质，又要能够反映欺诈类交易的特性，同时还要兼顾各种欺诈交易的类型。而对于学习样本的数量自然越多越好，因为学习样本数量越多，网络对系统的拟合程度就会越好，过少的样本会导致网络波动性较大、稳定性较差。但在实际应用中，受制于样本可获得性、系统承载能力等客观条件限制，样本数量不可能无限增加，因此所选取的样本必须具有代表性。

通过对银行历史交易样本的反复学习，包括正常交易和各类欺诈类交易，使得模型掌握了持卡人的正常消费和交易的习惯，具备了从海量交易中识别出异常交易的能力。在后续每笔交易发生后，模型即可自动将当前交易和历史正常交易模式进行比对，预测当前该笔交易的欺诈概率。

（四）模型识别结果的处理

为充分发挥神经网络模型识别异常交易的能力，并考虑到识别效率，实践中可以将所有的银行卡交易在提交人工神经网络模型识别前进行一定的预处理，决定这笔交易是否需要由人工神经网络模型进行分析。比如某个星期日某客户的银行卡发生了一笔和客户地址所在地为一个城市，同时交易金额只有100元的餐饮刷卡消费，根据风险管理历史经验，该笔交易发生欺诈的可能性极小。而实际情况中这样的交易占银行卡总交易量的比例非常大，通过建立简单的专家系统模型对这些交易进行初步筛选、过滤，将有助于人工神经网络模型关注更可疑、更难以用规则组合分析出来的交易。在实践中还可能会遇到部分用户无任何历史消费行为的情况，这个时候也需要将这些交易在该环节进行分析识别，防止神经网络模型的误判。

神经网络模型对经过预处理模块筛选后的交易，根据交易信息、客户信息等预先设计的输入指标，计算得出一个欺诈可能性数值。系统将欺诈可能性数值和预先设置的阀值进行比较，决定是否将此交易判定为疑似欺诈交易。如果可能性数值大于阀值，则将该交易作为准风险事件识别出来，交由相关人员进行进一步处理。

与传统欺诈渠道相比，电子支付渠道主要凭借密钥，一旦被破解，欺诈扩散速度极快、损失金额极大，所以对模型识别出来的准风险事件的处理时效要求更高，同时电子渠道的欺诈人员不在案发现场，直接捕获欺诈分子的难度更大。因此，部分欺诈可能性极高的异常交易，应在交易生效前予以止付，经与客户确认交易真实性后再放行。

（五）模型的优化与管理

该模型正式投产运行一段时间后，也需要对模型效果进行评估，如发现有类似事件未能被及时识别出来，则应该收集相关样本，开展模型优化。

如果银行卡交易系统新增交易指标信息，并且这些指标又有利于判断欺诈概率，这时就需要对监督模型进行较大的调整，包括神经网络模型的拓扑结构等环节。所以在设计神经网络模型时，一定要在设计阶段对变量和指标的选择进行充分的考虑，否则后续的改造工作量将非常大，会影响整个体系的有效运转。

对于欺诈环境、手段等发生较大变化的，例如出现了更新型的支付工具或支付手段，原模型的适用性降低、效果不理想时，通过模型优化就无法满足风险管理的需要了，应将原先设计的模型退出监督系统，针对新情况新问题再次设计新的神经网络模型。

三、基于模式识别的风险特征提取

针对上述案例构建的监督模型，在实践中已证明其精准的识别能力，但换个角度思考，这些监督模型其实是被动地对已发生的交易进行识别分析，找出异常交易后再采取进一步的措施。如果能够主动提高对可能被欺诈的客户账户的关注程度，防患于未然，就成为提高模型识别效率、提升风险识别效果的理想选择。模式识别技术以其强大的特征提取及模式分类能力为我们提供了一个有效的突破口。

（一）模式识别的必要性

根据银行专家的知识与经验，对被欺诈客户及其相关交易，当数量较少时，比如100条数据信息，可以比较容易地发现一些较为简单的特征，比如欺诈类交易50%集中在某一个地区，60%集中在某一个时间范围等。但是，当被欺诈的交易量级较大、所供选择的指标变量较多时，模式便处于一个高维空间中，从而造成维度爆炸，这已超出了一般的人工统计或人类经验所能分析的范畴。这里以模式识别技术中的K均值分类法为例，简要介绍模式识别技术在单位客户被欺诈的业务场景中的应用。

（二）聚类变量的选取

选取聚类变量的目的是从初始的海量指标中找出真正有代表性的特征指标，以减少后续聚类时要计算的变量个数，专业术语称为数据维度的削减或降维。经过该环节的处理将会有效提高特征分类和特征提取的准确性和时效性。针对被欺诈的单位客户，可以从客户的基本信息及行为特征等维度出发对海量信息进行梳理、筛选，通常会保留如下维度指标：（1）基本信息维度，可以包括开户地区、账户属性、客户类型、印鉴方式、通兑标志、对账方式、对账结果、客户所在行业等；（2）日常交易维度，可以包括交易频次、主要交易地区、主要交易渠道、日常交易金额、主要交易时间等；（3）业务受理维度，可以包括是否新开户、是否新领取网银证书、是否新修改密码、是否新变更客户印鉴、是否新变更客户信息（地址等）等。而类似单位客户的法人代表、联系电话等信息对于提取风险特征方面代表性不强，可以剔除。

（三）数据样本的选取及数据预处理

样本选取这一环节非常重要，通过对数据样本的精选，不仅能够使数据更加具有代表性，还可以减少后续处理数据的作业量，节约系统运行资源。

数据预处理环节主要是针对数据来源复杂，数据格式、单位等存在差异的情况，需要对这些差异化的数据进行标准化处理，转成统一的、适合数据分析的格式，一般包括消除噪声、消除重复记录、转换数据类型等过程。通过该环节对原始数据进行加工提炼，可以为以后的数据挖掘过程提供高质量的样本集。预处理所得数据质量的高低在很大程度上影响到聚类分析所得结果的精度及有效性。

此外，在数据库记录中，由于某些故障，可能会出现空缺值、不完整数据或者噪声数据。而这些数据会降低聚类分析的效率，影响分类和特征提取的结果，所以应对这类数据进行纠正或删除。

（四）聚类分析的过程

根据数据量的规模，选择合适数量的对象作为聚类中心，每个对象代表了一个类别的平均值或中心，这些对象的选择应具有较强的代表性和区分度，如果这些对象在很多维度上信息都重复或者接近，就失去了作为中心的意义。对剩余的对象，根据其与各个类别中心的距离，将它赋给最近的类别，并计算每个类别的平均值。平均值的计算方法一般为

$$Z_l = \frac{\sum_{i=1}^{n} [w_{li} X_i]}{\sum_{i=1}^{n} w_{li}}, \quad l = 1, 2, \cdots, k \tag{4-6}$$

根据实践经验，初始聚类中心数目的选择对聚类结果具有较大的影响，很难一次确定，需要根据聚类结果不断进行调整。

（五）聚类结果的应用

对于聚类后数量较多的某些中心开展重点分析，找到这一类别客户的典型特征，便于制定针对性的风险管理措施。比如，通过聚类分析发现，新变更邮寄账单地址后发生非交易对手支付的，更易于产生欺诈，这时就可以提高对这类客户后续资金往来的关注，为此，可以新增针对此类欺诈交易的监督模型或是在前文设计的"单位账户异常支付业务监测"模型中增加相应的监控规则。

第五章　风险监测

　　风险监测，一般是指在经济活动中，利用各种技术手段对事件发生过程可能产生的风险进行监测分析，防止因管理疏漏或产品、流程设计缺陷等造成风险损失或带来不利影响。商业银行风险监测是指通过数据分析的方式，以监督模型为分析引擎，识别、确认风险事件的过程。

　　风险监测作为商业银行事后监督体系良性循环机制的核心功能之一，在商业银行运行风险管理实践中发挥着不可替代的重要作用。

第一节　风险监测概述

一、风险监测的内涵

　　风险监测的主要目的是通过对银行交易数据的分析，找出可疑交易信息，识别确认风险事件，揭示潜在风险隐患。而从商业银行海量看似正常的业务数据中发现数量相对较少的风险事件，如同"大海捞针"。以客户资金交易为例，随着商业银行柜面业务分流的大力推进，客户自助交易越来越便捷、越来越频繁，使得资金交易不受时间、空间的限制，瞬间即可完成，资金循环使用，不仅放大了交易金额，而且增加了账户间资金追踪的难度，风险隐患藏在何处更是难以寻觅。如何从这些每天数以百万次乃至千万次的资金流动中相对准确地找出资金异常变动的账户和交易，正是商业银行事后监督风险监测的重点和难点所在。监督体系的风险监测功能采用了先进的数据分析方式，通过智能化的监督模型和系统化的识别程序，有效提升了风险识别的针对性和有效性。可见，数据分析是事后监督体系风险监测功能得以充分发挥的基础和前提。

数据分析是对一些看上去没有规律的数据，通过作图、造表、各种形式的方程拟合等手段去寻找和揭示隐含在数据中的规律的过程，主要包括识别信息需求、收集数据、分析数据、评价并改进数据分析的有效性等步骤。第一步是识别信息需求，为收集数据、分析数据提供清晰目标，这是确保数据分析过程有效实施的首要前提。风险管理人员应根据风险管理决策和风险过程控制实际，提出所需要的数据信息。第二步是收集数据，有计划、有目的地收集数据，是确保数据分析过程有效实施的基础。风险管理人员需要策划数据收集的内容、渠道和方法，同时应考虑一些可能对数据收集结果产生重大影响的因素。例如，怎样将抽象的数据需求转化为具体的可操作的要求；怎么使记录的数据信息便于使用；采取何种措施防止数据丢失；怎样剔除虚假数据对系统的干扰等。第三步是分析数据，即将收集的数据通过加工、整理和分析，使其转化为有用信息。常用的分析方法有关联图、系统图、矩阵图、过程决策图、图解法、头脑风暴法等。第四步是数据分析过程的改进。数据的使用者和管理者应不断查找并发现数据分析中存在的有待改进的问题。如应用这些数据得出的决策信息是否充分、可信，是否存在因信息缺失、失准、滞后而导致的决策失误问题；信息对持续改进质量管理体系、风险过程控制、业务运行流程所发挥的作用是否符合预期，数据分析在目标实现过程中的运用是否充分有效；数据分析的方法是否合理，风险是否控制在可容忍的范围内；是否为数据分析所需资源提供了必要的保障等。通过对上述问题的分析，可以全面评估数据分析的有效性。

由于风险的客观性、复杂性和隐蔽性，风险从萌芽到产生是有时间周期的，数据分析过程可以为人们感知风险、认识风险等提供有力的手段支撑，实现对风险的及时识别、科学评估等，在商业银行风险管理中得到广泛的应用。具体到事后监督领域，运行风险的无处不在、无时不在使得每起案件或重大事故呈现的风险特征和作案过程都千差万别，并且不法分子作案手段呈现出智能化、多渠道化的趋势也给风险的识别与防控带来更加严峻的挑战。如何从这些看似无序的案例信息中找到风险发生的内在规律，有针对性地制定风险控制措施，数据分析就起到了至关重要的作用。数据分析贯穿于商业银行风险监测的全过程，无论是作为识别引擎的监督模型的研发设计还是风险监测人员的甄别分析，都离不开数据分析。在前面章节的介绍中，我们了解到，通过应用人工智能技术可以为每个客户账户建立交易习惯模型，并以此模型作为识别客户资金异常变动的工具，利用监督系统自动筛选出不符合客户账户交易习惯的资金异常变动信息，解决了资金异动的识别难题。但由于客户交易行为习惯不是1天或1个月就能建立起来的，需要在一个较长周期下对客户历史交易信息进行积累。对如此庞大的数据量进行分析研究，必须借助于先进的数据分析方式，经过反复测算验证找到特定客户账户在较长时间内与交易对手交易时在交易金额、交易频率、交易渠道等方面呈现出的比较典型的、倾向性的特征，当客户交易超出客户习惯自身容忍度或商业银行风险偏好时，系统及时将异常信息识别出来。对于模型识别出来的异常信息（准风险事件）能否定性为风险事件，还要经过甄别分析、核查落实等多个环节，这些环节也同样需要数据分析的支撑，如监测人员利用资金流向分析、客户背景分析等方法进行风险分析判断，核查人员利用复核核查、跟踪核查等方法进行风险查证落实，都要大量使用数据分析才能完成。同时，伴随着业务的快速发展，风险形势也是不断变化的，通过历史数据分析寻找的风险规律或风险规则，也需要在发展中不断进行自我完善与修正，即根据新的数据持续应用数据分析调整风险监控的规则和覆盖面。

综上所述，风险监测就是这种周而复始的对风险数据进行分析挖掘、规律总结、模型设计、投入应用、规则改进的循环过程。通过采取数据分析的方式，对历史上已发生风险事件和案件的特征进行深入分析，寻找出潜在风险规律，定位住关键风险环节，设计有效的风险监测规则，组合成不同的监督模型，再用现实的交易数据进行验证，不断调整风险规则的精准度，全面监测各风险高发部位，最终实现对运行风险的有效管理。

二、风险监测的特征

风险监测的内涵与运作方式决定了其具有整体控制、重点突出、处理及时、调整灵活、规范统一的特点，这是风险监测最本质的特征，也是对风险监测工作最基本的要求。

（一）整体控制

运行风险在银行的经营过程中是客观存在的，这种存在不是静态、孤立的，而是错综复杂、动态交替的，是具有一定关联性的整体。因此，商业银行的风险监测需要从整体角度出发，设计针对不同风险点的多项监控规则，采取多点反馈、归并确认的识别方式，全景展现风险事件特征全貌，清晰呈现客户资金在各业务线、各产品线、各渠道的来龙去脉，实现对客户资金风险的整体分析控制。

（二）重点突出

通过对商业银行业务运营各关键风险环节的全面梳理而设计的监督模型，可以从看似"正常"的普通业务信息中寻找重点的可疑交易信息，筛选出待分析确认的准风险事件。这种科学筛选机制的设计，解决了商业银行风险识别中海量业务数据与人工逐笔分析之间的矛盾，使风险监测人员始终将注意力锁定在那些最可能诱发风险的事件或人员上，风险管理的重点更加突出，针对性更强。

（三）处理及时

商业银行的业务都是和资金打交道，如果对发现的风险事件不及时加以处理，极易造成银行或客户的资金损失。风险监测以先进的监督模型作为智能识别引擎，快速采集各类交易和业务数据，通过计算机程序的高速运转，迅速抓取定位风险信息，确保高风险对象第一时间被识别跟踪，第一时间得到妥善处置，实现风险信息的及时处理。

（四）调整灵活

商业银行总是处于一定的社会经济环境之中的，经济周期、金融政策、技术进步等外部因素都会对商业银行的业务经营和风险管理造成一定的影响，同时商业银行自身的经营目标、管理模式、业务规模等也会随着时间发生变化，这些因素都可能导致既定的风险监测规则的失灵或者风险监测效果的降低。面对这些不确定性，商业银行的风险监测必须密切关注风险变化趋势，动态调整风险管理重点，持续优化风险监控规则，不断提升风险管理的灵活性和有效性。

（五）规范统一

为保证风险管理质量，同一家商业银行内应使用同一套标准进行风险事件认定或风险成因分析，即风险监测工作应在统一的业务规范下开展，确保整个商业银行的风险事件和驱动因素统一管理，相互之间具有可比性，以便明晰各级机构和各业务部门的风险管理责任，共同提升风险管理水平。

三、风险监测的方式

风险监测主要是对通过监督模型识别的以数据记载的业务风险信息的识别，对于可能存在风险的准风险事件，需要采取一定的方式进行后续的确认处理。关于风险监测的处理方式，一般可从准风险事件性质和处理时效两个维度进行划分。

（一）从准风险事件性质角度，可将风险监测的方式分为直接确认、监测确认和统计分析确认

1. 直接确认。对于模型识别出来的准风险事件信息，如有直接违反国家法律法规、监管制度、商业银行规章制度的，以及明显的人员操作失误、账务对应关系偏差、关联账户资金发生不匹配的，可由系统直接根据事件性质认定为风险事件。如中国人民银行发布的《人民币银行结算账户管理办法》（中国人民银行令[2003]第5号）规定"临时存款账户的有效期最长不得超过2年"，对于那些已经到期又发生业务的临时账户，经模型识别后就可直接确认为风险事件。

2. 监测确认。对于模型识别出来的风险冲击程度较高但风险特征不明显的准风险事件信息，风险监测人员一般需要对其进行逐笔核实，从展现的准风险事件信息入手，包括交易金额、交易渠道、交易日期与发生时间、交易对手、支付凭证种类、记账柜员、审批授权信息等，结合该笔交易发生前后的关联交易、历史交易明细和相关客户信息等多个维度，并辅以远程视频监控、凭证影像资料查询等手段，凭借自身的监测工作经验对可能存在的风险疑点进行缜密研判，对于仅是符合风险监控规则但未发现风险疑点的可确认为正常，但一般应注明分析的逻辑；对于存在风险疑点的，应坚持有疑必查，按照风险分级管理要求，将不同等级的准风险事件发送至相应级次的交易发生机构或其管理机构进行查询，在查询书中要说明可能存在的风险疑点以及要核查落实的事项，由具有核查权限的人员根据查询书内容进行查证落实并及时回复核查结果，再据此完成风险事件的最终确认。

3. 统计分析确认。对于发生频率较高、风险特征不突出、风险冲击程度相对较小的准风险事件信息，考虑到监督资源的利用效率，宜采用趋势分析、对比分析、相关分析、综合评价分析等统计分析方法进行定期汇总整理，研究这些准风险事件的风险特征和发展态势，将风险控制在可承受范围内。对其中确有风险疑点的，也应按照风险分级管理原则，向相关机构下发

查询进行核查落实，并根据核查结果判定是否为风险事件。

以上三种风险监测方式的特点和作用各不相同。直接确认方式风险识别准确率最高，所发现的事件均存在一定程度的风险隐患，但系统自身难以直接判断风险成因，需要人工再次干预，查找引发风险事件的关键驱动因素；监测确认方式风险事件识别准确率的高低既与监督模型的工作效能直接相关，又与风险监测人员的业务技能水平高度相关，一般来说，对于同一模型筛选出来的准风险事件，经验丰富、素质较高的监测人员对风险事件的分析判断更为准确；统计分析确认方式需要一定时间范围内的大量数据作支撑，再经人工的数据处理、归类分析和综合判断才能得出结论，风险识别的准确性和时效性相较于直接确认方式、监测确认方式更低一些，但统计分析方式可以弥补前述方式的不足，能够发现一些短期内难以显现，具有周期性、趋势性特点的风险隐患。在实际监测工作中，应根据不同的风险特征采取不同的处理方式

（二）从准风险事件处理时效角度，可将风险监测的方式分为在线处理和离线处理

1. 在线处理。即在交易发生过程中就进行实时风险控制，适用于潜在风险损失极大的客户异常行为显著的支付类交易（包含转账与现金等）。如某大型国有企业通过网银将数以亿计的资金转入境外从未和其发生过业务往来的个人客户，对该类异常情况应通过模型方式在几微秒内快速识别，由风险监测人员采取验证、回访确认、阻止、挂起等风险管理策略，在交易生效前即完成风险甄别、判断确认工作。事中控制是风险防控效果最好的风险管理手段，也是各家商业银行未来努力的方向。当然，在进行实时风险管理的同时也应尽量减少对客户体验与服务质量的影响，在线处理对系统响应速度、人工甄别分析效率、与客户的沟通技巧等方面均提出了更高要求。

2. 离线处理。离线处理又可以根据处理时效进一步细分成准实时处理、T+n处理和长期跟踪这三种方式。（1）准实时处理方式，即在交易发生后极短时间内进行处理。对模型识别出的表现异常但预计损失不易直接确定的交易，应在交易发生后的几分钟或几小时内及时以电话等方式通知客户并予以确认。该方式并不影响账务的正常处理，对客户服务基本没有影响，是在交易发生后短时间内实现风险的识别与控制。如有异常情况一般能够较快地发现，以尽量保障客户资金安全，但与"事中防控"方式相比，难以完全避免

客户资金损失，对确已造成损失的需进行后续追索。（2）$T+n$ 处理方式（一般不超过 $T+2$），即在交易发生后一天的时间内进行处理。对于需要通过复杂运算筛选的异常交易，考虑到主机运行效率与风险管理效果之间的平衡，一般采用交易事后 $T+n$ 的监测方式开展风险监测工作，这也是商业银行事后监督目前最主要的处理方式。对涉及客户账户交易的资金异动类准风险事件，如客户某一天内累计发生多笔交易，与以往的交易行为习惯明显不符，应由风险监测人员结合业务凭证、客户历史交易信息、电话回访等多种方式进行综合分析和深度挖掘；对涉及商业银行内部员工参与的准风险事件或员工的异常行为等情况，应采取现场访谈、内部调查等方式判断确认。（3）长期跟踪方式，即长期跟踪异常交易及相关客户。风险的潜伏性特点决定了并非所有交易在发生时就能显现出异常，因此，需要进行持续跟踪、长期关注方能发现异常信息。如某柜员通过工作之便，频繁查询特定客户账户余额，伺机盗取客户资金或出售客户信息等，单笔查询或数次查询并不能说明什么问题，但一定时期内的多次查询这种异常现象值得网点负责人员给予重点关注，可通过较长时间的跟踪分析发现柜员的不当动机，并可对其后续的违规行为进行控制，避免客户信息泄露或账户资金损失。

第二节　风险监测的组织

风险监测的组织管理一般包括监测人员配备、制定监测规程、风险甄别分析、风险核查确认、风险动因挖掘、整改落实与责任认定等多个环节，其中前两项为总体制度安排，后四项为日常工作流程。监测机构及人员将在第十二章介绍，监测的分析方法实务将在本章第三节详述。

一、风险监测组织管理的基本要求

1. 商业银行应在事后监督机构内设立风险监测岗位，并配备足够数量且素质合格的监测人员。从事风险甄别分析工作的监测人员，应具备较强的风险意识、风险识别能力和信息搜集能力，能够及时发现业务运行过程中的可疑信息，揭示潜在风险隐患，保证业务运行安全。

2．在制定风险监测分析标准时，应充分考虑监测业务的复杂性、多样性等特点，做到标准定义严密，具有可操作性。

3．风险监测活动付诸实施后，应定期或不定期对风险监测流程进行调整改进，以适应业务发展变化。

4．风险监测活动付诸实施后，应及时关注监管部门要求和内外部风险形势变化，适时调整风险管理重点，科学调配风险监测资源，提升风险识别分析水平。

5．风险监测的结果应充分应用于监督模型优化方面，提高监督模型识别的精准度，促进风险监测资源的高效运用。

二、制定风险监测规程

风险监测规程是用于指导监测人员正确实施风险甄别分析工作的规范性文件，是风险监测活动的管理规定和技术规范的文件集合。不同商业银行风险管理要求、风险容忍程度不同，其风险监测体系、结构也不尽相同，但一般说来风险监测规程应包括以下六方面内容。

（一）风险监测的功能定位

风险监测与质量检测、履职管理虽同为事后监督核心功能和风险事件收集的重要途径，但由于其所采用的数据分析方式与模型识别手段均是业界比较前沿的技术，因此，风险监测在监督体系中收集风险事件的效率最高，推动流程改进的作用最大。

（二）风险监测的管理机制与业务制度

1．管理机制。

（1）快速响应机制。风险的产生、发展、变化都是不以人的意志为转移的，从风险特征初现到风险损失的最终发生，可能需要较长时间，也可能是瞬间完成，为最大限度地降低风险损失的可能性，保护银行与客户资金安全，需要建立快速响应机制。对于模型识别的异常信息，风险监控、核查人员必须在第一时间进行精准分析定位与核查落实，并进行有机联动，及时应对运行风险变化。

（2）质量提升机制。风险监测机构应建立有效的质量提升机制，组织开展以风险管理能力为核心指标的自我评价，持续拓展分析思路，积累专家经验，不断提高风险管理与过程控制能力，为银行业务安全运行提供有力支撑。

（3）信息披露机制。风险监测机构应建立充分的信息披露机制，及时发布运行风险监测工作成果，为各级机构、各业务部门提供信息支持和决策依据。

2. 业务制度。

（1）序时处理制度。风险监测采用数据分析方式对每日交易数据进行识别，对于系统展现的异常信息，监测人员应序时处理，以保证监测工作的及时性和连续性。

（2）及时报告制度。风险监测过程中，如发现重大风险隐患、事故和案件线索的，监测人员需要在第一时间向同级业务主管部门报告；对特别紧急的可越级报告或直接报送所在行的负责人。

（3）长效培训制度。风险监测工作的特点决定了对其从业人员的培养要坚持可持续战略，要统筹完善监测人员的后续教育规划，采取多种方式对其进行培训，充分引导监测人员创新分析思路，拓展履职空间，不断提高其业务素质及风险管理能力。

（4）业务保密制度。风险监测工作涉及大量的监控规则、监控参数、监控手段以及风险数据等信息，这些信息是风险监测作用发挥的关键，也是监测人员履职的抓手，一旦传播出去，有作案动机的人员可能采取针对性措施逃避商业银行监控，形成不可估量的损失，因此监测人员需要按照保密制度的要求，对本岗位接触到的与业务运行风险管理相关的所有信息予以保密，严禁泄露。

（5）业务应急制度。由于自然灾害等不可抗力因素以及系统故障、通信中断等原因，导致无法进行正常风险监测工作时，商业银行应启动业务应急处理，保证风险管理的连续性。

（三）风险甄别标准

为保证风险疑点的准确诊断和风险特征的精准揭示，商业银行应制定一套与本行风险偏好以及业务发展特点相适应的风险甄别标准，指导监督人员在统一标准下开展监测工作，归纳风险特征，实现风险监测的标准化管理。风险甄别标准可按照业务线、监督模型等不同维度分类制定。

1. 风险甄别标准制定原则。风险甄别标准应在风险导向理念指导下研究制定，在具体设计时一般应坚持如下原则：

（1）完整性原则，指风险甄别标准应覆盖监督模型涉及的每个业务环节，全面、完整地列示各业务环节可能出现的风险特征。

（2）互斥性原则，指每个风险甄别标准均应具有排他性，标准之间相互独立、互不包容，从而避免风险特征的重复叠加。

（3）明晰性原则，指风险甄别标准定义清晰明了，没有歧义，便于监测人员准确理解和掌握。

2. 风险甄别标准分类。遵循完整性、互斥性、明晰性的基本原则，结合风险监测业务涉及面广、范围大的特点，可从业务逻辑、人员行为两个方面统筹考虑，将甄别标准区分为业务处理类、员工行为类和客户行为类。

（1）业务处理类风险甄别标准是按照业务处理的先后顺序，对违反业务处理规定的行为或流程设计不严密等情况进行分类所制定的标准，包括但不限于账户管理、核算要素管理、交易处理等方面，具体标准可见表5-1。

表5-1　　　　　　　　　　业务处理类风险甄别标准

一级项目	二级项目	风险甄别标准
业务处理类	账户管理	开销户资料、证明文件等内容不完整、不正确 账户使用不合规 临时户未及时展期/清理 ……
	票据审核	无预留印鉴或印鉴不符合规定（票据） 票据背书不符合规定 持票人未在票据上提示付款签章或签章不符合规定 ……
	凭证资料审核	账号户名不符 漏客户签章（名）或签章不正确（一般凭证） 记账凭证与附件不符 ……
	事中控制	未经有权人签批 超范围办理业务
	账务处理	记账串户 金额错记 账务处理不及时或漏记账 ……
	账务更正	资金清算失败 自助机具差错账务调整 冲账方式错误 ……

（2）员工行为类风险甄别标准是依据商业银行从业人员职业道德或行为准则，对违反职业道德和行为准则的行为所制定的标准，包括但不限于员工行为管理、内部欺诈等，具体标准可见表5-2。

表5-2　　　　　　　　　　　员工行为类风险甄别标准

一级项目	二级项目	风险甄别标准
员工行为类	用户信息管理	权限卡信息签发或调整错误 权限卡遗失 ……
	员工行为管理	无真实交易背景账户间进行资金转移 员工虚增交易量 员工代客户办理业务 ……
	内部欺诈	员工盗用/挪用资金

（3）客户行为类风险甄别标准是指按照国家法律法规要求，判断客户是否履行了公民的责任义务及与银行的协议约定而制定的标准，包括但不限于客户身份审核、外部欺诈等，具体标准可见表5-3。

表5-3　　　　　　　　　　　客户行为类风险甄别标准

一级项目	二级项目	风险甄别标准
客户行为类	客户行为监控	洗钱嫌疑 银行卡套现 客户出租、出借账户 ……
	客户身份审核	客户身份证件无效 非单位授权人员办理 ……
	外部欺诈	客户否认其发起支付行为（被其他客户欺诈）

（四）风险监测分析方法与技巧

对于模型识别出来的单笔异常交易，背后隐藏了多少风险信息，以及与之关联的交易信息有何规律，必须依托先进的技术手段与分析方法，从技术层面对数据进行归集、加工、萃取等处理，寻找数据之间内在的业务关联与逻辑关系，辅之以专家经验以及远程视频监控录像、凭证档案影像、智能化搜索引擎①等手段，对风险信息进行综合分析与判断。风险的分析方法与技巧可能多种多样，关键是要适应事后监督风险监测业务的特点，这就必然涉及分析方法技巧的恰当运用。

先进的分析方法与高素质的监测人员、严密的业务制度、统一的甄别标准一起，共同保证了风险监测工作的有效实施。

（五）风险监测的记录与报告

风险监测根据事后监督系统有关业务流、人员流、信息流设计的统一要求，从系统监测出准风险事件信息开始，到风险事件核查确认、驱动因素选择、风险事件整改等全过程，要全部记录在系统中，清晰记载各个岗位人员的操作痕迹，以实现风险监测信息的电子化管理以及各岗位操作流程的系统化控制，真实反映风险监测的工作过程，在提高工作效率的同时，便于明确各岗位职责，发挥各岗位合力，最大限度地降低信息传递衰减。

对于风险监测发现的风险事件信息，按照风险分级管理机制设计，需要及时发送不同层级机构负责人或业务主管部门，便于其及时掌握风险状况，采取有针对性的管理措施。

（六）风险监测结果的应用

风险监测以统一的风险事件库为纽带，实现了在同一平台下与质量检测、履职管理、风险评估之间的相互作用、相互影响，形成了良性循环的运行风险监控体系。风险监测通过对风险事件及其关联信息的完整收集，为风险预警机制建立、员工教育培训、流程持续改进等方面提供有价值的风险信息。

三、风险甄别分析

对系统监测出的准风险事件信息进行风险的判断与定性的过程就是风险甄别分析过程。模型智能识别的准风险事件是可能存在风险的事件，也就是说，并非所有的准风险事件都有风险，其背后隐含的是正常信息还是风险信息，也并非立即可以认知，需要按照风险监测规程中规定的风险甄别标准

---

① 智能化搜索引擎是指将一定周期内的机构、柜员、账户等维度的风险信息嵌入风险监测功能模块中，为监测人员提供分析指南，便于监测人员进行当前数据与历史信息的对比分析，以更加精准地查找风险疑点，提高风险甄别的准确性和时效性。

与风险监测分析方法技巧，对准风险事件进行综合分析、诊断，对于不符合风险甄别标准、不具有风险特征的确认为正常事件，对于存在可疑风险信息的，进一步查找风险疑点，揭示风险特征，总结风险变化趋势或规律，为后续风险管理提供基础信息。可见，风险甄别分析作为风险监测最重要的业务环节，在监测职能作用发挥方面具有重要意义。

四、风险核查确认

系统展现的准风险事件经甄别分析后仍有疑问的，应坚持有疑必查原则，按照风险分级管理要求向相关机构下发核查通知，说明下发核查原因及需要核查的事项，以进一步完成风险事件的核查确认。风险核查确认包括两个环节，一是业务发生真实情景的核查落实，即准风险事件核查；二是对风险事件等级的确认分类，即风险等级评定。

（一）准风险事件核查

准风险事件分级核查，主要根据准风险事件的性质和金额，将不同风险等级的准风险事件分别下发至不同层级营业机构对业务发生真实背景进行核实，采用与之匹配的核查流程。实践中，还可根据风险管理需要，提升核查级次，由上级行直接对下级行的准风险事件进行核查。核查方法主要包括审查、观察、询问、客户核实、重新计算、盘点、重新执行、分析程序等，具体方法介绍详见本书第八章第三节。

（二）风险等级评定

根据准风险事件核查情况，风险等级评定人员对符合风险事件要求的，按照风险分级管理规定，依据风险事件性质、金额、频率等标准，进行评级处理。依据评级结果，将不同等级的风险事件按照规定频率和途径报送相应层级机构负责人以及业务管理部门，使其知悉管辖范围内的风险管理状况，进而采取有针对性的措施进行风险管理。

五、风险动因挖掘

风险动因挖掘是在风险事件确认后对产生风险事件的关键原因的深入剖析，旨在从根源上消除风险事件背后隐含的潜在风险隐患，保证业务运行过程中涉及的人、流程、物、外部事件等可能诱发风险的因素处于一种安全的状态，尽量减少风险事件的发生频率，降低风险事件转化为损失事件的概率。如何能够准确选择风险驱动因素是运行风险管理实践中面临的难题，下面将结合两个实务案例进行具体介绍。

案例一：2010年9月5日，某商业银行通过监督模型识别出一笔某企业网银交易异常的准风险事件，该企业于10：20在N网点办理了网银注册业务，10：57该账户的2 000万元资金通过网银渠道汇出，留存资金不足5万元。风险监测人员通过分析客户账户资金流向发现，该企业汇出资金的接受者是某个人客户，且该个人客户交易对手众多、大额资金交易频繁，初步判断该业务存在一定风险疑点，遂下发查询查复书进行核查。风险核查人员在检查企业网银开户环节时，发现企业法人代表张某办理业务时，由已离职的N网点前工作人员李某带领办理，李某利用与网点人员较为熟悉的便利，有意诱使银行工作人员在企业网银证书交接环节中违反制度规定，并未将网银证书直接交给张某本人，而是由李某转交。但是，在核查人员与企业法定代表人张某核实该笔交易时，张某起初并不愿配合，后几经沟通才说出实情，原来李某劝说张某将资金转至某经营高利贷的公司去谋取高收益，但张某担心出现到期不能偿还的风险并不同意，而后李某提供一个方法，即诱使银行在业务处理过程中留有瑕疵，后续即使出现纠纷，可以此为据起诉银行申请资金保全，张某最终同意按照李某提供的方案办理。根据核查的风险事实，风险等级评定人员认为在该起风险事件中银行承担了较大的法律风险隐患，一旦客户资金无法收回银行将难辞其咎，遭受大额的资金损失，所以将其评定为一类风险事件。

风险动因分析：从业务处理过程看，除网银证书交易环节外的其他业务环节总体符合制度规定，如客户印鉴真实性验证、法人代表身份识别等，并无纰漏。单就网银证书交接环节，涉及内外部两方面因素：一是客户因素，主要指客户未履行与银行签订的协议或章程规定，有意诈骗银行；二是柜员因素，主要指柜员在网银业务处理中，未严格执行制度流程，疏忽大意造成业务瑕疵，给不法分子以可乘之机。权衡这两方面原因后发现，客户主动欺诈银行在先，如果真的发案，也应由客户承担主要损失，并因欺诈银行承担相应刑事民事责任，属于本事件的主导因素，因此，将风险驱动因素选择为客户因素比较恰当。当然，在商业银行内部认定风险事件责任时，也应考虑实际情况根据相关制度规定对柜员进行处罚，并对其进一步加强教育培训。

案例二：2011年8月13日，某商业银行通过监督模型发现某网点的一个集团子公司的账户日终出现透支210万元。根据该行制度规定和流程要求，对于中央级大型集团下属子公司账户的对外支付，该行设计了专用流程与交易代码X，由银行垫付资金支付后，系统自动从集团账户划拨垫付资金。如果未使用专用交易X进行账务处理，而使用普通账户支付交易Y的话，则透支资金无法进行自动清算，形成银行代垫资金。风险监测人员据此判断该笔准风险事件应为交易用错，遂下发查询查复书进行核查。经核查发现，该业务为某大型国有集团公司下属分公司向网点发出业务委托书要求从本单位集团账户转账汇出210万元给某外地企业。该网点经办柜员为刚毕业人员，办理该业务时，应使用集团账户专用支付交易X，误使用普通账户支付交易Y，导致该集团子公司账户日终透支210万元，未能从集团账户划拨资金入账，形成银行垫款，最终确认为风险事件。

风险动因分析：从表面上看，该笔风险事件是由于该柜员不熟悉相关业务规定和流程要求，在业务办理过程中不够认真仔细，在审核业务委托书要素时，对带有集团特征的账户名称和支付信息代码等要素未认真审核，误认为该业务是一笔普通的大额汇兑业务，继而使用大额汇兑交易Y进行处理，造成银行垫款210万元，形成银行财务（利息）损失和声誉损失。但深入分析得知，该员工系刚毕业学生，培训时间仅为2周，因网点排队压力大、人员配备紧张匆匆上岗。而柜员需要通过计算机系统设置的交易代码进行各类账务处理、信息调整、理财产品申购赎回等业务，交易代码多达上千个，每个交易代码的数字缩写、业务含义、功能作用、处理流程均有差异，一般需要三个月的培训试岗才能正式临柜处理业务。同时该网点工作强度较大，每人每天要承担超过350笔业务，平均每分钟就要办理完成1笔业务。因此，该笔风险事件的深层次原因并不是表面上的柜员工作疏忽、用错交易、导致账务不平，而是基础管理不到位、网点工作压力大、人员配备不足，导致了培训不够、业务不熟、不具备上岗条件的柜员匆匆上岗。当业务处理出现差错时，整个网点又要集体行动起来查找账务不平原因，核对凭证资料，重新调整账务等，反过来又制约了服务能力的提高，造成运行资源的浪费，柜面压力进一步加大，形成恶性循环。综上可知，本案例的风险驱动因素选择应该是选择管理因素。

六、整改落实与责任认定

（一）整改落实

风险事件整改落实是要根据风险事件反映的客观风险事实以及形成风险事件的根本原因，在客观、准确区分执行因素、操作因素、道德因素、制度因素、流程因素的基础上，有针对性地制定整改措施，完善制度或流程，加强培训，强化管理，消除风险隐患产生的土壤，减少或避免同类风险事件的再次发生。单就一笔风险事件而言，风险识别是第一步，整改落实是最终的处理环节。风险是客观存在的，只有识别出来才可能进行整改和有效管理，否则永远都是隐患。但对于识别出来的风险，如果不进行整改落实，就意味着对银行业务操作环节的不合理不合规之处和业务操作流程、制度设计上的缺陷视而不见，并不能从源头上消除风险事件滋生的温床，也就使得事后监督体系形同虚设。因此，风险识别后只有进行整改落实才能体现风险管理的价值。

由于各家商业银行的风险管理要求和风险偏好不尽相同，在风险事件整改落实方面采取的风险管理策略也不尽相同。一般情况下，针对不同风险动因，可采取不同的风险整改措施（见表5-4）。

表5-4　　　　　　　　　风险动因与风险整改措施对应表

因素类别	整改措施
制度因素	集团总部或有权机关应及时制（修）订制度，做到业务办理有据可依
流程因素	集团总部或有权机关依据制度规定，及时完善业务流程或交易设计，提升系统硬控制风险能力
执行因素	进一步区分是管理层还是经办层的执行问题，加强培训，提高执行力
操作因素	帮扶员工提高业务素质，提升员工适岗能力
系统因素	技术部门应完善系统设计，优化系统功能
设备因素	技术部门应及时新增、更换和维护设备，提升服务客户能力
道德因素	对员工采取警示教育或处罚措施等
……	……

1. 制度因素引发的风险事件，主要涉及总分行的制度制定层面。作为基层营业机构只能是反映制度缺陷或不足，没有制度制定权限，对于制度滞后、制度与现行业务存在冲突、制度间不匹配等情况，集团总部或有权机构应深入调研、落实，并对相关制度及时进行修改完善，做到业务办理有据可依。

2. 流程因素引发的风险事件，强调的是商业银行整体的流程设计层面。对由流程不明确、交易设计不合理导致的风险事件，及时反馈至流程设计或管理部门，由其深入查找、分析业务流程设计等方面存在的缺陷和不完善之处，及时调整和优化业务流程，不断增强业务流程的风险控制能力，以系统"硬"控制的方式来管理风险。

3. 执行因素引发的风险事件，简单来讲就是有章不循导致的风险事件，其整改落实强调的是按章办事。对机构负责人错误传达上级行制度信息引发网点人员操作错误导致的风险事件，需要对该机构及时进行整体性、深层次的信息传达制度培训等，避免错误信息沉淀导致新的风险事件发生；对员工不了解流程或制度规定而引发的风险事件，说明上级行或本级机构未对员工进行制度和流程的培训或培训后员工未掌握，需要及时组织培训和学习，提高业务处理的准确性和规范性。

4. 操作因素引发的风险事件，主要针对的是员工操作错误导致的风险事件。人非圣贤，孰能无过，关键是操作错误后如何改正，如何避免今后不再犯同样错误或减少甚至杜绝操作性失误。对工作疏忽因素引发的风险事件，应采取帮扶性措施加强和提升柜员的责任心，提高工作的熟练程度；对与客户沟通不够引发的风险事件，意味着员工未能准确掌握客户的业务办理需求，因此需要对员工的沟通能力进行培训。

5. 系统因素引发的风险事件，系统一旦出现问题将涉及所有机构的同类业务，影响面较大，属低频高危类风险事件，因此应给予足够重视。对系统升级错误、系统故障、主机交易存在缺陷等原因导致的风险事件或隐患，技术部门应同步采取必要的补救措施并完善系统功能，业务部门也应建立应急预案等。

6. 设备因素引发的风险事件，指在办理业务期间，因电力故障或网络、通信线路、通信设备、计算机设备故障，导致业务中断或业务数据不完整。针对这种情况，应及时进行设备的维修和更换，保证不间断电源、计算机等设备的正常运行。

7. 道德因素引发的风险事件，强调的是员工主观意愿上故意违规。对于此类风险事件，各级机构管理人员应高度警觉，及时组织人员排查，消除隐患，并根据违规事实，视情节轻重、影响程度及损失大小，按照相关制度要求和规定流程，从严从重追究相关人员责任；同时，有针对性地开展相关的法律法规和银行规章制度的培训和教育工作，以警示各级员工。

（二）责任认定

责任认定，顾名思义，就是查找、界定形成风险事件的责任人和责任机构，提出处理建议，进行严格问责。商业银行事后监督以风险事件为管理对象，运用风险暴露水平、风险率、风险度等运行风险指标体系客观衡量业务、机构、柜员面临的风险冲击程度，鼓励主动披露风险，定位风险管理重点。监督体系设计初衷并非将风险事件作为考核或处罚的直接依据，收集风险事件的根本目的是为了了解风险管理状况，有目的地管理风险，与商业银行强调科学管理风险的总体目标是一致的。风险事件定义从事件起因（强调由于人员、系统、不完善或失灵的内部流程、外部因素引起）、导致结果（如控制或管理不当容易引起财务损失或声誉损失）、定位（异常事件）等维度进行阐述，可以看出风险事件不等同于风险，也不等同于差错，更不应作为处罚的直接依据，风险事件管理也不等同于风险事件考核。基于这一前提，商业银行应区分风险成因，视情节轻重、影响程度等，本着客观、公平、公正的原则，对相关机构、人员进行风险事件的责任认定。责任认定中也应体现"以人为本，尽职免责"的理念，将风险驱动因素有效运用到责任认定环节，比如对于制度因素、系统因素引发的风险事件不宜追究具体经办人员的责任。

第三节　风险监测方法实务

良好的工作方法是提高工作效率、保证工作质量的重要手段，基于数据分析的风险监测，在识别、确认风险过程中，同样需要采用一系列分析方法进行风险事件的准确完整收集。同时，运行风险的复杂性、频发性和欺诈手段的多样性、隐蔽性，也要求商业银行必须采用先进的分析方法与技巧，以提升风险识别的针对性和有效性。

一、风险甄别分析方法

要做好风险监测实施过程中最重要的风险甄别分析工作，离不开各类风险甄别分析方法的支持。商业银行风险监测人员除了运用传统的资料审查方法外，还应根据风险管理形势的需要，综合运用更为科学先进的风险映射分析、风险树分析、灰色关联分析等方法，结合自身业务知识与风险管理专家经验，还原风险场景，准确判别风险。

（一）风险映射法

风险映射法是一种全面分析的方法，建立在对交易全过程有一个深入理解的基础之上，进一步对交易活动所蕴涵的运行风险进行全面系统的梳理分析，并非只针对具体的某个产品环节。因为在实际业务活动过程中，某一环节的失败可能也会导致其他环节的失败，并会使不同的业务单位由于经受同样的业务过程而同时产生损失。风险监测人员可应用风险映射法，针对模型识别出来的准风险事件信息，按照以下步骤开展甄别分析活动。

1. 运行过程映射。这个步骤主要对每一个过程会实施什么业务活动、由哪些机构或部门参与、如何实施等问题进行界定，有助于风险监测人员专注于检查业务运行过程。通常采用由高层到低层逐步推进的办法，清晰呈现业务过程的所有步骤和每个步骤的具体程序，全面提供详细的任务操作指南，这样便于风险监测人员识别操作过程的关键元素和潜在缺陷。

2. 风险特征分析。在每一个业务活动中，同样的资源会因不同的条件以不同的形式产生问题，呈现出不同的风险特征，这主要取决于所执行任务的性质、风险要素和控制环境等。例如，对于商业银行的营业网点交易而言，直接接触客户账户、操作货币资金的业务特点可能使得内部欺诈、内外勾结成为其关键的运行风险特征；而对于某些集约化处理后台的业务活动，业务规模异常变化导致的操作失误可能是其主要的风险特征。

3. 风险导因预估。业务管理者用来行使其组织职责的主要工具，如人员、系统、流程等，都会成为触发运行风险的内部导因，而其所处的特定环境和面临的外部形势将会成为运行风险的外部导因。正确认识风险导因，是风险监测人员全面收集风险事件以及提出后续风险管理对策建议的主要依据。

4. 损失程度预测。这一步骤无论是对于当前的风险暴露和控制，还是对于将来的风险计量与评估，都是至关重要的一步。尽管在开始应用风险映射方法时，由于缺少全面可靠的历史损失数据库，对运行风险损失的判别和分析可能会主要依赖于专家经验，但是通过一定时间的风险事件数据积累，风险监测人员可以参考历史上曾发生的类似事件，结合风险控制环境的变化，对风险的损失和影响进行量化估算。

5. 风险映射识别。在充分了解业务运行流程、分析风险特征、预估风险导因与预测损失的基础上，要把这些要素纳入风险映射表中，保证识别风险的过程中不遗漏任何一个可能存在的风险，即将所有的风险都应当考虑进去。在对所有的风险进行识别和评价之后，应结合具体的业务案例回答"究竟会在哪些方面发生问题以及会发生什么问题"，这是风险映射的最后一个环节，也是得出结论的关键步骤。

（二）风险树分析法

在经济管理活动中，每个决策或事件都可能引出两个或多个事件，在不同的条件下会导致不同的结果，而且每个结果发生的可能性也不一样，把这种决策分析过程画成图形很像一棵树的枝干，故称决策树。决策树方法主要利用概率论原理，以树形图作为分析工具，用决策点代表决策问题，用方案分枝代表可供选择的方案，用概率分枝代表方案可能出现的各种结果，通过对各种方案在各种结果条件下损益值的计算比较，得到决策结论。

风险树分析法即借鉴了决策树的理念，风险监测人员可以用图解的形式，将商业银行准风险事件的影响因素逐层分解，比较清晰、准确地判明自己所识别到的运行风险的具体形态及其性质，从而能够快速地了解相关机构和人员所面临的运行风险状况，为相应的风险管理决策提供科学依据。

（三）灰色关联分析法

灰色关联分析源于灰色系统理论。考虑到数理统计方法存在的不足，在对一个不断发展变化的系统进行研究分析时，可采用关联度分析法。在对系统内部有限数据进行分析的基础上，寻找众多因素间的相互关系，找出影响目标值的主要因素，进而从总体上把握系统的动态运动规律。灰色关联指的就是事物之间的不确定性关联，或者说是系统因子与主行为之间的不确定性关联。风险监测以监督模型作为风险识别的引擎，设计了"模型识别、多点反馈、归并确认"的分析原则，并将符合某一特征的最后一笔异常信息识别出来，其他与之可能有关联的信息则作为关联交易明细在系统中展现，在提高分析效率的同时为监测人员全方位把握风险信息的来龙去脉提供了有力抓手。引入灰色关联分析理念，对于风险事件的准确识别与风险驱动因素的精准选择具有重要意义。

二、风险甄别分析技巧与应用

为更好地体现风险映射等方法在实践中的应用价值，风险监测人员在开展甄别分析工作时，需要根据实际情况在相应的方法体系下综合应用各种分析技巧。将方法与技巧有机结合，有助于更好地识别风险。运行风险涉及的内容多种多样，而资金风险则是最直接的，会带来实实在在的损失，因此，分析客户资金流向是风险监测人员必备的一个基本功。对于暂时难以识别的潜在风险，需要应用顺序分析、逆向追溯等技巧进行持续跟踪和综合研判。但实际中每类风险的表现形式又千差万别，单一的分析方法也难以满足风险识别需要，还可使用背景分析、时间分析、类比分析、关键环节分析等技巧，以达到还原业务场景与揭示风险疑点的目的，为后续核查与资料审查提供方向。

（一）资金流向分析

风险监测人员利用客户交易行为习惯、账户历史交易明细等数据，找到客户一定时期内的上游、下游交易对手、交易频率、交易金额等，构建出客户的资金流向完整图示，对客户账户可疑资金的来龙去脉进行全景展现，从而识别其中存在的异常风险点。根据监测对象资金流向复杂程度的不同可分为单一型资金流向分析和复合型资金流向分析。

1. 单一型资金流向分析是指风险监测人员对监督模型识别筛选的异常交易，直接分析该笔交易的资金流向即可发现风险。如监督模型识别发现某日某营业机构为借款人发放按揭贷款2笔，金额分别为93万元、263万元。风险监测人员通过调阅贷款担保人账户保证金情况，对比分析贷款担保人借方账户的支出明细，审核贷款保证金的按时收取情况，发现存在银行未按规定在贷款当日向担保人按贷款金额的10%收取履约保证金的风险疑点，属于贷款发放操作不合规。

2. 复合型资金流向分析是指单就一笔资金流向来看并无疑问，但通过对客户一段时间的交易情况或多笔交易进行对比提炼，全面分析客户账户资金走向，发现存在潜在的风险疑点。复合型资金流向分析要求从运行风险要素形成的不同维度与要素之间的关系进行深入分析，掌握运行风险全貌，近似于灰色关联度分析理念的一种应用。如某营业机构某个人客户结算账户近日频繁发生大额支付业务，风险监测人员对单笔交易进行分析，并未发现其交易金额、交易对手有何异常，但对该客户近期内的全部交易进行加总发现，交易笔数达数百笔，交易金额已累计达500万元。再调阅历史交易明细进行资金流向分析，了解账户资金流转信息，同时应用系统智能化搜索引擎，了解该账户一定时期的资金交易习惯，判断资金使用的合规及合理性。最后发现实际情况是某网点员工因需要完成理财产品销售任务，将网点内全部员工的闲置资金集中在该账户中，在网点某柜员处购买理财产品，随后又通过网上银行渠道赎回，频繁进行理财产品买卖业务操作，虚增理财产品销售量，不仅造成银行资源的浪费，同时影响考核指标的真实性。

（二）持续跟踪

持续跟踪是指风险监测人员在处理准风险事件时，虽然该笔业务本身经核查发现并无异常，但后续在此基础上很可能进一步发生重大风险事件，这种情况下风险监测人员可将该事件中的相关客户、网点、柜员等作为持续性关注对象，对其日后的业务办理进行长时间的跟踪关注。例如，某客户频繁代理他人在不同区域开立个人账户，在开户业务办理环节未发现异常，但监测人员具备的风险敏感性使其认识到频繁代理并无亲属关系的人员开立账户的行为是不正常的，值得关注，故开始持续跟踪此类账户的资金动向，长达半年时间并没有发生交易，突然从某日起资金快速频繁进出，存在较大的诈骗或集资嫌疑，监测人员立刻高度关注并再次启动核查流程。

（三）顺序分析

顺序分析就是按账务处理的记账程序，以准风险事件的数据记录为起点，对账务处理情况、凭证资料保管情况、审批报备情况等有顺序地进行分析监测。如风险监测人员对某企业客户的定期存款资金异常支取业务进行甄别分析时，发现该笔定期存款支取业务处理本身并无问题，企业印鉴齐全，且是企业财务人员本人办理的。但进一步对其后续账务流转分析，发现该款项经银行内部账户过渡后并未返回原转存账户，而是转入其他商业银行账户，风险监测人员据此判断该企业财务人员可能涉嫌挪用企业资金，转入与其关系密切的账户用于短期资金拆借，并从中牟取个人利益。

（四）逆向追溯

逆向追溯是根据模型识别的异常信息进行逆向分析、追本溯源，通过逆向追溯可从总体上把握重点，在发现问题线索的基础上明确主攻方向，分析的目的性、针对性比较强。逆向追溯通常是根据发现的疑点、疑问或针对某些线索、某方面的问题而进行的分析,目的明确,重点突出,因而可以节省人力和时间,提高工作效率。如某个人客户办理了储蓄存折后仅发生了缴纳通信费等小额业务,一段时期后突然有大笔资金存入,随后在该存折下又办理了下挂银行卡业务,通过ATM、POS机等渠道刷卡频繁取款与转账。风险监测人员从客户的账务往来中发现该客户存在异常交易行为,但在与客户的电话核实中客户对此交易保持"静默",根据对账等多种方式反馈的结果来看,客户既不承认也不否认按其本人意愿办理。由此风险监测人员对该客户的全面交易情况进行追溯,倒推至下挂银行卡业务环节,发现客户的有意不配合导致银行在办理挂卡业务中存在一定的不合规问题,所以要求客户来补齐手续或者按照流程重新办理。该客户最后承认是有意诱使银行业务处理存在瑕疵,待将资金挥霍掉且银行录像、凭证等证据资料失效后,以此为据起诉银行申请资金保全,银行承担了较大的法律风险。

（五）背景分析

背景分析是充分调阅工商税务等公开信息及商业银行业务办理过程中客户预留信息等相关资料,从客户注册资金、经营范围、职业背景、收入状况等方面关注账户交易的合理性。如"××科技公司"通过企业网上银行渠道从广东、福建等地区频繁汇入大量资金,累计金额高达8.89亿元,汇入资金到账后,又将资金通过网上银行全部转账到异地多个个人结算账户。风险监测人员发现客户实际注册资金只有50万元,其账户资金交易特点与注册资金规模、经营范围发生严重偏离,不排除客户可能从事非法活动,因此要求核查人员对客户真实交易情况进行进一步核实。

（六）时间分析

时间分析是指对准风险事件发生的时间点进行分析,如特殊营业时间、关联时间、非营业时间等,这些关键时段发生的业务一般需要特别关注。

1. 特殊营业日期。

（1）节假日前一天。由于节假日前,银行柜员容易产生"周末效应",工作效率有所降低,思想精力有所松懈,外部风险防范意识放松,容易产生操作失误;有些柜员也会利用长假前一天将酝酿已久的内部欺诈计划付诸实施,正好利用假期转移资金和外逃。

（2）节假日。从内部看,柜员可能利用节假日期间营业机构管理有所松懈伺机作案；从外部看，不法分子也会利用节假日期间银行当班人员少、管理松懈等可趁之机实施欺诈。

（3）节假日后第一天。节假日后第一天上班，员工容易产生"节假日综合征"，思想精力不集中，业务操作失误较多。

例如模型识别发现，农历春节长假前某企业发生代发工资业务近千笔，金额共计500万元，其中的450万元集中发放至某名银行从业人员亲属的账户中，存在明显异常。经验丰富的风险监测人员知道长假前普遍是案件高发期，发现异常后立即警觉，重新审核代发工资业务处理手续，并与企业取得联系，发现这并非企业的真实意愿，存在资金盗用风险，且450万元的收款账户实际控制人就是该银行从业人员，也是该笔代发工资业务的经办人员。因监测人员的及时发现最终制止了该银行从业人员的不法行为，挽回了客户资金损失。

2. 关联时间。关联时间是指涉及相同金额、客户或账号的业务发生的交易时间。

（1）同一客户交易的关联时间分析。如对某日某支行柜员接收一笔100万元的大额汇款业务，风险监测人员感到存在异常，故调阅该柜员账户的历史交易明细，发现该账户日常仅发生小额水电费扣缴业务，但每季度前、后均有较大资金流入流出，且资金汇入汇出的时间很有规律。调用系统搜索引擎显示，汇款人系该柜员的妻子，为某企业财务人员。风险监测人员据此推测是柜员为完成存款考核任务，由其妻每逢季末营业日由网银渠道为其汇入大额资金，帮其完成考核任务后季初再归还。

（2）不同柜员办理同一客户业务关联时间分析。如某客户在上午11：00时到网点由A柜员办理100万元的大额现金汇款业务，11：15又由B柜员办理100万元的现金支票支取业务，15分钟里由两名柜员分别为同一客户办理100万元大额现金汇款和大额取款，存在一定的疑点。风险监测人员根据交易时间及业务关联性推测，可能由于网点库存现金不足，暂时不能满足客户现金支票支取业务，故由A柜员先行为客户办理现金汇款业务，即在客户没有缴存现金的情况下先办理100万元现金汇款业务，这样银行系统中该网点就有了足够的现金可供操作，通过网点内现金调剂，B柜员再从客户账户上以现金支票支取100万元。通过上述分析，客户先要支取100万元现金，然后再进行汇款，但由于网点库存现金不足，两名柜员联合实施逆向操作，未按流程操作的事实非常明显。在11：00至11：15时间段内，银行实际为客户垫款100万元。

（3）非正常营业时间。如某日某储蓄所柜员在20：00至22：30时，连续办理现金存款、现金取款、网银注册等业务。一般情况下，该时间段网点并不营业，不应有大量客户到场办理业务。由此风险监测人员推断，可能该网点人员保管多名客户存折、卡、身份证复印件等资料，为完成季度末日存款交易量、网银注册量等指标，柜员在客户未到场情形下，集中办理客户储蓄存款划转、网银注册业务。又如，一些沿海经济发达地区某些ATM夜间频繁发生取现交易，导致ATM内现金被全部取空。夜间一般是案件高发时段，因光线不足监控录像不能清晰记录取款人的面目特征；且商业银行一般是夜间12：00进行系统日期切换，日切后每张银行卡可重新启用新的ATM取款限额，导致很多不法分子利用这一时点在夜间作案。风险监测人员对于该类异常情况进行重点关注、持续跟踪，初步认为该部分卡片是伪造卡的可能性较大，对于嫌疑地区、嫌疑人员进行重点锁定。

（七）类比分析

类比分析指对历史上客户、柜员的交易行为习惯或业务办理习惯进行规律总结，对于偏离习惯的交易，分析资金异动规律，发现风险疑点。例如正常经营的对公类客户现金交易占比不应超过一定比例，如果出现大量现金支出应给予重点关注；又如通常情况下网点、柜员业务办理种类、业务数量与占比相对固定，如果同一柜员突然办理大量同类业务或异常金额业务，也需进行重点分析。

如监督模型发现某行某POS机特约商户刷卡交易异常，在不到五天时间里累计交易金额达792.1万元，交易金额比较异常。通过调阅分析客户历史交易明细发现，一是客户账户上月同期资金收入仅6万元，而本期POS机刷卡金额达790余万元，是上月同期的130余倍；二是对比商户交易笔数发现，上月同期交易仅为20笔，本月接近180笔，是上月同期的9倍，交易笔数异常；三是通过跟踪商户资金流向发现，商户收入中的数百万元资金又通过一定方式全部转入某个人账户。综上分析，商户本期交易在交易金额、交易频率等方面明显偏离其历史交易习惯，又将收入资金全部转入个人账户，涉嫌通过POS机刷卡进行非法套现的特征比较明显。

（八）关键环节分析

关键环节分析是风险监测人员根据准风险事件所涉及的诸如网银注册、账户开立等源头性环节或特殊环节所开展的重点分析。不同模型或不同业务种类所关注的重点环节不尽相同。

1. 网银注册。网银注册环节既是源头性风险环节，也是近年来案件的高发环节，需要对于业务办理真实性进行重点分析与监测。

2. 账户开立。账户开立中的代理开户也是高风险业务行为，需要关注身份核查信息匹配情况，并留存账户本人及代理人的有效证件复印件。

3. 客户信息调整。保护客户信息是银行应尽的责任，所以对客户信息的获取和调整要加强管理。实践中，对客户信息调整业务需要及时关注客户联系方式修改业务凭证记录是否齐全；单位是否提供变更申请表；业务是否为法人代表或负责人本人办理。如非法人代表或负责人亲自办理，经办人是否有法人授权书，是否出示身份证件等；同时也应及时对柜员录入信息与客户提供信息的一致性进行核对。

4. 计息调整。重点分析计息调整是否有据可依，调整后利率是否在合理区间，调整账户是否属商业银行规定的可执行优惠利率账户等。

5. 连续办理交易。通过调阅业务凭证以及现场记录，分析交易金额和交易时间，关注柜员是否存在采取拆分或化整为零的方式以规避授权；是否存在挪用客户资金嫌疑。

例如模型识别发现某行柜员频繁办理客户定期、活期账户连续取款业务。这种连续办理交易属于高风险环节，一般与客户取款习惯并不一致，可能存在柜员利用客户在网点现场，私自窃取盗用客户的银行卡、存折、存单等，并有意不为客户打印交易记录的情形，即柜员在不让客户察觉的情况下涉嫌挪用客户资金，风险极大，应立即开展核查落实。

（九）情景假设

情景假设是风险监测人员在掌握相关资料基础上，根据专家经验以推测的方式将各类信息进行综合预测，构建风险案例的假设情景，分析不同情景中各种风险发生的可能性。如模型识别发现某日个人客户开通网上银行后发生了一笔222万元的大额支付。风险监测人员调阅原电子银行注册申请书和网银证书领取回执时，发现办理者为一名80多岁的男性客户，而签名笔迹非常清秀流畅，与通常情况老年人笔迹较为歪斜不连续的实际情况不符。由此风险监测人员推测该业务是由他人代该老年客户来网点代办网银注册的，后其代办人将其222万元资金进行了转移，可能导致资金损失，同时网点违反网银注册本人办、交本人的规定使得银行承担了极大的风险。

（十）资料审查

业务凭证等资料是商业银行业务处理结果的重要载体，资料审查是风险甄别的最基础环节，是检验银行业务处理完整性、合规性的重要凭据。通过认真审查相关业务凭证、单据等资料，可从中发现业务核算有无违纪、违章操作的现象及各项经营活动是否正常，各个业务处理环节手续是否齐备合法合规等。

对公类业务重点查看账务记载内容是否齐全，关注账号、户名、金额、印鉴、出票日期、支付密码、凭证号码、附件、有关人员的签章审批等内容，有无不符、涂改、过期、远期等异常情况。

个人类业务重点审核客户填写内容是否完整，有无涂改，客户签名是否正确，大额业务是否摘录证件信息及进行身份核查，重点关注不同客户签名笔迹相似或同客户签名笔迹不同以及高龄客户、低龄客户办理业务的异常情况。

如某商业银行柜员办理汇款业务，在为客户记账时误将账号录为金额，造成客户账户余额增加数亿元。风险监测人员通过将业务打印的凭证与客户所填的申请进行比对，及时发现账务核算差错并进行资金追缴，挽回了银行资金损失。

三、风险甄别分析实务案例

在风险监测工作实践中，风险业务类型复杂多样，没有固定的分析路径、模式、规律可循，也不是单一的方法、技巧、手段所能轻易解决的，因此，需要风险监测人员在将风险管理理论与风险甄别分析实务融会贯通的基础上，凭着精湛的业务技能和专家智慧，根据监测业务实际和风险管理需要综合运用多种方法技巧，探索最适用最有效的风险分析解决方案。

【实务案例】

4月18日，某大型商业银行监督模型识别出一笔转账汇款类业务准风险事件，具体为某经济不发达城市的某经贸有限公司在17日连续发生四笔转账汇款业务共计1.06亿元。四笔业务收款人均为个人客户，其中三笔业务收款人分别在其他商业银行开户，只有一个收款人李某在该行开户，接收资金3 595万元。汇款用途均简单描述为还借款。

【分析方法】

该案例表面看较为简单，但由于准风险事件涉及金额巨大，风险监测人员凭借高度的风险敏感性与责任感，认为看似手续合规的业务背后可能隐藏着某些异常，故选择从风险映射法入手，结合使用持续追踪、资金流向分析、顺序分析、逆向追溯、时间分析、背景分析、关键环节分析、情景假设等多种技巧展开分析。

【分析过程】

1. 掌握业务背景知识，进行风险映射分析。风险监测人员首先应掌握汇款业务完整流程，了解业务办理规定制度，明确营业机构、人员职责，才能根据流程、制度规定等全面完整地分析其中蕴涵的运行风险。

银行汇款业务简要流程如图5-1所示。

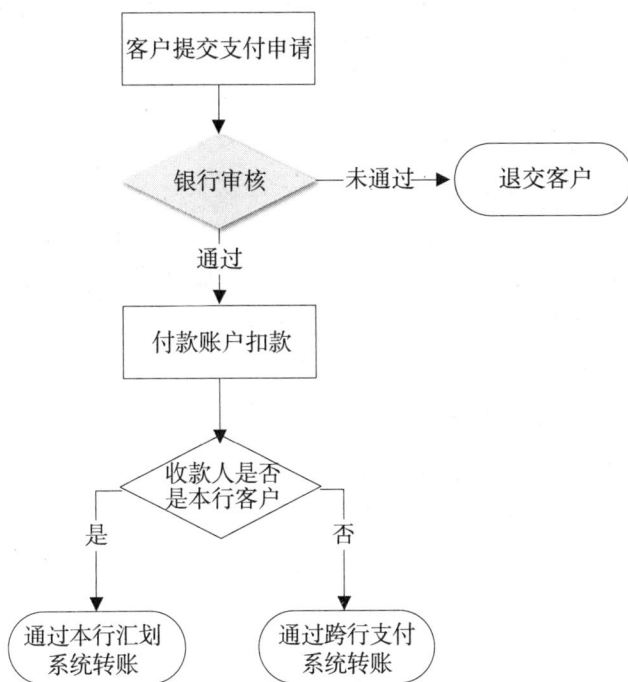

图5-1 银行汇款业务简要流程

根据《人民币银行结算账户管理办法》（中国人民银行令[2003]第5号）规定，"单位从其银行结算账户支付给个人银行结算账户的款项，每笔超过5万元的，应向其开户银行提供下列付款依据：代发工资协议和收款人清单；

奖励证明……；债权或产权转让协议；借款合同"等。后续中国人民银行对从单位银行结算账户向个人银行结算账户支付款项的处理手续进行了简化处理，在《中国人民银行关于改进个人支付结算服务的通知》（银发[2007]154号）中规定，"从单位银行结算账户向个人银行结算账户支付款项单笔超过5万元人民币时，付款单位若在付款用途栏或备注栏注明事由，可不再另行出具付款依据，但付款单位应对支付款项事由的真实性、合法性负责。因此，商业银行开办此类汇款业务是依法合规的，业务处理流程也符合监管部门的相关规定。

风险监测人员依据监管政策、商业银行制度规范、业务处理流程等背景知识，应用风险映射法，对于该案例中涉及的转账汇款这一常见的业务种类，从业务运转流程角度对运行风险进行整体性分析。按照风险映射法的规范格式，查找风险导因、主要因素、风险类型、影响损失等要素，其中风险导因主要从人员、系统、流程、外部等角度分类，对每一类的风险导因再具体细分为数量、质量、关键因素、失败等维度，从而识别每个维度的不同风险类型及对商业银行的影响损失，以期全面分析汇款这一业务种类中所蕴涵的运行风险及不利影响，避免出现遗漏。汇款业务风险映射分析识别情况见表5-5。

具体到本案例，风险监测人员根据专家经验判断：商业银行内部系统、流程均符合制度规定，无异常；人员因素中，是否有员工涉及其中、非授权违规办理支付尚不明确，需展开进一步调查；外部因素方面，由于这些公转私业务金额巨大，资金划转的真实用途不够明确，存在较大疑点，银行可能面临直接财务损失或声誉影响，需由此入手进行深入分析，识别该交易隐藏的风险隐患。

表5-5　　　　　　　　汇款业务风险映射分析情况记录表

风险导因预估	主要因素	风险类型	影响损失
人员	数量（人员配备不充足）	未能在规定时间内完成业务	银行声誉与客户服务
	质量（员工工作能力差）	账务处理不正确	运行效率、服务的影响与法律被诉损失
	关键因素（核心员工流失）	业务处理质量、效率降低	运行效率、服务的影响与法律被诉损失
	失败（未授权的行为）	内外勾结、涉嫌欺诈	直接财务损失
系统	数量（系统容量不够）	系统排队，不能及时进行账务处理	银行声誉与客户服务
	质量（系统运行不稳定）	频繁出现数据错误	运行效率、服务的影响与法律被诉损失
	关键因素（系统适用性差）	系统使用过于复杂，业务不能准确完成	运行效率、服务的影响与法律被诉损失
	失败（系统崩溃）	业务停滞	银行声誉与客户服务
流程	数量（流程种类过多）	上级未能及时审批，业务无法完成	运行效率、服务的影响
	质量（流程设计不准确）	流程中断，无法继续执行业务	银行声誉与客户服务
	关键因素（流程风险控制能力差）	存在多项风险敞口	银行声誉、客户服务与法律被诉损失
	失败（没有流程供执行）	业务无法办理	银行声誉与客户服务
外部	客户	有意欺诈银行或欺诈其他客户	直接财务损失、银行声誉
	监管部门	违反监管政策	罚款、银行声誉
	竞争对手（其他银行）	失去客户	业务发展受到影响
	国际国内形势与环境	战争、客户信用环境差	直接财务损失

2. 客户资金流转情况分析。X公司究竟经营何种业务、为何与多个个人客户有如此大的资金往来，成为监测人员的一个主要疑虑。由于当日的交易信息较少，监测人员初步判断该账户较为可疑，将其作为重点关注账户，使用持续追踪技巧对X公司账户后续的交易行为进行持续跟踪。随后发现，

18日，X公司再次以还借款用途的名义支付3 000万元至个人客户王某的账户上。再对王某的资金账户进行顺序分析，发现这3 000万元资金随后转至李某账户，李某再次将款项划转至其他商业银行。

为完整掌握X公司账户资金的来龙去脉，监测人员同时使用逆向追溯技巧，对X公司的资金向前追溯，发现经常有Y钢铁公司向其汇款，交易频繁，而且Y公司与某个人客户孙某近期也发生大额资金往来近千万元，孙某收到款项后也随即转向李某。

风险监测人员就此判断李某存在较大嫌疑，故使用资金流向分析技巧，通过调阅李某账户历史明细，分析一定时期内资金转入、转出的流向及交易的规律性。使用搜索引擎等对李某的客户交易习惯查询后发现，该客户上游、下游交易对手众多，长期、频繁通过网银渠道与多个不同个人进行资金划转，汇款金额一般为5万元、10万元、20万元等，存在一定的规律性，疑似高息集资所返还的利息。综观案例中所涉及的对公账户与个人账户，资金交易均较活跃，交易间隔时间均很短，存在资金快进快出的特征。

监测人员根据案例所涉及的公司及个人客户的资金流转情况，绘制了李某和X企业等有关交易对手之间的资金流转图（见图5-2）。

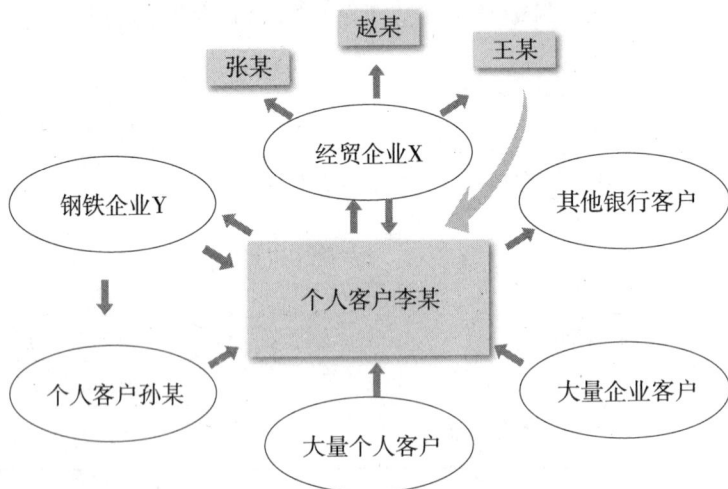

图5-2 客户李某与有关交易对手的资金流转图

3. 客户资料与交易环节分析。先是应用背景分析方法对个人客户李某、孙某及X企业、Y企业的背景进行深入调查，通过调用系统搜索引擎和调阅各类报表，分析客户资金交易特点，查找借贷方交易的关联度等，判断客户账户性质、经营范围与频繁的资金交易行为是否匹配，是否发生明显偏离现象。调查发现，客户李某年龄仅为19岁，职业为一般企业员工，与其动辄数千万元的资金收付能力明显不符。客户孙某年龄25岁，职业为职员，与其巨额资金收付能力也明显不符。Y公司规模较大，属于正常经营的企业，注册资金、经营场所、税务信息等较正常。X公司属商贸企业，经营范围不够固定，与个人账户频繁发生巨额资金往来的贸易背景也不够清晰。

为避免银行在汇款业务或相关联的业务处理中存在瑕疵，导致后续如果出现法律纠纷银行难辞其咎的情况，风险监测人员随即审查所有涉及的业务凭证资料。在审查中发现相关支付凭证要素齐全、填写完整、记账正确，银行在此资金划转过程业务处理规范，并无瑕疵。同时对客户开户和网银注册等关键环节进行分析，发现个人客户李某账户于2011年9月30日开户，开户资料完整合规，开户时按照中国人民银行、公安部关于联网核查公民身份信息有关规定，进行了客户身份信息的核查工作，并持身份证注册网银，申领网银支付证书。企业客户X、客户Y的账户开户资料完整，开户手续合规，开户时曾进行了尽职调查。

4. 情景假设与损失预测。风险监测人员综合以上信息，利用风险树分析法进行甄别，从个人客户李某可能存在的非法集资、代理验资、漂白资金行为中判断，非法集资的概率最高。企业客户X存在参与集资或民间借贷风险，风险隐患较大。由于没有银行员工参与其中，银行应无直接财务损失的风险，而一旦客户李某或X企业无法偿还借款人资金，后续可能对银行声誉造成影响。

【分析结果】

风险监测人员综合以上情况，认为该案例的主要风险类型为外部风险中的客户风险。该个人客户李某风险程度极高，主要风险特征为存在非法集资嫌疑，可能利用高息为诱饵吸收社会闲散资金，募集对象中个人较多，涉及数百人，一旦其资金链断裂，将无法偿还募集资金，进而可能引发群体性事件，对商业银行声誉将产生较大的影响。同时企业客户X参与集资或民间借贷，也存在较大风险。风险监测人员据此下发查询查复书，选择风险甄别标准为客户涉嫌非法集资，提示核查人员进一步核查客户李某与X企业的实际情况，如借款归还是否具备真实贸易背景、企业营业场所现场是否正常、企业经营活动是否正常、个人账户实际使用人与控制人是否为客户本人、是否有银行员工参与其中等。

【核查情况】

后经核查人员调查发现，X企业经营场所已变更，无法联系查找到最新营业地址，李某与X企业的法人代表存在亲属关系。通过与李某、X企业等资金上游客户之间的沟通发现，确实存在利用高利息进行集资的行为，且并未发现商业银行内部员工涉及其中，风险监测人员的判断得到了证实。因此，最终将该事件确认为风险事件，风险驱动因素选择为客户因素。商业银行事后监督机构将该案例报送至相关部门进一步立案侦查，并提示营业网点对李某、X企业后续办理的业务给予重点关注、严格审核，做好风险控制措施，避免业务处理存在瑕疵而将银行卷入其中。通过采取一系列的案防措施，最终李某主动将开立在该商业银行的账户进行了销户处理。

第四节　风险监测结果应用

充分开展风险监测的成果应用是有效发挥事后监督机制作用，实施科学运行风险管理的关键所在。

一、建立风险预警机制，提高风险识别水平

商业银行在经营过程中，由于各种不确定因素的影响，存在遭受损失的可能性，所以需要采取一定的措施降低损失发生的概率。风险管理的本质就是对这种不确定性因素的管理，贯穿于银行经营发展的各个阶段或环节，包括事前、事中和事后，但越早发现风险、越早采取措施，风险管理的成本就越低，给银行带来的效益也就越大。按照1：10：100的理论，如果在第一个阶段控制风险的成本是1，那么如果到了第二个阶段才采取措施，它的成本就会是10，到了第三个阶段时的成本就将是100。因此，在风险管理领域普遍强调风险管理的计划性和预测性。在现代商业银行运营过程中，各种类型的操作风险交织在一起，繁多复杂，呈现出潜伏性、突发性和扩散性的特点，一

旦发生将有可能带来灾难性的后果。事后监督的风险监测作为风险事件最主要的收集途径，对形成风险的各种风险因素（如人员、流程、系统、外部事件等）以及风险性质与风险程度进行识别、测定和干预，为商业银行建立风险预警机制、实施风险预警管理、降低风险管理成本提供了重要手段。

　　商业银行风险预警机制以银行现实经营活动为内容，以整个银行运行过程为对象，通过采用一系列科学的预警方法、模型和指标体系、信号系统，对银行运行过程进行全面监测，对存在异常的监测结果进行警示，并采取主动干预措施。风险预警机制的建立需要把握以下四个要点：一是确定预警目标；二是寻找警源，即需要监测的风险点；三是选择预警方法和技术；四是设计预警模型和运作程序。事后监督风险预警的目的是为了前移风险关口，先于风险事件的发生获取超前的预警指示信息，便于及时采取防控措施、化解银行运行风险。一般而言，健全的、有效的风险预警机制能够体现以下要求：在外部环境上能够充分反映全国、区域、地区经济金融运行、景气波动和运行风险变化的基本态势；在内部环境上能够灵敏反映商业银行在全国、区域、地区范围内的基层营业机构面临运行风险的程度及变动趋势；在组织管理上能够完整体现商业银行各层级机构、各业务部门间在运行风险管理工作上相互配合、相互分工的要求，彼此不产生摩擦和重复。事后监督的风险监测功能通过对业务运行各环节的风险信息进行收集、整理、反馈，为研究建立风险预警模型和预警指标提供依据；同时，在风险监测过程中如果发生纳入预警范围的异常交易，事前设计的风险预警模型和设置的风险控制指标又会发出警示性信号，有利于对影响业务运行安全的主要风险信号进行前瞻性判断，区分是资金异动风险预警提示、交易行为风险预警提示还是其他类型的风险预警提示，以便进一步采取化解潜在风险隐患的措施。可见，有效的风险预警机制又进一步丰富了风险监测的内涵，提高了业务运行风险的识别水平。

二、反馈风险监测结果，落实良性循环机制

　　风险监测与质量检测、履职管理基于风险事件库的组建以及风险评估功能的综合运用，实现了结果之间的共享共用，保证了整个体系内生运行机制的良性循环。风险监测的结果为质检对象的选取提供参考依据，使质检对象始终锁定在风险暴露水平较高的柜员，提高了风险管理的针对性；风险监

测的结果为履职管理确定检查对象提供数据支持，实现对风险管理薄弱的机构、柜员、业务环节进行有的放矢的检查，保证了履职管理的重点；风险监测收集的风险事件和风险驱动因素，是对业务运行风险进行全方位、多维度、立体式分析评估的最主要依据。通过对风险监测、质量检测、履职管理所收集风险事件的持续评估，并将评估结果应用于风险监测、质量检测、履职管理工作中，可以进一步优化监督模型规则，合理确定质检柜员和网点，明确现场管理人员和各级业务检查人员的履职重点，持续提升监督效能，使得整个体系得以自我调节、自我完善和循环改进。良性循环机制的有效落实，使商业银行能够根据风险不断变化和迁移的特点持续调整风险管理重点，跟踪关注高风险对象，将风险管理资源始终集中在高风险网点、高风险柜员、高风险业务、高风险区域和高风险环节上。

风险监测的结果又可直接用于监督模型的优化，更好地发挥风险监测功能在运行风险识别和风险事件收集中的巨大作用。商业银行持续面临的内外部风险环境、产品创新、服务优化、客户需求、监管要求等不断变化的客观现实，决定了当前设计的监督模型、确定的风险驱动因素和风险事件确认标准等不可能穷尽所有风险类型，也不可能一成不变。一个成熟有效的模型设计不会是一劳永逸的，其风险识别的科学性、完整性和准确性的提高是一个渐进的过程。通过对监测结果进行持续的细致分析和深入研究，可以发现和揭示监督模型存在的问题，提出有针对性的风险确认标准和风险驱动因素的完善建议以及系统功能与模型建设的优化建议，来进一步实现监督模型的自我完善，以涵盖当前存在的以及未来可预见的风险要素和管理需求。

三、优化业务运行流程，降低运营管理成本

在我国商业银行以往的风险管理实践中，对事中通过业务流程的优化设计实现风险控制的研究应用较少，而这正是国际先进商业银行管理风险的最为经济和有效的方式。商业银行的业务流程可大体分为直接创造价值的客户服务流程和间接创造价值的后台支持流程，这两类流程又可按照不同的标准进一步细分。依据为客户提供的产品和服务类型，可将目前国内商业银行的客户服务流程分为对公业务流程、个人业务流程、表外业务流程等；根据各项管理活动的内容可将后台支持流程分为风险管理流程、产品研发流程、交易设计流程等。商业银行提供产品或服务的过程表现为一系列业务流程的集

合，对由于业务流程设计缺陷引发的风险点进行监测识别便是商业银行业务运行风险管理的重心。

业务流程设计缺陷主要是由于对业务及其流程的风险影响因素考虑不周导致的，表现为业务管理相关制度滞后于流程设计、业务操作程序模糊不清等，这些缺陷不仅会影响业务处理效率和客户服务质量，流程中的缺陷还有可能被不法分子利用，给银行造成资金损失。因此，通过事后监督的风险监测收集风险事件和风险驱动因素，深入揭示业务流程中存在的缺陷和薄弱环节，更加客观、全面、及时地将流程设计问题和优化建议反馈给各业务部门，促进各业务部门通过流程改进尽可能以系统硬控制的方式实现对业务运行风险的有效控制和管理，推动商业银行业务流程的持续优化，为建设流程银行提供良好的基础环境，是风险监测的重要应用之一。高水平的流程管理能力意味着其产品流程能够以较低的成本及较高的效率满足客户服务和风险管理的要求。通过风险监测功能的发挥增强业务流程的风险控制能力，是降低业务运营成本、提高业务运营效率的重要途径，也是商业银行业务运行风险管理的理想选择。

四、强化员工道德教育，规范员工行为管理

资本论告诉我们人是生产力诸要素中最活跃、最有创造性的因素，在重视人力资源的商业银行领域，人是服务的载体，是利润的源泉。但是在业务运行风险领域，人同时也是最大的风险源，因此，加强对银行员工的行为管理和道德教育是防范运行风险最重要的工作。通过对风险监测收集的风险事件和风险驱动因素的分析，可以发现人员因素是触发业务运行风险的最主要因素。既有制度执行不力引发的，表现为对制度的执行出现错误或失误，或为营销客户在制度操作上有章不循，甚至是故意违反，而上级行疏于对制度执行情况的检查通报又进一步恶化了业务运行风险管理的局面；还有银行员工故意的违法违规行为导致的，主要表现为内部人作案和内外勾结作案两种，银行员工的"内部人"身份及其所具有的信息优势为其进行违法操作提供了便利，也使得银行员工内部作案更加难以防范，主要的风险类型包括监守自盗、挪用客户资金、诈骗银行资金（分为单纯内部员工欺诈和内外勾结欺诈）、泄露客户信息、商业贿赂、洗钱等。

对于由人员因素引发的风险事件，规范员工行为管理、提高员工职业

素养对于减少该类风险事件尤为重要。首先，要强化制度执行，既要从人员的角度考虑，加强一般业务操作人员对基本制度与业务流程的学习，强化对管理者权力的监督，减少因腐败和商业贿赂滋生的运行操作风险；也要从执行力的角度考虑，加强基层业务执行人员的执行力，提高各级管理者的领导力、中层管理人员的制度执行力以及基层管理者的现场执行力等。其次，要加强员工的职业道德教育与专业技能培训，使员工充分认识到"职业人"应牢固树立的基本理念以及应当具有的素质和品行，对员工8小时以外的不良习惯要高度警觉，分析员工异常行为背后隐藏的原因，特别是对涉及黄、赌、毒、商的人员要重点防范。最后，要设计控制风险的重要机制，如对重要岗位人员实行岗位轮换、定期交流、强行休假等管理制度，发现有问题苗头的及时调整或撤换，对于已经发生的非主观故意的操作失误类风险事件，要建立必要的一线业务人员的专项培训制度，降低由于员工专业技术匮乏导致的运行风险发生概率。

五、提供经营决策支撑，服务银行经营发展

业务发展与风险管理是一个事物的两个方面，具有相对的统一性，并非是不可调和的矛盾。商业银行的业务发展应该是在控制风险前提下的理性发展，商业银行的风险管理应该是以高质量发展为目标的全面风险管理。加快业务发展是为了增强商业银行的抗风险能力，风险管理是为了保持银行业务的健康持续发展，因此在业务运行的同时，既要有效控制风险，又要确保提高业务发展速度，从而最终提升银行的价值创造能力。事后监督作为商业银行运行操作风险管理的重要机制设计，已成为商业银行风险管理的重要组成部分，在保障商业银行安全运营方面发挥了重要作用。

风险监测是以数据分析的方式，通过风险模型识别、确认各类风险事件，这就决定了风险监测成果的精确性、可靠性以及可量化、可测算的特点。在客户管理方面，依托风险监测收集的各类风险事件，可以更好地贯彻以"客户为中心"的风险管理理念，以风险为尺度对客户进行等级分类，整理客户风险信息，建立客户风险信息档案，为实施客户分类管理、科学确定重点客户提供数据支持。在风险管理方面，按照不同维度对业务运行风险进行合理分类，可以根据管理需要呈现不同的风险管理视图。如依据产品风险视图，查找产品、业务流程风险管理缺陷，推动业务流程优化建设，提高产

品市场竞争能力；应用机构风险视图，揭示营业机构经营环境面临的内外部风险冲击，合理配置风险管理资源。在考核评价方面，根据风险监测结果建立科学、合理的风险管理考核评价体系，对各级营业机构、柜员的风险管理状况开展定期考核，实施考核奖惩，充分发挥内部约束作用，提高行为人违规的成本预期和违规暴露的概率预期，通过约束与激励的并行，督促各级营业机构、员工增强风险防范意识、提升风险管理水平，保障商业银行各项业务安全、稳健运行。事后监督的风险监测成果充分应用到银行经营管理实践中，通过归纳不同业务条线、不同产品线的风险特征，分析不同客户的交易行为习惯，洞悉各类账户的资金流向，为客户管理、风险管理、考核评价提供了重要的管理决策支持。

第六章 质量检测

质量检测，又称质量检验，简称质检，是对实体的一项或多项特性进行的诸如测量、检查、试验或度量，并将结果与规定要求进行比较以确定各项特性合格情况所进行的活动。商业银行质量检测是指监督人员依据风险评估的结果，对业务核算质量进行审查，审核业务核算的准确性、凭证的完整性与合规性，纠正业务核算差错，规范操作行为的过程。

质量检测与风险监测、履职管理同为商业银行事后监督体系风险识别和风险事件收集的主要途径，是监督管理良性循环机制中的核心功能之一。

第一节 质量检测概述

一、质量检测的职能

质量检测是全面质量管理的基础。由于核算差错、操作风险的难以避免，质量检测是提高核算水平、减少业务差错的必要手段，在运行风险管理领域得到广泛应用，也在保护客户利益、改善客户服务等方面发挥着不可或缺的积极作用。

（一）鉴别职能

鉴别即根据预先确定的标准，采用相应的方法观察、试验、测量核算质量特性。质检的鉴别作用主要表现在两个方面：一是判断核算质量是否合格，二是确定核算质量等级或缺陷的严重性程度。鉴别职能是质量检测各项职能的前提和基础，不进行鉴别就不能确定核算的质量状况，也就难以实现质量"把关"。

（二）把关职能

把关是质量检测最基本的职能，也可称为质量保证职能。这一职能在质量检测出现时就已经存在，并一直发展延续至今，即使是在核算高度自动化的现在，虽然质量检测的技术和手段有所变化，但质量检测的把关作用仍然不可缺少。商业银行的运行是一个复杂的过程，柜员、计算机、印章、凭证等诸要素都可能使核算状态发生变化，各个流程不可能处于绝对稳定状态，质量特性的波动是客观存在的，要求每笔核算都完全准确无误是不可能的。因此，通过质量检测进行把关是非常必要的。当然，随着流程的持续优化和管理的不断完善，质量检测的工作量会逐渐减少，但质检工作仍然必不可少。只有通过检验，实行严格把关，才能真正保证商业银行的运行质量。

（三）预防职能

商业银行质量检测不单纯是起把关的作用，同时还起预防的作用。质检的预防作用主要通过以下两个途径实现：

1. 通过流程能力的测定起到预防作用。业务流程能力的测定，需要通过质量检测取得一批或一组数据，进行统计处理后方能实现。这种检验的目的，不是为了判断一笔或一组交易是否合格，而是为了计算流程能力的大小和反映核算过程的状态。如发现流程能力不足，或核算过程出现了异常状态，则要及时采取措施提高流程能力或消除生产过程的异常因素，预防差错的发生。事实证明，这种检验的预防作用是非常有效的。

2. 通过核算过程中的首检与抽检起到预防作用。当一批业务初次投产时，一般应进行首笔检验（首笔检验不一定只检查一笔）。此外，当业务系统升级或变更后，也应进行首笔检验，其目的都是为了预防出现大批差错。当首笔检验合格并得到认可时，方能采用例行的抽检方法，一旦发现问题，就应及时采取措施予以纠正，以预防差错的产生。

（四）报告职能

质量检测的报告职能就是通过收集、统计、分析质量数据进行信息反馈的职能，目的是使高层管理者和有关产品部门能够及时掌握运行过程中的核算质量状态，对产品或业务流程质量的有效性给予客观的分析评价。通过各阶段的检验，记录和收集了大量的产品质量数据，这些质量记录是核算质量体系运行情况的重要证据。为全面了解产品质量变化情况，便于管理者正确进行质量决策，应把检验结果，特别是计算所得的指标，用报告形式反馈给有关部门，提出可行的质量改进措施和决策建议，为质量管理活动提供可靠依据。报告的主要内容包括以下几个方面：

1. 产品或流程核算质量的整体情况；

2. 差错率以及相应的金额损失；

3. 质量问题的原因分析；

4. 质量问题的整体处理情况报告；

5. 重大质量问题的调查、分析和处理报告；

6. 改进质量的建议报告；

7. 质检人员工作情况报告，等等。

（五）改进职能

质量检测参与质量改进工作，是充分发挥质检把关和预防职能的关键，也是事后监督部门与质检人员参与质量管理的具体体现。质检人员一般都是由具有一定业务处理或管理经验、业务熟练的专业人员担任。他们熟悉业务流程、核算过程，对运行中人、机、章、证等诸要素有比较清楚的了解，因此对质量改进能提出更切实可行的建议和措施，这也是质检人员的优势所在。实践证明，产品设计、业务操作、事中控制和质量检测人员联合起来共同投入质量改进，能够取得更好的效果。

（六）监督职能

监督是质量检测最本质的职能，这种职能是由商业银行事后监督本身的性质和定位所决定和赋予的。质量监督和验证是保证质量的客观要求，而这种监督和验证是以质量检测为基础的。从商业银行管理角度出发，质检的监督职能主要包括对产品或流程设计质量的监督；对核算过程的质量监督；对事中控制效果的质量监督。质检人员通过实行定期和不定期的监督，能够发挥监督核算行为、保障业务安全运行、维护正常经营秩序的重要作用。

二、质量检测的特征

质量检测的内涵与职能决定了其独立性、客观性、科学性、非对称性、规则性的特点，这是质量检测最本质的特征，也是对质量检测机构及其人员最基本的要求。

（一）独立性

商业银行事后监督机构及其质检人员在实质上独立于各营业机构、集约化业务处理机构，独立行使职权。所谓实质上的独立，要求质量检测与各营业机构、集约化业务处理机构之间必须是实实在在地毫无利害关系。

质量检测人员依制度和规程办事，独立自主，不依附于任何营业机构，也不受其干扰和影响，其质检结果、报告无须经其他任何部门、机构审定和批准，保持一种超然独立的地位。

质量检测人员如与某营业机构存在可能损害其独立性的利害关系，应当向所在监督机构声明，并实行回避，不得从事该营业机构的质检业务。

独立性是质量检测的灵魂，质量检测只有具备独立性，才能够以客观、公正的心态开展工作。独立性是客观性的基础。

（二）客观性

商业银行质检的独立性决定了质检机构、人员在进行质量测量、检查过程中基于客观的立场，以客观事实为依据，注重实事求是，不掺杂个人的主观意愿，不为被检机构或第三方的意见所左右；在分析问题、处理问题时，也不因个人好恶或成见、偏见行事，影响其分析、判断的客观性。质检标准统一、力求公平并超脱于利益冲突也决定了其客观性的特点。

质检的客观性要求质检人员在执行业务时应坚持原则、保持公正，不偏不倚地对待各营业机构。

（三）科学性

质检工作有其内在逻辑性。质检的科学性表现在它是商业银行大量质量管理实践经验的升华、质量管理活动的基本规律以及从事质量管理活动的科学手段和方法，对从事质检任何环节的工作都有重要的指导作用。质检作为商业银行内部管理的重要环节，它的科学性同商业银行经营的规律性紧密相连，商业银行经营的规律性要求质检具有科学性。同时质检形成了一套系统的理论和科学方法，它借助于现代科学技术和手段，利用系统性的基本原理和方法，指导质检人员如何有组织、有效率地实现既定质量管理的目标，包括：商业银行事后监督机构对质检业务实行科学合理的定岗定编；对质检人员实行资格认证，持续开展培训工作；建立健全和不断完善质检规章制度，制定明确的质检标准；不断完善创新质检方法、丰富检测的技术手段，提高动态检测水平。

（四）非对称性

依托数据分析，建立在风险事件收集、风险评估基础上的质量检测，对营业机构和柜员而言，具备不透明、无规律的特点。质量检测对象筛选规则对营业机构、柜员是不透明的，即他们无法获悉。商业银行在质量检测过程中，一方面会动态地、有针对性地筛选风险暴露水平相对较高的机构、柜员进行质量检测，另一方面也可根据管理需要对辖内其他柜员核算质量进行随机抽检以实现有效覆盖，从而让营业机构、柜员无法预知或准确判断其业务是否被抽检、何时被抽检及怎样被抽检。商业银行质量检测不透明、无规律的特点保证了质检人员与营业机构在信息获取上的非对称性，从而能够在银行内部形成并保持强大威慑。

（五）规则性

商业银行质量检测规则虽然对营业机构和柜员而言不透明，使得质检对象的筛选呈现无规律的特点，但其在内在逻辑上具有很强的规则性。商业银行可根据风险管理需要，通过在事后监督质检子系统预先设定科学严密的标准、经过一系列的运算来动态确定质检对象，开展对营业机构、柜员的质量检查，能够较准确锁定风险管理重点，使对象筛选更加科学和有效。此外，通过参数化的方便设置，能够灵活调整抽检规则及调整质检对象。这种规则性保证了风险暴露水平较高的机构和柜员被持续关注，其他机构和柜员定期覆盖，具有很强的针对性。这一特点也是现代商业银行质检与传统事后监督的本质区别。

三、质量检测的分类

工业产品质量检测可以按产品形成阶段（进货检验、过程检验、最终检验）、检验目的（监控检验、验收检验、复查检验）、检验主体（自检、互检、专检）、检验地点（固定地点检验、流动检验）、检验后对产品质量的影响（破坏性检验、非破坏性检验）等范畴进行分类。鉴于商业银行质量检测属于核算结果的最终检验，且是由专职质检人员实施的非现场质量审核，因此其分类一般不再按照以上标准进行，而是依检验的手段、检验的范围、检验的效果进行划分。

（一）按检验的手段分为人工检验和设备检验

人工检验又称为感官检验，指凭借质检人员的器官感觉对核算质量进行的检查，如通过视觉观察，并依托丰富的实践经验进行正确、有效的判断。如审查业务凭证、审阅计算机系统日志、核对账表等。人工检验具有简便、经济的特点，但检验结果的客观性较差。

设备检验指利用计算机设备或特定的鉴别仪器，对核算的合规性、准确性，凭证及要素的完整性、真实性进行测定，获得检验结果的方法。如将业务凭证数据再次录入计算机与业务交易流水自动勾对、用电子验印系统进行预留印鉴复核、用票据鉴别仪对票据的真实性进行确认等。

在实务中，这两种手段通常综合运用，以取得最佳的管理效果。

（二）按检验的效果分为判定性检验、信息性检验和寻因性检验

判定性检验指依据业务处理与核算的质量标准，通过检验确定核算合格与否的符合性判断。判定性检验的主要职能是把关。

信息性检验指利用检验所获得的信息进行质量控制的一种现代检验。其既是检验又是质量控制，具有很强的预防功能。

寻因性检验指在产品或流程的设计阶段，通过充分的预测，寻找可能产生不合格的原因，有针对性地设计防差错机制，用于业务核算过程，杜绝差错的产生。寻因性检验同样具有很强的预防功能。

（三）按检验的范围可分为全数检验、抽样检验和免检

全数检验，又称百分百检验、全面检验，指对所有业务处理交易按规定的标准进行逐一检验，判定核算质量合格与否。其特点是工作量大、耗时多、费用高，一般适用于：（1）风险大或差错率高的业务；（2）风险大或差错率高的网点；（3）风险大或差错率高的柜员。

抽样检验指按预先确定的抽样方案，从一批交易中随机抽取若干样本，然后对样本逐一检查。考虑到成本、效率及质量管理的要求，抽样检验应是普遍采用的方式。

免检，也称无试验检验，即只要有可靠性资料证明，就可以不需要对交易进行检验。对内控体系健全、内控机制运行有效、核算质量长期保持在极高水平的机构，可以实施免检，由事后监督部门通过设立"白名单"机制得以实现。免检并不意味着不进行"验证"，质检人员应通过定期或不定期的抽检，来动态调整免检的业务、机构或柜员。

四、开展质量检测的原则

（一）系统性

业务运行风险不是孤立存在的，质量检查也不应局限于对监督系统展现的待质检信息的检查，而是要遵循"由浅至深、由点到面"的原则，对被质检柜员所有凭证进行全面、完整的质量检查和系统分析。

（二）准确性

质量检测结果应力求准确，准确的检测结果才能为业务主管部门提供可靠的风险管理基础数据和信息，为管理者制定风险管理措施、改进业务操作流程、改善客户服务、提高银行市场竞争力等提供决策支撑。

（三）及时性

由于风险管理时效性的要求，当日抽取的待质检数据必须当日完成监督处理，才能适应现代商业银行安全发展的需要。

第二节　质量检测的组织

质量检测的组织是对质检的目标、程序、资源、措施和活动的统筹计划和安排，以指导质检活动正确、有序、协调进行。有效的质检组织管理，有利于实现质检工作的条理化、科学化和标准化；有利于明确每个检验人员应分担的任务和责任，调动和充分发挥每个质检人员的作用和积极性；能够对质检资源的配置分清主次，把握重点，进行统筹安排，并防止漏检和重复检验等现象的发生，降低质检成本；有利于充分发挥质量检测职能的有效性；有利于加强核算的质量控制。

质量检测的组织管理包括质检机构及人员的设置与配备、制定质检规程、质检对象筛选、质检任务分配、质量检查实施、风险核查确认、风险动因挖掘、整改落实及责任认定、质检日结等多个环节，其中前两项为总体制度安排，后七项为日常工作流程。质检机构及人员将在第十二章介绍，质检对象筛选将在本章第三节详述。

一、质量检测组织管理的基本要求

良好的商业银行质检组织管理体系，其标志是设计合理、运行有效。而要达到上述目标，应符合如下基本要求：

1. 商业银行应在事后监督机构内设立质检岗位，配备数量充足和素质合格的质检人员，对业务运行的过程及结果进行检验，保证核算的质量与安全。

2. 在设定质量检测标准时，应充分考虑具体检验对象的特点，做到规定严格明确，具有可操作性。

3. 质量检测活动应与本行质量体系的要求相一致，提高两者的相容性，保证质检活动精炼、实用。

4. 质量体系文件中没有规定的，应在质检规程中详细阐述，使检验工作能够按既定标准实行。

5. 检验活动付诸实施后，应定期或不定期进行审核、调整，以适应制度、系统等各种条件的变化。

二、制定质检规程

质检规程是用于指导质检人员正确实施核算质量检查、测量和试验等检验作业的规范性文件，是质量检测活动的管理规定和技术规范的文件集合。质检规程是商业银行质量体系文件的组成部分，是质量检测人员和管理人员的工作指南，其对加强质检工作，实现质量检测活动的标准化、科学化、规范化具有重要意义。

（一）质检规程的基本内容

不同商业银行的质检规程体例、结构不尽相同，但一般应包括：

1. 质量检测体系和机构，包括机构框图，机构职能的规定；

2. 质量检测的工作制度和管理制度；

3. 检验对象；

4. 质量特性；

5. 检验方法；

6. 检测手段；

7. 检验判断；

8. 记录和报告；

9. 检验结果和质量状况反馈及纠正程序；

10. 必要的说明图表和相关的说明资料。

（二）编制质检规程的注意事项

1. 在规程中，对各质量特性都应有明确具体的要求，所有质量特性应全部逐一列出，不可遗漏，避免含混不清。

2. 针对质量特性，根据缺陷严重程度、可靠性要求和检验的复杂程度等合理确定抽检方案。

3. 明确规定检验方法和所用的检测手段。

三、质检任务分配

待质检对象由商业银行事后监督质检子系统按抽检规则进行筛选和抽取。确定质检对象后，商业银行事后监督系统通常在T+1日将被抽检柜员名单和该柜员T日的业务量以清单形式予以展现。事后监督业务主管人员根据展现业务信息及当日在岗的质量检测人员数量进行质检工作的分配与安排，质量检测人员依据所分配的业务数据开展质量检测工作。在进行质检任务分配时，应充分考虑以下两个方面：

（一）适量

在贯彻效率原则的前提下，为每个质检人员分配合理数量的任务，以确保质检人员能够有充足的时间运用专业知识和技能进行判断、检查，确保每笔业务都能够得到高质量的处理。过低的任务分配量会造成效率的损耗，过高的任务分配量则会影响质检工作的质量。

（二）胜任

应当将某项特定业务分配给具有该项业务专业知识、技能或经验的质检人员，质检人员不能承接不能胜任的业务。"胜任"还要求质检人员能够经济、有效地完成任务。胜任又是一个动态的要求，如果不能保持和持续提高专业能力，就难以完成新兴业务的质检工作。商业银行的业务从服务对象上包括个人业务、公司业务、机构业务，从分销渠道上包括柜面业务、电子银行，从发展进程上又分传统业务和创新业务，品种繁多。由于各种业务发生不可提前预知，专业胜任能力要求在质检岗位的劳动组合安排上应保证各类业务都能得到准确处理。

四、业务质量检查

业务质量检查是质量检测人员将系统展现的待质检信息与对应的原始凭证进行核对，检查业务核算的正确性，并对凭证及要素的完整性与合规性等进行检查，发现问题时需下发查询查复书进行核查确认。

（一）质量检查工作内容

质量检测人员登录事后监督系统后，调阅相关原始业务凭证，对系统展现的待质检业务数据进行检查核对，检查内容主要包括业务凭证要素质量和账务核算质量两方面。

1. 业务凭证的质量检查。对业务凭证的质量检测，应依据《票据法》、《支付结算管理办法》等法规，以及商业银行制定的业务操作规程，重点审查业务凭证的合规性、完整性，如审核业务凭证要素是否完整齐全，书写是否规范准确，业务凭证记账内容与原始凭证是否匹配且核对一致，业务凭证与计算机记账系统录入数据是否一致，业务凭证资金来源、用途是否符合规定等。业务凭证审核应与柜员操作行为分析有机结合起来，及时纠正柜员违规操作行为，查找业务流程设计缺陷，真正起到防弊纠错的监督功效。业务凭证的质量检查包括但不限于以下几个方面：

（1）各种签章的审核。各种记账凭证必须加盖银行业务章及经办人名章和规定的主管审批人名章，附件应加盖附件章。

（2）付款凭证支付依据的审核。依据支付结算办法要求，对付款凭证的支付依据进行审核。

（3）票据背书的审核。票据上记载的收款人名称应与第一栏背书人名称一致；第一栏的被背书人应与第二栏的背书人名称一致，依次前后衔接；最后一次背书转让的被背书人应是票据的最后持票人；背书使用粘单的，粘单的第一记载人，应在粘接处签章。

（4）银行汇票的审核。

①银行汇票的付款期限：自出票日起对日计算，最长不超过一个月，到期日为假日顺延，日期应为中文大写。

②解付行的经办、复核、核押、核印、核暗记等审核人签章应齐全，且

核印、核押人不能为同一人。

③各项内容填写应完整，实际结算金额大小写、多余金额的填写正确无误，汇票各联号码应一致，每联凭证的内容和号码的字体应吻合；应有汇票专用章、密押、压数以及签发行的管印人名章。

④按照票据背书的审核方法审查背书，持票人为个人的银行汇票，还应在背书栏注明身份证号码、发证机关，并附收款人的有效身份证件复印件。

⑤持票人为本行的，其银行汇票持票人名称应与进账单持票人名称一致。

⑥银行汇票未用退回业务，其银行汇票联次应齐全，应有单位出具的证明并经业务主管审核签章，申请人为个人的，应有本人有效证件的复印件。

（5）商业汇票的审核。商业汇票包括银行承兑汇票和商业承兑汇票。

①审查商业汇票的付款期限：自出票起对日计算，最长不超过六个月，到期日为假日顺延，日期应为中文大写。

②承兑银行的核印、核暗记等柜员签章应齐全。

③各项内容填写应完整，汇票第一联、第二联号码应一致，两联凭证号码和内容字体应吻合，应有汇票专用章。

④按照票据背书的审核方法审查背书。

（6）银行本票的审核。

①银行本票的付款期：自出票起对日计算，最长不超过2个月，到期日为假日顺延，日期应为中文大写，通过人行交换提入的，以提出行受理日为准。

②不定额银行本票的大写金额应与压数机压印的小写金额一致，转账的银行本票应划去"现金"字样，办理现金银行本票则划去"转账"字样。

③按照票据背书的审核方法审查背书，持票人为个人的应注明本人有效身份证件号码和发证机关及证件复印件。

④现金银行本票要求申请人和持票人都是个人，现金本票只能在原出票行支取现金。

⑤银行业务印章及出票行的经办人签章应齐全。

（7）支票的审核。

①支票的付款期限为10天，自出票日次日算起，到期日为假日顺延，日期应为中文大写；通过人行交换提入的，应以提出行受理日为准。

②大、小写金额应一致，内容不得涂改。

③各项银行业务印章及经办签章应齐全。

④按照票据背书的审核方法审查背书。

（8）汇兑业务凭证的审核。

①汇款人账号、户名是否相符。

②大、小写金额应一致，内容不得涂改。

③汇入行的行名行号和收款人账号、名称、用途应齐全。

④凭证日期应为当日，非当日的应有开户单位人员签字。

⑤注明"现金"字样的，其汇款人和收款人均应为个人。

⑥银行业务印章及经办人签章应齐全。

（9）银行汇票、本票申请书的审核。

①申请人账号、户名是否相符。

②大、小写金额应一致，内容不得涂改。

③注明"现金"字样的，其申请人和收款人均应为个人。

④银行业务印章及经办人签章应齐全。

（10）凭证工本费收费凭证的审核。对单位购买重要空白凭证时所填制的工本费收费凭证应审核：

①付款人账号、户名是否相符。

②银行业务印章及经办人签章应齐全。

（11）对进账单等外来收款凭证的审核。

①凭证所填单位账号和户名应一致。

②凡要求单位在进账单上盖章的，其进账单上单位印章应与收款或付款单位户名一致。签盖收款单位印章的，应与相应票据的"委托收款"或"提示付款"的背书相对应，签盖付款单位印章的应为主动付款业务。

③银行业务印章及经办人签章应齐全。

（12）特种转账凭证的审核。特种转账凭证充当记账凭证时属于自制凭证，应严格审核凭证要素是否符合规定。

①特种转账凭证上的收、付款账号和户名应完整齐全，大、小写金额应一致，转账原因应明确、详尽。

②对转关系是否正确，使用范围是否符合有关规定。

③特种转账凭证上签章是否齐全、符合规定，是否经有权人签章。

（13）存入单位定期存款。

①审核单位定期存款业务的贷方凭证账号、户名和金额是否正确。

②按照审核支票的方法，对存款人开出的转账支票进行审核。

③按照审核对转关系的方法，对存入单位定期存款业务凭证的对转关系进行审查。

④单位定期存款开户通知单、印鉴卡片应齐全，需经业务主管审批签章。

（14）支取单位定期存款。

①单位定期存款支取凭证上各项要素应填写齐全，单位定期存款开户证实书应作支取凭证的附件。

②审核单位定期存款开户证实书两联号码应一致，证实书所填内容与支取凭证内容应相符。

③单位定期存款到期支取，如通过转账方式划回存款人往来账户的，其本金与利息应划入支取凭证存款人活期存款账户。

④按照审核对转关系的方法，对单位定期存款支取业务凭证的对转关系进行审查。

（15）保证金业务凭证的审核。

①因银行承兑汇票等业务填制的保证金收入和支取凭证，应附有要求单位存入保证金部门出具的通知书，通知书金额应与记账凭证一致，记账凭证应加盖业务主管的审批章。

②因个人房贷由开发商存入的保证金、因发放贷款要求贷款户存入的为保证按期支付利息或归还本金的保证金、因外币售汇业务而存入的保证金记账凭证，其所填账号、户名、金额及转账原因应与有关通知单或证明信所列内容相符。记账凭证应加盖业务主管的审批章。

（16）单边业务的审核。

①所有单边业务记账凭证要全面监督。

②使用单边交易的记账凭证，应按本行有关要求审核签章是否符合规定。

（17）承兑银行承兑汇票的审核。

①银行承兑汇票第一联、第二联联次应齐全，号码应一致，套写的字迹应吻合，所附银行承兑协议书编号及内容与银行承兑汇票应逐一对应，协议书"出票人签章"处应加盖银行预留印鉴。

②委托收款凭证的收款人户名与银行承兑汇票的最后一栏背书人名称应

一致，其他内容应与银行承兑汇票内容相对应。

③按照表内、表外对应关系的审核方法，审核应解汇款科目与银行承兑汇票应收及应付款科目的表内、表外发生额对应关系是否正确。

（18）特殊业务的审核。

①审查各网点提供的对公账户开户资料是否符合总行及本行的有关规定。

②逐笔审查开销户、调整账户信息数据等重要操作通知单是否经业务主管审批签章，通知单内容与待监督数据是否一致。

③逐笔审核营业网点柜员号的启用、增减，柜员岗位及权限的变更和网点经营业务种类的增减、变更等数据信息与审批表内容是否一致；审批表是否按规定经有关上级主管部门和人员批准签章，调整内容有无异常。

（19）其他业务凭证的审核按照制度规定进行审查。

案例一：某银行事后监督人员质量检测时发现一张金额为380万元的大额汇款业务凭证。后经监督人员核实确认，某顾客办理异地大额汇款业务时，不慎将凭证金额大小写填写错误（大写金额380元，小写金额380万元），柜员发现后，直接将大写金额涂改为380万元。《票据法》、《支付结算办法》中明确规定：票据和结算凭证金额应以中文大写数字和阿拉伯数字同时记载，二者必须一致，二者不一致的票据无效。该银行柜员未按规定拒受无效票据，而是将错就错，采取违规手段伪造变造票据，企图逃避监督。事后监督人员严格把关，及时发现风险隐患，督促柜员与客户联系更换了无效票据，避免了日后可能与客户产生的经济纠纷。

2. 账务核算的质量检查。账务核算的质量检查主要是对客户账务、银行内部账务进行核对分析，检查账务核算是否及时，记账依据是否有效，账务记载是否准确，会计科目和账户的使用是否准确，相关账务间的对应关系是否正确等。账务核算检查应重点分析客户资金交易习惯有无异常，消除案件事故隐患，确保客户资金安全。账务核算的质量检查包括但不限于以下几个方面：

（1）凭证对转关系的审核。

一是首先按网点在转账凭证上填写的编号进行配对；而后审核贷方凭证上的借、贷方账号和户名与借方凭证相应内容是否一致。如对大额划款凭证的转账原因有疑问，还应注意审核整套转账凭证上所盖记账员名章是否一致。

二是对借方账号为内部科目账户，贷方账号为单位账户的清算票据退出（入）业务、久悬账户的清户转出业务、来账挂账转出业务、错报转出业务、银行汇票未用退回和多余款划回业务、"其他应收款"等科目的垫款业务及代发工资错账划回等业务凭证，应严格审查对转关系，其核算内容应符合有关账户使用要求，发现疑点必须立即与经办行业务主管查实确认，认真详细记录通话时间和内容，当日发出差错查询，及时报送被监督网点。

（2）表内、表外对应关系的审核。

①凡"未收贷款利息"表外科目发生归还表外挂息借方发生额时，均应有"利息收入"表内科目贷方发生额与之对应。否则，应向网点业务主管联系查实，及时发出差错查询书。

对经批准的还本免表外挂息和表外挂息划转或核销等业务，应凭信贷部门下达的通知书进行账务处理，该类业务只有表外科目发生变动，不与表内科目发生额对应。

②"应解汇款"项目中银行承兑汇票户借方发生额应与相关表外科目的发生额对应一致。

③"有价单证"表外科目借方数与表内有关科目发生额是否对应。

（3）贴现利息的审核。计算贴现天数：自贴现之日起至汇票到期前一日止，承兑人在异地的应将贴现天数另加3天邮程。

贴现利息＝票面金额×贴现天数×日贴现率

（4）对非批量处理利息业务的审核。对于人工计算的利息，要正确运用利息计算公式，按照凭证上表述的本金、期限、利率核实利息的正确性。

（5）其他账务核算审核按照核算制度相关规定进行审查。

（二）质量检查方法

鉴于商业银行质检属于非现场管理性质，质检人员在实施质量检查过程中可以采用审阅、查询、计算和分析性复核等通用的非现场审核程序，而难以实行盘点、观察等现场审核程序。下面介绍几种实务中常用的质量检查方法和程序。

1．复核检查法。又称交易流水勾对法，即质量检测人员按系统展现的输入项目，将业务凭证数据再次录入，根据录入内容与业务交易流水自动匹配，用于检查核算的合规性、准确性。应用这种方法时，质量检测人员依据原始凭证核对待质检数据信息，若核对内容无误，则确认质检信息正常；若数据核对不一致的，则将勾对有问题的业务交易注明"待核查"，并以营业机构为单位生成"待核查交易表"，及时下发查询书进行风险核查，查找数据不匹配的原因，核查完毕后将"待核查"标志取消。这是传统事后监督实务中普遍采用的一种检查方法。实践证明，该方法对发现金额错记、账户错记（串户）等类型的差错、风险具有重要作用。

案例二：某城市商业银行事后监督员使用复核检查法进行质量检测后发现：柜员在为客户开立个人网上银行时，因工作疏忽实际录入内容与客户填写内容不符，存在风险隐患。通过下发查询，营业机构和柜员及时采取了补救措施，消除了可能引发的风险。

2．资料审阅法。资料审阅法是质检人员对会计凭证和其他会计记录、书面文件可靠程度的审查与复核。

质检人员在实施审阅程序时，应注意会计记录和其他书面文件是否真实、合规。具体来讲：

（1）审阅原始凭证时，应注意其有无涂改或伪造现象；记载的业务是否合理合规；是否有相关负责人的签章或系统授权等。

（2）审阅会计账、表时，应注意是否符合相关核算制度的规定，包括据以入账的原始凭证是否整齐完备；账、表有关内容与原始凭证的记载是否一致；账户运用是否恰当；货币收支的金额有无不正常现象等。

（3）质检人员在审阅会计记录和其他书面文件时，应注意审查有关资料间的对应关系是否合理、合规，各种书面文件是否一致、无误。

案例三：某行事后监督质检人员使用核对法进行质量检测发现：某柜员受理单位客户提交现金支票一笔，现金支票为旧版票据，形成受理无效票据的风险事件。

3．跟踪检查法。质量检测人员在处理待质检信息时，对一些复杂问题一时难以查清的，可按业务所涉及单位进行跟踪检查。该方法的综合性较强，可以实现由点到面的完整质量检查和系统性风险分析。

4．录像回访法。对通过业务凭证表面要素审核，难以判定柜员是否存在违章违规行为的，可通过调阅被检查网点监控录像进行质量检查，达到发现问题、管理风险的目的。录像回访法是质检人员在非现场条件下采用的一种实地检查替代程序，以获取营业机构制度执行情况的相关证据。应用该方法可以有效提高检查效率、降低检查成本。

质量检测人员依据原始凭证核对待质检数据信息，若核对内容无误，则确认质检信息正常。若数据核对不一致的，应查找数据不匹配的原因，及时下发查询书进行风险核查。属于系统提取数据异常的，经业务主管人员确认授权后，提交到上级行，由上级行进行分析确认。

五、风险核查确认、动因挖掘、整改落实及责任认定

经质量检测发现存在风险疑点的准风险事件，应严格执行风险分级管理制度，按照准风险事件严重程度，分级下发查询查复书，制定不同的分级核查流程，完成风险事件的核查确认、风险驱动因素选择和整改落实工作。

（一）查询查复书下发

查询查复书的下发有以下两种方式：

1. 直接下发查询查复书。对系统展现的待质检信息，核对时如发现存在异常问题，可以直接选中所要下发查询书的条目，发送查询查复书。选择此方式下发查询查复书，质量检测人员只需选择风险状态，录入相关的查询内容，提交后完成查询查复书下发工作。

2. 新建下发查询查复书。质量检测人员在质量检测过程中，发现原始凭证缺少、遗失或原始凭证不符合质量检测条件的，可采用新建查询查复书方式下发查询查复书。

无论采用上述哪种方式，质量检测人员对回复内容有疑义的，均可下发二次查询查复书再次核实。

（二）风险事件核查确认、风险驱动因素选择、整改落实及责任认定

质量检测风险事件的核查、确认、报告，风险驱动因素的选择，后续整改落实及责任认定，均可参照风险监测相关要求和流程进行，详见第五章相关内容。

六、质量检测日结处理

为保证监督业务的序时处理，应每日核对当日质检工作完成情况，进行日结处理。日结分为质检岗日结和监督机构日结。

质检岗应每日核对当日是否有未完成工作。如待质检任务均已完成，可

进行日结处理，事后监督质检子系统自动更新质检清单中的日结状态。

事后监督业务主管人员日终时检查待质检信息处理和质检岗日结情况，并进行监督机构的日结处理。如发现质检岗存在未日结信息，需查明原因，通知并督促质检岗当日处理完毕。如质检岗所有人员均已完成日结，则完成监督机构当日日结。

在日结后，监督机构及质检岗应及时整理和总结重大、典型、突出的风险事件，并结合驱动因素分析，提出规范业务核算管理和改进业务运行流程的建议。

第三节 质量检测对象的抽取

把质量标准与抽样方案结合起来，是现代抽样理论的一个特点，也是现代商业银行质检的特点。在质量检测过程中，为了保证全部交易的核算合乎质量标准，防止产生差错或风险事件，可以对业务交易进行全数检验，但是在海量交易的情况下，由于受到人力、物力、财力和时间的限制，只能采用抽样检验的办法。

抽样检验就是从一批业务交易中随机抽取一部分样本，并利用所抽取的样本对核算质量进行检验的活动。

一、抽样检验的名词术语与基本概念

通常，把"一批产品（一批业务交易）"称为总体，总体含量（批量）习惯用符号N表示，把抽出来检验的"这部分产品（业务交易）"称为样本。样本中包含的产品（业务交易）个数称为"样本含量"，用n表示。把组成样本的每个产品（每笔业务交易）称为样品。

经过抽样检验判为合格的批，不等于批中每笔交易都合格。同样，经过抽样检验判为不合格的批，不等于批中全部交易都不合格。

1. 单位产品：是为了实施抽样检验而划分的单位体或单位量。

2. 批：又称检验批或提交批。它是作为检验对象而汇集起来的一批产品或业务交易。

3. 批量：检验批中单位产品或业务交易的数量。

4. 缺陷：单位产品或业务交易不满足预期要求或不满足合理的期望，即构成缺陷。

5. 不合格：单位产品或交易的任何一个质量特性不符合规定要求，称为不合格。

6. 不合格品：具有一项或一项以上质量特性不合格的单位产品或业务交易。

7. 不合格品百分率（差错率）：

$$不合格品百分率 = \frac{不合格品总数}{被检验单位产品总数} \times 100\% \qquad （6-1）$$

记为 $p = \dfrac{D}{N}$

二、计数抽样检验的一般原理

计数抽样检验是按照规定的抽样方案在提交检验的一批业务交易中，随机抽取一部分交易进行检验，将检验结果与某一判别标准进行比较，以决定某批交易的核算是否合格。计数抽样检验是质量检测的重要方法之一，也是质量控制的组成部分。

计数抽样检查的一般原理主要包括：抽样方案与接收概率、抽样特性曲线、抽样检查的两类错误等。

（一）抽样方案与接收概率

1. 抽样方案。进行抽样检查，首先要确定抽样方法以及通过子样的检查结果判定核算批质量是否合格的标准，然后才能实施抽样检查。所谓的抽检方案包括从一批业务交易中应抽取的子样个数、各子样的容量以及根据子样检查结果对业务交易产品批作合格与否判定的规则。可见，抽检方案是抽样检查的核心，是决定抽样检查效果好坏的关键因素。

计数抽样检验方案就是从批交易 N 中随机抽取一个容量为 n 的子样，由该子样中的不合格品数 d 决定这批交易是否合格。

2. 接收概率。所谓的接收概率是指批不合格品率为 P 的一批交易按给定的抽检方案判别后作为合格批接收的概率。接收概率是不合格品率的函数，记为 $L(P)$。由于对同一批交易应用不同的抽检方案检查，会得出不同的接收概率，因此，$L(P)$实质上是抽检方案验收特性的表示，故又将$L(P)$称为抽样特性曲线，它是我们进行抽样方案分析、比较和选择的依据。

3. 接收概率的计算。下面以一般的标准一次抽检方案为例，来说明抽样接收概率计算的一般方法。

标准型一次抽样检查方案规定了两个参数，子样的容量n和判定数c，即从业务交易批中抽取n个交易进行检查，把n个交易中检出的不合格品数d和判定数c比较，满足$d \leqslant c$时，判交易批为合格批；否则，即当$d > c$时，判交易批为不合格批，通常被记为$(n|c)$。很显然，采用$(n|c)$检查时，交易批被接收的概率为子样不合格品数取值为0，1，2，$\cdots$，c这$c+1$种情况出现的概率之和。具体检查程序如图6-1所示。

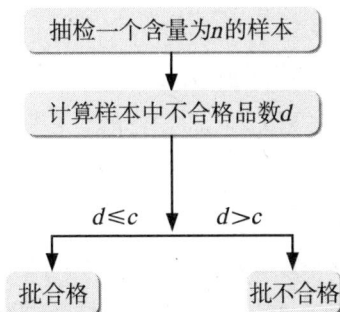

图6-1 标准型一次抽样检查程序图

根据概率论知识可知，从容量为N且其中有N_P个不合格品的交易批中，随机地抽取n个交易为子样，则子样中不合格品数唯一服从超几何分布的随机变量。即若记该随机变量为X，则出现不合格品数d的概率可由下式给出：

$$L(p) = \sum_{d=0}^{A} \frac{C_{Np}^d C_{N-Np}^{n-d}}{C_N^n} = \sum_{d=0}^{A} H(d; n, p, N) \qquad (6-2)$$

公式（6-2）为$(n|c)$方案抽样特性函数的准确表达式，利用它可以精确计算一批产品$(n|c)$方案检查的接收概率。但是，上面公式计算起来很复杂，因此，当满足一定条件时，常采用近似计算法简化运算。常用的近似计算法有二项分布计算法和泊松分布计算法。

（1）二项分布计算法。当$N \geqslant 10n$，若不满足条件则计算的误差将会增

大，公式为

$$L(p) = \sum_{d=0}^{A} C_n^d p^d (1-p)^{n-d} \qquad (6\text{-}3)$$

（2）泊松分布计算法。当有限总体$(n/N) \leq 0.1$且$p \leq 0.1$时，可代替超几何分布，计算公式作接收概率的近似计算。

$$L(p) = \sum_{d=0}^{A} \frac{(np)^d}{d!} e^{-np} = \sum_{d=0}^{A} P(d;np) \qquad (6\text{-}4)$$

所以对该批交易采用（$n|c$）方案检查时，接收概率可利用超几何分布来计算。实际只要把$d=0$，1，2，…，c分别代入公式（6-4）中，经求和计算后，即为所求的$L(P)$。

（二）抽样特性曲线

当用一个确定的抽检方案对业务交易批进行检查时，交易批被接收的概率是随交易批的批不合格品率p变化而变化的，它们之间的关系可以用一条曲线来表示，这条曲线称为抽样特性曲线，简称OC曲线。

1. 抽样特性曲线的性质。

（1）抽样特性曲线和抽样方案是一一对应关系，也就是说有一个抽样方案就有对应的一条OC曲线；相反，有一条抽样特性曲线，就有与之对应的一个抽检方案。

（2）OC曲线是一条通过（0，1）和（1，0）两点的连续曲线。

（3）OC曲线是一条严格单调下降的函数曲线，即对于$p_1 < p_2$，必有$L(p_1) > L(p_2)$。

2. OC曲线与（$n|c$）方案中参数的关系。由于OC曲线与抽样方案是一一对应的，故改变方案中的参数会导致OC曲线发生变化。下面分三种情况进行讨论。

（1）保持n固定不变，令c变化，则如果c增大，则曲线向上变化，方案放宽；如果c减小，则曲线向下变形，方案变严。

（2）保持c不变，令n变化，则如果n增大，则曲线向下变形，方案变严；反之n减小，则曲线向上变形，方案放宽。

（3）n、c同时发生变化，则如果n增大而c减小时，方案变严；若n减小而c增大时，则方案放宽；若n和c同时增大或减小时，对OC曲线的影响比较复杂，要看n和c的变化幅度各有多大，不能一概而论。如果n和c同量减少时，则方案变严；对于n和c不同量变化的情况，只要适当选取它们各自的变化幅度，就能使方案在（0，p_t）和（p_t，1）这两个区间的一个区间上变严，而另一个区间上放宽。

3．抽检方案优劣的判别。既然改变参数，方案对应的OC曲线就随之改变，其检查效果也就不同，那么我们接着探讨检查效果好的方案及其OC曲线的形状。

（1）理想抽样方案的特性曲线。在进行业务交易质量检查时，总是首先对交易批不合格品率规定一个值p_0来作为判断标准，即当批不合格品率$p \leqslant p_0$时，交易批为合格，而当$p > p_0$时，交易批为不合格。因此，理想的抽样方案应当满足：当$p \leqslant p_0$时，接收概率$L(p) = 1$，当$p > p_0$时，$L(p) = 0$。其抽样特性曲线为两段水平线，如图6-2所示。

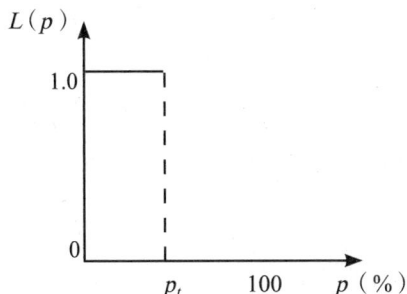

图6-2 理想抽样方案特性曲线

理想方案实际是不存在的，因为，只有进行全数检查且准确无误才能达到这种境界，但检查难以做到没有错检或漏检，所以，理想方案只是理论上存在的。

（2）线性抽检方案的OC曲线。所谓线性方案就是（1|0）方案，因为OC曲线是由一条直线而得名，如图6-3所示。该方案是从交易批中随机地抽取1个交易进行检查，若这笔交易不合格，则判交易批不合格。因为它和理想方案的差距太大，所以，这种方案的检查效果较差。

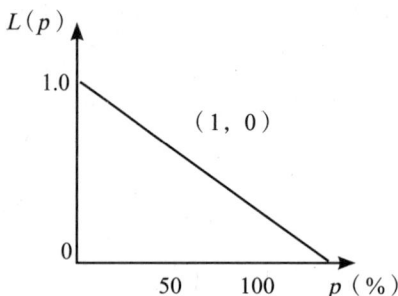

图6-3　线性抽样方案OC曲线

理想方案虽然不存在，但这并不妨碍把它作为评价抽检方案优劣的依据，一个抽检方案的OC曲线和理想方案的OC曲线接近程度就是评价方案检查效果的标准。为了衡量这种接近程度，通常是首先规定两个参数p_0和p_1（$p_0 < p_1$），p_0是接收上限，即希望对$p \leqslant p_0$的交易批以尽可能高的概率接收；p_1是拒收下限，即希望对$p \geqslant p_1$的交易批以尽可能高的概率拒收。若记$\alpha = 1 - L$（p_0），$\beta = L(p_1)$，则可以通过这四个参数反映一个抽检方案和理想方案的接近程度，当固定p_0，p_1时，α、β越小的方案就越好；同理若对固定的α、β值，则p_0和p_1越接近越好；当α和$\beta \to 0$，$p_0 \to p_1$时，则抽检方案就趋于理想方案。

三、实务中质量检测对象的抽取

传统事后监督在抽取质检对象时通常采用百分比抽检法。随着风险导向的质检理念的深入，基于事后监督系统良性循环内生机制和风险评估的质检已经成为不可阻挡的趋势。

（一）百分比抽样的不合理性

我国不少企业在抽样检查时采用百分比抽检法，一些商业银行的质检对象选取也仍沿用该方法。所谓百分比抽检法，就是不论交易的批量N大小，均按相同的比例从交易批中抽取样品，且都规定相同的判定数，即在样品中可允许的不合格品数都是一样的。即如果仍用c表示判定数，用k表示抽样比例系数，则抽样方案随交检批的批量变化而变化，可以表示为（$kN|c$）。

假设有批量不同的三批交易提交质检，营业机构即生产方的风险点$A = 0$，均按10%抽取样品，抽样方案为：

（900，90，0）

（300，30，0）

（90，9，0）

百分比抽样法示例计算结果如图6-4所示。

通过OC曲线与抽样方案变化的关系很容易弄清楚百分比抽检的不合理性。因为，对一类交易进行质量检查，不论交检交易批的批量大小，都应采取宽严程度基本相同的方案。但是采用百分比抽检时，不改变判定数c，只根据批量不同改变样本容量n，因而对批量不同的交易批采用的方案的宽严程度明显不同。在一定不合格品百分率的情况下，批量越大，方案越严，相当于提高了质检标准；批量越小，方案越松，相当于降低了质检标准，故很不合理。百分比抽检实际是一种直觉的经验做法，没有科学依据，因此在实务中应注意纠正这种不合理的做法。

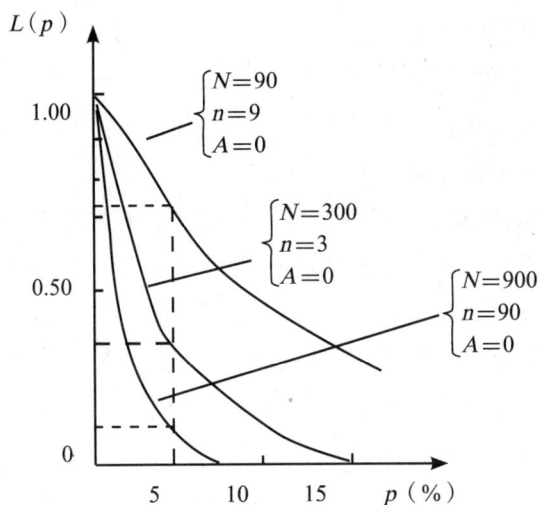

图6-4　百分比抽样法示例计算结果

（二）风险导向的质检对象抽取

为提高质量检测的针对性与威慑性，商业银行事后监督在实务中，可根据管理要求，在有效风险评估的基础上，采取"风险分层"＋"有效覆盖"相结合的方式，自行定义筛选规则，抽取质量检测对象。即针对不同风险暴露水平的机构和柜员，分别采取不同的抽检规则、设置不同的筛选参数，同时又保证在一定周期内能够覆盖到各营业机构和柜员。以下简要介绍几种方法：

1. 抽取风险暴露水平较高柜员的业务。按柜员第T日日风险指标值由高到低的顺序对所有柜员进行排名，然后通过系统参数规则自动抽取指标值较高的柜员。柜员第T日日风险指标值的计算公式为：

$$柜员第 T 日日风险指标值 = \frac{\sum 柜员第 T 日的风险事件分值}{\sum 柜员第 T 日的联机业务量}$$

2. 抽取风险暴露水平高的网点中风险暴露水平较高柜员的业务。按网点累计风险指标值由高到低的顺序对所有网点进行排名，然后确定风险暴露水平高的网点，通过系统参数规则抽取风险暴露水平较高的柜员。

3. 随机抽取柜员的业务。定期对辖内柜员进行排序，每日按比例随机不重复抽取上期末全部柜员号，形成一张质检抽样柜员表；期末将该表清空，生成下一期新质检抽样柜员表。如此循环重复，保证一定时期内，事后监督对所有柜员核算质量均有效覆盖，至少抽检一次。

如果当期有新增的柜员号，则在该柜员发生业务日进行质检，质检一次即可；如果抽取日该柜员未上班（未签到）则滚动至下一日进行质检，如下一日仍未上班即持续向后滚动。

4. 根据管理需要确定柜员的业务。与前三项筛选规则不同的是，第四项筛选规则是定性选取，由商业银行业务管理部门根据风险管理需要确定若干质检对象名单，通过系统参数表导入方式，对被选定柜员业务核算质量进行检测。通常业务管理部门所确定的质检对象数量要兼顾风险、质量管理的需要和事后监督部门的业务承受能力。被抽检的柜员数量既不能设定过多，超出事后监督部门业务承受能力，影响质检工作效果；又不能设定过少，避免因质检面覆盖过低，影响风险事件收集的全面性。

第四节　质量检测结果应用

质量检测结果的应用是和其职能密不可分的。质量检测的职能决定了其结果的应用方向，而质量检测结果应用也应服从和服务于其职能。

一、识别异常数据信息，化解潜在风险隐患

过去的质量管理遵循 ±3σ 的质量准则，这意味着通常情况下会允许有近2.7‰的不良品率，这一标准对于如今规模化的生产或服务企业来讲，是不可接受的。因此现代企业开始遵循 ±6σ 的质量准则，即运用六西格玛管理方法，力图将不良品率降低到每百万次中不超过3.4个。可见，在商业银行的日常业务操作过程中，差错是难以避免的，这就需要事后监督人员在业务发生后开展质检工作，发现异常信息，及时加以纠正，化解潜在风险隐患，并按照六西格玛管理要求制定质量管理目标，应用质量工具和方法不断改善产品和服务质量，将差错率控制在合理范围内，确保在风险可控前提下实现商业银行的稳健发展。

商业银行基于数据分析的质量检测，通过引入先进的风险管理理念，运用前瞻性的统计分析方法，创建一套严密的质检规则，科学选取质检对象，锚定风险频发高发部位，突出了质量抽查工作的目标性和针对性。对于质量检测发现的问题，通过系统直接向营业机构下发查询书进行核查确认，并持续跟踪落实整改，实现了风险信息的电子化和流程化管理，在优化流程、提高效率的同时显著提升了风险管理的时效性。质量检测以有效鉴别银行运行过程中的异常情况为核心任务，已发展成为商业银行事后监督异常信息识别的重要工具，质量检测结果也为制定银行操作风险管理决策提供了强有力的数据支撑。

二、规范业务核算行为，强化全面质量管理

商业银行事后监督改革的方向之一是实现向质量控制的战略转型，质量检测是这一方向的直接体现。质量检测是商业银行全面质量管理的基础，其质量鉴别、把关功能是最基础、最基本的功能。商业银行质量检测通过一套系统的方法、手段和程序，对业务交易、核算结果进行测量、分析、控制，检查业务核算的正确性，审核凭证及要素的完整性与合规性，能够快速、准确地发现和堵塞业务核算环节的缺陷，纠正业务核算差错，以消除过程缺陷，达到规范运行流程、提高核算质量的目的，并进一步提升客户服务水平，彰显质量检测在商业银行风险管理和经营发展中的地位和价值。

通过事后监督系统对质检对象的动态管理和循环管理以及灵活的人工参

数设置管理，进一步提升了质量检测工作的独立性和不透明性，增强了质量检测的无形威慑力。同时，有力地促进了各相关机构和经办柜员遵章守纪意识，提升了员工风险防范意识和自我保护意识，保证了业务处理的规范性，有效减少风险事件乃至重大差错事故的发生，为商业银行安全稳健运营和又好又快发展提供了坚实的保障。随着系统功能、方法与手段的进一步丰富和持续完善，质量检测已成为商业银行核算质量管理难以替代因而也是不可或缺的重要工具。通过加工、分析和处理系统产生的数据资料，对存在的问题作出正确判断并采取正确措施，不断提升产品和服务的质量，为推进全企业、全过程、全人员的全面质量管理提供可靠依据。

三、反馈质量评价结果，提供质量管理依据

鉴于商业银行在一国经济中的基础性和特殊性地位，其安全运营是整个国家宏观经济健康发展的根本保障。随着高精尖科技的深度介入，经营范围的不断扩大，业务产品的推陈出新，银行面临的风险因素更加复杂，改善银行内部管理、完善内部监控体制势在必行，事后监督工作因此愈来愈受到重视。事后监督通过构建数字化、信息化、网络化平台，采用高新技术手段开展质量检测工作，实现及时监督、有效监控，达到强化管理、防范和化解金融风险的目的。

质量检测通过各阶段的检验，收集、统计、分析了流程或产品质量的各种数据，经汇总、整理、分析后形成质检报告，完整反馈业务运行质量信息，指出业务或产品缺陷，有助于及时防堵缺陷，排除质量隐患，从而提高产品质量，优化业务流程。对于结果合格即不存在差错或风险的业务，质检结果同样具有重要价值。管理学上有一条著名的原理——"短板效应"：用长短不一的木板箍成的木桶，其容积由最短的那块木板所决定。产品的各项指标之间的关系也符合这一原理，产品的质量也以各项指标中最低的那项为定级标准，相对于这项最低指标，其他指标都或多或少地有质量剩余，而质量剩余越多，投入的原料、工时等质量成本就越高。这些质量成本实际上是做了无用功，应该想方设法予以避免。因此，对零差错或零风险的各类产品或业务的质检分析评价结果，可以帮助银行减少不必要的质量剩余，降低生产成本，提高盈利能力。由此可见，质检结果不但可以使领导层和相关的管理部门及时掌握流程或产品核算的全过程质量状况，评价和分析产品或业务

流程质量体系的有效性，还可以促进质检工作由主要关注于账目的准确性及各方面业务的合规性，逐步转向提高整个银行组织的生产运营效率，直接为最高决策层服务。

四、判定流程管理能力，推动流程持续优化

业务流程再造使许多国际活跃银行获得了内部运作效率上的核心优势，形成了高度差异化的产品服务能力、定价能力、风险控制能力和成本优化能力，巩固了在全球竞争中的优势地位。为应对国际金融业的严酷竞争，国内多家商业银行纷纷推出以客户为中心的流程改革，推进业务运行的流程整合，而监督体系发展的高级阶段就是使商业银行具备高水平的流程管理能力，目前正在开展的商业银行事后监督转型，其重要目标之一正是实现运行风险以系统硬控制方式或者通过事中控制来完成，增强业务流程的风险控制能力。具体做法是将风险管理融入产品流程或交易设计阶段，实现风险的事前预警、事中控制，推动风险管理关口的整体前移，使产品流程能够以较低的成本及较高的效率同时满足客户服务和风险管理的需求。

商业银行质量检测的管理对象主要是高频低危的风险事件，如因工作疏忽造成的记账串户、账务错记、业务凭证要素不正确等，而此类风险事件最有效的管理措施之一就是实现风险控制系统化、流程化。质检人员通过对质量检测结果的深入分析，挖掘引发风险事件的关键风险驱动因素，揭示业务流程及交易设计中存在的薄弱环节或系统缺陷，促使管理机构根据质检结果及时主动地采取管理措施，通过完善产品流程或交易设计，尽可能以系统程序控制的方式实现对运行风险的有效控制，推动业务流程的持续优化与改进，促进商业银行流程管理水平向高级阶段、理想阶段迈进，充分发挥质量检测在商业银行业务流程管理方面的改进乃至预防作用。

第七章　履职管理

　　履职就是按岗位履行既定的职责。履职一词的含义较为广泛，无论是政府还是企业、集体还是个人、领导者还是员工，都存在履职行为，都需要通过履职行为，保证整个社会有机体的顺畅高效运行，当然具体履职内容因履职人的岗位和职务不同而异。本书中的履职，特指商业银行网点现场管理人员和业务检查人员以督促网点人员贯彻国家法律法规以及银行规章制度、实现网点安全运营、保证银行和客户资金安全为目标，开展的事中控制和业务检查工作。网点现场管理人员和业务检查人员履职目标虽然相同，但由于其岗位职责、所处的业务环节不同，其履职时间、履职内容和履职重点都呈现出不同的特征。

　　履职管理作为商业银行事后监督体系的重要组成部分，以事后监督系统为载体，以不同岗位人员的履职工作为基础，充分利用网络化、信息化手段，对不同岗位人员的履职行为进行记录和监控，督促其全面、有效履职，实现履职行为的电子化、流程化管理，达到完整收集风险事件的目的。履职管理与风险监测、质量检测同为商业银行事后监督体系风险事件收集的主要途径，是推动监督管理良性循环的重要机制之一。

第一节　履职概述

　　商业银行以货币资金为经营对象，其日常的经营活动过程中包含风险，尤其是在日常业务核算和网点柜面操作过程中的操作风险事件频繁发生，如不及时纠正并加以防堵，可能形成严重的资金损失。为了科学管理商业银行这种"开店即来"的风险，需要通过制定和实施一系列制度、程序和方法，对操作风险进行事前防范、事中控制、事后管理。

在现代商业银行运行风险管理框架中，事权划分、事中控制、事后监督、业务检查四位一体的机制安排，全面涵盖了业务处理事前、事中、事后全流程，有效增强了业务运行风险管理的计划性及系统性。

一、事权划分

网点现场管理、事中控制以事权划分为基础，事权划分是事中控制机制组织、运行的前提。事权划分是在处理银行业务过程中，按照管理级次、业务人员岗位、业务种类、业务产品、涉及金额的不同，确定不同级别的业务人员日常业务操作、审批权限的一种内部控制方法。事权划分中的"事"是指在业务核算过程中的具体处理过程和需审批的重要业务事项；"权"是指各级业务核算人员在业务处理和重要业务事项审批过程中的不同权限。

事权划分是为规范员工的业务处理行为，进一步明确各项业务的事权和责任，而预先制定的标准。各级营业机构和人员在办理本外币业务核算时，必须实行事权划分。

（一）事权划分的分类

按照业务核算的种类，将事权划分分为业务核算操作的权限划分和重要核算事项审批的权限划分。

1. 按照业务核算操作的权限不同，可将业务核算人员分为业务经办人员和业务主管人员。

业务经办人员是指具体办理业务的人员，负责对所处理业务核算资料的初审和权限范围内的业务操作或复核。业务主管是指对超过业务经办人员权限的重要业务进行授权或审核、审批的管理人员，网点的业务主管即网点现场管理人员，包括负责内部管理的网点负责人、专职值班经理、各级运行管理部门负责人以及有权部门聘任的行使业务主管职责的管理人员。

业务核算人员必须按照规定的岗位权限进行业务处理、审批和授权，同一业务的经办人员和授权人员必须分离，同时业务核算人员也不得为本人业务进行处理、审批和授权。业务核算人员只有严格执行事权划分机制，才能从根本上规范业务核算处理行为，提高业务授权效率，控制业务核算风险。

2. 按照重要核算事项审批权限的不同，审批级次分为总行、分行、支行、网点。

重要核算事项的审批人员为各级机构及运行管理部门的负责人或业务主管。各级审批人员不得以任何方式和理由将其权限转交下级审批人员，特殊情况不能履行职责的可以由同级或上一级审批人员代行其职责。各级机构、业务人员执行过程中应注意掌握事权划分的管理级次、业务种类和金额限制，切实做好重要核算事项的审批工作。

（二）事权划分的原则

办理业务核算和审批重要核算事项应在规定的权限范围内进行，须遵循"逐级授权、逐级上报、逐级审批"的原则。

"逐级授权"是指按照规定的授权交易和额度，由有权人员按级次授权，不得越权办理业务。"逐级上报"是指需要上一级管理部门授权或审批的业务，应按授权或审批级次逐级上报。"逐级审批"是指按照重要核算事项规定的审批级次逐级审核上报，由最终有权审批人员批准，不得越权审批。

各级业务管理人员在执行事权划分时，要注意掌握不同级次的授权和审批权限，同时要注意业务是处理过程中需要授权还是业务发起前需要有权人签批。

（三）事权划分的实现方式

事权划分的实现方式包括系统控制和签批。对于业务处理系统可控制业务的事权划分，必须通过交易授权和额度授权的方式实现。对于系统无法控制的业务，必须通过审批人员签批的方式实现。

系统控制是指通过定义银行系统业务参数和设计系统程序来进行权限控制。系统控制的授权类型分为不需授权、额度授权、交易授权。不需授权是指系统对交易不进行权限控制和额度控制；额度授权是指当金额超过业务经办人员操作额度时，由具有相应权限的人员进行授权；交易授权是指系统对交易进行授权控制，只要设定为交易授权的业务，无论业务金额大小，都需要授权，具体包括调整授权、查询授权。

签批是指有权人在需要审批的重要业务事项相关凭证上进行签字批准。无法通过系统控制且需在业务发起前经有权人员审查、核准的，以手工签批的方式实现。

二、网点现场管理——事中控制

（一）现场管理与事中控制的含义

传统意义上的现场被认为是生产现场，即生产部门的制造现场，也就是从事产品生产、制造或提供生产服务的场所，即劳动者运用劳动手段作用于劳动对象，完成一定生产作业任务的场所。从这个意义上来说，现场管理就是企业运用科学的管理思想、管理方法和管理手段，对现场的各种生产要素，如人（操作者、管理者）、机（设备）、料（原材料）、法（工艺、检测方法）、环（环境）、资（资金）、能（能源）、信（信息）等，进行合理配置和优化组合的动态过程，以保证生产现场按照预定的目标进行优质、高效、低耗、均衡、安全、文明的生产作业。

而对于商业银行的现场，则专指为客户提供金融服务的营业场所，也就是营业网点。营业网点是银行与客户之间接触的主要渠道。银行通过营业网点对客户提供服务并营销金融产品，而客户了解银行也主要是通过银行的营业网点，营业网点成为银行的一扇窗口，直接体现出银行的产品种类、服务水平、人员素质、经营理念和企业文化。商业银行现场管理就是运用一定的方法、程序和手段，对营业网点的人员、设备、核算要素、交易信息、作业流程、作业环境等进行合理配置、优化组合、有效控制的动态过程，以保证营业网点实现优质、高效、安全的生产作业。完善的网点现场管理不仅能促进网点现场服务、现场营销功能的充分发挥，还能规范柜面操作，有效防范风险，改善客户体验，提升银行核心竞争力。

网点现场管理的内容十分广泛，也有广义和狭义之分。广义的网点现场管理既包括由指定的管理人员（如网点负责人、值班经理、业务主管等）按照各项业务制度的要求对业务处理进行事中控制，也包括对银行客户进行引导分流、为客户提供必要的业务咨询等内容，即大现场管理；狭义的现场管理主要侧重银行网点的内部控制执行情况和操作风险管理情况的事中控制。本书主要从银行内部控制管理的角度出发，来研究网点现场管理人员的履职行为，即事中控制范畴。

根据商业银行事中风险管理的要求和特征，可以将事中控制理解为在商业银行业务运行过程中，以内部控制制度和有关业务流程为基础，以有效化解业务运行风险为目标，以授权管理为核心，分类别、分层次对作业层和管理层实施必要的监控，以规范作业行为和管理行为、及时发现问题并解决问题的控制过程。

事中控制集中体现风险过程控制理念。在事权划分基础上，由营业网点中区别于柜员的现场管理人员采取实时监控、业务授权和复核的形式，对网点办理的特定业务和高风险环节的操作风险点进行实时稽核。在商业银行业务运行过程中，实施事中控制有着重要的现实意义和长远意义。首先，事中控制是商业银行内部控制制度建设的重要组成部分，是内部控制制度有效实施的重要环节和步骤。事中控制是即时的监督和现场的监督，相对于事后监督而言，事中控制更具时效性和实用性，可将问题解决在过程之中。其次，实施事中控制有利于将风险落实到具体可控的环节和部位，有利于细化事前防范内容，可以为较好地实施事后监督奠定基础，为商业银行业务经营的顺利开展和风险控制提供有效的保障。

（二）网点现场管理的履职内容

网点现场管理人员（如网点负责人、值班经理、业务主管等）的岗位职责决定了现场管理的内容，现场管理的内容则是岗位职责的反映和细化，二者密不可分。

1. 网点现场管理人员职责。网点现场管理人员主要履行事中控制和业务管理职责，负责网点重要事项、特殊业务的审核或审批、相关规章制度执行情况的督察、落实整改和业务培训等工作。主要职责包括：

（1）督察网点本外币业务相关操作规程的贯彻执行情况，及时核对有关业务事项，对营业网点业务操作的合规性把关。

（2）对营业网点的重要事项、特殊业务进行审查审批。包括但不限于：审查客户信息调整、开（销）户、账户调整、错账冲正、反交易及其他需要授权的重要业务；审查有权部门查询、冻结、解冻、扣划及其他需要授权的特殊业务。

（3）审查超过经办柜员权限的大额及重要业务；逐笔审批自制的特种转账凭证及大额的内部转账收付凭证；对其他需要审批的业务进行审批。

（4）对各级检查、监督机构发现的问题进行督促、落实和整改。

（5）定期、不定期地对营业网点业务人员开展业务培训和指导。

（6）处理日常核算事项突发性问题。对于业务运行突发性问题，应及时查找和分析问题产生的原因，并按照有关应急处理预案要求采取积极有效的措施进行处理。

2. 网点现场管理人员履职内容。由于网点现场管理人员每日工作均与网点直接有关，因此，其履职内容需要结合网点业务实际情况，分为每日履职和定期履职两部分内容。

（1）每日履职内容。

①营业前履职。对日间库现金的真实性检查核对，监督管库员柜员营业前领回款箱的账实核对，监督款箱事物交接过程。

②营业中履职。

a. 现金业务的审核、授权。

现金收付业务的审核、授权，主要审核大额现金收付业务是否真实、合规，以及按规定对现金长短款等差错进行处理，并按规定途径上报上级行。

现金调拨业务的审核、授权，主要审核网点与上级行的现金调拨申请、调入、上缴是否真实、合规。

b. 非现金业务的审核。

人民币账户管理的审核、授权，主要审核人民币单位银行结算账户开立、变更（包括印鉴变更和账户资料变更）、撤销以及个人结算账户变更是否真实合规，柜员操作是否符合规定。

外币账户管理的审核、授权，主要审核单位或个人开立、变更、撤销外币账户申请资料的完整性、真实性、合规性。

重要空白凭证的管理，主要审核重要空白凭证的领缴、交接、使用、出售是否合规。

业务印章使用和管理的审核，主要审核业务印章是否实行"专人使用、专人保管、专人负责、章证分管"。

重要物品和机具管理，主要监督重要物品及机具的保管、使用、交接是否合规。

电子银行客户证书管理，主要是对企业网银已制未发证书、企业空白客户证书、U盾和口令卡的领入、发出、保管及登记情况、客户证书挂失/解挂操作进行审核。

票据业务的审核、授权，主要对票据（汇票、本票、支票）业务的真实性、合法性、操作的合规性进行审核。

查询查复业务的审核、授权，主要审核查询查复业务是否及时、真实，操作是否合规。

汇款业务的审核、授权，主要审核汇款业务相关凭证的内容是否合规，按事权划分要求履行授权职责。

委托收款业务的审核、授权，主要审核办理委托收款（同城、异地，下同）业务的相关凭证及附件是够符合规定，检查柜员是否按规定办理委托收款、付款的处理、款项划回的处理，付款人无款支付或拒绝付款的处理。

上门服务业务的审核，主要审核上门服务业务的交接手续和业务处理的合规性。

c. 特殊业务的审核。

错账冲正和反交易业务的审核、授权，主要审核错账冲正和反交易业务的内容是否真实，柜员操作是否合规。

账务补记、凭证补打、账户调整业务的审核、授权，主要审核账务补记、凭证补打、账户调整业务（包括积数调整、计息调整、账户信息调整）是否真实，操作是否合规。

柜员自制特种转账凭证、内部凭证审核、授权，主要审核柜员自制的特种转账凭证、内部记账凭证是否符合规定，业务处理是否正确。

挂失业务的审核、授权，主要审核挂失票据是否符合票据挂失的范围，银行印章挂失资料是否齐全，个人账户挂失业务处理是否符合规定，挂失撤销和挂失后的业务处理是否符合规定。

有权机关查询、冻结、扣划业务的审核，主要审核有权机关查询、冻结、解冻、扣划相关手续是否完整、真实、合规，柜员的操作是否正确。

d. 外汇业务核算管理。审核客户收付汇业务、外汇票据业务、结售汇业务、外汇买卖业务的真实性、合规性，核算的正确性。

e. 账务核对。检查需核销表外科目分户账余额及重点内部账户的核对、账务平衡关系的核对；监控各类挂账账户挂账情况。

f. 反洗钱工作。督促反洗钱工作人员按照反洗钱工作要求，做好大额和可疑交易的登记、处理、报备工作。

g. 其他处理事项。业务运行问题的核实、整改，主要核实上级检查部门发现的问题和监督机构查询的问题，及时整改。

h. 处理日常运行业务突发性问题等。

③营业终了履职。

a. 现金核对。核对网点库存现金，确保账实相符。

b. 营业终了账务核对。检查过渡性账户日终余额有无异常；检查交换提出借贷金额轧差是否存在异常；监督柜员轧账情况，检查核对网点轧账表，对于不平轧账及时组织查找处理；押运车到达后，监督封包的款箱及凭证交接是否严密、合规。

④工作日志的记载。认真对监督检查、重要业务事项处理和落实整改等工作情况进行总结和登记，对工作突发和特殊情况的处理过程进行详细记载。

（2）不定期履职内容。

①账账核对。核对单位定期存款、应解汇款、银行汇票、银行承兑汇票、应收托收、贷款借据等业务的手工卡片账内容与相关登记簿、科目余额是否相符。

②账实核对。清点银行汇票票样、印模、有价凭证、代保管有价值品、贵金属等实物数量，与有关登记簿和科目余额核对，检查账实是否相符。

③传票整理、封包、保管和上送情况检查。检查柜员对业务传票整理、网点传票的汇总整理是否规范、整齐，封包手续是否完善，专夹保管的传票保管是否规范、齐全。

④手工登记簿情况检查。检查网点是否按要求设置各种手工登记簿，是否按要求记载相关事项，记载内容是否齐全、规范，签章是否完整。

⑤长期不动户管理情况检查。按照账户管理要求，检查长期不动户的处理是否符合相关规定。

⑥重要业务岗位分离和定期轮岗情况检查。根据重要岗位分离制度和重要岗位轮换要求检查重要岗位业务人员是否执行岗位分离、按期轮岗。

⑦其他不定期工作。根据业务要求以及上级行组织开展专项检查的自查要求，不定期对相关业务进行检查。

3．网点现场管理工作制度。

现场管理人员实行营业网点现场坐班，集中行使事中控制和业务管理职能，不得外出营销，不得顶班替岗。

现场管理人员要建立工作日志，逐日登记业务督察、重要业务事项处理、落实整改、业务培训工作情况。

现场管理人员实行定期报告制度和重大业务事项即时报告制度。定期向上级机构报送工作报告，包括日常工作主要内容、工作取得的成绩、工作中存在的不足、工作中发现的问题、对问题的分析、问题的整改情况等；在业务处理过程中遇重大业务事项，应在业务发生当日第一时间以口头或书面形式报告上级机构，并积极采取有效措施防范业务风险。

现场管理人员应定期或不定期地对网点相关业务人员进行业务培训。培训要有方案，突出重点、形式多样，具有针对性，培训完毕要检验培训效果。现场管理人员自身实行上岗培训、定期培训制度，由上级管理机构定期组织实施，并将培训结果纳入现场管理人员年度考核评比。

现场管理人员实行定期轮岗制度，如遇特殊原因不能定期轮换的，应强制其休假并进行离岗稽核。

三、业务检查

业务检查是商业银行在业务办理完成之后，由上级机构对分支机构所从事的业务活动进行现场稽核的一种方式，通过发现问题、找出缺陷、查明原因、分析总结，保证银行合法、安全、高效地经营，并寻求产品服务和业务流程上的改进。

业务检查是保证法律法规及银行规章制度、操作规程贯彻落实的重要手段，是纠正核算差错、管理操作风险的重要措施，在银行经营发展和公司治理中具有不可替代的重要作用。通过业务检查，能够促进业务核算依法有效，核算结果真实可靠，资金收付正确安全；可以揭露业务核算过程中发生的各种违章、违纪、违法等行为，及时发现各种业务核算中的差错事故，有效遏制大要案的发生；能够了解和掌握各项规章制度的贯彻落实情况，并针对存在的问题，提出整改建议，提高防范经济案件和重大差错事故的自控能力；能够进一步规范操作行为，实现业务核算的程序化、标准化和规范化，维护正常结算秩序及客户的合法权益；有利于加强维护财经纪律，保障国家财产安全，为经营决策提供真实、有效的依据；能及时发现业务管理工作中存在的薄弱环节、缺陷和隐患，据此进行分析、总结及改进，提出改进工作的建议和措施，促进内控制度的完善，提高业务管理水平；能较全面地了解网点人员业务素质情况，便于有针对性地进行业务辅导，提高业务人员的素质。

银行在经营过程中应充分运用业务检查这一重要手段，保证相关金融法规及各项核算规章制度在基层营业机构的贯彻落实，加强对业务运行的监控，使之沿着预定的轨道健康地发展。

（一）业务检查的任务

业务检查的任务是检查被查机构各项规章制度的贯彻执行情况以及业务人员履职行为，对检查中发现的问题及时提出纠正意见，消除隐患、防止案件与事故的发生。检查任务主要有：

1. 以各项制度、规定、办法、核算规程为依据，以强化内部管理，严密核算手续，维护账款安全为重点，通过业务检查使风险管理水平及预防案件的自控能力逐步提高。

2. 应按时完成上级行布置的业务自查、联查和互查活动，并对自查、联查、互查的工作情况按照制度规定或管理要求及时上报检查报告。

3. 对检查中发现的问题提出整改意见，并督促落实整改，对屡查屡犯的相关人员应及时向被查机构负责人或上级行反映，并提出处理建议。

4. 定期向业务主管部门报告检查工作，在检查中发现营私舞弊、违法乱纪、贪污、挪用资金等案件时，应及时写出专题报告，上报有关部门。

（二）业务检查人员的职责与履职内容

1. 业务检查人员职责。业务检查人员的主要工作职责是对辖属机构规章制度执行情况进行检查，针对检查发现问题对相关机构进行辅导，跟踪核实整改结果，总结推广先进经验。检查过程中应坚持风险导向的检查原则，对高风险业务、高风险机构、高风险柜员进行重点检查。主要职责包括：

（1）检查辖属机构各项运行管理业务制度的贯彻与执行情况，严格业务运行管理手续，加强操作风险管理。

（2）组织和推动辖属机构的业务自查、互查工作，及时完成检查工作计划和上级行布置的检查任务。

（3）向行领导和上级主管部门反映运行管理中存在的问题并提出改进建议，对被检查单位提出书面检查报告。

（4）根据各项业务运行规章制度，对检查中发现的问题按正确的处理方法对被查机构进行辅导。

（5）跟踪核实整改结果，及时总结和推广辖属机构运行管理工作的先进经验，不断提高辖属机构业务运行人员的操作和管理水平。

（6）按辖属机构建立检查档案，并将整改结果一并纳入检查档案进行管理。

2. 业务检查人员履职内容。检查人员履职过程中应坚持风险导向性的检查，对被查机构存在的风险进行充分和实事求是的揭示，并全面收集被查机构面临的风险事件。日常业务运行的检查内容包括但不限于（并可根据检查范围和检查目的选取其中的若干项）：

（1）现金业务管理。现金实物以及款项、款箱交接的严密性；营业终了钱箱双人清点制度贯彻落实情况；现金虚存以及反交易的控制，大额现金审批制度落实；中午不营业的网点库款值守制度；金库钥匙以及转字密码的管理；上门收款款项交接的严密性。

（2）核算要素管理。重要空白凭证是否纳入表外核算，账实一致性核对；业务印章是否专人使用、专人保管、专人负责、章证分离、人离章收；柜员权限卡是否妥善保管、离岗收回；重要机具是否专人管理、离柜收妥。

（3）账户管理。开户资料的完整性，开户手续的合规性；开户受理申请、审批、录入三岗分离制度贯彻执行情况；内部账户尤其是代理业务内部过渡账户的开立使用是否规范、账务处理是否及时准确；手工计息的准确性、合规性。

（4）核算管理。

票据业务：票据的真实性、合法性及有效性；协议的签订；印、押、证三分管制度的执行；查询查复制度的执行。

同城交换：三岗分离制度的执行；交换专用印章的管理；交换凭证的控制；收妥抵用及待提出交换业务资金挂账管理；提入凭证的审查控制，交换业务定点定时控制；退票业务控制及签收。

资金汇划：经办、复核、授权三岗分离情况；往账业务凭证传递控制情况；来往账业务的及时处理；待处理业务挂账资金的管理；查询查复业务。

其他结算方式：退汇业务控制及签收；协议的签订；通兑标志的设定；个人办理结算业务的控制。

上门结算：协议的签订；交接及对账的合规性；上门服务人员与账务处理人员是否相分离。

人民币反洗钱业务：是否及时、准确上报大额、可疑交易信息。

（5）重要业务和特殊业务管理。主要检查受理有权机关查询、冻结、扣划业务，提前支取业务，异地托收业务，异地应急付款业务，大额存取业务、反交易、冲正等业务情况，检查事权划分是否清楚，是否超越权限授权、审批。查询、冻结、扣划业务的手续审查。挂失、挂失撤销业务的手续审查。异地应急业务的审查和确认，大额现金收付业务的真实性，反交易、错账冲正业务的真实性和后续处理结果。

（6）检查账务核对情况。主要检查辖内往来、同业往来、人行往来等业务涉及的重点账户对账情况，各类过渡性账户的使用情况，现金的账实核对情况，客户对账制度执行情况，注重岗位分离控制、对账及时性、未达账项查实等。

（7）业务人员的履职情况。业务人员配备、资格准入、履职记录和履职质量等。

四、履职与履职管理

必须指出，事中控制、业务检查这两种履职行为不是事后监督的一部分，事后监督更不等同于履职。三者之间彼此相对独立，属不同的风险管理机制，在目的、方法、职能、时间、空间等方面各有特点、各有侧重，难以相互替代。

事中控制与事后监督在管理环节、时间节点、管理方式上存在显著差别。事中控制是在营业网点现场所开展的风险管理活动；其管理环节在业务交易发生时或营业过程中，并以逐笔授权、审批等方式对单个具体作业行为进行规范和监控；其目的在于及时发现问题并现场解决问题，具有很强的时效性。事后监督是一种非现场的风险监控活动；是一种对业已发生的业务开展的风险管理与质量控制的事后机制；其利用基于数据分析的监督模型作为识别风险的主要方式，以从业务交易获取的全量信息为依据，通过深入挖掘，全景重现风险事件的风险特征，具有较强的综合性。事后监督实质上是对事中控制的质量、效果进行再监督，对事中控制管理的结果用特定的方式进行再认定。

事后监督与业务检查在风险管理的时间节点上是一致的，都是在业务发生后即事后开展的风险管理活动，但二者所采用的管理手段和方式不同，所处的空间维度也不同，业务检查是在营业机构现场所开展的风险管理活动，事后监督则是依靠事后监督系统所开展的非现场的风险监控活动。

可见，事中控制、业务检查这两种履职行为与事后监督都是商业银行操作风险管理的重要手段，三者之间密切联系、相互依存、互为补充，是商业银行业务运行管理框架和过程控制系统性机制安排的组成部分。三者的工作对象均涉及营业网点；工作范围均涉及内部控制制度和业务流程；都要对营业网点的业务核算和操作行为进行监督；都要促使营业网点合规、安全运营，提高业务运营的质量和效率。

但是，由于传统事后监督人员与事中控制、业务检查以及其他风险管理部门岗位人员各司其职，监督、检查、现场管理的结果难以实现共享，现场监管工作与事后监督机构的非现场监管相互孤立，在时点和力度上出现差距，难以形成风险管理合力，无法发挥风险监管体系的整体效能。通过现代监督体系的设计，将现场的事中控制、业务检查与非现场的事后监督结合起来，可以从根本上解决传统管理模式下事后监督与运行履职行为缺乏有效协同、监督检查信息无法实现资源共享的难题，最终实现监管资源的有机整合。

新型监督体系的履职管理功能正是连接事中控制、业务检查与事后监督的纽带与桥梁。与履职不同，履职管理是事后监督的重要组成部分。履职管理通过技术手段，实现了现场管理人员工作日志和检查流程的电子化管理，为履职人员搭建了统一的平台，既可减少履职人员的手工记载工作量，节省工作时间，提高工作效率，又可实现履职行为的流程化、标准化管理。履职管理实现了事后监督对事中控制、业务检查履职行为的管理，便于上级行对相关人员的履职行为进行监控和对履职结果进行评价，有效促进相关岗位人员增强履职意识，更加主动、全面、正确、负责地履职，从而降低差错、舞弊、案件的发生，实现稳健经营。履职管理可以及时掌握、收集事中控制、业务检查履职过程中发现的风险事件，提高风险事件收集的全面性，并基于风险分析评估揭示履职过程中的薄弱环节和关键部位，为更有针对性地履职提供参考依据。可见，履职管理为规范履职行为创造了条件，也为事后监督收集风险事件提供了渠道，同时履职管理的结果又反过来指导履职行为的方向和重点。

第二节　履职管理的组织

每个岗位的充分履职是确保一个机构正常运转并实现既定目标的基础。在商业银行业务运行体系中，所有岗位都有相应的岗位职责，都对各岗位应履职的具体内容和应达到的标准进行了明确。但由于每个人在智力、兴趣、特长等多方面的个体差异，也由于生理、心理、成长环境及社会角色的不同，决定了每个人的履职意愿和履职能力不同，从而导致其履职结果和履职水平参差不齐，存在履职不当和消极履职的可能，因此，需要对组织中每个个体的履职行为进行管理，通过设计一套有效的组织管理机制，促进各岗位人员全面、正确、负责地履职，保证银行健康经营、高效运转。履职管理作为商业银行事后监督体系的核心功能之一，就是为实现上述目标而作的一种机制安排。

一、履职管理概述

（一）履职管理的职能

事后监督体系的履职管理，通过系统化、流程化方式实现了对履职过程的全流程管理。网点现场管理人员、业务检查人员的履职行为，都可通过履职管理进行客观、真实的反映，对于履职过程中发现的柜员操作错误、违规事项、管理缺陷以及外部欺诈等风险事件，也可通过履职管理模块进行全面、准确的收集。履职管理是提高履职水平、加强风险管理的必要手段，也在改善客户服务等方面发挥着积极作用。

1. 监督职能。监督职能是履职管理最基本的职能，也是履职管理产生的首要原因。为保证履职者的履职行为不偏离履职目标和要求，必须对履职过程进行监督。履职管理通过对履职行为过程和结果的监督，实现对履职人员行为的管理，检查和督促履职人员有效履行岗位职责，保证其履职行为的全面性、合规性、及时性，提醒和纠正履职过程中可能出现的偏差，确保履职内容与其岗位职责相匹配，履职结果与其工作标准相符合。

2. 评价职能。评价职能是由监督职能派生出来的履职管理的另一职能，是在对履职主体履职过程和结果进行监督检查的基础上，通过建立一系列量化指标，实现对其履职能力和履职质量的分析评价，并将评价结果作为绩效考核和提拔晋升的依据。评价职能是体现履职管理价值的重要职能之一，通过建立科学严密的激励约束机制，依据评价结果奖优罚劣，对不能胜任的履职主体进行岗位调整，对因不履职或履职不当而导致损失的人员进行问责。

3. 控制职能。无论是网点现场管理人员的事中控制活动，还是业务检查人员的事后检查行为，其履职的目标都是督促网点贯彻落实规章制度，化解业务运行风险。履职管理将现场管理人员和业务检查人员的履职行为在事后监督系统中完整记录下来，全面完整地收集履职过程中发现的风险事件，因此，事后监督体系的履职管理从诞生之日起就具备风险控制的职能。通过深入分析履职收集的风险事件，及时发现业务操作和经营管理方面的薄弱环节、管理缺陷或产品流程设计的不足与缺陷，提出改进或优化等建议，并制定针对性管理措施，从而达到警示风险、控制风险的目的。

履职管理三大职能在运用过程中相互作用，产生了防护性和建设性的实际功效。履职管理的防护性表现为两个方面：一是通过监督和评价职能，实现对履职人员行为的监控和管理，防范履职过程中各种不规范、非道德行为的产生，防止给商业银行经营管理造成各种不良后果；二是通过控制职能，发现业务操作、制度执行、流程设计等方面存在的缺陷，全面揭示商业银行业务运行面临的风险冲击，及时采取有效措施，避免出现实际损失。履职管理的建设性也具体表现为两个方面：一是通过控制职能，针对辖属机构在管理和控制中存在的问题和不足，提出改进意见和方案，促使其改善经营管理，提高经济效益；二是通过评价职能，督促和帮助履职人员不断提高业务素质，更好地履行职责，为实现商业银行的经营管理目标发挥更大的作用。

综上所述，履职管理实现了对履职行为的有效监管，将网点现场管理人员和检查人员履职情况以及各相关机构制度执行情况纳入系统管理，将业务流和人员流合二为一，使上级机构能够及时全面地了解各级人员的履职情况。履职管理实现了对履职过程的电子化管理，在提高履职效率的同时可有效减少人为因素的干扰，提升履职行为的独立性。履职管理实现了对履职行为的人性化管理，履职人员按照系统提示的工作内容进行履职，工作范围更加明确、脉络更加清晰、操作更为便捷。履职管理通过全面收集风险事件，形成了履职管理与风险监测、质量检测之间的良性循环，促进了事后监督体系不断自我调整和优化，并提升了事后监督体系的运行风险管理效能，降低了管理成本。

（二）履职管理的原则

履职管理的内涵、设计目标与职能决定了其在执行过程中必须遵循的原则，这也是对履职管理最基本的要求。

1. 客观真实原则。网点现场管理人员和业务检查人员履行职责过程中应客观公正地按照各项业务的操作规范和制度要求进行审查审批、监督和检查，如实记载和反映履职过程、履职结果，并依据客观存在的事实对相关机构作出客观、准确的评价。只有客观真实的履职管理数据才能为管理者准确评价履职人员的履职行为提供可靠依据，才能为管理者提供决策信息支撑。

2. 风险揭示原则。履职管理应督促并鼓励网点现场管理人员或业务检查人员全面揭示风险、主动披露风险，只有全面准确地收集风险事件，才能为管理部门提供可靠的风险管理数据，为防控风险、改进流程、改善服务提供决策支持。

3. 操作可行原则。履职管理的流程设计应从有利于提高效率出发，充分与实际履职相结合，将履职事项通过参数化设计嵌入系统中，明确履职内容、履职流程，便于履职人员操作。

二、履职管理流程

商业银行事后监督体系通过电子化手段对履职行为进行标准化、规范化管理，客观记录履职过程和履职内容，真实反映履职结果和履职质量，并通过构建风险事件库，使履职管理与风险监测、质量检测在事后监督系统统一平台下实现了良性循环。履职管理包括对事中控制履职流程和业务检查履职流程的管理。

（一）事中控制履职管理流程

事中控制履职管理通过将网点现场管理人员工作日志在事后监督系统中展现，将制度要求转化为系统控制方式来规范其履职行为，加强对履职质量的监控与考核；通过事中控制履职管理，收集内外部风险事件，参与风险率、风险度、风险暴露水平等风险指标的计算，达到风险监测、质量检测、履职管理的相互补充、相互运用。

工作日志的电子化管理弥补了原手工记载模式下存在的记载格式不统一、履职内容不明确、耗费时间长、信息不能共享、查阅不便、利用价值不高、档案资料管理成本高等缺陷，通过参数化管理模式将网点现场管理人员日常履职项目在事后监督系统中进行定义，并以菜单方式展现，实现了日志记载格式标准统一、履职事项清晰明确、操作简单快捷、信息共享的功能，并体现了人性化管理和降低管理成本的特点。与此同时，电子化工作日志克服了传统手工日志易被更改、易作假及流于形式的问题，避免了人为因素的干扰，增强了履职的客观性和独立性。

事中控制履职管理流程主要包括明确履职事项、记载履职信息、收集风险事件、风险事件整改、工作提示等。

1. 明确履职事项。网点现场管理人员每日履职内容非常多，需要将每日履职最重要、最核心的内容进行提炼、总结，通过参数化方式纳入系统进行管理，每日对履职人员进行提示。可分为独立履职项目和公共履职项目，独立履职项目是指每个当班的现场管理人员都必须完成的工作事项；公共履职项目是指只要网点的某个现场管理人员完成就表明该项工作已完成的事项。

2. 记载履职信息。网点现场管理人员根据制度规定的履职事项，按照实际履职情况，客观地将履职事实记录下来；由于每个网点开办的业务种类不同而且上级行制定履职事项可能是基于全辖而制定的，因此网点现场管理人员对照履职事项的结果除了正常、有问题外，可能也存在无此业务，即本网点未开办相应业务。

3. 收集风险事件。网点现场管理人员在履职中发现的异常事项，无论是柜员操作错误等内部原因造成的还是客户欺诈等外部原因造成的，均应如实记录，根据实际情况逐项记录发生风险事件的柜员号、姓名、业务及账号、金额、币种等，并对风险事件成因进行客观分析，确定风险驱动因素，一并纳入风险事件库统一管理，从而完成风险事件的识别、收集工作。

4. 风险事件整改。网点现场管理人员履职发现的风险事件录入系统后，由于在同一网点，从提高效率、减少业务环节角度出发，可不发送整改通知书，但仍应按照制度规定进行整改落实，客观反映整改结果。如现场已经整改，应在风险事件信息录入完毕后直接录入整改结果，包括整改日期和具体的整改情况；如果收集风险事件因各种原因不能现场整改的，应督促相关人员及时做好风险事件的后续整改。

5. 工作提示。日常工作中，网点现场管理人员可能因轮班或其他原因，需向其他现场管理人员提示未完成重要业务事项或提示本人某个时间应完成重要事项，可以通过系统电子化工作提示的方式来完成，提高工作效率。工作提示详细记载未了事宜或应注意事项，既可方便网点现场管理人员现场履职，又为完善工作交接、明确责任提供重要工具支撑。

（二）业务检查履职管理流程

业务检查人员履职管理流程主要包括检查工作安排、记录检查信息、收集风险事件、风险事件整改等。事后监督体系通过电子化方式实现对检查过程和结果的全程跟踪，有利于规范检查人员的检查行为，加强对其检查质量的监控与考核；通过检查人员履职，客观、全面地收集风险事件，并统一纳入风险事件库管理，推动风险导向检查的实施；业务检查收集的风险事件同时参与风险率、风险度、风险暴露水平等风险指标的计算，达到风险监测、质量检测、履职管理的相互补充、相互运用。

业务检查电子化管理克服了传统手工检查档案易被更改、易作假及流于形式的问题，能够比较客观地反映检查事实，避免了人为因素的干扰，增强了检查人员履职的客观性和独立性。

1. 检查工作安排。检查工作安排就是对检查活动的工作部署，是检查最基础的环节。一是要科学制定检查方案，明确检查目的、检查内容、检查对象、参与检查人员及检查要求等，并对检查程序、时间、资源等作出合理安排，提升检查工作的目标性和针对性。二是明晰检查内容，根据管理要求或各业务的风险冲击状况，确定检查内容，如核算要素、岗位分离、账务核对等。三是锁定检查对象，结合机构和柜员风险暴露水平排名，锁定高风险网点、柜员，确定检查对象，实施风险导向型的检查。四是确定检查人员，根据检查内容和检查计划，按照"回避"原则，抽调精通检查内容的骨干人员参与检查。

检查工作部署后，要对检查人员进行查前培训，以便检查人员合理运用检查方法和手段，切实提高检查工作的有效性。如对于现金、核算要素等实物管理的检查，可采取现场检查为主的方式；对于核算管理等方面的检查，要充分运用风险监测、业务检测和评估结果，采取现场检查与非现场检查手段相结合的方式。

2. 记录检查信息。检查人员根据检查工作整体安排，对相关机构进行检查，根据不同检查内容采用不同检查方法，准确、客观地记录检查情况，包括检查过程、调阅资料清单、检查结果等。

针对每项检查内容，检查结果可能不尽相同，检查结果如为正常的，则表明被查机构严格执行规章制度，未发现问题；检查结果如果有问题的，检查人员则应客观、如实地记录相应风险事件信息。

3. 收集风险事件。检查人员在检查过程中发现的问题，不管是规章制度执行问题还是员工行为问题，均按照相关制度规定作为风险事件如实记录，根据实际情况逐项记录发生风险事件的柜员号、姓名、业务及账号、金额、币种等，并对风险事件成因进行客观分析，确定风险驱动因素，一并纳入事后监督风险事件库统一管理，从而完成风险事件的识别、收集工作。

4. 风险事件整改。检查人员履职过程中发现的风险事件，现场可以整改的，检查人员应现场督促并如实记录整改结果，可不再下发整改通知书；对现场无法整改的风险事件，检查人员应通过事后监督系统向被查机构下发整改通知书，整改通知书中应明确整改要求（如整改时限等）或整改建议。

被查机构收到整改通知书后，要按照整改要求立即组织相关人员进行落实整改，整改完毕后，在系统中认真填写整改情况；对被查机构整改不符合要求的，上级机构或检查人员可采取二次下发整改通知书至被查网点的上级机构，由其督促被查机构对风险事件限期整改。

第三节　履职管理结果应用

履职管理作为连接履职行为与事后监督的纽带，在规范履职行为、提高事后监督体系运行效果方面发挥着不可替代的重要作用。履职管理的结果只有得到充分应用，才能更好地指导履职与事后监督工作实践。

一、识别网点风险信息，强化网点风险管理

网点现场管理人员通过对网点日常业务的授权把关，能够及时发现网点业务操作的不合规之处，依托事后监督系统的履职管理功能，将发现的问题真实完整地录入，完成现场管理过程中风险事件的收集工作；业务检查人员按照检查工作部署，以风险导向性检查为原则，开展对重点业务、重点机构、重点柜员的目标检查，对检查中发现的不规范操作或违规操作行为，依

据风险确认收集标准完成风险事件的收集工作。履职管理通过对上述风险信息的全面记载和统一归集，可以有效揭示银行业务运行过程中的薄弱环节和管理缺陷，客观地反映网点规章制度执行情况与可能面临的风险冲击状况，有助于从业务、人员两个方面入手加强网点的风险管理，为有效管理网点的操作风险提供重要支撑。

二、规范岗位履职行为，评价岗位履职水平

事后监督的履职管理功能，将网点现场管理人员履职事项和具体要求，按照重要程度、先后次序和发生频率细化成每日的履职内容和履职项目，并通过参数化方式在事后监督系统中进行准确定义、统一管理和动态调整，实现了履职事项的电子化、系统化和流程化管理；对于业务检查，以事后监督系统计算的各机构或业务的风险管理指标为依据，遵循风险导向原则，有针对性地制定检查计划，明确检查目的、检查重点，选择检查对象、检查项目，确定检查范围、检查时间、检查人员、检查要求等，并将检查结果如实记录在事后监督系统中，实现了风险事件的完整收集和风险信息的协同共享。事后监督的履职管理功能从根本上改变了传统监督模式下岗位履职手工记载工作量大、履职随意性强以及结果信息难以共享的缺陷，变规章制度和管理要求的"软约束"为系统和流程的"硬控制"，有利于帮助网点现场管理人员和业务检查人员把握工作重点，强化履职意识，规范履职行为。

履职管理收集的风险信息，既是网点风险管理状况的客观反映，又是风险责任划分的重要依据，促使网点现场管理人员和业务检查人员不断强化风险防范意识和自我保护意识，加大对网点业务管理与监督检查的力度和频度，有效减少风险事件乃至重大差错事故的发生，保障商业银行各项业务的安全运行。履职事项全部纳入事后监督系统进行信息化管理，使得上级机构可通过远程方式实时掌握网点现场管理人员和业务检查人员的履职进度和履职结果，通过定期的监督检查和不定期的随机抽查，督促相关岗位人员有效履职，保证履职的连续性、真实性和规范性。同时，履职管理结果也在一定程度上反映出网点现场管理人员和业务检查人员的履职行为、履职质量和履职能力，为各级管理机构开展岗位履职评价和人员管理提供了强有力的数据支持。

三、共享风险管理信息，落实良性循环机制

履职管理收集的风险事件纳入事后监督系统的风险事件库进行统一管理，实现了与风险监测、质量检测发现的风险事件在同一风险监控平台下的信息共享共用，可以更加全面准确地定位高风险机构、高风险业务和高风险柜员。一方面，履职管理结果参与运行风险指标数据的计算，作为选取质检对象的重要依据，通过监督体系内生的良性循环运转机制，使质检对象始终锁定在风险暴露水平较高的柜员，提升了质检工作的针对性和有效性。另一方面，网点现场管理人员和业务检查人员在履职过程中发现的风险管理薄弱环节或流程缺陷，为风险模型的研发设计提供了直接的数据信息支持，提升了模型设计的目标性，实现了对重点业务的有效监控。通过履职管理、风险监测、质量检测的结果相互作用，有力地促进了监督有效果、质检有方向、履职有重点的事后监督良性循环工作机制的高效运转。

四、构建现场管理知识库，提高业务处理效率

网点现场管理人员和业务检查人员对网点现场开展的管理活动，在有效解决包括产品、服务、设备、技术、环境、人员、流程等网点现场问题的同时，也积累了一些行之有效的现场管理知识或经验，包括但不限于业务操作规范、运行风险防控、业务流程管理、客户服务提升等，这些对网点现场管理有着重要的借鉴意义或参考价值。通过商业银行事后监督的履职管理功能，完整收录上述信息，构建起商业银行现场管理知识库，其他网点遇到同样的问题，就可以到知识库寻找答案，起到触类旁通、举一反三的作用，有利于在同一商业银行内部建立统一规范的现场管理体系和快速便捷的业务响应机制，提升网点的风险管理水平和服务能力。现场管理知识库，既是商业银行现场管理向标准化运作过渡和转化的有效手段，也是提高网点业务处理效率、降低业务运营成本的必然要求。

五、推动流程持续优化，提升业务体验效果

事后监督的履职管理结果可以从两个途径提升银行的业务体验效果。其一，网点现场管理人员和业务检查人员一般都是从网点业务骨干或各产品线的专业管理人员中选拔产生的，具有丰富的业务处理或管理经验，熟悉规章

制度、业务流程以及系统操作规程，比较了解客户服务需求、柜员业务操作需求，善于找出制度与系统的不足，能够及时发现业务缺陷，并能提出更符合客户体验、便于柜员操作的建议和措施，既有利于网点自身的查缺补漏，也有利于管理机构采取更加主动的措施进行管理，提升客户和员工的业务体验，增强柜面服务能力。其二，网点现场管理人员和业务检查人员基于与客户、柜员交流沟通获取的第一手信息资料，结合事后监督系统收集的风险事件和风险驱动因素，在综合分析判断的基础上，能够从客户、柜员等维度更加深入地剖析风险事件成因，揭示业务流程及交易设计中存在的薄弱环节或系统缺陷。通过与风险监测、质量检测等结果信息的共享与共用，更加全面、客观地提出流程设计问题和优化改进建议，以不断增强业务流程的风险控制能力，推动商业银行业务流程的持续优化，并不断提升客户体验、柜员体验。

第八章　风险核查

　　商业银行事后监督体系的风险核查，是指从事核查工作相关岗位人员对存在风险疑点的准风险事件，运用合适的方式和方法，进行核查落实、风险定级、督促整改、责任认定等一系列的业务工作和管理活动，是实施业务运行风险控制的重要环节，也是后续的风险计量、风险评估和风险管理的基础。

　　商业银行事后监督机构在风险监测和质量检测过程中发现存在风险疑点的业务，收集有待确认的准风险事件，即完成了风险的识别；各级核查人员通过进一步核查落实风险疑点，重现风险事件发生真实情景，揭示风险特征，评定风险等级，即完成了对风险的确认；对于已经定级的风险事件，逐笔进行分析，下发整改通知书，跟踪整改落实情况，确认整改结果，对存在违规或未按规定履职导致风险事件涉及的责任人、责任机构或责任部门提出处理意见，即完成了风险事件的督促整改与责任认定工作。

第一节　风险核查概述

　　风险核查的主要目的在于通过行之有效的核查，准确判断落实事后监督机构风险监测、质量检测人员初步判断的风险疑点属于正常业务抑或是风险事件，评定风险等级，消除风险隐患，认定风险责任，为实施运行风险针对性管理提供决策支持，最终实现风险导向、流程导向型的风险管理与控制。

一、风险核查的职能

（一）风险确认

风险确认是风险核查最基本的职能。风险核查人员根据事后监督机构下发的查询书内容，综合运用各种核查方式和方法，对存在风险疑点的各类业务进行全面详细的核查，分析业务发生的前因后果和资金的来龙去脉，查清业务内容的真实性、柜员操作的合规性、凭证要素的完整性和有效性等情况。通过核查进一步验证、修正事后监督机构风险监测和质量检测人员对准风险事件的初次分析判断结果的正确性，将核查后确实无风险的业务归集为正常事件，将其中存在风险的业务收集为风险事件，从而减少或避免误判、误收、错收风险事件现象的发生，提高运行风险确认的准确性，防止因风险确认不准确而误导后续风险管理措施落实的现象发生。

（二）风险等级评定

风险等级评定是对风险事件的冲击和危害程度的客观反映。根据各级核查岗对各类准风险事件的核查回复结果，对认定为风险事件的，风险等级评定人员要依据问题性质、交易金额、发生频率和风险事件确认标准等情况，通过综合分析、判断，准确评定风险等级。如风险等级评定人员对准风险事件第一次核查回复结果不准确、不完整以及认为需要进一步核实的，可提高核查级次，向上一级机构下发二次核查通知书，并督促核查回复，以准确认定业务发生的实际情况。风险等级评定是业务运行风险管理的关键，其结果直接作用于风险计量和评估，最终影响整个机构的运行风险管理水平。

（三）风险督促整改

风险督促整改是对已经定级的风险事件的后续管理。对于风险核查而言，确认风险、判定等级固然重要，但如何对已经收集的风险事件进行处理，以纠正业务操作环节的不合理不合规之处、弥补业务操作流程和制度设计上的缺陷、从源头上消除风险事件滋生的温床，意义更为重大，而这些正是督促整改职能发挥作用的真正体现。督促整改人员通过对各类风险事件进行逐笔分析判断，对需要整改的风险事件，逐笔发送风险事件整改通知书，督促基层营业机构和相关业务部门及时落实整改，并对整改结果的有效性进行确认和监督。督促整改是有效防控业务运行风险，提高业务运行风险管理水平的重要途径。

（四）风险责任认定

责任认定是对形成风险事件的业务界定、落实责任的过程，是强化运行风险管理的辅助手段。依据风险事件等级和风险驱动因素，判断风险事件的性质及主客观因素的大小，对存在违规或未按规定履职导致风险事件的责任人、责任机构或责任部门认定风险责任，提出并落实处理建议，严格进行问责。要充分发挥反面典型的警示作用，将查处的典型风险案例及时进行通报，让全行人员引以为戒，进一步增强风险防控意识，自觉遵守相关规章制度，严格按照流程操作，提高风险核查工作的威慑力。

二、风险核查的分类

从广义上来说，核查工作可以从不同角度加以考察，从而作出不同的分类。按核查主体不同，可分为自行核查和联合核查；按核查时间不同，可分为定期核查和不定期核查；按核查范围不同，可分为专项核查和全面核查。除上述基本分类外，还有其他分类，例如，按被核查单位是否得到通知，可分为通知核查和突击核查；按被核查单位接受核查的可选择性，可分为强制（无选择）核查和任意（可选择）核查等。本书仅对基本分类进行展开论述。

（一）自行核查和联合核查

1. 自行核查。自行核查是根据工作安排或上级行的部署，自行对本行或辖属机构的各项经营工作进行专项或全面的核查，并将核查的情况、过程和发现的问题、整改意见、整改措施等形成书面报告，上报本级营业机构负责人或上级行主管部门。

自行核查方式灵活、简便易行、时间充足，核查人员对核查对象熟悉，有充足的时间开展工作。同时，也存在着对制度、规定、办法理解程度不同，沿袭传统核查方法或习惯做法等情况，容易产生与有关制度规定出现偏差或操作不规范的现象。

2. 联合核查。联合核查是上级行抽调风险核查人员，组成若干个核查组，分别深入各层级营业机构进行的核查。这种核查便于上级行掌握全辖的经营工作情况，以利于及时、正确指导全辖经营活动的开展。

在联合核查前，应拟定核查提纲，明确核查项目、步骤、方法以及核查依据和核查标准等相关事项。联合核查应有专人负责，按核查项目配备人员。核查记录应予详细记载，然后交给指定人员汇总集中、系统归类、整理并撰写核查报告。联合核查时间、方法、步骤可根据上级行部署，如核查发现重大差错事故或经济案件，其时间应重新调整，以确保核查质量。

商业银行事后监督中的风险核查则是根据不同的情况灵活运用这两种方式。在本书第三章提到，事后监督体系应建立一套风险分级管理机制，根据准风险事件的性质、金额和发生频率不同，将准风险事件划分为不同等级，分别在商业银行不同层级的营业机构开展准风险事件的核查；根据其风险程度不同，制定相应的分级核查流程。潜在风险程度较低的准风险事件由最基层的营业网点负责自行核查；潜在风险程度较高的准风险事件由网点的上一管辖机构进行联合核查；逐层提高核查层级。通过对准风险事件的分级核查，有效避免基层营业机构瞒报、漏报重大风险事件的现象，增强准风险事件核查工作的威慑性。

（二）定期核查和不定期核查

1. 定期核查。定期核查是按核查计划确定的日期进行的核查，定期核查可以保证在核查期间及时发现问题并得到改正，但因核查时间固定，容易在非核查期间出现问题和隐患。核查人员在核查时应该注意前后衔接。

2. 不定期核查。不定期核查是根据特定目的和需要，临时决定进行的核查。不定期核查也可以对某项经营活动或者经营环节进行周期性核查，这种核查通常采取不规则的抽查方式。不定期核查可以采取全面的联合核查，也可以采取专项的自行核查。核查的形式根据核查总体部署及核查的内容确定。不定期核查有利于及时揭露、发现和解决问题，纠正违章操作，确保资金安全。

商业银行事后监督中的风险核查属于不定期项核查的一种，针对监测或质检环节识别出来的准风险事件，随时开展具体核查工作。

（三）专项核查和全面核查

1. 专项核查。专项核查是针对经营活动中的某项具体业务或根据上级行的部署所进行的核查。由于专项核查具有涉及范围小、核查项目单一、核查深入透彻的特点，因此较容易发现存在的问题、找出事故隐患。专项核查结束后，须将核查的过程和结果专题报告给有关领导或上级行主管部门。

2. 全面核查。全面核查是对商业银行经营活动中的全部业务所进行的核查。全面核查涉及面广，内容较多，工作量大，花费时间长。但全面核查，可以系统地了解各级营业机构的整体工作情况，能全面掌握存在的问题，发现工作中的缺陷、隐患，对加强和改进各级行的内部管理起到积极的作用。

商业银行事后监督中的风险核查属于专项核查的一种，核查人员针对特定的准风险事件，综合运用各种核查方式、方法，围绕事后监督机构风险监测和质量检测人员下发的查询内容，有针对性地开展核查工作，多角度、全方位审视业务风险。

三、风险核查的原则

（一）全面性原则

业务运行风险核查工作应按照全面、完整反映业务事实的要求，对准风险事件及其相关环节进行全面核查、全面报告和全面反映。

（二）及时性原则

业务运行风险核查工作应按照连续不间断的工作要求，对风险事件做到及时发现、及时核查、及时分类、及时处置、及时整改，不拖拉、不推诿，增强核查工作的时效性。

（三）独立性原则

各级风险核查人员应按照回避制度和保密制度要求，对准风险事件必须做到"换手"核查，不得由该事件涉及的经办人员与授权人员进行核查；不得在核查过程中向当事人和无关人员透露与风险事件核查相关的信息。

（四）风险导向原则

风险核查工作应把识别和防控风险作为出发点和落脚点，在依据准风险事件性质和影响程度划分不同等级，实行分级核查、分级管理的基础上，进一步突出重要风险事项、关键岗位人员及高风险业务领域的核查管理。

四、业务检查与风险核查的关系

业务检查与风险核查都是商业银行操作风险管理的重要手段，在检查的方式方法和依托的技术手段、应用技巧方面具有很多相似之处，但二者在实施对象、管理层级、覆盖范围、检查频率等方面还存在较大差异。

一是实施对象不同。商业银行的业务检查侧重于日常运行事件，内容相对综合。而事后监督的风险核查则是针对具体的单笔或一组事件，对象相对单一。

二是管理层级不同。由于银行的业务检查具有周期性的特点，通常采取集约化管理的模式，检查人员一般相对集中在较高层次机构，人员比较稳定。事后监督的风险核查由于随机性较强，多涉及现场核查，管理主体相对分散，各层级营业机构等均存在风险核查人员。同时，由于网点人员的流动性较大，网点核查人员稳定性不够。

三是覆盖范围不同。银行业务检查强调的是全面检查与重点检查相结合，定期对网点的巡查即为全面检查，某个时期对某些重要业务事项的检查，如年终决算账务核对检查等，则属于重点检查。不管是全面检查还是重点检查，其业务覆盖面、机构覆盖面都比较广。而事后监督的风险核查则是针对具体某笔业务或某个机构的同类业务，覆盖面相对比较窄。

四是频率不同。业务检查侧重于定期或不定期的检查，具有一定的规律性和周期性。而风险核查强调的则是一事一查，偶然性较强。

第二节　风险核查的组织

风险核查的组织管理包括风险核查资源的配置、核查准备、核查实施、质量管理、核查总结和查后跟踪六个阶段（见图8-1）。在开展风险核查工作时应进行科学的规划设计和合理的组织安排，以明确各个阶段的中心工作，做好各个阶段的衔接，确保核查工作有计划、有步骤地顺利进行。

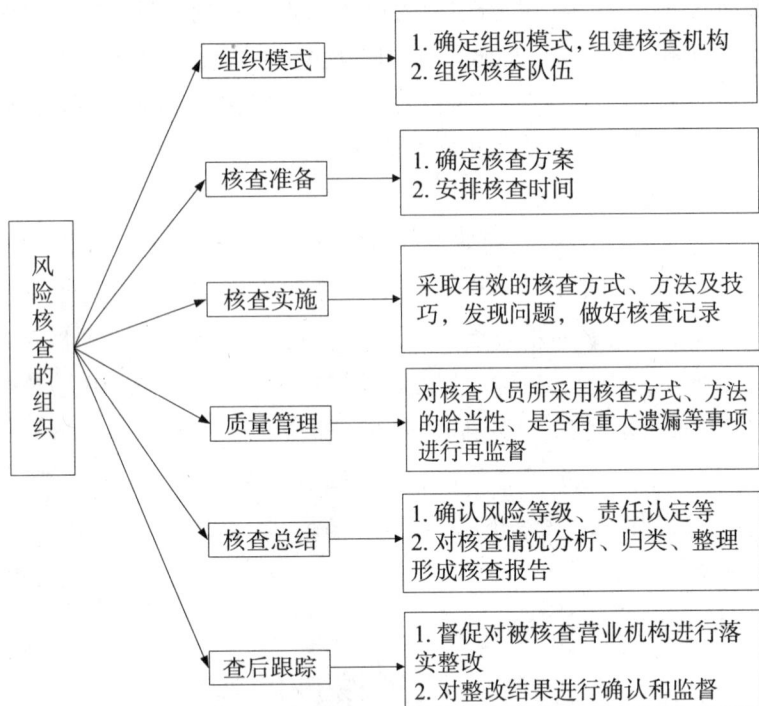

图8-1 风险核查的组织

一、风险核查的组织模式

风险核查机构组织模式设计的优劣直接影响着运行风险管理的效率和效果。按照组织结构设计相关理论，并结合商业银行管理实践，我们认为可以有统管和分管两种模式。所谓统管模式是指核查管理与风险识别管理由商业银行同一个专业部门负责，比如统一由运行管理部门集中行使这两项职能；分管模式是指核查管理与风险识别管理分别由不同的专业部门负责，如风险识别由事后监督机构负责，风险核查由内控合规或内部审计等部门负责。这两种模式各有利弊，将从三个方面影响整个事后监督体系的具体运作。

一是信息交流方面。统管模式意味着职能集中，部门内部的信息交流与沟通更加顺畅，保证了风险管理标准的统一性。分管模式则意味着职能分散，部门之间的协调和信息交流不是自发产生的，存在一定的壁垒和障碍，摩擦成本较高，这就需要通过组织中的领导层协调和沟通各个部门的信息，以求结合各种优势进行优化配置，来获取最大收益，可见，分管模式下信息的流动是被动的而且成本较高。

二是权力分配方面。统管模式下部门自成体系，单独管理运行风险，在风险识别和风险核查上的自主权较大，缺少一定的约束制衡机制。分管模式下部门分散运作，共同处于运行风险管理链条之上，相互制约，相互监督，相互促进，在一定程度上保证了主动揭示风险的积极性。

三是成本效率方面。统管模式下由一个部门同时承担风险识别和风险核查职能，可以有效减少各个业务的中间环节，大幅提高整个事后监督体系的运行效率；同时在一个部门内部可以有机整合事后监督体系的部分岗位职责，适当精简岗位设置，减少事后监督体系对人员数量的需求，从而大幅降低监督成本和管理成本，充分体现事后监督体系内涵式增长实质，这与现代商业银行集约化管理理念是一脉相承的。在分管模式下，由于监督与考核跨部门运作，使兼岗运作的模式难以实行，各岗位间岗位分离和专人专岗必然增加人员需求；同时单独设立风险核查部门，在风险核查的业务岗位之外又衍生出大量核查管理岗位，分布在商业银行的各个管理层级，使得人力资源难以集约运用。该模式下基层行人员存在缺口和上级行人力资源浪费的现象并存，带来了不必要的效率损耗。

综上所述，可以看出，统管模式和分管模式各有其优缺点，不能孤立地单方面考察问题，应该辩证地加以对待。从国内商业银行的实践经验看，统管模式的核查效果和核查效率要优于分管模式，在资源占用和成本消耗上也少于分管模式。当然，各家商业银行最终选择什么样的模式，还需要根据自身业务发展规模及组织特点，兼顾成本效益的因素，来因地制宜地加以选择。无论采用统管模式还是分管模式，风险核查机构内部都应配备一定数量业务素质较高的核查业务骨干，对这些人员进行分组分工，合理安排劳动组合，带动督促所有核查人员各尽所能、勤勉尽责，以保证整个事后监督体系的风险核查质量。

二、风险核查的准备

充分的风险核查准备是做好风险核查工作的前提条件和基础。为了使核查工作顺利进行，提高核查工作的效率和质量，在准备阶段必须做好以下几项工作：

（一）制定核查方案

针对不同业务类型的准风险事件，根据其核查目的和要求，确定核查的具体内容、步骤和采取的核查方式、方法，对易发生差错事故和经济案件的准风险事件，要有计划地安排详细核查。制定核查方案和核查计划是指导核查按时、按质进行，保证核查得以有效完成的工具，同时也是考核核查工作质量的依据。

（二）核查时间的安排

根据核查的及时性原则，在保障连续核查的前提下，根据核查的内容、方法和步骤确定核查时间，开展核查工作。在核查过程中遇有在规定时间内无法查清等特殊情况，要适当延长核查时间，使核查时间服从核查质量。

三、风险核查的实施

风险核查的实施阶段是执行风险核查方案的重要环节，是保证风险核查质量、达到核查目的、完成核查任务的关键阶段。因此，应严肃、认真、深入、细致、踏实地开展风险核查实施阶段的工作。风险核查的实施阶段也是风险核查过程中最复杂的阶段，它要求核查人员具备敏锐的思维能力和良好的逻辑分析、推理和判断能力。

核查人员接到事后监督机构下发的查询查复书后，应依据查询内容和查询意图，结合业务风险点、分析途径等因素，根据核查方案规定的项目和要求，综合运用各种核查方式、方法，迅速开展核查工作。通过多维度审查业务风险点，详细掌握业务发生的真实情景，依据法律，如《中华人民共和国会计法》、《中华人民共和国商业银行法》以及《中华人民共和国票据法》，经济行政法规，如：财政部、中国人民银行颁布的《企业会计准则》、《票据管理实施办法》、《支付结算办法》、《银行账户管理办法》，及商业银行自身所出台的各项管理制度和办法，有计划、有步骤、有目的地对业务内容的真实性，柜员操作的合规性、准确性，业务凭证要素的完整性和有效性等进行审核，全面核查风险疑点。

在核查过程中对发现的问题要经过核实，指明哪些业务处理违反了有关金融法规、规章制度中的哪些条款，同时应做好核查记录，以便准确作出核查结论。在实施核查过程中，对于发现重大差错事故、经济案件的，有必要集中人力，延长核查时间，把发现的问题查清、查透，绝不能敷衍塞责、姑息迁就和隐瞒不报。

四、风险核查的质量管理

风险核查的质量控制阶段是促进各级核查人员严格履职、正确履职，提高核查工作质量和水平的基本保障。风险核查人员应当获取充分、适当的核查证据，将核查错误降低至可接受的水平，从而得出合理的结论以作为形成核查结果的基础。但一项核查工作往往由一名或少数几名核查人员独立完成，由于个体之间业务水平的差异，对有关资料的引用、对有关事项的判断等环节都有可能出现误差，因此，在核查工作完成后，通过一定的程序，进行一定比例的复核显得十分必要。为此，可以设计核查履职监督环节，即由核查管理人员对核查人员所采用的核查方式、方法的恰当性、是否有重大遗漏、是否和责任部门进行充分沟通等事项进行再监督，以保证核查工作质量。

核查管理人员可以采取现场监督与非现场监测相结合、日常抽查与重点检查相结合的方式，对各相关岗位人员的履职效率、效果和质量等情况进行监督、纠正和评价。核查管理人员应通过履职监督工作日志或台账的方式，详细记录履职监督工作开展情况及抽检业务信息等重要事项，应包括抽检对象、抽检内容、抽检业务笔数、抽检结果及异常情况记录、重要风险事项、典型风险案例等。

五、风险核查的总结

风险核查的总结阶段是在现场核查结束后，对核查中发现的问题进行分析、归类、整理并形成核查意见和建议，写出核查情况报告的过程。核查报告是有效运用核查成果并指导核查工作有效开展的重要载体。

核查人员在现场核查中所发现的问题是比较多的，在总结阶段核查人员对这些问题的严重性及其可能产生的影响应进行充分的分析，并将存在的相似问题进行归类整理，按其问题的性质决定在核查报告中以什么样的形式反映出来，以期收到最佳的核查管理效果。核查人员在报告中应提出核查建议，针对有关问题提出改进措施，核查建议必须具有针对性，提出的整改措施必须具有可行性，以利于被核查机构的贯彻落实。对于存在违规或未按规定履职导致内部风险事件的，要在报告中明确责任认定结论，提出处理意见。

风险核查总结阶段的最后一个环节，是将核查中所发现的问题与被核查机构的有关人员交换意见，使核查中发现的问题得到被核查营业机构的认可。一方面证明核查人员所发现问题的真实性，另一方面则有利于被核查营业机构日后对核查建议及改进措施的贯彻落实。如果被核查营业机构对某些问题存在不同的看法，在澄清问题的基础上，核查人员应坚持自身独立的立场和看法，客观地、真实地对待核查发现的问题，以维护核查的权威性。

六、风险核查的跟踪

任何一个成功的项目，有始就应该有终。风险核查的"终"并不是体现在核查报告的出具上，一份高质量的核查报告也并不是风险核查的最终目的。风险核查的最终目标应该是针对某类产品、业务或某项工作环节中存在的问题，提出切实可行的改进措施并确保这些措施得到有效地贯彻落实。通过进一步评估改进措施实施的效果如何来确定风险环节是否得到有效的控制和改善，最终实现科学管理运行风险的目的。所以应该建立一套风险核查的跟踪机制，在每次核查完成一段时间之后，整改督促人员针对需要整改的风险环节，对营业机构和相关业务部门落实整改的过程和结果进行跟踪确认，重点核实相关员工是否进行了相应的培训、违章违规事件是否得到纠正、业务流程中不恰当的环节是否得到改进或是进行了系统硬性控制、缺失的管理制度是否得到补充完善等。

第三节　风险核查的方法及其运用

一、风险核查方式及方法

商业银行事后监督的风险核查主要通过查阅、观察、询问、客户核实等多种方式展开，同一种核查方式还可以进一步细分成若干种具体的核查方法（见图8-2）。针对不同的核查项目、内容和场景，采取恰当的方式及方法，有助于抓住问题的实质，保证核查的质量和效率，更好地完成核查任务，达到事半功倍的核查效果。可以说，选择正确的核查方式与方法是核查成功与否的关键。

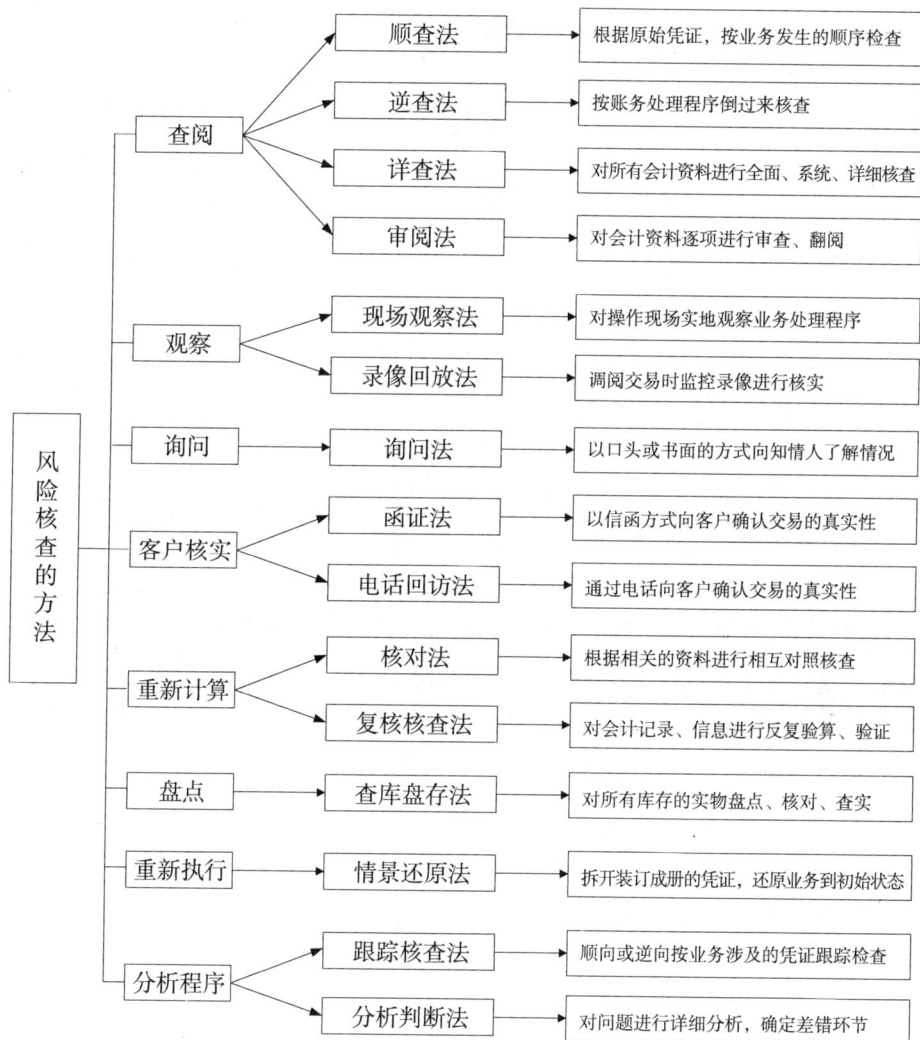

图8-2　风险核查的方式及方法

（一）查阅

查阅是指核查人员对被核查营业机构内部或外部生成的，以纸质、电子或其他介质形式存在的记录和文件进行核实，或对资产进行实物核实。查阅记录或文件可以提供可靠程度不同的核查证据，核查证据的可靠性取决于记录或文件的性质和来源，而在查阅内部记录或文件时，其可靠性则取决于生成该记录或文件的内部控制的有效性。查阅的方法主要有顺查法、逆查法、详查法、审阅法等。

1. 顺查法。顺查法就是按账务处理的记账程序，从对原始凭证的核查开始，以原始凭证为依据，核对检查记账凭证，再从记账凭证到账簿记载，从账簿记载的日记账、总分类账到编制报表的顺序进行核查。这种核查方法简便易行，核查过程全面细致，不容易遗漏错弊事项，核查结果也相对比较准确。但该方法重点不突出，导致工作量较大，不利于提高核查工作效率。

所以该方法适用于待核查的业务比较集中，被核查机构业务量较小、会计资料较少、存在问题较多的核查情况，需要从核算正确性、合规性、凭证要素的完整性等方面全面开展一次系统性核查。同时，该方法也适用于核查各种业务核算及具体操作程序，例如，账务处理、凭证传递等。

2. 逆查法。逆查法也称为倒查法，是按照账务处理的记账程序逆向核查，从账簿到记账凭证，最后再到原始凭证的一种较为常用的核查方法。该方法可从总体上把握重点，在发现问题线索的基础上明确主攻方向，因而目的性、针对性比较强，工作量较小。由于重点突出，通常是根据发现的疑点和疑问或针对某些线索、某方面的问题而进行的核查，因而可以节省人力和时间，提高核查工作效率。但由于运用逆查法一般不需详细审查，因此可能遗漏重要错弊事项。此外，在技术上逆查法比顺查法要复杂，掌握起来难度比较大。

所以该方法适用于核查业务规模较大，内部管理机制比较健全，管理基础较好的被核查机构。

3. 详查法。详查法是对某一准风险事件所涉及的全部核算资料进行全面的、系统的、详细的核查，包括会计报表、账簿、凭证以及业务操作程序，逐笔、逐项地详细核查、核对。该核查方法花费时间较长，核查量大，但是能对被核查的业务活动作出正确、真实、完整的定论，能全面发现核算环节存在的问题。

但也正因为要审查全部账表单证，造成工作业务量极大，几乎相当于重复一次全面的业务核算工作，费时费力，核查成本较高，一般仅当被核查单位出现较多、较为严重的问题时才使用。

4. 审阅法。审阅法是对相关业务凭证、单据、账簿、报表等资料进行仔细的审查、翻阅，从中发现业务核算有无违纪、违章操作等现象及各项经营活动是否正常，各个业务处理环节手续是否齐备，是否合理合法等。

采用这种方法应注意查看核查的内容是否齐全，会计记录、所附附件、有关人员的签章以及各项业务对转关系等是否齐全正确，是否有业务范围以外的核算内容。这种方法适用于查阅会计报表以及凭证、账簿等。

（二）观察

观察是指核查人员察看相关人员正在从事的活动或实施的程序，是对不留下书面记录的控制活动（如职责分离）进行核查的有效方法。例如，核查人员对被核查营业机构人员的经营活动进行观察。观察也可运用于实物控制，如查看仓库门是否锁好，或空白支票是否妥善保管。通常情况下，核查人员通过观察直接获取的证据比间接获取的证据更可靠。但是，核查人员还要考虑其所观察到的控制活动在其不在场时可能未被执行的情况。

观察法也是目前核查中经常采用的一种方法，可以发现业务执行过程中的有关证据，但观察所提供的核查证据仅限于观察发生时点的现状，对以前的做法不能全面了解，而且被观察人员的行为可能因被观察而受到影响，这也会使观察法提供的核查证据受到限制，一般要结合其他核查方法一起使用。观察法具体又包括现场观察法和录像回放法两种。

1. 现场观察法。现场观察法也称动态核查法，是实施现场核查的主要核查方法，指在核查时从凭证、账簿、报表等核算资料中不能反映出来的情况，必须通过对被核查营业机构的营业现场进行实地观察，了解柜台内外一些情况从中发现并纠正一些错误做法的核查方法。

现场观察法适用于对现场处理业务的核查，主要核查受理的业务是否当时记账；印鉴是否按规定的核对方法核对；受理密码支票是否按制度规定办理；各种印章、凭证管理、使用是否符合制度要求；票据及凭证是否坚持内部传递；向客户出售的密码支票是否符合制度规定；各项业务核算是否坚持先外后内，先急后缓，是否做到及时、准确、迅速、安全。

2. 录像回放法。录像回放法适用于有远程视频监控设备的商业银行。核查人员在开展核查工作时可以通过调阅被核查营业机构监控录像，观看柜员相应时段工作录像或机构相应营业时段监控录像，从中发现违规现象，以达到发现问题、纠正错误的目的。

（三）询问

询问是指核查人员以书面或口头方式，向被核查营业机构内部或外部的知情人员了解相关信息，并对答复进行分析的过程。作为其他核查方式的补充，询问广泛应用于整个核查过程中。

核查人员可以向被核查营业机构的有关员工询问，获取与核查事项相关业务运行情况的信息。例如，向银行信息系统管理人员询问有无未经授权接触计算机硬件和软件的情况，向负责复核银行存款余额调节表的人员询问如何进行复核，包括复核的要点是什么、发现不符事项如何处理等。然而，仅仅通过询问不能为核查人员提供充分的证据，核查人员通常需要印证被询问者的答复，如向其他人员询问和检查工作报告、手册或其他文件等。因此，虽然询问是一种有用的手段，但它必须和其他核查手段结合使用才能发挥作用。

知情人员对询问的答复可能为核查人员提供尚未获悉的信息或佐证证据，也可能提供与核查人员已获取的其他信息存在重大差异的信息。例如，核查人员可能了解到关于被核查营业机构管理层凌驾于管理制度之上的信息。在这些特定的情况下，核查人员应及时调整核查方式、方法或实施追加的核查程度，加大核查力度。

在询问过程中，核查人员应当保持职业怀疑的态度，善于从被询问者的答复中找出可能存在不实情况的蛛丝马迹。针对某些事项，核查人员有必要向被核查人员获取书面声明，承诺对口头询问答复的真实性承担责任。

（四）客户核实

在传统的核查方法中主要采用函证的方式与客户或第三方（被询证者）获取书面答复以作为核查证据，书面答复可以采用纸质、电子或其他介质等形式。但在商业银行实际核查工作中，考虑到及时性、便捷性的核查要求，可采取电话、短信等核实方式，对客户进行回访获取答复。这种客户回访法在确认客户交易行为真实性方面是最有效、最直接的核查手段之一。对于需要通过回访客户进行业务真实性确认的监督业务，由风险核查人员与客户联系，向客户了解交易情况，确认交易行为是否确由客户本人发起，是否符合客户真实意愿。考虑到中国国情现状，电信欺诈、网络诈骗频繁，为便于电话、短信这类核查手段的顺利实施，商业银行核查人员可以利用广大客户较为认可的、本行统一的客服电话进行核实。比如，当中国农业银行的客户接到来电号码为95599的电话时，自然知悉是中国农业银行的统一客服电话，相较于不为客户所知的普通办公电话，更愿意配合银行核查人员的电话核实工作。

电话回访法在开展资金异动类准风险事件核查时呈现出明显优势。通过电话外拨主动联系客户，确认是否为客户本人的资金划转行为，可以有效防控客户资金被盗用的实质性风险。当然，该种方式也有一定的应用局限性，其使用的前提是客户信息准确，可以取得电话联系。对于无法联系客户以及客户主观存在欺诈或是不配合银行回访的情形，核查人员应通过其他核查方法进一步核实确认交易的真实性。涉及单位客户交易真实性核查的，应同时将核查信息提交对账部门进行重点对账；涉及个人客户业务核查，当电话等联系方式失败时，除需进一步核查外，还应同时提交其开户机构补充完善客户相关信息。

当然，当核查人员对被核查机构与第三方之间的协议和交易条款进行核查时，还是需要采用相对正式的函证方法。比如核查人员在询证函中询问协议是否作过修改，如果作过修改，要求被询证者提供相关的详细信息。

（五）重新计算

重新计算是指核查人员对记录或文件中数据计算的准确性进行核对。重新计算可通过手工方式或电子方式进行。通常，只有当询问、观察和审查等多种方式仍无法获得充分的证据和结果时，核查人员才考虑通过重新计算来证实业务活动是否真实有效。比如，对业务复核人员是否认真执行核对的情况进行核查，仅仅通过查看复核人员是否在相关文件上签字是不够的，核查人员还需要自己选取部分资料进行重新计算，以核对验证结果。具体又分为核对法和复核核查法。

1. 核对法。核对法是根据业务核算中各种互相联系的资料进行相互对照验证，以核查有关资料间的对应关系及制约关系是否合理、合法，数据、实物是否相符。如：明细账与总账、现金与库存登记簿，内外账之间，账证之间，账表之间等，因业务核算的发生都是在相互制约的基础上进行的，若被稽查单位的有关人员，存在无意的工作差错或是故意的舞弊行为，都会使得既已形成的制约关系失去平衡。因此，通过重新计算其中的可疑数据，可以发现相关环节存在的问题。

核对法的特点是简便易用，适用性广。可以应用于风险核查中的各项业务，是核查工作中必不可少的手段，无论采取哪种具体核查方式都离不开"核对"这个重要环节。

2. 复核核查法。复核核查法是对会计记录进行重新验算、验证，以确定记录的数据是否正确的一种核查方法。这种核查方法多用于核对业务收入和各项支出核算是否准确等，如复核利息时，应用内部制约的原理进行总额控制，并按各科目总账累计积数与各科目分户账累计余额表的积数分别进行验算核对，同时还要对利息清单的计息积数、计息额进行验算核对，这样在核查中才能及时发现问题。

（六）盘点

核查人员对被核查机构的现金、票据凭证等进行盘查清点的过程，即为盘点。商业银行风险核查中的盘点一般使用查库盘存法。

查库盘存法是根据核算资料，对保管的有价单证、重要凭证、金银、外汇、现金等实物进行盘点核实，并在现场进行清点，核查实物与当期各自的账、簿、卡、表是否相等。查库盘存法是一种非常重要的现场核查方法，其对象及内容明确，能迅速发现存在的问题，达到核查账实是否相符的目的。

（七）重新执行

重新执行是指核查人员独立执行原本作为被核查机构的业务操作流程。商业银行风险核查中的重新执行一般采用情景还原法。

情景还原法是将已装订成册的会计凭证拆开，还原为业务发生的初始状态，按账户序号的大小排列，与分户账所记载的账务进行逐笔核对。这种核查方法比较全面彻底，但是工作量大，一般不宜采用，只有在账务非常混乱或发生差错事故而其他方法都难以查清的情况下才予以使用。

（八）分析程序

分析程序是指核查人员通过分析不同核算数据之间以及核算数据与业务数据之间的内在关系，对核算信息作出评价的过程。分析程序还包括在必要时对识别出的、与其他相关信息不一致或与预期值差异重大的情况进行调查。

1. 跟踪核查法。跟踪核查法是在对业务核算中的复杂问题难以查清时，顺向或逆向按业务所涉及的单位进行跟踪查实的一种核查方法。跟踪核查法比较烦琐、复杂，涉及范围广，影响面大，工作量也大，一般不宜采用。但对于发生重大差错事故，出现经济案件或立案调查，需要核查客户资金往来时比较适用，从中发现并梳理案件线索。

2. 分析判断法。分析判断法是针对员工违反规章制度或违反常规账务处理程序等异常行为所采用的一种核查方法。如核查反交易、错账冲正等业务时，对异常情况或差错产生的业务环节、导致其发生的可能原因等进行分析判断，来确认是一般的业务差错还是隐藏案件线索，并进行处理。分析判断法在使用过程中，应根据实际情况和其他方法结合起来，更好地发挥核查工作在防范和揭露案件中的重要作用。

二、风险核查技巧

要保证风险核查效果，风险核查人员不仅具备良好的业务素质，熟悉和掌握各种风险核查方式和方法，还要在工作实践中学习、总结核查经验，娴熟掌握专业的核查技巧，不断提升专业核查水准。下面就商业银行的重点业务环节，结合上述风险核查方式与方法，介绍相关核查技巧。

（一）账户开立环节的核查技巧

风险核查人员在进行账户开立相关环节风险核查时，可采用复核核查法、审阅法、现场观察法、电话回访法等核查方法，对开户资料的完整性、开户手续的合规性等多方面进行核查。比如通过人民银行"人民币结算账户系统"与账户进行比对，检查是否经过人行审批和报备；核查开户资料，包括企业营业执照正本、税务登记证、企业法人代表身份证复印件等要素，是否齐全；对于外汇存款账户，除像人民币存款账户一样具有相关开户资料外，是否有国家外汇管理局规定的资料原件或复印件，是否通过外汇账户报备系统及时向外汇局报送相关信息；针对电子银行业务的开户，观察客户签名在各类申请表中是否一致。

（二）网点现金的核查技巧

风险核查人员在进行网点现金相关业务环节风险核查时，可采用核对法、电话回访法、查库盘存法、录像回放法等核查方法。例如通过盘查柜员、网点钱箱库存现金与系统数据是否账实相符；通过电话回访客户，证实现金交易是否为客户发起；或是当客户联系失败时运用监控录像回放功能，对某现金交易的真实性进行核实；等等。

（三）业务凭证审核及业务处理环节的核查技巧

风险核查人员在进行客户资金往来业务风险核查时，可采取顺查法、详查法等方法，审核业务凭证的准确性与完整性，审核结算票据的真实性，审查业务处理的合规性，查看是否存在违反"现金收入先收款后记账，现金付出先记账后付款，转账业务先借后贷，先记账复核后再签回单"等账务处理原则的现象。通过现场观察法，到营业机构现场了解业务办理的真实性，是否存在员工代客户填写业务凭证、代客户办理业务等。通过业务详查法及跟踪核查法，对客户资金交易往来进行持续跟踪分析，核查客户是否违反与银行签订的协议，是否存在利用银行交易平台进行洗钱、诈骗等违法交易活动的情况。

（四）内部账户账务核查技巧

风险核查人员在核查内部账户业务事件时，可采取详查法、审阅法等方法。首先核实该内部账户的开立是否符合规定，通过查阅内部账户的开户资料，检查是否有合规的审批、开立手续；再核对记账凭证要素的准确性与完整性，并应进行内部账户总账、分户账、卡片账三核对；最后核实该内部账户是否符合其特定要求，如日终零余额账户其日终余额是否及时清零，系统自动处理的批量账户是否存在手工记账的情况，等等。

其中为防止案件事故的发生，对容易出现问题的敏感日期，如年末、周末或长假前一营业日等日期的内部账户业务核算情况要进行重点核对，防范员工挪用、占用银行内部资金。

（五）重要空白凭证调拨、保管及使用的核查技巧

风险核查人员在进行涉及重要空白凭证调拨、保管及使用等业务事件核查时，可依据某一时期上级管理机构下发营业机构的重要空白凭证调拨、保管情况，到营业机构现场核对入账时间、凭证数量、起止号码。重点核对下发数量和领取数量是否相符；入账是否及时准确、号码是否一致；实地盘点凭证数量和系统中应有数量是否相符；核查营业机构在重要空白凭证调拨、保管、使用等方面是否存在违规行为。

（六）辖内往来资金核算核查技巧

风险核查人员根据辖内往来各级账户资金余额或抄录某一时期的资金往来分户账，到营业机构调出分户账逐笔核对金额、日期、笔数等项目，核查有无不符问题，发现疑点应一查到底，采用跟踪核查法，深入查清是否存在挪用或盗用资金问题。

（七）代客户保管印鉴、支票等结算凭证或各类客户卡片、存单折等重要物品核查技巧

风险核查人员进驻营业机构现场，核查员工使用的办公抽屉、卷柜，因为这些地方是存放办公用品的地方，严禁存放私人物品，所以不涉及个人隐

私和侵权问题。核查时为了防止核查一名柜员时其他柜员暗地做转移，可以在上班前或下班后令全体员工同时打开抽屉并起立撤离办公桌一定距离，然后逐一进行核查。看其是否代客户保管印鉴、支票、客户卡片、存单折等重要物品。

（八）员工代客户办理业务的核查技巧

风险核查人员可采用询问法、录像回放法等对员工代客办理业务的情况进行核查。进驻营业机构现场后，通过人员访谈或调阅营业机构监控录像，注意审查是否存在银行内部工作人员代客户办理开户、取现、转账、代输密码、代客户购买重要空白凭证等行为。

三、风险核查实务案例分析

为便于读者深入理解风险核查的方式、方法、技巧及其在实际工作中的应用，下面结合几个商业银行实际案例进行具体阐述。

风险核查实务案例一：

某大型国有商业银行分行事后监督机构在风险监测中发现，辖属支行某开户单位向个人客户李某的结算账户划转"劳务费"100万元，随后李某通过POS机消费渠道，由本人或他人进行异地消费或套现。通过持续监测发现，该账户上述操作在一段时间内频繁发生。

核查思路：风险核查人员应对上述事件资金流向进行全面核查，核查重点有两个方面。一是核查客户李某是否存在出租、出借账户、协助单位进行套现的行为；二是核查是否存在通过POS机进行套现的风险。

核查方法：风险核查人员应采用顺查法、详查法、跟踪分析法，调阅单位往来户、个人"李某"账户历史交易明细及账户信息，分析相关账户资金交易走向、规律、资金用途、账户性质等，确定分析结果。

核查结论：一是单位往来户频繁转个人账户，短期内通过POS机发生支付，存在明显的公转私套现行为；二是大额资金固定转入个人账户，再由本人或他人持卡消费或套现，存在账户出租、出借及"短期内资金集中汇入、汇出"的洗钱特征。

风险核查实务案例二：

某城市商业银行事后监督人员在质量检测中发现，辖属某支行连续多日发生同一客户在不同网点开立多户个人结算账户的事件。经初步分析，发现同一客户在办理开户业务的凭证上留下的签名笔迹明显不符，预留的联系电话、地址均不一致，且开户后整笔转入、分笔转出，存在明显风险疑点。

核查思路：根据事件呈现的风险疑点，核查人员应重点核查以下环节。一是上述异常事件是否存在客户身份证被冒用开户现象；二是客户开立多个账户是否存在明显账户资金异动现象；三是有无客户违规出租、出借账户行为。

核查方法：（1）利用顺查法、详查法、跟踪分析法，通过调阅客户开户凭证及账户历史明细，对客户开户合规性、账户历史交易明细、客户办理开户业务签名的真实性进行审核。审核客户开户资料，核查柜员办理客户开户业务是否合规，开户资料是否齐全，客户开户原因与其后续交易行为是否吻合；调阅客户开立账户历史交易明细，分析资金交易动向和特征，分析交易行为的合理性，是否符合洗钱特征。（2）采用录像回放法和询问法，调阅营业机构业务处理时段监控录像，向银行内部人员询问了解情况，分析判断客户开立多个账户是否为同一人办理以及客户签名是否真实。（3）采用电话回访法，利用统一电话银行平台，向客户了解办卡实际情况，开户业务是否由客户本人办理，核实客户办卡资料的真实性与完整性。

核查结论：一是存在客户身份证被盗或遗失后，被不法分子冒用开户的情况；二是存在开立账户被不法分子使用，用来实施网络诈骗事实；三是存在网点开户环节把关不严的违规行为。

风险核查实务案例三：

某股份制商业银行事后监督人员在风险监测中发现，某网点季末发生个人网上银行注册业务200多笔，网上银行注册开户申请书填写内容、客户签字笔迹明显相似，监督人员初审认为，网点存在柜员代客户办理个人网银注册手续的风险。

核查思路：根据事件反映的风险疑点，核查人员应重点核查两个环节。一是应调阅业务发生时段监控录像，核查柜员办理客户注册个人网上银行的操作合规性，是否存在柜员代办行为；二是要现场询问网点管理人员，了解客户办理网银的具体情况。

核查方法：根据事后监督人员初审意见，深入营业机构现场，采用录像回放法，调阅业务办理时段现场监控录像，查看此时段内柜台有无客户现场办理业务，网银注册业务是否由客户本人办理。采用询问法，向营业机构负责人了解业务发生全貌，对网点办理个人网上银行合规性进行深入核实。采用电话回访法，通过统一电话银行平台，向客户了解网银注册情况，进一步验证营业机构反映情况是否属实。

核查结论：经查证，事后监督人员判断属实。确为网点为完成营销任务，由柜员代客户注册个人网银。同时，网点为规避代办事实，逃避事后监督，采取分柜员、分批次代客户完成相关注册申请表填写、代客户签名的方式，代客户完成个人网上银行注册的相关办理手续。

风险核查实务案例四：

某农村信用联社的事后监督人员在风险监测中发现，某网点某日于非营业时间19：00～22：00时，发生多笔个人定期开户、大额现金支取业务，累计50万元。经事后监督人员初步甄别发现，存在柜员代客办理业务、代客户保管存单折等风险疑点，遂下发查询要求核查人员进行核查。

核查思路：根据事后监督人员提出的风险疑点，核查人员应对可疑业务的处理环节进行详细的了解和查证，如非营业时间办理业务的真实性、客户是否到现场办理业务等。

核查方法：风险核查人员应采用录像回放法，通过调阅业务办理时间段的监控录像，确认非营业时间内网点现场是否有客户在办理业务；通过查库盘存法、现场观察法，查看柜员保管的重要物品，核实柜员是否存在代客户保管存单、现金等违规行为。

核查结论：核查人员通过分析业务办理的真实性、查阅网点监控录像发现，网点存在以下问题：一是非营业时间办理多笔大额现金支取不符合常规和客户交易习惯；二是监控录像显示无任何客户在现场，可确定柜员代办行为成立；三是柜员业务办理至深夜，又无客户在场，可确定所开立存单、存折、支取的现金等由柜员代客户保管。综上核查，网点存在柜员代客办理定期开户、现金支取，代客签名、填单，代保管存单、存折、现金等多项违规行为。

第四节　风险核查报告

风险核查工作结束后，核查人员应将核查的过程和结果汇总，分类整理，提出整改意见、建议和措施，撰写核查报告，为被查营业机构总结经验、改进工作和上级行了解被查营业机构工作情况提供可靠的依据。

一、风险核查报告种类

风险核查报告主要分为专项核查报告和全面核查报告。

（一）专项核查报告

专项核查报告是对某个或某类风险事件进行特定范围的专门核查所形成的报告。专项核查的内容比较集中，核查比较深透，因此，专项核查报告要深入、详细，其建议和措施应具体。

（二）全面核查报告

全面核查报告是根据众多单项核查活动的结果，对某一特定时期、某营业机构的各类业务进行全面、系统、综合分析所形成的核查报告。全面核查报告要数据准确，内容全面、具体、详细、完整。对核查中重点、关键的问题要详细阐述，对带有普遍性或潜在案件危险的部位必须着重指出其危险程度，绝不能敷衍塞责或轻描淡写。

核查报告是各级行开展核查活动，并对核查结果进行客观公正的评价而形成的书面报告。核查报告要实事求是，对于发现存在的问题要如实反映，既不能扩大，也不要缩小，工作中存在的某些缺陷、违章操作、违反规定现象要予以揭示，并针对存在的问题提出改进的意见和具体办法、措施等。

二、核查报告结构

风险核查完毕，要整理相关核查材料，看其核查项目有无遗漏，核查是否正确，核查内容是否全部结束。然后要提炼资料，去粗取精，由表及里地把核查出来的问题进行分类整理排队，确定核查报告提纲，再根据核查报告提纲，确定核查报告小标题。核查报告层次要清楚，内容要全面，语言要精练，数字要准确，不能用"可能"、"估计"等模糊性的语句。

（一）标题

报告标题可采用核查内容的主题事项，并进行高度的概括，比如《关于××柜员接受异常大额汇款的核查报告》。

（二）主送机构

上一层级管理机构或相关责任部门。

（三）基本情况

核查报告的前言，要开门见山，明确阐述核查的依据、核查的对象、核查的项目、核查的目的和时间，简要介绍被核查事件的基本情况，准确、恰当、简明地作出客观公正的评价。

（四）核查情况

这是核查报告的主体，是核查报告具有说服力的重要部分，也是核查报告的核心。应分层次展开说明，可按核查业务性质分成小标题来写，也可以按照核查的顺序分类写。但是必须做到观点与材料的统一；对存在的问题及可能引发的后果，须一针见血地指出，同时要根据核查出的问题作出适当的分析，指出问题性质和存在的原因。

（五）结论或处理意见

根据核查出来的问题作出恰当的结论并提出处理意见，要做到具体问题具体分析，既不能回避、掩盖问题，也不能姑息迁就，对其存在的问题和危害，要提出公正、契合实际的处理意见。涉及经济责任和法律责任的，应进行责任落实和界定，依据风险驱动因素和风险事件确认标准等确定风险事件的性质及主客观因素的大小，对存在违规或未按规定履职导致风险事件的责任人、责任机构或责任部门认定风险责任，提出处理建议。落实责任应慎重，做到有据可查，有章可循，有法可依。

（六）改进建议

针对存在的风险隐患或缺陷，结合风险事件产生的关键驱动因素，提出合理的建议并及时反馈给被核查机构或有关责任部门，帮助被核查机构或责任部门改进工作，弥补缺陷，完善制度，理顺流程，防止再次出现类似差错事故和经济案件，确保银行资金安全，使银行的运行风险管理工作再上新台阶。

综上所述，一份高质量的核查报告需层次清晰、内容完整、注重实效，核查意见要具体明确、分清是非、判断准确。

第九章 监督辅助支持系统

商业银行事后监督体系实现了风险导向和流程导向的智能型监督，这种智能型监督不仅体现在风险监测、质量检测、履职管理等风险识别方式上，还体现在创造性、多样性的分析上，而这些方法必须借助现代化、自动化、信息化的监督辅助支持工具才能得以实现。本章将围绕商业银行事后监督常用的会计凭证档案影像管理系统、远程视频监控系统和企业级数据仓库等工具进行介绍。

第一节 监督辅助支持系统概述

监督辅助支持系统是指独立于商业银行事后监督系统之外，具有完整的系统架构和完备的功能模块，能够为事后监督体系高效运转提供重要功能支持和技术支撑的相关系统的总称。需要强调的是，这些辅助支持系统能够为事后监督体系所用，但其功能并不仅仅服务于事后监督，而是具有综合用途的独立系统。

一、监督辅助支持系统的功能

（一）统计和展现

统计和展现是监督辅助支持系统的基本功能，即对处理过的数据信息进行分类统计并根据查询需要进行展现，一个好的监督辅助支持系统在设计之初就应该充分考虑到用户的具体访问需要以及系统承压能力，合理安排数据或信息的采集模式、统计方式和展现样式，注重用户界面的便捷性和友好性。如会计凭证影像系统能够对采集完成后的凭证电子影像按照某一要件（如柜员号、交易时间等）进行归类整理，当使用人员发出特定查询指令时，系统能够进行快速定位和准确展现，相较于手工翻阅实物凭证而言，节省了大量的查找时间。

（二）存储和加工

存储和加工是监督辅助支持系统的核心功能。存储是加工的前提和基础，加工是存储的提炼和升华。数据本身是孤立存在的，只有对足量的已存储数据进行聚类分析等精加工处理，才能挖掘出相对准确和可用的信息，揭示出数据之间的内在联系和规律，而数据加工的过程也是对存储模式的检验和校正过程，两者相辅相成，互相促进，共同发挥监督辅助支持作用。对于监督辅助支持系统这样的应用系统而言，对数据或信息的加工处理能力至关重要，在某种程度上直接决定了系统应用的广度和深度，如企业级数据仓库能够将商业银行的海量业务数据进行归集和统一存储，按客户维度从中提取分属不同业务种类的交易信息，并对这些信息进行数据分析，全面了解客户行为特征、消费习惯、交易对手等更深层次的信息，为商业银行客户行为偏离度分析及监督模型设计提供支持，有利于商业银行构建以客户为中心的产品营销体系及客户管理体系。

（三）决策和管理

决策和管理是监督辅助支持系统的衍生功能，既以上述两项职能为基础，也是上述两项职能的延伸和拓展，具体是指该类系统能够将加工处理后的数据或信息用于商业银行的决策分析和管理支持。仍以数据仓库为例，在完成了客户交易行为信息的存储和加工后，企业级数据仓库可及时将加工分析结果以图表等直观易懂的形式予以展现，商业银行监督人员可结合客户金融行为特征对监督模型筛选出来的准风险事件进行较为全面的分析、核查和确认，形成更为准确的监督成果并将其报告给商业银行管理层，促进监督成果向管理决策的转化应用。

二、监督辅助支持系统的特征

监督辅助支持系统的上述功能决定了其具有易用性、适用性和实用性的特点。

（一）易用性

易用性是监督辅助支持系统最主要的特点，这是由其在商业银行中的实际应用需要决定的。监督辅助支持系统作为商业银行监督辅助支持的重要手段，在日常监督工作中使用频率很高，使用人员也较多，客观上要求该系统必须具有功能模块清晰、易于理解、操作便捷、反应迅速等特点。系统设定不同的功能模块分别完成不同的指令，模块之间既有内在联系又各有侧重，用户可以根据模块描述来准确选择和调用，界面友好，便于理解和操作，发出的指令能够得到快速的响应、处理和展现。

（二）适用性

监督辅助支持系统的适用性分别体现在前端和后端两个方面。从前端来讲，监督辅助支持系统必须能适用于各种不同的软、硬件环境，在不同的环境中都能正常安装并具有相对稳定的运行状态，适用于商业银行不同监督机构的运行环境，可维护前端操作用户并由其完成源数据的采集和录入，提供前端查询功能。从后端来讲，系统应支持不同层级的用户按照既定的流程进行访问，具有灵活开放的系统架构，从而满足商业银行跨机构、跨地区甚至跨国别监督的实际需要。

（三）实用性

适用性是监督辅助支持系统应用于商业银行监督工作的必要前提，实用性则决定了其应用的深度和广度。一个在监督工作中应用广泛、影响深远的监督辅助支持系统，其实用功能一定紧密契合商业银行监督工作的某种需要。如远程视频监控系统，就是凭借其独有的技术优势，使商业银行监督工作能够摆脱时间和空间的限制，使监督人员对业务场景的相关性分析更为立体和直观，从而成为一种有效的手段在监督工作中得到日益广泛的应用。又如数据仓库技术，通过对分布在商业银行内部不同领域的数据进行整合、集成和分析，将来自不同数据源的相关数据转换成统一格式，可以统计和展现特定时间段内、特定网点或特定柜员的运行风险状况，便于商业银行全面了解不同管理单元面临运行风险冲击的程度，从而实施更具针对性的业务监督、风险管理和质量控制。

三、监督辅助支持系统的分类

按照数据或信息处理方式的不同，监督辅助支持系统可分为操作事务型和决策分析型两大类。

（一）操作事务型

操作事务型监督辅助支持系统的运行模式为"采集源数据—存储信息—输出（提供）信息"，系统无须对数据进行清洗、转换、传输、聚合、加载等操作，用户通过该系统可查询到所需信息，关注的重点是系统响应时间和数据的安全性、准确性和完整性。会计凭证影像系统和远程视频监控系统都属于操作事务型监督辅助支持系统。前者采集业务凭证影像信息并进行分类存储，监督人员可根据实际监督需要快速调阅和审核影像，因此响应速度是影响系统使用效率的关键因素，同时影像信息是否清晰准确完整，也直接决定着监督工作能否顺利开展。后者采集场景视频信息并完成存储，供监督实证分析以及风险核查使用。上述两个系统都无须对所存储的数据进行深加工，监督人员可直接根据支持系统展现的相关信息完成后续分析工作。

（二）决策分析型

决策分析型监督辅助支持系统的运行模式为"采集源数据—存储信息—加工处理信息—输出（提供）信息"，对信息的加工处理是该类系统的核心功能，也是其与操作事务型监督辅助支持系统的本质区别。企业级数据仓库就是典型的决策分析型监督辅助支持系统，通过对当前数据和历史数据进行搜集、整理和有效集成，按照某些主题分别进行组织、整理、分析，得到大量的、高质量的、高覆盖面的价值型决策信息，满足商业银行事后监督风险分析判断的实际需要。以资金异动类监督模型为例，需要对客户的资金交易行为进行长期的、连续的、准确的监测记录，来得出客户交易习惯及上、下游交易对手信息，这种数据运算量十分巨大，单纯依靠手工统计和分析是不现实的，也很难保证分析结果的准确性和客观性，因此，必须借助数据仓库强大的数据处理及分析能力才能完成。

第二节　会计凭证档案影像管理系统

早期的事后监督工作主要通过翻阅原始的纸质业务凭证来实现，逐张查找凭证费时费力，工作效率较低。由于会计档案采取纸介质保管，查询与调阅只能在档案保管实地进行。随着事后监督集约化的推进，尤其是跨城市的事后监督集中，解决凭证传递问题，满足商业银行跨机构、跨区域甚至跨国别监督调阅凭证的需要，成为摆在商业银行面前的重要课题。会计凭证档案影像管理系统顺应了会计档案无纸化的潮流和方向，实现了会计凭证档案的集中化保管和电子化存储，在商业银行内部得到越来越广泛的应用，提高了查询调阅凭证资料的准确性和时效性，也为商业银行实行更高层面的集约化监督提供了可能。

一、会计凭证档案影像管理系统的概念

会计凭证档案影像管理系统是指利用影像采集设备，将商业银行业务办理过程中产生的会计凭证、客户身份信息等纸质业务资料转换成电子影像并进行集中存储和统一管理的系统。会计凭证档案影像是会计档案的重要组成部分，在管理和使用上应遵循"真实性、完整性、安全性、保密性"原则。

（一）真实性

真实性是会计凭证档案影像管理的首要原则，也是会计凭证档案影像管理系统为商业银行事后监督提供辅助支持的重要前提。具体是指会计凭证档案影像应与实际业务发生时的纸质会计凭证、客户资料等文件资料保持一致，主要通过规范严谨的流程管理和系统操作人员的严格履职来保证。只有会计凭证档案影像真实可信，监督工作才具有真实性的基础，才能真正反映运行风险状况，监督成果才能为商业银行风险管理和经营决策所用。

（二）完整性

完整性是指商业银行组织各类业务核算活动过程中产生的所有凭证档案（含记账凭证、业务附件、客户身份资料、轧账单等）均应纳入会计凭证档案影像管理系统进行统一管理。影像采集人员在操作中应坚持"准确采集、全面核对"。一是在影像采集前凭证交接时核对会计凭证实物与交接登记簿信息的一致性，核对无误并将凭证实物数录入系统后方可采集凭证影像；二是由系统在采集完成后将会计凭证档案影像数量与会计凭证实物数量自动进行再次核对，确保"应建均建"。严格执行两核对要求是会计凭证档案影像完整性的重要保证。

（三）安全性

商业银行应采取切实可行的控制措施，确保会计凭证档案影像在生成、存储、调阅、保管等各个环节的安全。在会计凭证档案影像生成、存储环节应建立严格的岗位分离和权限控制等管理制度，在会计凭证档案影像调阅、保管环节应建立严格审慎的登记、交接等管理制度，还应建立完善的系统运行保障机制和应急处理机制，防止会计凭证档案影像遗失和损毁。

（四）保密性

会计凭证档案影像中包含大量的客户资料和业务信息，与纸质会计凭证档案同等重要。商业银行应建立严格的保密制度和问责机制，加强对会计凭证档案影像的操作人员、管理人员和使用人员的职业素质教育，严禁为无关人员开立会计凭证档案影像管理系统各类用户角色，严格控制私自备份、保存、打印，或向无关人员提供会计凭证档案影像等违规操作。对人为原因造成会计凭证影像失密的，还应追究相关人员的直接责任和管理责任，确保会计凭证档案影像信息安全。

二、会计凭证档案影像管理系统的功能

会计凭证档案影像管理系统作为会计凭证档案影像集中使用和管理的平台，主要具有影像建立、查询调阅、过程控制、业务统计和应用拓展功能。

（一）影像建立功能

会计凭证档案影像建立的方式可以是拍摄或扫描，建立的模式可以是分散模式或集中模式，建立的时间可以是业务发生当日或隔日，商业银行可结合自身所辖机构数量、人员情况、设备配备情况、实物传递机制以及区域间隔距离等选定会计凭证档案影像的具体建立方式。商业银行还应加强纸质会计凭证交接传递环节的风险控制和管理，为会计凭证档案影像管理系统其他功能的实现创造条件。

（二）查询调阅功能

会计凭证档案影像在系统中建立后，按照特定规则分类存储在专门的电子影像库中，可以按照指定业务要素（如机构名称、柜员号、账号、金额等）对会计凭证档案影像进行快速检索定位和准确调阅，彻底改变了逐张翻找会计凭证的传统调阅和监督方式，极大地提高了工作效率。在查询途径方面，可通过会计凭证档案影像管理系统由具备影像查询权限的用户查询，也

可通过事后监督系统、内部审计系统等与会计凭证档案影像管理系统实现接口无缝链接进行查询调阅。商业银行可根据管理需要合理设定查询权限并根据岗位变动情况进行动态调整。

（三）过程控制功能

会计凭证档案影像的建立、查询及管理均由系统平台流水线作业完成，系统可自动记录会计凭证档案影像在各流转环节的状态和处理过程，也可记录所有对会计凭证档案影像实施操作的人员、时间、网络地址、操作类型等要素。对纸质凭证电子化的全过程进行跟踪管理和过程控制，能够有效控制凭证替换和影像造假等行为。

（四）统计分析功能

会计凭证档案影像管理系统的统计功能使对相关数据的研究、分析、使用成为可能。通过对凭证数量、交易类型、影像采集时间、影像采集效率、影像使用情况等数据进行统计分析，商业银行管理层可以科学评价营业机构的业务特点、管理情况和经营状况，为实施网点的精细化管理和功能转型提供数据支持。会计凭证档案影像管理系统的管理部门可应用系统数据对会计凭证档案影像建立过程中各岗位人员的工作情况进行效率分析，合理安排劳动组织，适时优化劳动组合。

（五）应用拓展功能

会计凭证档案影像管理系统具有较强的可拓展性，可以为商业银行各类经营管理系统提供相应接口，无缝链接到相关的业务系统，提供特定业务需求的影像查询服务。如可将商业银行事后监督系统与会计凭证档案影像管理系统进行对接，并以某种共同要素（如会计凭证流水号等）建立关联关系，监督人员使用事后监督系统进行监督作业时，可根据关联关系要素直接调用会计凭证档案影像管理系统中的对应影像，无须另行单独登录会计凭证档案影像管理系统，从而有效地提高监督工作效率。

三、会计凭证档案影像管理系统的特征

（一）逻辑统一

商业银行将所辖各分支机构的会计凭证档案影像集中存储在同一系统平台下，数据结构、处理逻辑一致，并对其进行统一管理。这种电子化、信息化的存储和管理方式，实现了会计凭证档案影像在全辖机构范围内的资源共

享，可支持商业银行业务的集约化运营和管理，如事后监督集中、业务处理集中、纸质档案管理集中等。同时，系统提供分级调阅功能，即根据不同管理层级的差异化影像查询需求设定用户权限，能够查询本级和辖属机构的会计凭证档案影像。

（二）精确索引

会计凭证档案影像管理系统能够将会计凭证档案影像与业务信息建立精确对应关系，只要通过某些特定的业务要素，就可以迅速而准确地定位到某一笔或某几笔业务上，进而查询到相关的会计凭证档案影像。与传统手工逐张翻阅凭证的监督方式相比，查询效率可提高数十倍甚至上百倍，从根本上改变了原有"大海捞针式"的纸质凭证档案查询调阅方式，也改变了主要依靠人力投入的传统监督作业模式，推动了商业银行事后监督转型的进程。

（三）综合利用

会计凭证档案影像管理系统可通过建立统一接口规范将各类业务应用系统在业务处理过程中形成的会计凭证档案影像自动归集到本系统，避免影像的重复采集，节约人力成本，提高资源利用效率。如实施远程授权的商业银行可将远程授权系统中已由网点扫描建立的会计凭证档案影像直接导入会计凭证影像管理系统，并可开发补充扫描或补充拍照功能，柜员可使用该功能在远程授权业务完成后追加客户签字确认的业务凭证，保证会计凭证档案影像的连续性和完整性。又如，已经将业务集中到后台进行处理的商业银行，可以将业务集中处理过程中已成功建立的会计凭证档案影像直接导入会计凭证档案影像管理系统，业务集中化程度越高，需要单独建立的会计凭证档案影像就越少，会计凭证档案影像使用和管理效率就越高。

（四）管理高效

会计凭证档案影像管理系统通过电子化手段建立起会计凭证档案影像数据从生成、传输、存储、应用到归档的全生命周期的科学管理机制，实现了会计凭证档案影像的数据共享化、管理集中化和应用信息化，可全面提高商业银行会计档案的现代化管理水平。

四、会计凭证档案影像的分类

会计凭证档案影像可以根据生成渠道、索引要素和存储状态等不同维度进行分类。

（一）事中类影像和事后类影像

按照生成渠道的不同，会计凭证档案影像可分为事中类影像和事后类影像。事中类影像是指在业务处理过程中，由业务人员使用影像采集设备进行实时采集并作为业务处理流程构成要件的业务资料影像，如远程授权或业务集中处理过程中产生的会计凭证档案影像，以及其他渠道如支票影像交换系统采集的相关资料影像。事后类影像是指在业务处理完结后，由业务人员利用影像采集设备进行采集的业务资料影像，该类影像不参与业务处理流程，仅作为会计凭证档案保管。

（二）精确索引影像和批索引影像

按照影像与业务信息对应关系的索引要素不同，会计凭证档案影像可分为精确索引影像和批索引影像。精确索引影像是指能够与业务要素建立精确的一一对应关系的会计凭证档案影像，商业银行事后监督系统在监督某项具体业务时可根据业务处理信息精确调阅展现对应的影像信息。批索引影像是指只批量与某几个业务要素建立索引，无法实现精确定位的会计凭证档案影像，如日终轧账资料影像，由于缺乏精确索引，此类影像在商业银行事后监督系统难以准确调阅业务信息对应的影像，监督人员可按较为宽泛的检索条件（如地区、网点、柜员、日期等）或直接登录会计凭证档案影像管理系统调阅，并在显示的批索引影像中查询。

（三）在线影像和离线影像

按照影像存储状态，会计凭证档案影像可分为在线影像和离线影像。在线影像是指存储于在线影像库中，可以联网实时查询调阅的影像，能够满足商业银行事后监督等时效性要求较高的查询调阅需求。离线影像是指超过影像在线存储时间后，转移到光盘、磁盘等其他介质中存储的影像，能够满足业务检查、客户查询、司法查询等方面对较长期限范围内的会计凭证档案影像调阅的需要。商业银行可根据会计电子档案管理要求，结合会计凭证数量、系统设计容量等实际情况，合理确定在线影像存储时限，使会计凭证档案影像既可满足短期调阅使用需要，也可满足长期保存管理需要。

五、会计凭证档案影像精确索引的建立

为了快速准确调阅会计凭证档案影像，确保事后监督工作高效运行，需要建立会计凭证档案影像与业务信息一一对应的精确索引。其中事中类影像

在业务处理过程中已自动与柜员办理的业务信息建立准确的匹配关系，实现了精确索引，下面主要介绍会计凭证档案事后类影像精确索引的建立过程。

（一）网点分散模式下影像精确索引的建立

在营业网点分散采集模式下，事后类会计凭证档案影像采集可分两种方式。一是对于业务量小且柜员日间工作量不饱和的营业网点，业务人员可在业务办理间隙完成影像的采集，并由系统同步建立会计凭证档案影像与对应业务信息的精确索引关系。该种方式可在网点营业过程中完成影像采集工作，时效性强，且无须安排加班作业，网点人力得到充分利用，但受柜员日常工作量影响，此采集方式可适用范围较小。二是业务量小且柜员日间工作量饱和，凭证实物传递存在困难的远郊营业网点，可在营业终了当日就地集中完成会计凭证档案影像采集工作，并由系统建立会计凭证档案影像与业务信息的精确索引关系。该种方式在营业当日完成影像采集工作，时效性也较强，但在一定程度上会延长柜员的工作时间。综合而言，营业网点分散采集影像模式的标准化、专业化程度较低，不适宜大范围推广应用。

（二）后台集中模式下影像精确索引的建立

对于业务量较大、网点布局相对集中的城区行，可采用后台集中模式对事后类影像进行集中扫描，即统一由后台专业机构（通常部署在城市分行层面）负责对其辖属网点的会计凭证通过批量扫描方式生成电子影像。该种模式需要搭建包含影像采集、字符识别、自动匹配、人工审核等几个环节的影像处理平台。具体流程如下：

1. 影像采集。利用影像采集设备，批量采集会计凭证档案影像。在采集时，应确保纸质凭证的平整、洁净，避免倾斜、折角、重叠或漏拍，以保证影像清晰、端正、完整。

2. 字符识别。最常用的是光学字符识别，简称OCR（Optical Character Recognition）识别。该技术通过检测暗、亮模式确定字符形状，用字符识别方法将形状翻译成计算机文字。目前国内的字符识别技术已经十分成熟，对机打数字的识别率可达99%以上。

3. 自动匹配。由系统将OCR识别成功的影像信息与业务处理信息进行自动匹配，形成精确索引的会计凭证档案影像。

4. 人工审核。受业务凭证、打印机及扫描设备等多种因素影响，目前OCR技术对整张凭证业务要素的识别率很难达到100%。因此，对于没有成功识别或识别不完整的会计凭证档案影像，需进行人工审核和补录，由操作人员手工将凭证上的索引信息补录完整后，再与业务信息建立匹配关系。

后台集中扫描模式下的影像精确索引是批量建立的，因此单张影像建立精确索引的平均耗时较短，影像采集的效率和质量较高，很好地体现了流水线作业模式的优越性，实现了专业化、集约化的业务处理，减轻了网点压力。但该种模式需要将辖属网点的会计凭证实物统一运送至后台专业机构，由于距离远近不一，辖区所有凭证通常难以在当日送达到位，部分网点凭证需在T+1日中午才能送达，相应地影像采集和索引建立工作也会延后完成，因此基于影像作业的事后监督工作也需相应延后。

为使会计档案影像采集工作更为科学合理，商业银行选择会计档案影像采集业务组织模式应贯彻适度集约、因地制宜的原则。业务量大、网点布局相对集中的城区行，宜采取中心集中模式，以减轻网点压力，提高专业化、集约化的业务处理水平；业务量小，或者离城区较远、凭证实物传递存在困难的偏远分支机构可采用网点分散模式，以增强影像生成的时效性，减少人员占用。

六、会计凭证档案影像管理系统在国内银行业的建设实践

国内银行业自20世纪90年代以来纷纷探索会计凭证档案的电子化之路，并逐步拓展电子影像在商业银行管理实践中的应用。中国工商银行早在1996年开始探索电子化会计档案管理模式，先后采用胶片缩微、光盘缩微等技术，研发出"会计档案缩微系统"，以解决会计档案保管难、调阅难的问题。该系统经试点后，于1999年开始在全行大规模推广应用，会计档案管理水平发生了质的飞跃。中国银行于2003年在部分分行建立"银行会计档案缩微系统"，引进图像处理、OCR影像识别、数据库、多媒体、互联网等最新技术，实现会计档案的快速影像采集、海量电子存储、方便快捷查询以及智能调阅管理等功能。不仅仅是商业银行在会计凭证影像系统的建立上作了积极有益的探索，中国人民银行也于2007年8月27日正式上线运行会计凭证影像事后监督系统（IAS）[①]。该系统由会计凭证影像子系统（IMS）和事后监

---

① 杨学凤：《"中央银行会计凭证影像事后监督系统"有待进一步完善》，载《黑龙江金融》，2008（7），47页。

督子系统（AAS）构成[①]。新系统切实有效地解决了偏远地区会计凭证传递滞后、事后监督时效性相对较差的问题，实现了利用影像技术进行事中控制、事后监督和会计信息的电子化管理，加强了中央银行的会计核算风险控制能力[②]，在保障中央银行资金安全方面发挥了积极的作用。

随着影像采集、识别技术和存储技术的进步，会计凭证档案影像由批索引阶段发展到精确索引阶段。中国建设银行在2005年试点应用会计凭证管理系统，研发了"会计稽核及会计档案管理系统"，通过扫描录入方式，实现会计凭证影像的采集、处理、存储和调阅的全程自动化和电子化[③]，同时引入OCR影像识别技术，自动识别凭证影像上的全部记账要素，对识别失败的要素进行人工补录[④]。中国工商银行于2008年创造性地设计了集中管理、信息共享的全新会计凭证档案影像管理系统，通过影像流水建立精确的索引，并综合利用事中产生的各类业务影像，建立起现代化的会计凭证档案管理和调阅模式，为该行在省级分行层面实现事后监督的集约化提供了强有力的现代化影像服务支持。中国农业银行从2009年7月在分行进行会计集中监控中心的试点运作，依托OCR影像识别、视频和网络传输技术，对原有的会计基础管理系统和辅助监管系统进行整合升级，建立精确索引，运用远程视频联网监控，及时发现和纠正业务处理过程中的各种违规操作问题[⑤]，实现了"集中监督、数影结合、档案集中、质量控制"的全方位、立体式监控模式[⑥]。精确索引的会计凭证档案影像管理系统在商业银行的业务经营和管理活动中发挥的作用明显。一是全面提高会计档案信息化管理水平。通过档案影像

---

① 李雯莉：《中央银行会计凭证影像事后监督系统作用发挥与功能拓展的探讨》，载《金融经济》，2008（16）。

② 李年有、范谷岚、冯淑贤：《"中央银行会计凭证影像事后监督系统"运行中存在的问题和建议》，载《金融服务》，2009（1）。

③ 朱宝英：《银行会计稽核及会计档案管理系统设计方案》，载《华南金融电脑》，2005（7）。

④ 宋江云、李群：《对银行事后监督工作中电子影像应用的几点建议》，载《时代金融》，2008（4）。

⑤ 沈清：《实施监管模式变革 增强风险防控能力》，载《现代金融》，2010（5）页。

⑥ 顾治、贾学奇：《农行加快推进监控中心建设》，载《中国城乡金融报》，2009-09-16（BA01）。

化、索引精确化和应用日志化的全方位电子管理，使会计档案应用不再依赖纸质实物凭证，传统会计档案管理方式下的效率瓶颈得以突破，为信息化银行建设注入了动力。二是为银行有关经营管理活动提供了高效、快捷的会计档案应用支持。会计凭证档案影像精确索引的建立，实现了根据检索条件精确定位具体的档案影像，单笔会计凭证档案查询的时间只需数秒钟，查询效率提高约上百倍，客户档案查询的响应速度得以明显提升，较好地促进了对外服务品质的改进。三是推动了人力资源的优化配置。通过综合利用业务处理事中生成的会计凭证档案影像，大幅减少重复扫描劳动，提升了人力资源利用效率；会计凭证档案的电子化管理模式，大幅简化了档案的查询查复流程，降低了对会计档案查询查复岗位人员的占用。

七、会计凭证档案影像管理系统在事后监督领域的应用

会计凭证档案影像管理系统从根本上改变了各大商业银行事后监督调阅业务凭证的模式，在商业银行事后监督工作中得到了广泛应用，给商业银行事后监督作业方式带来了质的变化，也为进一步提高监督集约化水平提供了有利契机。

（一）应用于风险监测

风险监测是商业银行事后监督最重要的风险识别方式。如果没有会计凭证档案影像管理系统，当监测人员需要对某一账户资金流转情况进行持续关注时，只能先从商业银行业务处理系统中查找账户的交易明细，再根据业务办理柜员、交易时间等要素逐笔调阅相关纸质会计凭证，整个过程较为烦琐。会计凭证档案实现影像管理后，监测人员就可以利用会计凭证档案影像管理系统的存储、查询、输出等功能，以账号或时间作为查询要素，由系统集中搜索并清晰展现与某一账户相关的上、下游资金流向，使风险监测的关联性分析更为便捷和有效。例如，某商业银行监测人员对监督模型筛选出的某对公账户转账业务进行监测分析时，在会计凭证档案影像管理系统中按账号对该账户三个月以来的资金流转情况进行了连续分析，发现该账户在此期间通过网上银行转账与多个个人账户发生资金往来，累计金额数十亿元，遂下发查询书进行核查，后确认为违规办理公转私的风险事件。

（二）应用于质量检测

商业银行事后监督的质量检测工作主要是审查银行的业务核算质量，而

银行的核算事项主要是通过会计凭证来记载和反映的，因此，质检工作需要查询、翻阅大量会计凭证。质检工作的客观性和科学性必须以会计凭证的真实性和完整性为基础，脱离了这一基础，质检结果对商业银行核算质量控制的反馈和改进作用便无从体现。设计科学、操作灵活的会计凭证档案影像管理系统为质检工作提供了便利条件。在具体质检过程中，商业银行事后监督系统根据特定规则抽取并展现待质检信息，质检人员根据待质检信息中的某个或某几个要素，从会计凭证档案影像管理系统中准确调取相关会计凭证档案影像，并将会计凭证档案影像中的各项信息与业务记载信息进行核对，能够及时发现柜员录入内容与客户填写不符、会计凭证涂改或字迹不清、会计凭证缺失等核算质量问题并进行纠改。如某商业银行质检人员在对某个人账户连续多笔取款业务进行质检时，通过调阅会计凭证影像，发现客户姓名及身份证号码虽为同一人，但多笔取款凭证上签名字体明显不一致，遂下发查询书，后确认为柜员违规代客户签名的风险事件。

（三）应用于风险核查

风险核查是对准风险事件的全貌进行还原分析的过程，最基本和最常用的手段就是要对相关会计凭证进行调阅和审定。利用会计凭证档案影像管理系统，核查人员可快速定位待核查会计凭证档案影像，对会计凭证档案影像呈现的信息进行深入分析，并根据分析结果进行风险确认。如某商业银行风险核查人员连续调阅了某日同一账户相关业务的会计凭证档案影像，发现该账户在同一网点、同一柜员处先后办理了现金存款和现金取款业务，金额相等且数额较大，两项业务前后相隔时间仅为2分钟，明显不符合逻辑和业务办理习惯，后经进一步核实，确认为柜员未按业务操作规范办理的虚存类风险事件。

第三节　远程视频监控系统

远程视频监控系统是指依托数字技术、网络技术等手段，通过各级视频监控设备，实现视频资源共享和集中查看、管理、分析、预警等功能，从而形成以安全防范、环境监控、业务监控、服务监督、应急处置、合规检查、远程值守于一体的全功能服务管理体系。从传统意义上来说，远程视频监控系统一度是"安防"的代名词，最初主要用于商业银行营业机构环境监控、周界管理及出入控制。随着监控范围的不断扩大，远程视频监控系统逐渐应用到非现场视频检查、辅导规范业务行为以及客户服务质量管理等方面。近年来，随着视频、音频交互功能的实现，远程视频监控系统能够完整重现业务发生场景，以其独特的优势在商业银行事前预警、事中控制和事后监督工作中发挥不可替代的重要作用。

一、远程视频监控系统的功能

（一）音频视频实时监控功能

远程视频监控系统在提供视频监控支持的基础上，还具有同步监录语音的音频监控功能，并将同一监控资料的视频信息与音频信息进行匹配，为商业银行事后监督人员、风险核查人员真实了解业务办理场景提供了更为直观的资料。

（二）多网点同步监控功能

远程视频监控系统既可显示单个网点监控画面，也支持多个视频画面同时展现，达到同时监控多个网点的目的。当屏幕不能容纳所需监控的全部网点画面时，可通过视频轮巡功能实现监控画面在各网点间自动进行滚动切换和展现。

（三）非现场监管功能

远程视频监控系统为商业银行实施非现场监管提供了重要手段，商业银行各级管理人员可根据具体管理需要，通过远程视频监控系统对网点规章制度落实情况、核算操作合规情况、柜面分流管理情况、客户服务情况等进行非现场抽查，也可对事后监督过程中锁定的需重点关注的网点和柜员业务操作情况进行实时监控并督促整改，具有较强的威慑性和针对性。

（四）视频资料管理功能

远程视频监控系统可对历史视频数据进行存储、备份和剪辑等处理，以满足对被监控营业网点特定时段、特定区域、特定柜口、特定柜员或特定业务等视频资料进行查询调阅及保管的需要。如对远程视频监控发现的违规操作，可实时抓拍违规画面并剪辑保存违规录像，用于风险分析、责任认定及落实整改等。

二、远程视频监控系统的特征

（一）客观性

客观性是远程视频监控系统最基本的特点，这是由系统的运行机理所决定的。通过全局规划并合理设置摄像头安装位置，远程视频监控系统可对网点营业区域、交接区域、办公区域及其他重要区域进行编码定位，可根据管理需要对网点现金区柜员、非现金区柜员、大堂经理、理财经理等各岗位人员进行精确定位和全面监控，实时记录监控画面，并在远程视频监控平台屏幕中予以展现，能够如实还原、真实反映被监控区域现场和被监控人员的行为。正是基于这种客观性，远程视频监控系统才能成为监督人员进行风险分析、核查人员进行风险确认的重要辅助支持手段。

（二）全面性

远程视频监控系统的全面性主要体现在监控范围的全面性和应用领域的全面性两个方面。一是远程视频监控可覆盖商业银行办公区域、网点营业环境、柜员操作区域、金库内部环境、身份认证区域及其他重要监控区域。通过对重要区域的重点风险环节进行远程实时监控，增强事中控制作用，有效前移内控关口，充分发挥对网点和员工的威慑作用，实现"一网打尽"式的3A管理，即：想看哪就看哪（anywhere），想何时看就何时看(anytime)，想看谁就看谁(anyone)。二是远程视频监控系统可满足商业银行全方位、多样化的管理需求，包括优质服务管理、内控检查管理、实时业务处理、规范操作管理、应急突发事件管理、安全预警管理、人身安全管理等。

（三）统一性

远程视频监控系统可通过建设统一平台、制定统一规则和设置统一接口，将分布在各个被监控区域的视频资源进行整合；通过压缩前端管理权限，对视频监控资源的使用进行统一管理，并对用户权限进行严格分级管理，有效防范了不法分子关闭、删改视频监控资料的风险，使独立的监控孤岛转换为真正的统一监控管理集群。这一特点使商业银行事后监督人员跨网点、跨地区调阅远程视频监控资料成为可能，也为商业银行实行更高层面的集约化事后监督提供了重要的技术手段支持。

（四）可存储性

远程视频监控系统可将视频资料存储于各个被监控区域的视频服务器

内，也可根据管理需要将某些重要录像资料通过网络转至更高级别的视频管理服务器内并建立严格的视频资料调阅查询机制。各级授权用户可按时段、地域、人员等综合条件快速定位、准确查找视频资料，既可实时查看，也可事后调阅。可存储性满足了商业银行事后监督对某笔业务进行追溯分析时调阅历史监控录像的需要。

（五）可拓展性

远程视频监控系统采用通用主流技术、预留符合国际标准或工业标准的软硬件接口，使整个系统具备良好的系统功能扩展性，可支持在不改变系统核心硬件及功能的前提下，添加、变更、删除被监控区域或对监控细节进行调整。如网点新增业务柜口后，可利用可拓展性在远程视频监控系统中同步添加被监控区域和被监控柜员，满足对新增柜口及柜员的监控需要，以保证远程视频监控范围的全面性。

三、远程视频监控系统的分类

按照监控对象的不同，远程视频监控可分为对外监控和对内监控。对外实现对客户行为的监控，对内实现对银行内部员工行为的监控。

按照监控时效性的不同，远程视频监控可分为实时监控和事后监控。实时监控遵循"发生即展现"的原则，视频资料的展现与被监控对象的活动在时间上同步，时效性较强；事后监控遵循"先发生后展现"的原则，视频资料的展现与被监控对象在时间上具有异步性。

按照监控范围的不同，远程视频监控可分为全景展现与特定展现。全景展现实现了对被监控区域的全覆盖和总监控，如对营业网点门外周边环境的监控；特定展现主要用于对特殊重要区域的重点监控和场景展现，如对金库的监控。

按照监控集中程度的不同，远程视频监控可分为集中监控和分散监控。通常认为，在省级分行以上层面的监控为集中监控，在市级分行及以下层面的监控为分散监控。

四、远程视频监控系统在国内银行业的建设实践

银行历来属于安全防范的重点单位，具有资产规模庞大、重点设施繁多、出入人员复杂、管理涉及领域广泛等特点，其业务涉及大量的现金、

有价证券及贵重物品。而国内针对银行的犯罪活动也日趋上升，犯罪手段和方式也逐渐多样化、暴力化、智能化，迫切要求银行全面加强和更新银行的安全防范系统，远程视频监控系统则较好地满足了银行打击制止新型犯罪、防范经营风险和改善管理水平的需要。中国工商银行则较早将远程视频监控应用于自助设备运行管理，后进一步延伸至机构管理、人员管理、业务管理等多个层面，遵循先试点、后推广的原则，已先后在四川、安徽、河北等多家省级分行实现了远程视频监控集中管理，风险管理更为直接和有效。中国建设银行也在不断加强营业场所、自助银行、ATM和金库等的监控系统的改造建设，逐步形成一种以本地监控和远程管理相结合的新型监控管理模式。截至2009年末，中国建设银行有11个省级分行的远程监控报警联网建成并运行，全行建成远程监控报警中心230个，全面加强了对营业场所、金库、自助设备等要害部位的安全管理，保护了员工、客户和财产的安全[①]。中国农业银行于2009年4月启动了全行统一的视频监控联网系统建设，实现了具有报警联动、出入口控制、智能识别、OA分控、电子地图、异地集中守库、视频显示及控制、语音对讲、综合管理等功能的全行视频监控大联网，并于2011年2月率先在宁波分行试点。该系统的投产改变了中国农业银行原有的现场武装守库、检查必须到现场的状况，提高了金库、营业网点、自助银行等场所的综合管理效率和全行突发事件的应急指挥能力，实现了该行在安防和内控管理上的一次重大变革[②]。

五、远程视频监控系统在事后监督领域的应用

远程视频监控系统使商业银行合规性管理及监督检查摆脱了场地、时间及人员等因素的制约，商业银行风险管理人员能够随时随地看到各个营业机构的营业画面和现场人员的工作情况，直接对业务处理的真实性、合规性进行分析判断，达到"精确制导，有效管理"的目的。鉴于远程视频监控系统在风险管理方面具有其他系统无法比拟的优越性，因此被广泛应用于商业银行事后监督领域，特别是在资金异动类、电子银行注册类、网点管理类及员

---

① 《中国建设银行股份有限公司2009年社会责任报告》。

② 边纲领：《全行视频监控大联网建设起步》，载《平顶山日报》，2011-02-11。

工行为类风险疑点的核实工作中，可以如实还原业务场景，有效缩短核查时间，提高工作效率。

（一）远程视频监控系统应用于风险核查

商业银行风险核查人员在对事后监督机构下发的有待核实的准风险事件进行核查时，可以使用远程视频监控系统，通过网点号、柜员号、交易时间、交易序号等要素对该时段的远程视频监控录像进行准确定位，直接查看业务办理场景，并有机结合会计凭证影像等其他核查手段，如实还原准风险事件全貌，对业务办理过程进行全面分析和准确核查。

以某一资金异动类准风险事件为例，事后监督人员通过调阅会计凭证影像发现同一柜员办理的涉及三个不同个人客户的几笔支付业务凭证，其客户签名字体完全相同，初步分析为同一代理人代办，但会计凭证上并未记载代办人的任何身份信息，存在明显疑点，遂下发核查。核查人员通过调阅远程视频监控录像，证实上述业务确系同一人代办，并且在业务办理完毕后，代办人进入了银行营业网点现金区域，经向网点进一步核实，该"代办人"实际为该网点负责人，不仅代客办理业务，还存在代客填写业务凭证、代客输入账户密码、代客签名确认等严重违规行为。核查后，相关部门对该网点负责人进行了严肃处理，有效化解了代客办理业务的潜在风险隐患。

又以某一网上银行注册类准风险事件为例，事后监督人员发现柜员为一名86岁高龄的客户办理了一笔个人网上银行注册业务，办理手续合规完整，但从会计凭证影像上看客户签名字迹流畅有力，不像高龄客户所为，同时考虑到高龄客户亲自来网点办理个人网上银行注册不太合乎常理，初步分析该笔注册业务可能为代办，遂下发核查。核查人员通过调阅该笔业务的远程视频监控资料，还原业务现场场景，确认客户本人并未到场，而是由其女儿代为办理网上银行注册业务，经办柜员违反了电子银行注册业务"本人办、交本人"的基本规定，极易引起银行与客户之间不必要的法律纠纷。

（二）远程视频监控系统应用于业务检查

商业银行业务检查人员在履职过程中可以将远程视频监控系统作为非现场检查的有效手段，通过与现场检查有机结合，提高检查人员的履职效率和效果。如某商业银行的业务检查人员在现场检查中发现，某网点在印章管理、要素管理方面存在有章不循、有规不依的情况，同时网点柜员的风险意识淡薄、业务操作不规范、制度执行不到位。为了全面掌握该网点的操作风险管理状况，检查人员选取了该网点一个月的远程视频监控资料，重点对营业前款箱交接、日终轧账、金库管理等重要环节进行非现场检查。通过非现场检查，进一步发现该网点还存在单人完成款箱交接、日终轧账不核实凭证、金库钥匙未妥善保管等其他违规操作。结合现场检查和非现场检查发现的诸多问题，检查人员向该网点下发了专项整改通知书，并采取了风险意识教育和业务素质培训等帮扶措施，帮助该网点提高现场管理水平。

（三）远程视频监控系统应用于分析评估

商业银行通过远程视频监控系统对营业机构经营场景及柜员业务办理场景进行实时轮巡监控，对被监控机构的日常营业环境、客户流量、柜员劳务组织安排、业务处理情况等进行全面了解和掌握，从而为更加精准地分析评估积累素材。分析评估人员在综合分析各项风险管理指标的基础上，审慎评估营业机构及柜员面临操作风险冲击的程度，锁定需重点关注的营业机构及柜员，并通过远程视频监控系统对其经营行为进行非现场监督，有助于深入查找其风险管理薄弱环节，及时发现柜员违规操作行为，为实施针对性管理提供依据。如某商业银行事后监督机构在对基层营业机构操作风险管理情况进行综合评估时，发现某网点的风险暴露水平较高，特别是反交易类风险事件较多，通过调阅该网点近一个月的远程视频监控资料，发现该网点毗邻小商品批发市场，日均客流量很大，且异地汇款、现金汇款交易占比较高，但由于网点营业面积、人员总数等条件所限，网点只有两个对外营业窗口，柜员处于满负荷工作状态，疲于应对各类业务处理，难免频频出现操作失误的情况。针对以上问题，该行事后监督机构通过撰写专项风险分析评估报告，及时将相关情况通报相关管理部门，并提出大力推广网上银行等离柜业务、加强柜员业务素质培训、配足大堂经理等整治措施。在有关部门的高度重视和综合治理下，该网点的风险暴露水平大幅下降，柜面业务处理效率明显提高。

第四节　企业级数据仓库

通俗来讲，企业级数据仓库就是用来存储企业数据的仓库，通过"收集数据—集成数据—存储信息—提供信息"四个阶段，最终形成反映企业经营发展的全数据视图，供企业管理层把握规律、科学决策、谋划未来。目前，商业银行事后监督正处于风险导向阶段，以数据分析为基础、以监督模型为风险识别引擎的监督模式，需要对海量的交易数据与复杂的客户交易行为习惯记录进行持续的加工、集成等数据处理，这是新型事后监督体系向更高层面发展必须攻克的技术难题。企业级数据仓库的数据处理模式正好可以为监督模型和监督体系的建设提供有益借鉴，已经在风险监控领域发挥了重要的辅助支持作用。

一、企业级数据仓库的概念和特征

企业级数据仓库是企业在管理和决策过程中面向企业全局的、面向决策支持的、面向主题的、高度集成的数据集合，其管理的对象就是企业级（而非部门级）的数据，这些数据以仓库形式有序存储，主要目的是为企业的经营管理提供决策支持。企业级数据仓库所具有的开放性、全面性、统一性、稳定性、渐进性等特点，很好地满足了企业层面的风险管理要求，从而被有效运用到商业银行的事后监督工作中。

（一）开放性

开放性主要体现在数据来源和数据访问两个方面。从数据来源上讲，企业级数据仓库最基本的功能是物理地存放数据，这些数据并非是专有的，而是来源于其他多个数据库系统，因此，企业级数据仓库在建设中需要考虑为未来业务的发展预留相应接口，以便从不同数据库系统中抽取源数据，继而完成数据的清理、转换、存储、使用等后续处理；从数据访问上讲，由于面向企业各管理层级，企业级数据仓库应以易于访问和理解的方式（如HTML网页、电子表格、PDF文档、静态文本、WORD文档等）、通过各种报表生成工具和查询工具提供信息，这一特性可支持商业银行企业级数据仓库与事后监督系统的数据传输，通过开放性的系统架构，前者包含的海量交易数据能够为事后监督体系的数据分析和良性循环提供基础，后者形成的监督成果（如准风险事件、风险事件集合等）可转移至企业级数据仓库中进行集中存储并长期保存，不仅可以有效提高事后监督系统的在线使用效率，而且能够满足运营风险管理调取离线数据、进行追溯分析的需要，还可为各相关业务部门综合运用业务运营风险信息开展业务、流程、产品、客户等多维度分析提供支持。

（二）全面性

企业级数据仓库包含跨时期、跨部门、跨业务、跨信息平台、跨管理层级的数据集合，基本上囊括了企业管理决策分析中所需的全部数据信息，在数据范围上具有全面性。例如，企业级数据仓库中既包含当前数据，也包含历史数据，能够如实记录特定客户（或账户）自开户之日起所有的银行明细交易，通过运用数据挖掘等分析工具，对这些数据信息进行深加工和精加工，能够清晰再现或还原客户交易过程以及客户上下游关系，为事后监督系统资金异动类模型设计以及客户资金流向追踪提供了有力抓手。同时，企业级数据仓库中的跨部门数据基本涵盖了商业银行所有业务条线（如零售、对公结算、投资银行等），这些业务条线涉及的运营风险同属商业银行事后监督范畴，通过对这些数据的综合运用和深入挖掘，有助于事后监督机构从全局的视角全面及时地发现风险、管理风险和缓释风险。

（三）统一性

统一性主要表现为企业级数据仓库中的数据结构一致，语义相同。以商业银行为例，随着商业银行数据集中进程的加快，为确保各时期的数据都能完整地移植到新系统中，必须首先解决这些数据的离散、异构和语义差异问题，如在同一商业银行中，个人金融业务可能采用sybase数据库，对公业务则采用oracle数据库，而信贷业务采用sql server数据库，这无疑会造成数据的异构，给数据的统一使用带来困难。企业级数据仓库可以通过抽取、清洗、转换、去冗等操作，消除数据异构性，解决语义差异问题。这一特性为事后监督系统在数据结构设计上提供了重要支持，既可保证源数据导入的准确性，也可提高事后监督系统的数据处理速度。如企业级数据仓库可将各渠道T日发起的交易业务数据及时导入事后监督系统，基于统一的数据筛选运算规则予以展现，满足T+1日连续监督的需要，保证事后监督工作的及时性与连续性。又如在开展监督模型训练时，结构统一的企业级数据仓库为不同模型在不同环境下的监督效能测试提供了极大的便利。

（四）稳定性

企业级数据仓库的稳定性表现为数据一旦写入就不会再有变化，这与操作型系统是截然不同的。操作型系统中的数据会随着业务事实的改变而改变，新的事实将覆盖原来的数据；而企业级数据仓库中，原来的事实数据将作为历史数据保留下来，新的事实数据抽取进来后不覆盖原有数据，这种特性有助于管理层把握企业经营过程中的第一手信息，能够根据这些信息进行必要的趋势分析和前景预测。数据的稳定性也是商业银行事后监督工作有效开展的重要保障，在事后监督实施过程中，无论是模型研发、模型训练，还是风险计量、分析评估，都要依赖企业级数据仓库中的数据，如果数据不稳定，则会改变通过企业级数据仓库进行灵活查询和数据挖掘所得到的结论，无法真实、客观反映银行业务运营风险管理情况，不仅影响模型监督效能，也会给后续的计量评估工作带来不利影响。

（五）渐进性

对企业而言，企业级数据仓库的建设是一项综合性的系统工程，不可能一蹴而就、一劳永逸，需要持续的发展完善，具有一定的渐进性。企业级数据仓库建设可遵循"总体规划、分步实施"原则，将整个数据仓库项目的实施划分为不同阶段，制订科学严谨的建设规划和切实可行的实施方案，认真细致地做好基础数据准备工作，确保原始数据不遗漏、不重复，还要注重数据仓库的后续管理，在其运行过程中做好增量数据的更新和维护，逐步构建起完整、健全的企业级数据仓库系统。为适应外部风险形势变化，商业银行的事后监督系统处于不断发展完善过程之中，企业级数据仓库的渐进性特点，将更好地满足商业银行事后监督系统的未来发展需要，为事后监督系统的优化和进步提供有力的数据支持。

二、企业级数据仓库在国内银行业的建设实践

商业银行在经营发展历程中积累了海量的历史数据，这些离散的、无序的数据并不能直接为商业银行管理者和各业务部门所用。企业级数据仓库通过对商业银行各类业务数据的有效整合和组织梳理，形成层次清晰、内容全面、结构完整的商业银行数据视图，使各级管理者对业务数据中包含的信息一目了然，有效地支持了商业银行"以市场为导向，以客户为中心"的发展战略。基于此，企业级数据仓库在国内银行界得到了广泛应用。

中国工商银行把数据仓库建设作为"十五"重点科技开发项目和加快经营管理信息化的战略性工程，自2000年开始着手实施，2001年按照"统一规划、统一标准、统一选型、统一开发"的原则，正式启动全行数据仓库建设工程，开发全行共享的基于数据仓库技术的管理信息系统，建立银行数据仓

库，充分挖掘数据仓库信息，使全行各项工作由事后反映向事前控制转变，为管理决策提供了可靠依据。该行首先启动法人客户、个人客户信息分析管理系统开发和推广工作，并于2008年、2009年相继投产了企业级数据仓库一期、二期工程，中国工商银行数据仓库应用作为基础数据平台，纳入了76个源应用，投产了50多个项目[1]。在信用风险管理方面，该行依托企业级数据仓库技术，通过数学模型方法设计了个人客户信用评分卡，对各类复杂因素相互交织形成的信用风险建立起量化的风险描述语言，这种量化的风险描述语言又因其自身的数学和逻辑特征被准确地转译为信息系统语言，有效地保证了信用风险的管理效果。

中国建设银行早在1999年就开始对企业级数据仓库进行研究和规划，并对数据仓库模型建设进行了深入探索，2003年该行在科技规划中提出了数据仓库在行内运用的四大领域：客户关系管理、资产负债管理、财务管理与绩效管理、风险管理。经过几年来的创新实践，在上述四大领域中均取得了长足发展。以风险管理为例，该行于2009年全面开展以实施《巴塞尔新资本协议》为目标的各类风险管理类项目的研究，其中在信用风险管理、市场风险管理、组合风险管理、风险模拟实验室、零售分池、风险加权资产方面都应用了数据仓库技术。这些风险管理类项目充分利用了数据仓库的数据整合和历史数据长期保留的特点，实现了对违约概率（PD）、违约损失率（LGD）、风险暴露（EAD）、经济资本（EC）、风险调整后收益（RAROC）等的准确评估[2]。

中国光大银行也于2005年起开始了企业级基础数据平台的建设并整合了对公信贷系统、个人信贷系统、国际结算系统等41个源业务系统数据，在有效整合数据的同时完成了信用卡、电子银行等19个数据集市[3]的建设。伴随数据应用的深入，中国光大银行于2007年制定了数据标准的5年规划并着手实施，先后完成了客户、产品、渠道、交易、关键统计指标、内部机构以及风险主题数据标准的定义，并于2009年基于客户数据标准开

---

[1]　《中国工商银行史》（1994～2004年），北京，中国金融出版社，2008。

[2]　郑承满：《数据仓库技术在商业银行中的应用与发展趋势》，载《中国金融电脑》，2010（7）。

[3]　数据集市是一种更小、更集中的数据仓库，几组数据集市可以组成一个企业级数据仓库。

始推进全行对私统一客户管理系统的建设，制定了数据治理相关的管理规范，并将数据标准和数据质量纳入绩效考核，有力地推动了该行在数据整合和应用方面的统一管理。

三、企业级数据仓库在事后监督领域的应用

企业级数据仓库作为事后监督重要的辅助支持系统之一，广泛应用于事后监督工作中，正在发挥越来越重要的作用。

（一）企业级数据仓库应用于监督模型的全生命周期管理

监督模型作为事后监督体系的风险识别引擎，从模型设计、研发、训练、验证、投产、优化直至退出的全过程都需要以海量的数据信息为支撑，模型的科学性、准确性和有效性都需要通过数据信息来检验和改进。这些数据信息均来源于商业银行业务系统（如业务处理系统、票据系统、国际收支系统、信贷业务系统等），其中既包含当前数据，也包含历史数据，由企业级数据仓库以某种内在联系（如业务种类、客户类别等）有机地组织在一起，并分别存储在不同的数据管理单元中，成为监督模型的基础数据源，基于数据分析的模型设计和研发都需要以这些基础数据为依据，模型投产、优化和退出前也应先经企业级数据仓库平台来验证。如果没有数据仓库强大的数据加工处理能力，单纯依靠人工对这些数据信息进行加工、运算和整理是非常困难的，得出的结论也会因为掺杂了人为因素而失真。因此，为满足现代商业银行事后监督多维度、多时段、多层次风险识别的需要，必须借助于企业级数据仓库及相关工具，为事后监督体系搭建起全面、准确、完整、连续的基础数据平台。

（二）企业级数据仓库应用于资金异动类运行风险的有效管理

商业银行新型事后监督系统最大的优越性就是变全面模仿的业务复审式监督为重点识别的风险管理型监督，而这种转变的基础就是能够从大量正常的业务数据中发现可疑交易信息。知"正常"方可察"异动"，因此，为了对客户的异常资金交易行为进行准确定位和有效监控，需要了解掌握客户正常的资金流转情况和日常交易习惯。以个人客户为例，其交易行为习惯包括交易对手、资金流向、交易频度、交易渠道、交易发生额等，还可引入开户数量、不良记录等风险修正项，同时，客户的年龄结构、主交易地区、职业背景、资产总量、资产分布等都会对个人客户交易行为习惯产生影响，而

这些因素又可进行进一步细分，比如年龄结构可按照客户所处的职业成长阶段细分为在校学生、刚参加工作、职业稳定期、退休保守期等，主交易地区可细分为一线城市、二线城市、县城乡镇等具体类别，职业背景可细分为拥有固定职业的工薪阶层及自主创业的企业主等，依此类推，每项因素又由多个次项目组成。上述所有的行为习惯判定标准及其影响因素相互作用，交织复杂，要想从中找出一个客户一定时期内固定的、有规律性的交易特征，必须结合商业银行多个业务系统中的大量的历史数据和当前数据来进行，如此长周期内的海量数据的大规模运算，没有企业级数据仓库的支持是难以完成的。

（三）企业级数据仓库应用于风险评估的精细化管理

商业银行事后监督体系的风险评估是对准风险事件、风险事件、监督模型等进行的全方位分析和综合性评价，目的是通过对监督管理信息的综合加工处理，产生价值型评估成果并将其运用于商业银行经营管理实践，为各级管理者提供有力的决策支持。而评估成果的转化应用有赖于评估基础数据的真实性、完整性和适用性以及数据仓库对这些基础数据的加工处理能力，从这一角度上讲，企业级数据仓库是事后监督风险评估必须依托的重要系统手段。企业级数据仓库能够实现对事后监督系统展现的准风险事件、确认的风险事件及各类风险驱动因素的细分归类、定期导入和分别存储，满足事后监督的离线查询需要。风险评估人员应用这些数据信息，开展由点及面、由静态到动态、由局部到全部的风险管理状况分析，准确判断运行风险的演变趋势，向管理层提供更加切实可行的风险管理建议，可以更好地发挥事后监督的风险管理和经营支持职能。如某商业银行风险评估人员发现某网点由柜员操作执行类因素引发的风险事件短期内剧增，通过使用企业级数据仓库对该网点办理的业务种类进行查询发现，该网点近期开办了部分新业务，风险事件均产生于此类新业务中。评估人员据此判定，该网点极有可能是由于新开办业务的配套业务培训和跟踪辅导没有及时跟上，导致员工适岗能力降低，频繁出现操作失误，形成多笔风险事件。评估人员将此情况向网点的上级管理机构予以通报，上级管理机构迅速对该网点进行了有针对性的现场帮扶，组织开展了新业务的专题培训，之后该网点的风险管理状况明显好转，风险暴露水平回落至正常水平，同类新业务的业务操作质量和效率逐渐提升，客户服务体验显著改善，各项业务快速扩展。

第十章 风险计量

    风险表现为一种可测定发生可能性程度的不确定性，可以根据以往类似事件的统计资料，运用一定的技术方法，对各种结果发生的几率作出估计和判断。通过风险计量，可以发现哪些风险可以接受，能够采取措施进行管理；哪些风险是银行所不能接受的，必须进行消除。国际先进商业银行针对不同类型的风险不断开发出有效的计量方法，例如针对信用风险的RiskMetrics模型，针对市场风险的VaR模型，针对操作风险的高级计量法等，成为现代金融风险管理的重要标志。

    商业银行事后监督的任务不仅在于识别和确认风险事件，而且要对收集的风险事件进行合理的度量，将定量的风险管理活动与定性的管理结合起来，对风险的整体状况作出评价，对风险的规律与趋势性特征作出判断。运行风险作为操作风险的重要组成部分，对其计量可以借鉴操作风险的高级计量法，并要紧密结合商业银行运行风险管理实际，探索有效的计量方法体系。同时，运行风险的准确计量又可为操作风险资本的计提和分配提供一种新的思路，即商业银行可以研究运用运行风险事件数据进行操作风险资本的计量。

第一节 风险计量概述

一、风险计量的对象

    风险计量是根据风险事件数据来定性或定量测定所有被识别出来的风险

因素的影响程度，以便采取具体的控制技术的过程。虽然风险计量依据的是风险事件数据，但风险计量的对象是风险本身，而非孤立的风险事件。换言之，对风险事件发生频率和严重程度的衡量，仅仅是风险计量的第一步，是运行风险计量的基础，而非全部。可见，业务运行风险本身才是风险计量的对象，而业务运行风险在本书中被界定为与业务核算过程和业务运行流程直接相关的操作风险，所以风险计量的对象仍属于操作风险的范畴，同样适用操作风险计量的方法、手段和工具。

与信用风险和市场风险不同，运行风险具有与操作风险相类似的特点。（1）广泛性。运行风险点多面广，涉及的机构层级和业务类型都非常广泛，几乎囊括银行运营的方方面面。从机构分布角度看，总行、分行、支行、基层营业网点都有运行风险，不仅贯穿于业务流程之中，还存在于风险管理本身的实施过程之中。从覆盖范围角度看，既有那些发生频率高但风险损失相对较低的日常业务操作上的小失误，也有那些发生频率低但是风险损失相对较高的内外部欺诈、系统性事故等。运行风险的广泛性是商业银行开展全面风险管理的重要原因之一。（2）内生性。除自然灾害、通信电力等外部因素引发的风险事件外，运行风险事件的产生多半是由银行内部不合规的操作行为引起的，并且多种风险因素经常交织在一起，从而较难界定某个特定的风险因素与最终的风险损失之间的确定的数量关系。同时，这种内生性的存在也使得运行风险在一定程度上可控、可管理，银行可以从内部控制和管理的角度加以分析和防范。（3）不对称性。不对称性是指反映运行风险的损失分布是不对称的，既有可能经常发生但发生后损失程度较低的运行风险，也有发生频率很低但一旦发生后果却非常严重的运行风险。（4）较强的人为性特征。银行业是人力密集型企业，其日常的业务运转都依赖于员工的积极参与，也正是因为员工和业务的密不可分性，使得人为因素在银行运行风险的成因中占了绝大部分，也就是说，只要是与人员相关的业务，都存在着运行风险，而人的道德风险、行为特征又是最难以控制的，使得运行风险的发生具有突发性、偶发性和难以预测的特点。（5）可转化性。在银行运营实践中，运行风险还极易演变转化为市场风险或信用风险。例如，巴林银行的内部控制缺陷和交易员里森的欺诈行为最终转化为该银行在日本金融市场上的巨大风险，而一系列银行信贷流程中的操作不当最终也会转化为大量的信用风险。

正确理解运行风险的这些特点，是科学、准确地对其计量的基础。当然，运行风险的这些特点也决定了运行风险计量的复杂性。由于运行风险涉及的领域宽广，涵盖了商业银行业务经营的全部，因此，试图用一种方法来覆盖所有领域的运行风险几乎是不现实的。运行风险的形成原因又极为复杂，既有外部事件引起的，也有银行内部事件引发的，所造成的损失也不确定，既有可能是损失很小或无损失的操作失误性风险，也有可能是损失巨大的外部欺诈风险，而且这些可以监测和识别的风险因素同由此导致的损失后果之间不存在直接的正相关关系，使得风险管理人员难以准确界定哪些因素对于风险管理来说是最重要的。

二、风险计量的基本前提

运行风险虽然难以计量，风险损失难以预测，但并不是说，运行风险无法计量或无须计量，如何采取可行有效的方法对其进行科学合理的计量是事后监督需要深入研究的课题。综观操作风险计量的具体实践，一直难以回避两个问题。第一，损失事件不易收集。首先，操作风险边界界定尚存模糊地带，虽然巴塞尔委员会对操作风险进行了规范性定义，但是在银行操作风险管理实践中，仍然存在难以定性的问题；其次，由于收集操作风险数据往往依靠业务条线、分支机构的报送，而一般情况下业务部门、分支机构并不愿意主动报送自己的风险损失数据，因此损失数据收集存在很大的障碍；再次，损失数据的收集需要以强大的系统为基础，而我国银行由于自身规模庞大，分支机构分布广泛，加之原有的系统功能较为欠缺，这都给收集损失数据带来很大的挑战。第二，损失事件的影响难以确定。操作风险损失从认定环节开始就存在周期长、不确定性多等问题，特别是对于一些涉及法律诉讼的事件，从事件发生到损失定性往往要经历数年时间，难以确定其对当期风险管理的影响。也就是说，根据当期认定的损失事件，对当期发生的操作风险进行计量，代表的是过去的风险冲击在当期的影响，这是不合理的。

这两个问题在运行风险的计量方面依然存在，如何进行有效化解、为运行风险的计量扫清障碍是基于风险导向的商业银行事后监督体系效能发挥的基本前提。从运行风险的演变逻辑可知，运行风险最终是以损失事件的形式释放出来的，商业银行事后监督体系管理的对象是运行风险事件，即在运行风险最终形成损失事件之前对其进行管理。因此，运行风险的计量同样是基于运行风险事件的。转型后的监督体系，以监督模型为风险识别引擎，借助事后监督系统和监督辅助支持系统，通过监测、质检、履职等模块的风险识别和确认，收集了覆盖商业银行各主要业务条线和管理层级的、完整的风险事件库，为运行风险的计量奠定了坚实的基础，提供了丰富的计量数据来源，解决了操作风险损失事件难以收集的问题。对于损失事件影响难以确定的问题，新的事后监督体系为保证风险疑点的准确诊断和风险特征的精准揭示，制定了一套与商业银行风险偏好以及业务发展相适应的风险甄别标准，指导监督人员在统一标准下开展风险监控工作，准确归纳出风险特征，实现了运行风险的标准化管理和规范化运作，由此风险损失影响可以按照既定的标准确定。同时，风险事件的收集和管理均是基于当期的，这使得风险的计量更能准确地反映当期的风险冲击程度，风险计量的逻辑基础更加牢固。

因此，商业银行事后监督体系的成功构建，为运行风险的有效计量提供了有利前提，奠定了坚实基础，实现了传统的基于损失事件的操作风险计量向基于风险事件的业务运行风险计量转变。与此同时，原有的操作风险计量的方法、手段和工具仍然适用，商业银行只需将计量的数据来源替代为事后监督收集的风险事件即可，这为商业银行运行风险乃至操作风险的计量和管理提供了一种全新的思路，本书也将对操作风险高级计量法在商业银行运行风险计量中的具体运用作出一些有益的探索。

三、风险计量的要求

为最大限度地量化运行风险，在开展风险计量工作时应保证计量的准确性、及时性和灵活性。

准确性是指尽可能地保证风险计量结果与面临风险冲击的实际程度无限接近。对不同类型、不同特性的风险应赋予不同的权重，将分别计算的风险资产的数额加总即可获得银行面临的全部运行风险的度量。准确性的另一层内涵是完整性，许多风险数据并不能够通过单一的数据源获得，为保证风险计量的准确性和全面性，必须通过不同数据源的信息交叉进行收集和核对。

及时性是指风险计量必须能够反映风险的动态变化。相对于风险的动态变化，风险计量过程所花费的时间越长，风险计量结果对最终使用者的价值就越低。在实践中，不同的风险信息往往对应不同的时间段，因此可以分批处理，不必等到所有数据收集完备后同时进行。

灵活性是指风险计量必须能够满足商业银行不同目的的风险管理需要。从系统架构角度看，保持最少数量的数据源将更加具有运算效率的优势，但也并非数据信息越少越好，要在保证数据完整的前提下尽量精简数据量，同时要视具体的风险状况灵活增加或调整数据源，以适应不同主体的风险计量需要。此外，由于商业银行分支机构较多，业务种类多样，因此需设计风险数据的分层和分类功能，为不同层级机构、不同业务部门实施风险计量提供支持。

第二节　风险计量的基础指标体系

在学习操作风险各种计量方法的过程中，读者往往容易将操作风险的计量与高深莫测的数理统计模型画等号。事实上，这种认识过于狭隘，从实务操作层面看，风险计量就是选择一把合适的标尺来度量风险，这也是运行风险计量首先要解决的问题。

一、风险计量基础指标体系的构建

在运行风险计量基础指标体系的构建过程中，参考了财务分析中的杜邦分析法。杜邦分析法最显著的特点是将若干个用于评价企业经营效率和财务状况的比率按其内在联系有机地结合起来，形成一个完整的指标体系，并最终通过权益收益率来综合反映（见图10-1）。

商业银行业务运行风险计量指标与杜邦分析指标体系的构成原理相似，依托商业银行整体操作风险计量体系而构建，经过一系列环节的风险识别和确认，建立起一个完整的风险事件库，对风险事件发生频率和严重程度进行计量，在此基础上形成一个度量标尺，通过这一度量标尺去测量整个商业银行的业务运行风险管理状况。事后监督体系为这一标尺赋予了一个专门的名称——风险暴露水平。

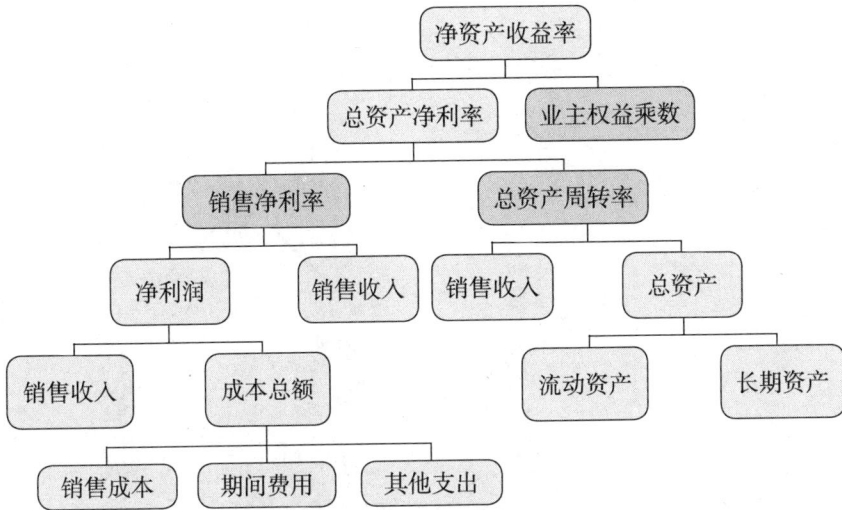

图10-1 杜邦分析法指标体系

风险暴露水平至少涉及商业银行的业务量、风险事件数量、风险冲击严重程度三类基本数据。风险事件数量与商业银行业务量之比，反映的是风险事件发生的概率，可以称为风险率；如果对每一笔风险事件的严重程度，按照统一的标准赋予一定的分值，那么可以用总的风险分值与风险事件数量之比，反映平均每一笔风险事件的严重程度，可以称为风险度。而风险暴露水平反映的是业务运行风险的总体管理状况，应综合考虑风险事件发生的概率与风险冲击的平均严重程度，在计算方法上，为二者的乘积，即：风险暴露水平=风险率×风险度。

需要注意的是，单一的风险暴露水平，不足以满足风险计量的要求。这是因为，业务运行风险冲击本身是多维的、复杂的，既有来自内部的风险冲击，也有来自外部的风险冲击；不仅涵盖不同层级机构，也包括不同业务渠道。可见，单一指标很难充分、完整地反映运行风险冲击概况，因此必须建立起一套能够综合分析评价业务运行风险状况及变化趋势的风险计量指标体系（见图10-2）。

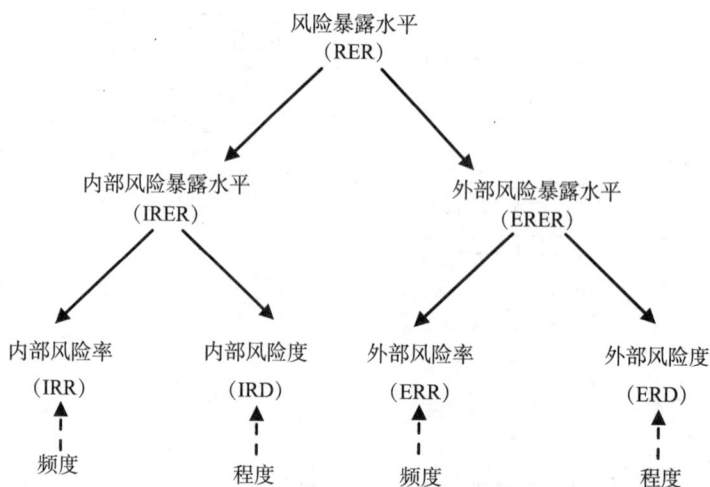

图10-2　运行风险计量指标体系框架

以下对每一项指标作出详细释义。

（一）风险暴露水平

风险暴露水平（Risk Exposure Ratio，RER）用于衡量特定对象面临风险威胁的现实状况，揭示其被风险事件冲击的程度。RER越高，说明对象被风险事件冲击的程度越高，越容易引发风险损失事件；RER越低，说明对象面临被风险事件冲击的可能性越低。RER的值与对象的风险管理水平相关，但并不代表对象的风险管理水平。风险事件对特定对象的冲击来自内部和外部两方面，因此，风险暴露水平等于内部风险暴露水平与外部风险暴露水平之和。具体计算公式为

$$风险暴露水平＝内部风险暴露水平＋外部风险暴露水平 \quad （10-1）$$

内部风险暴露水平（Internal Risk Exposure Ratio，IRER），用于衡量特定机构或个人每处理一笔业务被内部风险事件冲击的程度。被内部风险事件冲击的程度与IRER值的大小成正比。内部风险暴露水平受内部风险率和内部风险度的影响。计算公式为

$$内部风险暴露水平＝内部风险度 \times 内部风险率 \quad （10-2）$$

外部风险暴露水平（External Risk Exposure Ratio，ERER），用于衡量特定机构或个人每处理一笔业务被外部风险事件冲击的程度。被外部风险事件冲击的程度与ERER值的大小成正比。外部风险暴露水平受外部风险率和外部风险度的影响。计算公式为

外部风险暴露水平=外部风险度×外部风险率 （10-3）

（二）风险率

风险率（Risk Ratio，RR）指风险事件的数量与联机业务量之比，表示特定机构或个人每处理一笔业务可能发生风险事件的概率。计算公式为

$$风险率=\frac{\sum_{i=1}^{m}风险事件i}{业务量}$$ （10-4）

风险率指标又可进一步细分为内部风险率和外部风险率两个方面。内部风险率（Internal Risk Ratio，IRR）指内部风险事件的数量与联机业务量之比，表示特定机构或个人每处理一笔业务可能发生内部风险事件的概率。计算公式为

$$内部风险率=\frac{\sum_{i=1}^{m}内部风险事件i}{业务量}$$ （10-5）

外部风险率（External Risk Ratio，ERR）指外部风险事件的数量与联机业务量之比，表示特定机构或个人每处理一笔业务可能发生外部风险事件的概率。计算公式为

$$外部风险率=\frac{\sum_{i=1}^{m}外部风险事件i}{业务量}$$ （10-6）

（三）风险度

风险度(Risk Degree，RD)指风险事件的风险总分值与风险事件数量之比，表示特定机构或个人相关风险事件的平均风险程度。计算公式为

$$风险度=\frac{\sum_{i=1}^{m}风险分值i}{\sum_{i=1}^{m}风险事件i}$$ （10-7）

风险度指标也可进一步细分为内部风险度和外部风险度两个方面。内部风险度（Internal Risk Degree，IRD）指内部风险事件的风险总分值与内部风险事件数量之比，表示与特定机构或个人相关的内部风险事件的平均风险程

度。计算公式为

$$内部风险度 = \frac{\sum_{i=1}^{m} 内部风险事件i \times 风险权重i}{\sum_{i=1}^{m} 内部风险事件i} \qquad （10-8）$$

外部风险度（External Risk Degree，ERD）指外部风险事件的风险总分值与外部风险事件数量之比，表示与特定机构或个人相关的外部风险事件的平均风险程度。计算公式为

$$外部风险度 = \frac{\sum_{i=1}^{m} 外部风险事件i \times 风险权重i}{\sum_{i=1}^{m} 外部风险事件i} \qquad （10-9）$$

二、风险计量基本指标体系的运用实例

为便于理解，此处以举例的方式将风险暴露水平、风险率、风险度指标的计算过程和计算结果做简要介绍。

假设某商业银行的A网点，在2012年9月27日共办理了10 000笔业务，后经事后监督体系的风险监测识别，共确认了如下6笔风险事件：

表10-1　　　　　　　　　A网点某日触发的风险事件明细表

序号	风险类型	金额（元）	风险分值
1	员工使用本人账户代客户办理业务	1 000 000	200
2	账户信息录入或调整错误	—	10
3	记账串户	200 000	60
4	代理验资	1 000 000	160
5	资金清算失败	100	9
6	个人代理开立多个结算账户	—	80

资料来源：根据某商业银行内部资料提取整理。

风险事件1为A网点某客户经理将本人账户借与他人使用，充当资金交易中介，同时利用工作之便，与客户账户直接发生资金往来并获取一定的经济

利益，涉及金额为100万元。此笔风险事件性质较为严重，且金额较大，事后监督人员按照该商业银行事后监督体系事先确定的风险收集标准，将此事件定义为最严重层级的内部风险事件，事后监督系统自动根据风险收集标准所反映的严重程度，以及风险事件的金额，为事件赋予风险分值200分。

风险事件2为A网点某柜员为客户办理结算账户开户业务，账户属性应为一般存款账户，柜员因工作疏忽录入为专用存款账户。该笔风险事件仅是柜员的无心之失，故事后监督人员将此事件定义为最低层级的内部风险事件，事后监督系统自动为该笔风险事件赋予风险分值10分。

风险事件3为A网点某柜员办理一笔金额为20万元的转账业务，未发现进账单上填写的收款人户名与实际业务处理结果的户名不相符，形成记账串户，导致客户资金未及时到账，极易造成客户资金损失，并可能引发银行与客户的法律纠纷。为此，事后监督人员将此事件定义为较为严重层级的内部风险事件，事后监督系统自动为该笔风险事件赋予风险分值60分。

风险事件4为某贸易公司以垫款验资方式在A网点为钢铁公司B和房地产公司C开立两户对公基本结算账户，验资资金通过代理人员姚某账户进行过渡。经核查，该贸易公司为专门从事代理验资业务的中介机构，2012年上半年已为66家新开账户提供验资资金，目前，该账户仍在从事代理验资业务。此类业务往往开户手续合规，非柜员操作风险，但为确保验资款的安全收回，中介人员可能掌控验资单位的账户，账户信息存在被泄露风险，甚至存在在单位不知情的情况下被姚某私自注册网银进行网上转账的可能，使单位资金安全受到较大威胁，外部风险隐患严重。此外，由于该贸易公司掌握大量对公账户，极有可能用于洗钱、欺诈等。为此，事后监督人员将此事件定义为较为严重层级的外部风险事件，另因涉及金额较大，事后监督系统自动为该笔风险事件赋予风险分值160分。

风险事件5为A网点某柜员办理一笔金额为100元的代理手机缴费业务时，因通信故障，资金清算失败，系统显示待冲正，柜员进行了反交易处理。此笔风险事件为通信因素导致的业务中断，非柜员操作失误。为此，事后监督人员将此事件定义为最低层级的外部风险事件，事后监督系统自动为该笔风险事件赋予风险分值8分。

风险事件6为某代理人在A网点代理开立5户个人结算账户，账户开立时柜员已对客户有效身份证件进行核实，未违反相关制度规定，但进一步分析发现，所代理开立的账户涉嫌诈骗。为此，事后监督人员将此事件定义为较为严重层级的外部风险事件，事后监督系统自动为该笔风险事件赋予风险分值80分。

根据上述信息，我们分别来计算运行风险的各项基础指标。

1. 内部风险率的计算。该网点当天发生了3笔内部风险事件，当天处理的业务量为10 000笔，根据内部风险率的计算公式，该网点在2012年9月27日的内部风险率为

$$内部风险率 = \frac{\sum_{i=1}^{m} 内部风险事件i}{业务量} = \frac{3}{10\,000} = 3‰ \qquad (10\text{-}10)$$

2. 内部风险度的计算。前3笔风险事件为该网点当天发生的内部风险事件，风险分值合计为200+10+60=270，根据内部风险度的计算公式，该网点在2012年9月27日的内部风险度为

$$内部风险度 = \frac{\sum_{i=1}^{m} 内部风险分值i}{\sum_{i=1}^{m} 内部风险事件i} = \frac{270}{3} = 90 \qquad (10\text{-}11)$$

3. 内部风险暴露水平的计算。根据公式（10-10）、公式（10-11）的计算结果，该网点在2012年9月27日的内部风险暴露水平为内部风险率与内部风险度的乘积，即90×3‰=270‰。当然，内部风险暴露水平也可以采用如下方法计算：

$$内部风险暴露水平 = \frac{\sum_{i=1}^{m} 内部风险分值i}{业务量} = \frac{200+10+60}{10\,000} = 270‰$$

$$(10\text{-}12)$$

4. 外部风险率的计算。该网点当天发生了3笔外部风险事件，当天处理业务量为10 000笔，根据外部风险率的计算公式，该网点在2012年9月27日的外部风险率为

$$外部风险率 = \frac{\sum_{i=1}^{m} 外部风险事件i}{业务量} = \frac{3}{10\,000} = 3‰ \qquad (10\text{-}13)$$

5. 外部风险度的计算。后三笔风险事件为该网点当天发生的外部风险事件，风险分值合计为160+9+80=249，根据外部风险度的计算公式，该网点在2012年9月27日的外部风险度为

$$外部风险度 = \frac{\sum\limits_{i=1}^{m}外部风险分值_i}{\sum\limits_{i=1}^{m}外部风险事件_i} = \frac{249}{3} = 83 \qquad （10-14）$$

6. 外部风险暴露水平的计算。根据公式（10-13）、公式（10-14）的计算结果，该网点在2012年9月27日的外部风险暴露水平为外部风险率与外部风险度的乘积，即83×3‰=249‰。当然，外部风险暴露水平也可以采用如下方法计算：

$$外部风险暴露水平 = \frac{\sum\limits_{i=1}^{m}外部风险分值_i}{业务量} = \frac{160+9+80}{10\,000} = 249‰$$

$$（10-15）$$

7. 风险暴露水平的计算。将内、外部风险暴露水平加总求和，即可得出该网点在2012年9月27日的风险暴露水平，即270‰+249‰=519‰。当然，根据表10-1的有关数据，也可直接计算该网点的风险暴露水平，即

$$风险暴露水平 = \frac{\sum\limits_{i=1}^{m}风险分值_i}{业务量} = \frac{200+10+60+160+9+80}{10\,000} = 519‰$$

$$（10-16）$$

从上述运算过程可以看出，风险暴露水平是能够用来反映特定对象在一定时期内面临内、外部风险威胁的现实状况的，并可以衡量其被风险事件冲击的程度。实际上，这一指标的运用是十分灵活的，根据每一笔风险事件所反映的风险冲击的归属对象不同，可以计算出不同层级机构、人员、业务、产品等不同维度的对象在不同时间范围内的相关指标数值。比如，我们能够收集前述网点在一个月内的风险事件数据，就可以计算出该网点在当月的风险暴露水平；再比如，我们能够收集前述网点所在的二级分行在一个月内的风险事件数据，就可以计算出这个二级分行在当月的风险暴露水平，并与这个网点的风险暴露水平进行比较，以决定这个网点是否应成为该二级分行的重点风险管理对象。

第三节 风险计量的方法

科学选择风险计量方法，合理构建风险度量模型，不仅有利于预估风险损失，分配风险资本，而且能够为管理层决策提供一种量化的分析结果，确定机构所能承受的最大风险损失。运行风险作为最主要的操作风险类型，在计量方法选择上也应借鉴操作风险的计量方法。目前，不同国家和不同规模的银行都在试图对操作风险进行精确的计量，在度量方法的选择上也有所不同，但基本上都是围绕巴塞尔委员会提供的操作风险计量方法，并结合本国银行的监管实际，采用反映本国银行操作风险管理特征的度量模型。我国的大型商业银行也在积极探索操作风险高级计量法的应用，在设定管理者对操作风险容忍度的情形下，合理估计操作风险的非预期损失和极端损失，确保有充足的资本金来抵御不可预测的操作风险损失事件的发生。

一、操作风险资本计量的历史沿革

操作风险资本计量是一个复杂的过程，需要使用标准框架、依赖量化管理技术来定期进行测评，在这方面巴塞尔委员会为我们提供了一些有利借鉴。

巴塞尔委员会产生于20世纪70年代。1974年德国赫斯塔特银行和美国富兰克林国民银行的倒闭促使银行监管的国际合作从理论认识上升到了实践层面。1975年2月，来自比利时、加拿大、法国、德国、意大利、日本、卢森堡、荷兰、瑞典、瑞士、英国和美国的代表聚会瑞士巴塞尔，商讨成立了"巴塞尔银行监管委员会"（The Basel Committee on Banking Supervision）。该委员会作为国际清算银行的一个正式机构，以各国中央银行官员和银行监管当局为代表，总部在瑞士的巴塞尔。每年定期集会4次，并拥有近30个技术机构，执行每年集会所订目标或计划。巴塞尔委员会本身不具有法定跨国监管的权力，所作结论或监管标准与指导原则在法律上也没有强制效力，仅供参考。但因该委员会成员来自世界主要发达国家，影响较大，一般情况下各国都会结合本国实际情况，采取立法规定或其他相应措施，逐步实施其所制订的监管标准与指导原则。

在巴塞尔委员会提出的众多监管原则中，1988年的巴塞尔协议影响最大、最具有代表性，其间发布的许多监管原则大多是对此的补充和完善。1988年巴塞尔协议，全称为《统一资本计量和资本标准的国际协议》（*International Convergence of Capital Measurement and Capital Standards*），主要内容包括四个方面：（1）界定银行资本的组成，协议将银行资本分为核心资本和附属资本两部分，规定核心资本应占整个资本的50%以上；（2）资产风险加权，协议对不同资产分别给予0%、10%、20%、50%、100%的风险权数进行加权计算风险资产；（3）设定标准比率，确立了到1992年底，从事国际业务的银行（或者所谓国际活跃银行internationally active banks）的资本与加权风险资产的比例必须达到8%（其中核心资本不低于4%）的目标；（4）过渡期及实施安排，协议作出一些过渡安排，以保证个别银行在过渡期内提高资本充足率，并按期达到最终目标。但总体来看，此时的资本分配主要是针对信用风险的。1996年的《资本协议关于市场风险的补充规定》提出了市场风险的资本要求，确定了市场风险是因市场价格波动而导致表内外头寸损失的风险，包括交易账户中受到利率影响的各类工具及股票所涉及的风险、银行的外汇风险和商品（如贵金属等）风险，它们同样需要计提资本金来进行约束。巴塞尔委员会开始对操作风险给予关注是在1999年颁布的新资本协议框架中，首次强调操作风险及其定量分析对银行的重要性，此前巴林、大和银行的倒闭以及东南亚的金融危机，使人们意识到，金融业存在的问题不仅仅是信用风险和市场风险等单一风险的问题，而是由信用风险、市场风险外加操作风险互相交织、共同作用造成的。2003年巴塞尔委员会再次更新了"操作风险管理与监管有效措施"，对操作风险的资本要求提出具体的计算办法，并在2004年1月的《预期损失和不可预见损失》文件中对计量的具体技术问题进行详细解释（见图10-3）。

巴塞尔委员会认为，操作风险是银行面对的一项重要风险，银行应为抵御操作风险造成的损失安排相应的资本。巴塞尔委员会的意见，直接影响了各国银行监管当局对操作风险资本计量的态度。在2004年6月《巴塞尔新资本协议》正式颁布之时，中国银监会虽曾明确表示我国商业银行仍继续执行1988年的旧协议，短期内还不需要为操作风险分配资本，但这并不意味着我国银行监管层没有重视到操作风险的存在，而是需要一定的时间来制订适合我国商业银行风险现状的资本管理制度。2012年6月，中国银监会正式发布了《商业银行资本管理办法(试行)》，充分借鉴了《巴塞尔协议Ⅲ》的新资本管理理念，重点对信用风险、市场风险、操作风险加权资产计量方法进行了规范。特别是对操作风险资本计量所提出的要求，能够促使国内银行业对操作风险的有效识别及经济资本的合理分配进行不断的探索，持续提升我国商业银行的资本管理理念及风险管理技术。

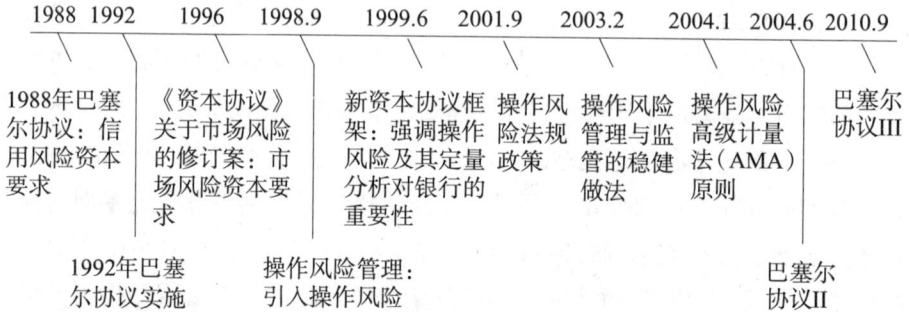

图10-3 巴塞尔协议和操作风险管理

二、操作风险资本计量的方法体系

随着监管当局和社会各界对操作风险的日益关注，金融机构开始逐步积累、完善操作风险损失事件的历史数据，并利用成熟的统计方法和模拟计算技术，研究建立起一套用来度量操作风险的方法体系，具体可分成由上至下法(Top-down)和由下至上法(Bottom-up)两个大类（见图10-4）。

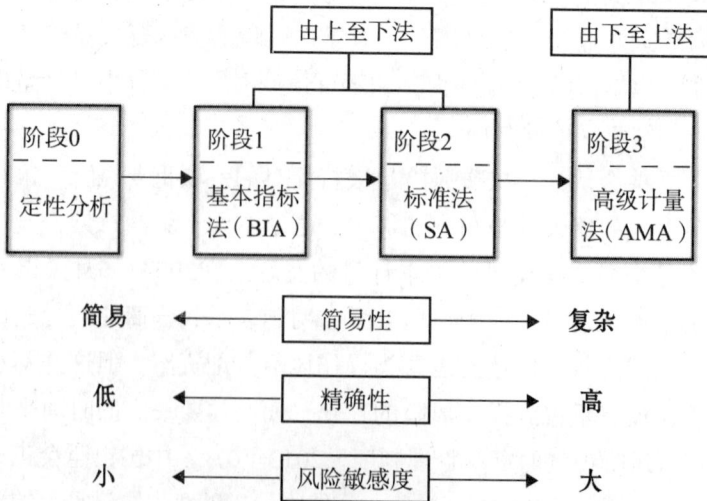

图10-4 操作风险度量方法体系

（一）"由上至下"的方法体系

由上至下法是假设对企业内部的经营状况不甚了解，将其作为一个黑箱，对其市值、收入、成本等变量进行回归分析，然后计算操作风险的值，使用这种思路建立的模型有CAPM模型、基本指标法、标准法、波动率模型等。监管机构根据行业标准，应用由上至下法得出统一的资本计提率，用于对所有银行风险资本的测算。

该方法的一般步骤是：

1. 确定目标变量；

2. 确定可以影响目标变量的因素和事件；

3. 建立数据模型，反映目标变量和因素、事件的关系；

4. 计算变量的方差，将其中不能被外部因素解释的部分或者能被风险因素解释的部分作为操作风险的资本计提金额。

采用由上至下法建立的模型对数据要求较低，使用较少的外部数据就可以对操作风险作出估计，因此，该类方法在搜集相关数据和估计操作风险时相对比较容易，简单易行，但是计算过程及结果的准确性比较差，对操作风险的敏感度较低，同时银行不能将操作风险的度量结果运用于各业务线或部门的风险管理和经济资本配置，因此对各类业务的业绩评价、收益管理和风险管理的激励效果不易达到。

（二）"由下至上"的方法体系

与由上至下法不同，由下至上法将总体目标分解成若干子目标，然后分别考虑风险因素和损失事件对它们的影响。首先考虑企业运转的一些基本要素，如资产、负债、重要的经营过程、重要的资源等，然后考虑这些因素的潜在变化可能会对目标变量(以市场方式标价的资产价值、净收入等)带来怎样的影响。由下至上的方法一般有高级计量法、极值理论法、贝叶斯网络法、自我评估法等。

该方法体系中一般使用风险因素或特定的损失事件来代表潜在的变化。它的基本理念是运用VaR度量操作风险。VaR，即风险价值，被定义为在一定置信水平下，某一资产组合在未来特定一段时间内的最大可能损失。VaR最初用于度量市场风险，现在正逐步被引入信用风险和操作风险的度量。

该方法的一般步骤是：

1. 确定目标变量，一般为损益值、成本、净资产价值；

2. 确定一些重要的过程、资源或者一些重要的资产、负债；

3. 将这些过程和资源映射到一系列我们已经掌握了历史数据的风险因素和损失事件；

4. 模拟一定时间内的风险因素和损失事件的可能变化，并考虑因素和事件之间的依赖关系；

5. 使用模拟得出分布和映射关系，给出对目标变量的可能影响。

采用由下至上法建立的模型使用的是银行内部数据，要求银行不但要有完善的对于操作风险损失事件的记录，还要有很多其他内部经营的数据，当然使用这类模型得到的结果也更准确一些，可以在银行的经营管理和风险管理工作中得到有效应用。

三、操作风险资本计量的具体方法

按照银行风险管理水平的不同，巴塞尔委员会提供了操作风险资本计量的三种方法，即基本指标法、标准法、高级计量法（见图10-5）。三种计量方法的复杂程度依次递增，数据要求由低到高，计量估计误差由高到低，即度量方法越高级，需要的损失事件信息越多，计量的结果越精确，得出的商业银行需要为操作风险配置的资本越少，因此一些大型的金融机构希望能够逐步建立基于复杂技术的操作风险内部衡量方法。

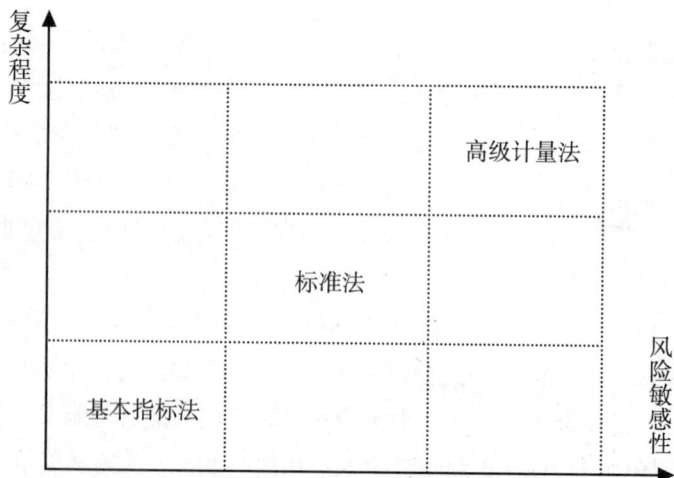

图10-5　巴塞尔委员会提供的操作风险计量方法

（一）基本指标法(The Basic Indicator Approach，BIA)

基本指标法是巴塞尔委员会提供的计算操作风险资本金的三种方法中最简单的一种。根据基本指标法，银行持有的操作风险资本金等于其前3年总收入的平均值乘上一个固定比例 α。计算公式为

$$K_{BIA} = GI \times \alpha \qquad (10\text{-}17)$$

其中：K_{BIA} 是基本指标法需要的资本，GI 是前三年总收入的平均值，α 是固定风险系数，巴塞尔委员会在经过多次实际数据测算的基础上将 α 设定为15%。

基本指标法易于操作，但太过于呆板，无法反映操作风险的特点，风险敏感度比较低，它比较适用于规模较小、业务单一的银行，而对业务复杂的银行则不太适合。巴塞尔委员会未对使用该方法设定具体门槛条件，所有银行都能够使用该方法计算出操作风险的资本要求。但由于基本指标法的风险敏感度较低，巴塞尔委员会不希望大型商业银行采用基本指标法。

（二）标准法(The Standardized Approach，TSA)

标准法其实是基本指标法的一种改进方法，其基本思路是将银行业务活动划分为八大业务线（见表10-2），并分别设定一项指标以反映该类业务的规模及业务量。对每类业务设定一固定百分比系数 β，将其乘以相应的指标，即为该业务所占用的操作风险资本金配置要求。将所有业务种类所占用的资本金汇总相加，即为整个银行总的操作风险资本金配置要求。

$$K_{TSA} = \sum (GI_{1-8} \times \beta_{1-8}) \qquad (10\text{-}18)$$

其中：K_{TSA} 是用标准法计算的资本要求，GI_{1-8} 是按基本指标法的定义，八个产品线中各产品线过去三年的年均总收入，β_{1-8} 是由委员会设定的固定百分数（见表10-3），建立起各产品线的总收入与资本要求之间的联系。

表10-2 **商业银行八大业务线对应表**

一级目录	二级目录	业务群组
公司金融	公司金融 政府金融 商业性银行 财务顾问	并购承销、私有化、证券化、债权、股本、银团、IPO、配股
交易和销售	销售 做市 自营头寸 债券	固定收入债券、股权、外汇、商品期货、借贷、自营头寸、贷款和回购经纪、债权
零售银行	零售银行业务 私人银行业务	零售贷款和存款、银行服务、信托和不动产、投资咨询
	银行卡业务	商户/商务/公司卡、零售卡
支付和结算	外部客户	支付和托收、转账、清算和结算
代理业务	托管 公司代理 公司信托	账户托管、存托凭证、证券质押贷款、发行和支付代理
资产管理	可支配基金管理	集合、分散、零售、机构、封闭式、开放式、私募基金
	不可支配基金管理	集合、分散、零售、机构、封闭式、开放式
零售经纪	零售经纪业务	执行指令等全面服务

表10-3 **各业务线的 β 乘数对应表**

业务线	β（%）
公司金融	18
交易和销售	18
零售银行	12
商业银行	15
支付和结算	18
代理服务	15
资产管理	12
零售经纪	12

与基本指标法相比，标准法具有一定的优越性，它细化了银行的业务部门，赋予不同的业务部门以不同的风险权重，能够更好地反映不同业务的风险特征，且标准法可以为银行各类业务依次向较高级的方法过渡奠定基础，因而有助于银行加强风险管理。鉴于一些国际商业银行更加希望采用标准法，巴塞尔委员会对采用标准法的商业银行规定了以下限定条件[①]：（1）银行必须对操作风险管理功能进行明确的职责界定。制定操作风险识别、评估与缓释策略以及操作风险管理政策和程序，设计并实施操作风险报告体系；（2）银行必须跟踪与操作风险相关的数据，将操作风险评估系统纳入整个风险管理流程，并在全行范围内实施一定的激励手段推动操作风险管理方法的改进；（3）必须定期向业务管理人员、高管层和董事会报告操作风险的暴露情况；（4）银行的操作风险管理流程和评估系统必须定期进行独立审查，必须有日常程序确保其操作风险管理符合管理系统内部政策、控制和流程等文件的规定。

由于标准法没有对损失事件的类型加以区分，因而无法对每家商业银行具体业务活动的风险状况保持充分的敏感性，也没有考虑各家银行操作风险管理水平的差异，所以采用标准法计算的操作风险资本不能准确反映各个商业银行自身的风险损失特征，计算出来的风险资本也通常比实际需要的资本数量要高。因此，巴塞尔委员会希望国际化大银行能够在量化方法上进行积极探索，尽量采用高级计量法，并以不设最低资本要求作为鼓励大银行强化操作风险管理的手段。

（三）高级计量法(Advanced Measurement Approach，AMA)

1. 内部计量法 (Internal Measurement Approah，IMA)。内部计量法是在标准法的基础上对每一个业务类别进一步进行细分，具体再分为7个损失事故类型，对于每一个业务类别与事故类型的组合(共计56个组合)规定相应的风险暴露指标(EI)，银行可以使用内部损失数据来计算损失事件概率(PE)和该事件造成的损失程度(LGE)，这样银行可以得到该组合的期望损失值(EL)，计算公式为

$$EL = EI \times PE \times LGE \qquad (10\text{-}19)$$

该方法假定预期损失和非预期损失之间具有稳定的关系，认为操作风

---

① BCBS，The New Basel Capital Accord，Switzerland，July 2004.

险资本配置要求可通过预期损失(损失分布的均值)和非预期的损失(损失分布的尾部)之间的关系来确定。这种关系既可以是线性的，即资本配置要求是预期损失的简单倍数，也可以是非线性的，即资本配置要求是预期损失的复杂函数。

（1）如果二者之间呈线性关系，则操作风险资本的计算公式为

$$K_{IMA} = \sum_i \sum_j r_{i,j} \times EI_{ij} \times PE_{ij} \times LGE_{ij} \qquad (10\text{-}20)$$

其中：i 代表业务线；

j 代表损失类型；

$r_{i,j}$ 是将 i 业务线 / j 损失类型组合的预期损失 $EL_{i,j}$ 转化为风险资本的换算因子，$r_{i,j}$ 通常由巴塞尔委员会使用行业整体数据在一定的置信水平下针对一定期间作出规定；

$EI_{i,j}$ 为该组合的操作风险资本；

$PE_{i,j}$ 为该操作风险事件发生的概率；

$LGE_{i,j}$ 为该操作风险事件造成的损失。

（2）如果二者之间不具有线性关系，可引入风险特征指数 $RPI_{i,j}$，把行业数据吸收进来，对运用内部计量法计算的风险资本进行调整。计算公式为

$$K_{IMA} = \sum_i \sum_j r_{i,j} \times EI_{ij} \times PE_{ij} \times LGE_{ij} \times RPI_{ij} \qquad (10\text{-}21)$$

多数情况下，预期损失 EL 和非预期损失 UL 之间并不具有线性关系。当某商业银行与行业分布一致时，RPI 等于1；当风险呈厚尾分布时，RPI 大于1；而对于薄尾分布，RPI 应小于1。

内部计量法相较于前几种方法增加了一定的灵活性，但风险系数是依据银行业整体的风险数据计算出来的，反映的是银行业整体的操作风险状况，不一定符合特定商业银行特定业务的操作风险状况。虽然引入 RPI 进行调整，但调整的基本前提是整个银行业的预期损失 EL 和非预期损失 UL 之间必须有稳定的对应关系。而 EL 与 UL 之间的关系又依赖操作风险控制的环境因素，如业务规模的分布、操作损失发生的频率和严重程度等。这些因素的不确定性将在一定程度上影响了内部计量法的使用效果。

2. 记分卡法（Scorecard Approach，SCA）。在记分卡法下，商业银行首先根据总体或各个业务线的操作风险水平初步确定操作风险资本计提额，再依据记分卡的结果不断对其进行修正。记分卡主要包括风险事件、风险发生主体、风险发生概率、风险严重程度、风险缓释措施、风险管理者等要素。记分卡法赋予每个损失事件一个数值（损失金额或损失事件发生的概率），并对其进行比较和分析，在此基础上估计出操作风险的预期损失，亦即操作风险的资本要求。

与其他方法相比，记分卡法更易于理解和实施。采用记分卡法计量操作风险，商业银行可以不必等到内部数据收集完成就能得出所需的操作风险资本。同时，风险管理专家在给每一类操作风险打分时，可以发现某类业务的操作风险规律以及银行现有控制措施的不足，从而帮助业务部门和风险管理部门共同改进风险控制措施。按照评估对象的不同，记分卡法又可分为影响记分卡和频率记分卡。

（1）影响记分卡。影响记分卡是在自我评估的基础上找出商业银行潜在的各种操作风险及其影响因素，并针对每一种操作风险设计一套评价指标体系，由风险管理专家对各个指标打分，估计出每一种潜在操作风险可能给银行造成的损失。具体过程包括三步：首先，商业银行根据自身的业务特点将每一业务线中的潜在操作风险进行分类；其次，确定各类操作风险的影响因素，并设计评价指标；最后，请具有丰富风险管理经验的专家根据各类操作风险事件对银行员工、各业务部门、分支机构及监管等方面的影响，对每一指标进行打分，并给出最终影响记分值。

（2）频率记分卡。频率记分卡是通过综合分析某一操作风险的所有影响因素，评估出该事件的发生频率的一种方法。与影响记分卡相同的是，也需要对商业银行操作风险进行分类，对所有相关的影响因素进行综合考察并设计出打分指标，由专家对各指标进行打分，不同的是专家要评估出每一操作风险发生的频率。

可见，记分卡法通过定性与定量相结合的方式测度操作风险，不受数据制约，将风险管理专家的宝贵经验给予了充分考虑。但它有一个致命缺陷，那就是过于依赖专家的主观判断，缺乏客观性。因为记分卡所选取的指标以及不同指标所占的权重都是由专家来确定的。

3. 损失分布法（Loss Distribution Approach，LDA）。损失分布法是高级

计量法中最具风险敏感性的一种方法。它通过统计模型计算出主要的风险因素，然后利用情景分析等方法得出操作风险的损失分布和对应的风险值，类似于信用风险和市场风险的量化方法。通常需要使用蒙特卡罗模拟等方法估计出每条业务线与损失类型组合的操作风险损失在一定期间（比如一年）内的概率分布，当然，也可以事先假设损失次数服从泊松分布，损失幅度服从正态分布等。与内部计量法不同，损失分布法直接估算非预期损失UL，然后再根据UL计算出操作风险资本，而内部计量法则是利用估计出的预期损失EL来计算操作风险资本的。

假设X_1，X_2，…为表示操作风险损失的独立的随机变量，则其分布函数为

$$F(x)=P\{X_i \leqslant x\} \leqslant q \qquad （10-22）$$

其中：q为一定的置信水平，一般假定$0.95<q<1$。给定q，对于分布函数$F(x)$，则可确定其VaR值，即

$$\mathrm{VaR}_q=F^{-1}(q) \qquad （10-23）$$

其中：F^{-1}为分布函数F的反函数。风险资本值就是每个业务线／损失类型组合VaR值的加总。

损失分布法下，商业银行可自主决定自己的业务线／损失类型组合，通过计算VaR直接计量非预期损失UL，使损失分布法具有更强的风险敏感性。但损失分布法没有将各个业务线／损失类型之间的相关性考虑在内，由各家银行自行划定各自的业务线和损失类型也使得计算结果间缺乏可比性，且该方法对数据要求很高，部分数据很难满足其对数据连续或离散的要求。

从以上对内部计量法、记分卡法和损失分布法三种高级计量法的介绍中可以看出，高级计量法无论是在方法的科学性先进性方面还是在计算结果的准确性合理性方面都具有基本指标法和标准法所不可比拟的优势。但高级计量法并非所有金融机构都可以随意使用的，根据巴塞尔委员会的规定，商业银行使用高级计量法应获得监管当局的批准，必须至少符合以下定性和定量的规定。

1. 定性标准。（1）商业银行必须具备独立的风险管理岗位负责实施操作风险管理框架；（2）商业银行必须具有齐备的风险管理文件；（3）必须定期向高管层和董事会报告操作风险的暴露和损失情况，并对报告的风险信

息采取适当的管理措施；（4）监管当局有权在商业银行使用高级计量法之前对该银行的高级计量法运行情况实施一段时间的初始监测；（5）商业银行的内部计量系统衡量非预期损失必须基于内外部相关损失数据和内部控制的情况；（6）监管当局对商业银行操作风险计量系统的验证内容包括内部程序运转是否正常，数据流程是否透明等。

2. 定量标准。

（1）计量方法要求。①计量方法必须考虑各种潜在的较严重的"厚尾"损失事件；②计量方法必须符合与信用风险IRB法相当的稳健标准；③银行必须有独立严密的操作风险模型开发体系；④风险计量系统必须能够将影响损失分布尾部形态的操作风险因素考虑在内；⑤任何操作风险计量系统必须与巴塞尔委员会在操作风险定义中界定的风险范围和损失事件分类表规定的损失事件类型一致，通过加总预期损失（EL）和非预期损失（UL）得出风险资本要求。

（2）计量数据要求。①商业银行须按规定收集内部损失数据。操作风险资本的计算必须基于至少5年的内部损失数据，但如果是初次使用高级计量法，也可使用3年的历史数据；②操作风险计量系统必须充分利用外部数据，包括损失金额、损失事件涉及的业务线、损失事件的发生原因以及其他相关信息。

（四）各种计量方法的比较

巴塞尔委员会考虑到目前各国银行业的实际风险管理水平，并不强制要求采用哪种方法来度量操作风险资本。为鼓励创新，巴塞尔委员会允许一家银行同时采用多种方法，如对某些业务采用基本指标法或标准法，而对其他业务采用高级计量法，但也规定了如果商业银行采取了高级计量法，在未经监管当局批准的情况下，不能擅自退回到使用简单的计量方法。

在各种计量方法中，基本指标法最为简单，其运算逻辑就是资产越大，非利息收入越高，操作风险就越大，相应需分配的经济资本就越多。这类方法虽然简单易行，但也有非常明显的缺点。它要求所有银行使用统一的 α 参数，没有考虑到各家银行风险管理水平的高低差异，如果两家银行的总收入相同，就应该配置相同的监管资本，这样，银行也就失去了提高操作风险管理水平的动力，自然无法发挥操作风险管理优劣奖惩机制的作用。

标准法在一定程度上考虑了不同业务风险特征的差异，为各业务线设置了指标参数，计算方法也非常简单，但与基本指标法类似，标准法下的监管资本计算也与损失数据无关，也无法反映各家银行自身的操作风险特征，在使用上仍然存在一定的局限性。尤其对于国内的商业银行而言，在业务经营上与国际银行业的业务范围、风险特征都存在明显差异，更加限制了标准法在中国的应用。虽然从表面上看，国内银行也从事和新巴塞尔协议中提到的业务线一样的业务，但是其所囊括的业务内容却差异甚大。例如，协议中的公司金融业务与我国商业银行的投行业务相对应，国际上这类业务往往涉及杠杆交易、衍生品交易，业务流程十分复杂，外部不确定性较大，风险系数非常高，稍有不慎就可能酿成严重后果，因此巴塞尔委员会赋予其18%的风险权重。而我国商业银行的投行业务风险程度很小，绝大多数是零风险的国债、央企债券的承销发行等，业务流程固定，操作程序清晰，复杂程度低，操作风险小，由此引发的风险损失也非常少，如也使用18%的风险权重显然是不合适的。

高级计量法中的内部计量法与基本指标法、标准法这两种初级方法相比，最大的优势在于银行可以使用自身的损失数据来计算监管资本，可以反映不同银行的操作风险管理和损失特征的不同，便于银行量身定制适合自身的风险管理决策。但如前所述，内部计量法具有一定的假设前提，影响了计量结果的准确性。记分卡法的优点体现在：一是不依赖历史数据，风险因子能够根据环境的不断变化而改变，符合风险管理的动态性、前瞻性要求；二是不需要应用复杂的统计方法反复计算，且能实时反映金融机构在操作风险领域的努力。但是记分卡法在操作风险资本计提方面的准确性和有效性只能靠结果来证明。损失分布法要求银行根据自身的业务情况和操作风险损失情况自主划定业务产品线、事故类型组合，通过计算VaR直接衡量非预期损失，而不是假设预期损失与非预期损失之间存在相关关系，因此风险敏感性更强；其次损失分布法采用银行自身的历史数据，更能反映不同银行的不同风险特点，并通过构建先进的计量模型计算资本，而不是利用历史数据预测未来，因此代表了操作风险量化管理的发展方向。损失分布法的特别之处还在于对操作风险事故的发生频率和损失幅度所服从的具体概率分布进行科学估计，通常使用蒙特卡罗模拟等先进的技术手段，得出一些经验分布。如此，操作风险的损失分布就能随期望损失及其各组成部分的组合方式的变化而变化，而不再需要给出期望损失与非预期损失之间具有稳定关系的假设。损失分布法所运用的数学模型和数据处理技术较为复杂，对历史数据的积累要求没有其他方法高。因此，损失分布法应该成为我国商业银行目前计量操作风险资本的最佳方法。

四、基于损失数据的操作风险资本度量方法面临的主要挑战

尽管操作风险资本计量方法在理论上已经较为成熟，但鉴于操作风险自身的固有特点以及受人为因素影响较大等原因，操作风险的资本计量在实践中仍处于起步阶段，进行深入研究还面临着一些障碍和挑战。

（一）损失数据难以满足度量需要

充足的损失数据是准确度量操作风险的必要条件，损失数据不足将使得模型运算结果大打折扣，但操作风险的特点又决定了单一银行的操作风险损失数据不可能像信用风险和市场风险的损失数据那样充分。因此，所有银行的操作风险度量都面临着内部数据不足的问题。大银行的风险管理机制一般比较健全，内部损失数据不足主要表现为缺少低频高危类风险事件的损失数据，而中小银行受限于资源投入，对于高频低危类风险事件的损失数据也储备不足。此外，在收集损失数据时也应当注意，为了规避上级行的考核，有些基层行的业务管理人员可能隐瞒损失事实，造成损失事件数据收集难度的进一步加大。

为弥补内部损失数据的不足，银行业的普遍做法是建立一个共同的行业数据库，这样对于每家商业银行来说，都可以引入大量的外部损失数据增加样本数量，满足资本计量对样本数量的需要。但是，将外部损失数据引入内部损失数据库的路径和方法也要非常恰当。大部分度量方法不仅要求损失数据的"量"要充分，对损失数据的"质"也有要求，需要包含一些不可重复风险的数据。如果这类数据缺失的话，会在一定程度上影响模型的应用效果。因此，很多度量方法如贝叶斯网络模型等受制于数据要求对我国商业银行都不适用。

（二）损失数据的数学分布情况难以确定

大多数度量方法都是对单个操作风险损失事件进行度量后加总累计，没有考虑风险资产的组合效应，其中一个主要原因还是损失事件储备不足，导致风险损失的期望值与观测值之间的关系不易确定，从而难以准确估计损失事件之间的协方差和相关系数。当然，很多操作风险事件表现为随机分布，

它们之间的相关度不高，但只要存在相关关系，以累积损失分布为基础计算的总资本就会少于单个事件独立反映的情况。因此，有必要研究恰当的方法将相关性影响考虑在内，以便确定损失数据的数学分布状况。

（三）操作风险度量的客观性难以保证

操作风险度量的客观性受到以下几个方面的影响。一是操作风险的内涵界定。不像信用风险和市场风险的内涵一直比较明确，操作风险的内涵比较笼统，不同的银行也有不同的理解，从而使得不同银行的操作风险度量结果存在较大差异，一定程度上丧失了可比性。二是操作风险分类方法的选择。在分类方法上银行一般有两种选择，按事件类型分类和按业务类型分类。前者有利于对操作风险实行有效的度量，后者有利于对操作风险实行有效管理，因为按照业务类型分类可以使银行发现某类业务产生损失的关键动因，便于责成有关业务部门及时采取解决措施，避免同类事件再次发生。三是银行的操作风险度量是否覆盖间接损失。操作风险损失可分为直接损失和间接损失，直接损失是看得见的，表现为银行会计账户上的现金损失或其他物质损失；间接损失则无法直接体现在账面上，但对银行的影响是极其重要而深远的，主要包括劳动力成本的增加、改正操作错误的成本支出以及由于一些丑闻破坏了银行声誉，或者是系统突然崩溃导致业务中断等。这些都是潜在的操作风险，很容易转化为实实在在的账面损失。因此，为全面掌握操作风险的现实状况，有必要将间接损失也纳入操作风险资本度量。但是对间接损失的判断因人而异，主观色彩浓重，从而很难保证度量结果的客观性。

（四）操作风险资本度量方法的有效性短期内难以得到验证

操作风险资本度量方法是否有效，是需要一段时期内的实际损失数据来进行验证的，这对于经营正常的商业银行来说是有一定困难的。尤其是低频高危类风险事件，从理论上来说，这种损失可能是十几年、几十年甚至上百上千年才发生一次的。因此，很难用实践结果去验证方法的有效性，只能从理论上说明某种方法是否可行、是否合理，如果有可能的话，还可以进行多次模拟运算来比较说明方法的科学性。至于该方法是否能够准确预测风险损失和资本计提金额，则需要较长的时间周期去验证。

第四节 基于运行风险数据的风险高级计量

运行领域的操作风险作为商业银行整体操作风险中最为重要的组成部分，如何恰当运用运行风险事件数据进行风险资本的计量，准确计算需要为操作风险分配的资本数额，是商业银行事后监督体系风险计量的主要目的之一。经过几年来的理论探索与实证检验，我们发现了一种全新的操作风险资本度量思路，即在借鉴损失分布法的基础上，应用商业银行事后监督体系收集的运行风险事件数据，通过衡量风险暴露水平、风险率、风险度、风险事件金额等不同的运行风险指标在一定时期内(比如一年)的概率分布，进行风险资本的高级计量。本节将在这种全新的操作风险资本度量思路的指引下，重点研究广泛应用于市场风险计量的VaR模型在商业银行运行风险高级计量中的应用。

一、风险的VaR释义

VaR（Value at Risk）一般被中文称为"风险价值"或"在险价值"，指在一定的置信水平下，某一金融资产（或证券组合）在未来特定的一段时间内的最大可能损失。假定JP摩根公司在2004年置信水平为95%的日VaR值为960万美元，其含义是JP摩根公司有95%的把握保证，2004年某一特定时点上的金融资产在未来24小时内，由于市场价格变动带来的损失不会超过960万美元。或者说，损失超过960万美元的可能只有5%。

与传统风险度量手段不同，VaR完全是基于统计分析的风险度量技术，它的产生原本是用来满足JP摩根公司对市场风险的度量需求的。但随着VaR模型的逐渐改进，其在金融风险管理领域的应用越来越广泛。如在操作风险计量方面，张宏毅等人运用蒙特卡罗模拟，对国内已经报道的操作风险损失数据进行了十万次模拟，模拟数据表明，操作风险的最小损失金额为0，最大损失金额为6 865 023万元，平均损失金额18 131万元，标准偏差86 905万元。当置信水平为90%时，银行为应对操作风险需要拨备的资本金额应当为1.66亿元，即按照十年一遇的标准，我国商业银行有10%的可能性发生风险损失在1.66亿元以上的操作风险事件，每家银行必须准备1.66亿元才能抵御风险损失；而如果按照千年一遇（置信水平为99.9%）的操作风险损失概率，平均每家银行则必须准备107亿元的操作风险资本。

同样，商业银行可以通过计算一定时间内、不同置信水平的VaR值，对运行风险的VaR进行衡量，当然，这一VaR值是使用运行风险事件数据计算出来的。在计算VaR时，一般需给定两个已知条件。一是置信水平，又叫置信度，是指根据某种概率测算结果的可信程度。置信水平的选择可以反映投资者对风险的态度，风险回避程度越高、损失成本越大，表明弥补损失所需的资本量越大，从而置信水平也越高。例如，信孚银行使用99%的置信水平；大通—曼哈顿银行使用97.5%的置信水平；花旗银行使用95.4%的置信水平；美国银行和JP摩根银行使用95%的置信水平等。二是分析周期，分析周期越长，风险的波动性就越大。分析周期一般可为1天、1周、10天、半个月、1个月等。考虑到运行风险的突发性和风险损失的不可预测性，在计算运行风险的VaR时，建议采用较高的置信水平和较长的分析周期，实践中一般使用99%的置信水平和一年的分析周期。从运行风险的演变逻辑可知，运行风险最终是以损失事件的形式释放出来的，而商业银行运行风险管理的对象是风险事件，即在运行风险最终形成损失事件之前对其进行管理。从这个角度来思考，基于运行风险数据的操作风险资本计提可以分两步走。第一步，计算运行风险的VaR，实现基于结果的损失事件资本计量向基于过程的风险事件资本计量转变，这也是过程控制思想在风险资本计量中的具体体现。第二步，计提操作风险资本，将根据运行风险事件计算出来的VaR值作为计提操作风险资本的依据在理论上是完全可行的，VaR本身代表了运行风险在一定置信区间下、在未来特定一段时间内的最大可能损失，假设运行风险事件金额的VaR值是100亿元，那么可以预期操作风险的最大损失也很难超过100亿元，因为运行风险VaR代表的是运行风险事件的最大可能金额，并非损失事件金额，商业银行计提100亿元的风险资本则完全可以抵御操作风险可能造成的损失。

二、VaR计算方法

目前，VaR的计算方法有很多，从参数设置角度可分为非参数法、半参数法和参数法三大类别。这些方法的一个共同特点是利用将来收益或损失的分布来计算分位数，然后再间接地获得VaR值。因此，从这个角度上看，这些方法也可称为计算VaR的间接方法。

（一）非参数法

非参数法对损失分布不作假定，具体可分为历史模拟（Historical Simulation）和蒙特卡罗模拟（Monte Calro Simulation）两种方法。

1. 历史模拟法。

（1）方法介绍。该方法的基本思路：首先，利用过去一定时期内的实际资产收益率，使用当前头寸的权重来重新模拟投资组合的历史，然后将模拟出的投资组合价值按从低到高的顺序进行排列，得到虚拟收益的整体分布（通常以直方图表示），从分布中就可以得到给定置信水平下的VaR。

历史模拟法利用样本历史数据进行模拟，所以不必对资产组合的价值变化及收益率的分布做特定的假设。

（2）优缺点。优点：①不需要对风险因子的分布进行假定。②不需要估计波动性和相关性，它们已经暗含在每日市场因子数据之中。③只要数据充分，该方法可以处理厚尾分布和其他极端情况。④对不同市场的数据的归总很直接。⑤可以允许计算VaR方法的置信区间。缺点：①完全依赖特定的历史数据。这意味着数据中没有包含的极端市场情形将被忽略，或（出于某种目的）被扭曲。②不能考虑市场结构变化的影响，如1999年6月欧元的使用。③如果历史数据涉及的期间不够长，则可能使VaR计算出现偏误而不准确。④不能用于敏感性分析。⑤如果资产组合含有比较复杂的证券，则计算起来比较麻烦。

2. 蒙特卡罗模拟法。

（1）方法介绍。该方法的基本思想是重复模拟金融变量，并涵盖所有可能发生情形的随机过程。若我们知道这些变量服从预定的概率分布，蒙特卡罗模拟的过程就是重现投资组合价值分布的过程。

用蒙特卡罗模拟计算VaR的步骤如下：

第一步：情景产生。选择市场因子变化的随机过程和分布，估计其中相应的参数；模拟市场因子的变化路径，建立市场因子未来变化的情景。

第二步：组合估值。对市场因子的每个情景，利用定价公式或其他方法计算组合的价值及其变化。

第三步：估计VaR。根据组合价值变化分布的模拟结果，计算出给定置信度下的VaR。

（2）适用条件。此方法被认为是计算VaR的最佳方法，对于其他方法无法处理的风险和问题，如非线性价格风险、波动性风险、事件风险、模型风险、方差随时间变化、厚尾分布、极端场景甚至是信用风险，它都能够有效地处理。

（3）优缺点。优点：①可适用于各种情况的分布。②可以将任何复杂的资产组合纳入模型。③允许计算VaR的置信区间。④允许使用者进行敏感性分析和压力测试。缺点：①有些意外情况未被纳入分布中。②这种方法计算过程复杂，极其依赖计算机。

（二）半参数法

对于概率分布不满足正态性的资产组合来说，用蒙特卡罗法所估计的VaR值的误差较大，而且经常是低估。由于VaR分析在很大程度上依赖于极端收益率，因此对极端收益率的分布尤其重要。为解决概率分布的厚尾问题，半参数法随之产生，也就是厚尾方法。半参数法考虑到损失分布具有偏峰厚尾性，是一种极值理论方法，其中最具代表性的是偏峰厚尾模型（Heavy Tail Model）。

假设收益率R的分布函数为$F(R)$，在适当条件下，当$R \to \infty$时，$F(R)$有二阶展开式：$F(R)=1-Br^aL+Cr^b$。该展开式中，主要的参数为a，即尾指数，它的大小就是尾的厚度。

（三）参数法

参数法主要指的是方差—协方差分析方法（Analytic Variance-Covariance Approach），核心是基于对资产报酬或损失的方差—协方差矩阵进行估计。其中最具代表性的是目前流行使用的J.P.Morgan银行的Risk Metrics方法，该方法有两个重要假设：

假设1：线性假定，即给定持有期内资产价值的变化与其风险因素报酬呈线性关系：$\Delta \omega = \sum \delta_k \Delta S_k / S_k$

假设2：正态分布假设，即风险因素报酬$R_s = \Delta S_k / S_k$均服从正态分布，记为：$R^\sim (\mu, \Sigma)$，假定投资组合的未来收益服从正态分布，其中Σ为$N \times N$协方差矩阵。

1. 方法介绍。该方法的基本思路：首先利用历史数据求出资产组合收益的方差、标准差、协方差；其次，假定资产组合的收益呈正态分布，求出在一定置信区间下，反映收益分布偏离均值程度的临界值；最后，推导与风险损失相联系的VaR值。

2. 适用条件。该方法适用于资产规模大且含有较小的金融衍生工具（期权）的投资组合。在时间上，适用于短期内风险的VaR衡量。该方法具有易操作性，它仅需要市价及当前头寸所面临的风险数据（即波动率）。对所有金融资产的市场风险基本都可衡量，对银行的信用风险、操作风险等亦可计量。该方法还被用于业绩评估（如风险调整收益率）、金融资产优化配置、风险资本管理、银行策略性业务决策分析等方面。

3. 优缺点。优点：（1）计算很方便：只需几分钟就可以计算出整个银行的风险敞口情况。（2）根据中心极限定理，即使风险因子分布本身不是正态的，也可以使用这种方法。只要风险因子数量足够大，而且相互之间独立。（3）不需要定价模型，只需要希腊字母体系，这可以从银行现有体系中直接获得。（4）比较容易引入增量VaR方法。缺点：（1）假定资产组合收益服从正态分布。（2）假定风险因子遵循多变量对数正态分布，因而不能处理"厚尾"分布。（3）需要估计风险因子的波动性及其收益间的相关性。（4）可以用泰勒展开式近似代表安全性收益。但在有些情况下，二阶展开式可能不足以完全反映期权风险。（5）不能用于敏感性分析。（6）不能用于推导VaR的置信区间。

以上介绍了计算VaR的几种方法，在运行风险的高级计量过程中，具体应采用哪一种方法，需根据数据收集的方便程度、方法实现的难易程度、计算的速度、向高层管理者解释的难易程度、市场的稳定性和检验其他假设的能力等各方面因素的综合分析来确定。从商业银行事后监督的具体实践来看，蒙特卡罗模拟法无疑是一种最佳的方法，因为商业银行通过事后监督收集了各主要业务条线和各管理层级的、完整的风险信息数据库，借助广泛使用的SAS等统计分析工具，完全可以满足VaR计算的需求。更重要的是，蒙特卡罗模拟法在计算市场风险的VaR中已经得到较多的运用，管理层较为容易理解，在对外披露年度财务报表时，财务报表的使用者也较容易接受。

三、基于运行风险数据计算操作风险资本的步骤

具体来讲，结合运行风险数据的操作风险资本计算可以分三步走：

第一步，计算运行风险的VaR，实现完全基于结果的损失事件资本计量向结合过程的风险事件资本计量转变，这也是过程控制思想在风险资本计量

中的具体体现。在计算运行风险VaR的过程中，可以使用蒙特卡罗模拟等方法。

第二步，将运行风险的VaR运用于操作风险资本计量，以运行风险事件为基础计算出来的VaR值作为操作风险资本计提的依据在理论上是完全可行的。VaR本身代表了运行风险在一定置信区间下、在未来特定一段时间内的最大可能损失，假设运行风险事件金额的VaR值是10亿元，则基于运行风险VaR计提的操作风险资本也不应超过10亿元。

第三步，为满足巴塞尔协议III所倡导的结果导向与过程导向相结合的操作风险资本计量，应将基于结果导向的、使用损失数据计算出的操作风险资本（Operationgal Risk Capital Based on Loss Data，记为L）赋予权重α，将基于过程导向的、使用运行风险事件数据计算出来的操作风险资本（Operationgal Risk Capital Based on Risk Data，记为R）赋予权重β，从而得到加权平均之后的操作风险资本（Weighted Average Operationgal Risk Capital，WAORC）。即

$$WAORC = L \times \alpha + R \times \beta \qquad (10\text{-}24)$$

比如，假设L是200亿元，R是10亿元。商业银行认为，基于结果性的损失事件数据计算出来的操作风险资本和基于过程性的运行风险事件数据计算出来的操作风险资本权重各为50%，则加权平均操作风险资本为

$$WAORC = 200 \times 50\% + 10 \times 50\% = 105亿元 \qquad (10\text{-}25)$$

四、基于运行风险数据的VaR实证分析

（一）选用恰当的函数描述商业银行运行风险事件分布

从国内某商业银行2012年运行风险事件分布直方图（见图10-6）可以看到，操作风险的损失强度不同于正态分布，而是具有明显的厚头特征，即高频低危事件较多，这和已经报道的操作风险损失事件是完全相反的，因为在已经公开的操作风险损失事件中，低频高危事件最多。

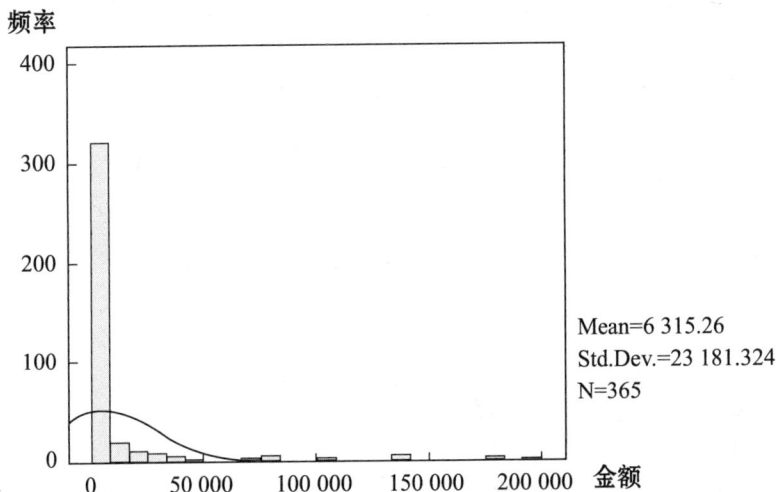

图10-6 国内某商业银行2012年运行风险事件分布直方图

为了选用恰当的分布函数描述我国商业银行运行风险的影响程度，我们用统计软件SPSS分别绘制了对数正态分布、帕累托分布、威尔分布这三种分布与运行风险数据的拟合图（分别见图10-7、图10-8、图10-9），从图中可以看到，对数正态分布的拟合程度非常高，尤其是在尾部，对数正态分布与运行风险数据基本完全拟合。因此，我们假定操作风险损失强度服从对数正态分布，其分布函数为

$$f(x)=\begin{cases}\dfrac{1}{\sqrt{2\pi}\sigma x}e^{-\frac{(\ln x-\mu)^2}{2\sigma^2}}, & \mu>0, x>0 \\ 0, & \text{其他}\end{cases} \qquad (10\text{-}26)$$

根据公式（10-26）的分布函数，我们使用该商业银行一年发生的116.1万笔运行风险事件样本估计出相应的参数值：μ=7.81478；σ=9.1012。

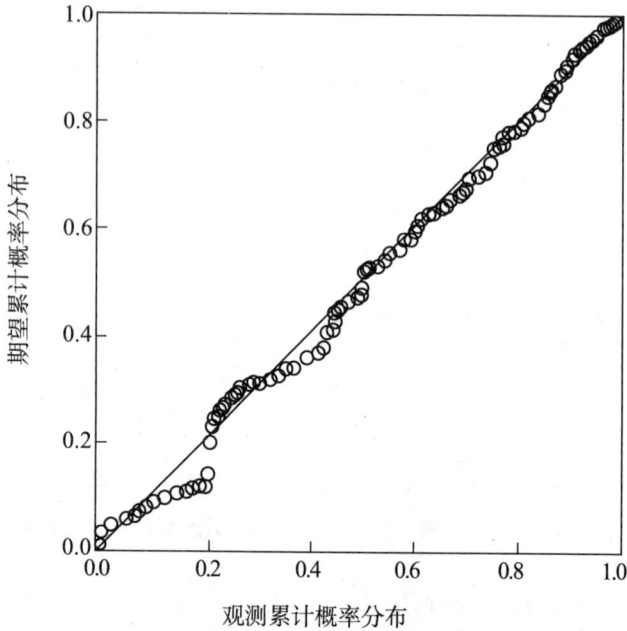

图10-7　对数正态分布与运行风险数据拟合程度较高

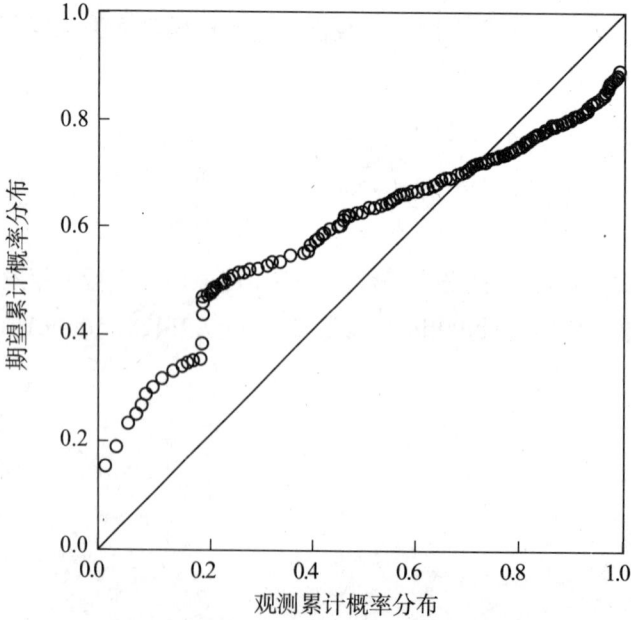

图10-8　帕累托分布与运行风险数据拟合程度最低

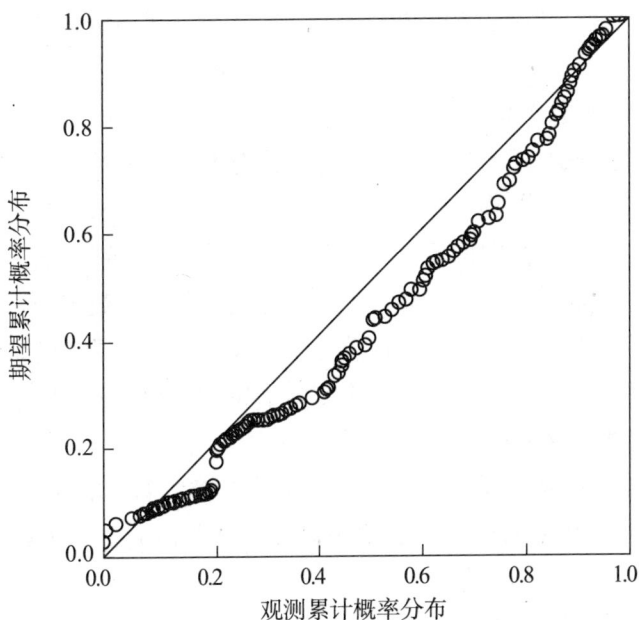

图10-9　威尔分布与运行风险数据拟合程度较低

（二）蒙特卡罗模拟过程

在得到操作风险损失频率和损失强度分布函数的估计参数之后，我们通过蒙特卡罗模拟来计算操作风险资本，每次使用分布函数中的一组不同随机值，根据为随机值指定的不确定因素的数量和范围，可以进行成千上万次重新计算，生成可能值的分布。

运用蒙特卡罗模拟计算操作风险资本的具体步骤是：

1. 用随机数发生器产生0～1的随机数，代入泊松分布中，得到1年内商业银行发生运行风险损失事件的频率分布；

2. 再利用随机数发生器产生0～1的随机数，代入$\mu =7.81478$和$\sigma =9.1012$的对数正态分布函数中，得到发生1次运行风险时，商业银行的损失金额$L1$；重复本步骤，获得$L2$，$L3$，…，Ln个风险损失金额；

3. 将$L1$，$L2$，$L3$一直到Ln个操作风险损失金额相加，得到1年内发生n次运行风险的损失模拟值；

4. 将上述步骤1～3重复n次，将获得n个操作风险损失的模拟值；

5. 将n个操作风险损失模拟值按由小到大的顺序排列，计算期望损失和置信水平为α的非预期损失（α为分位数）；

6. 置信水平为99.9%时的非预期损失即为操作风险资本的蒙特卡罗模拟值。

（三）根据运行风险VaR值计算操作风险资本

假设某商业银行运行风险事件符合正态分布。模拟数据结果为，运行风险事件所能带来的最小损失金额为0，最大损失金额为786 501万元，平均损失金额18 131万元，标准偏差97 105万元。若剔除极个别高额运行风险数据的影响，上述金额均会有所下降，如该商业银行曾发生数笔金额录入错误风险事件，柜员将身份证号和卡号误录为金额，导致录入错误的金额高达数十亿元，考虑到这一风险事件一旦发生实际损失，其所带来的影响也将是巨大的，故在本分析中并未剔除。

根据巴塞尔委员会关于操作风险计量的定义，操作风险资本等于标准偏差与某一置信度下的分位数的乘积再加上预期损失金额（即平均损失金额）。

例如，在95%的置信水平下，分位数为1.645，运行风险的VaR为

$$VaR=97\ 105 \times 1.645+18\ 131 =177\ 869（万元）\qquad（10-27）$$

即，为了抵御20年一遇的运行风险带来的损失影响，当年运行风险的VaR为17.79亿元，则该商业银行应该为基于过程导向的运行风险事件配置操作风险资本17.79亿元。

但根据巴塞尔委员会的监管要求，抵御操作风险的置信水平必须与抵御信用风险和市场风险的置信水平相当，为99.9%，即达到抵御千年一遇的水平，在这一置信水平下，概率分位数为3.08，运行风险的VaR为

$$VaR=97\ 105 \times 3.08 + 18\ 131 =317\ 214（万元）\qquad（10-28）$$

也就是说，如果按照巴塞尔委员会规定的99.9%的置信水平，该商业银行在当年应为基于过程导向的运行风险事件配置操作风险资本31.72亿元。

（四）计算加权平均操作风险资本成本

如前所述，计算加权平均操作风险资本成本（WAORC），难点在于如何分配基于风险事件数据计算的操作风险资本（RBORC）和基于损失事件数据计算的操作风险资本（DBORC）两者的权重。实际上，商业银行可以根据损失数据与其经营的相关性来统筹考虑。即，如果损失事件的数据与商业银行的业务经营相关性较大，即数据主要来源于该行发生的损失事件，则可以赋予较高的权重；但如果损失数据中存在大量其他商业银行的数据，则不宜赋

予较高权重。特别是一些国际同业的数据，其与国内商业银行业务的相关程度较低，比如国际商业银行许多操作风险损失事件发生在衍生品交易领域，而在国内商业银行，更多的操作风险损失事件是由内外部欺诈引发的。因此，计算国内商业银行的操作风险资本时，分配给基于风险事件数据计算的操作风险资本（R）的权重应该大于分配给损失事件数据计算的操作风险资本（L）的权重。因为运行风险数据是在业务运行风险的过程控制中收集和积累的，反映了业务运行领域的操作风险管理状况，与商业银行业务经营的关系更加紧密，更具有代表性，也应赋予更高的权重。

假设目前基于损失事件数据计算的操作风险资本（L）为300亿元，赋权20%，而基于风险事件数据计算的操作风险资本（R）根据前述计算结果约为32亿元，赋权80%，以体现运行风险与商业银行日常经营的紧密程度，则加权平均操作风险资本（WAORC）为

$$\text{WAORC} = 300 \times 20\% + 32 \times 80\% = 85.6（亿元）\qquad (10\text{-}29)$$

计算结果明显低于仅基于损失事件计算的操作风险资本，显著减少了商业银行操作风险资本占用。

综上所述，基于运行风险事件数据的操作风险资本计量方法，既克服了操作风险初级计量方法在计量结果方面的不准确之处，又解决了基于损失数据的操作风险高级计量方法在数据获取方面面临的困难，还有效弥补了损失数据与商业银行业务结合不紧密、难以反映当期操作风险管理状况的固有逻辑缺陷。更重要的是，新方法的计算结果是商业银行风险过程控制理论在操作风险管理和资本计量中的应用实践，对减少操作风险资本占用具有重要的现实意义。

第十一章　风险评估

从广义上讲，风险评估是在风险事件发生之后，对该事件给人们的生活、生命、财产等各个方面造成的影响和损失的可能性进行量化评估的工作，也就是说，风险评估是量化测评某一事件或事物带来的影响或损失的可能程度。商业银行事后监督体系的风险评估，是在风险识别、风险确认和风险计量的基础上，通过对特定对象面临的运行风险状况及其变化等进行分析评估，确定特定对象面临风险冲击的具体因素，揭示业务运行风险在不同范围内的特征及发生概率。这是风险管理中的关键一环。只有对风险作出了正确的评估，才能够在此基础上决定是否需要采取措施对风险加以控制以及控制措施采取到何种程度最为适宜等问题，从而达到管理业务运行风险的目的。

从整个商业银行事后监督体系看，风险评估是保证业务运行风险高质量管理的重要环节，是风险导向和流程导向的运行风险管理效能的直接体现。

第一节　风险评估概述

一、风险评估的目标

风险评估主要依据商业银行事后监督体系的运转结果以及风险监测、质量检测、履职管理收集的风险信息，从风险发生概率、严重程度等不同角度进行分析，归纳总结出商业银行经营活动中所面临的主要运行风险冲击，并对风险的高低水平进行量化比较。在此基础上，评定商业银行是否针对这些风险冲击制定了相应的控制措施以及控制措施实施的有效性，进而提出优化控制措施的方案，既要对没有控制措施的空白地带和控制不足导致的潜在风险环节进行填补完善，也要对控制过度引发的运行服务效率低下的环节进行修订缓释。

风险评估的首要目标，是要鉴别风险的类型。按照风险可预估性的不同，可将风险划分为已知的风险、可预估的风险和不可预估的风险。已知的风险就是那些经常发生的、后果比较明确的风险，一般为高频低危类风险事件；可预估的风险就是根据专家分析和既往经验，可以预估风险发生的可能性但不能预估其后果的风险，这类风险的后果有时可能会相当严重；不可预估的风险就是有发生可能但即使最有经验的专家也不能预估这种可能的风险，是一种未知风险，一般受外部不可控因素的影响。只有经过评估确定的已知的、可预估的风险才纳入是否能够进一步加以管理的风险范畴。

风险评估的第二个目标，是要确定风险的性质。按照风险可控性的不同，又可将风险分为可管理风险和不可管理风险。对于可以预估并可采取相应措施加以控制的风险，称为可管理风险；反之则为不可管理风险。风险是否可管理，主要取决于风险的不确定性是否可消除以及银行的风险管理水平。风险不确定性的降低或者消除，有赖于银行所掌握的数据、资料和其他信息的数量、质量和分析运用结果。当然，银行风险管理水平的提高也会将一些不可管理的风险逐步转化为可管理的风险。

风险评估的最终目标，是通过评估提升商业银行的运行风险管理水平。为实现这一目标，开展运行风险评估工作时，需要明确运行风险管理的职责内容，鼓励商业银行各层级机构、各相关部门主动承担并认真履行风险管理职责。为此，需要采取一系列的管理策略，包括：制定与运行风险管理战略目标相配套的评估机制；将制度的被动执行转变为主动的揭示和管理；将风险管理纳入具备相应管理职责员工的业务考核体系；改变企业文化，建立良好的运行风险管理氛围；建设直通精益、高效顺畅的业务流程体系，从根本上减少风险发生的可能性；在商业银行内部倡导寻找业务发展与风险控制之间恰到好处的平衡点。

二、风险评估的原则

风险评估一般从业务管理和风险管理两个层面开展，其遵循的原则包括由表及里、自上而下和从已知到未知三种。

（一）由表及里原则

运行风险遍布商业银行的各项经营管理业务，发生在业务处理中的诸多环节，以一定的风险事件的形式表现出来，而风险表象背后的成因往往是多样化的。为了追根溯源，风险评估应从收集的大量风险事件入手，透过现象看本质，全面识别和评估经营管理中存在的风险因素，从而能够由表及里地识别各类运行风险要素。

（二）自上而下原则

运行风险往往发生于商业银行的基层机构和经营管理流程的基础环节。这些机构、环节之所以出现问题，在很大程度上是执行不力造成的，即上级制定的风险控制措施未能贯彻落实到位。因此，在开展风险评估工作时应从最高的风险管理层级开始，不断前移风险评估的关口，自上而下逐级开展运行风险的识别与评估，直至最基本的运行风险管理单元——商业银行的基层营业机构，乃至柜员。

（三）从已知到未知原则

风险评估应从大量已知的风险事件入手，特别是商业银行内部及境内外同业已经发生的重大风险事件和损失事件等，总结归纳出这些已知风险的类型特征、发生规律、分布特点、演变趋势等。在对已知风险清晰把握和掌控的基础上，运用一系列数据分析和预测评估技术，基于积累的风险数据信息进行举一反三式的预测验证和结果评价，将分析评估逐步延伸到尚未完全认知的风险领域，揭示潜在的风险隐患，从而使分析评估具备一定的预判能力。

三、风险评估的要素

风险评估要素是为了实现风险评估目标而对风险评估对象所进行的界定和基本分类。在本书中，将运行风险评估要素主要划分为内部风险数据、外部风险数据。商业银行的运行风险评估需要结合自身的业务环境和内部控制因素，对所有被识别的、商业银行所面临的内外风险因素进行评估，以决定哪些风险可以被接受，哪些风险不可以被接受，并提出下一步应采取的风险管理措施。

（一）内部风险数据

内部风险数据来源于商业银行内部，以事后监督系统为主，但不局限于事后监督系统，是从商业银行内部各个业务信息系统中抽取的、与运行风险管理相关的数据，主要包括风险事件发生后可以标识、计量和描述该风险事件的各项数据信息。在收集内部风险数据信息的过程中，应保证客观性、全面性、动态性和统一性。

客观性，指收集到的数据必须是客观存在的运行风险事件数据，也就是说，这些风险事件必须是已经发生的，而非预测的，但对于已经发生的风险事件在计量其可能造成的损失和影响时则是可以预测的。

全面性，指风险数据的收集应该在商业银行的各层级机构、各业务条线开展，涵盖商业银行所有机构和所有重要的业务活动，以综合反映商业银行总体风险暴露情况。

动态性，指风险数据信息收集工作应及时开展，数据信息及时更新，从而及时发现风险、跟踪风险、反映风险、提示风险，实现对运行风险的实时动态管理。

统一性，指商业银行应制定统一的内部风险数据收集标准和流程，明确哪些风险事件属于内部风险数据，明确风险的定义和标准、风险分类等，并遵循统一的风险数据收集流程，保证收集到的数据信息规范可用。

内部风险数据一般使用商业银行内部的业务数据仓库获取，如果数据仓库中的数据不能满足风险管理信息系统的需要，可以采取其他途径。如通过专门的数据采集软件完成相关运行风险数据的采集、拼接和转换，一般利用基于业务和统计分析的转换公式完成；对无法简单通过数据拼接和转换方式获得的内部数据，可以通过增加对商业银行主机系统的数据收集要求的方式予以实现。

（二）外部风险数据

外部风险数据是指从专业数据供应商或各种公开媒体等渠道获得的数据。对该类数据，需要结合商业银行内部采集的数据共同使用。常见的运行风险外部数据包括：

外部损失数据。为了对运行风险事件可能造成的损失后果进行合理评估，需要借鉴使用大量的外部损失数据（例如其他商业银行发生操作风险时产生的损失），国内尚无此类数据的供应商，商业银行只能通过同业间的数据共享、经验积累或模拟产生所需数据。

外部评级数据。国内的外部评级数据较为稀缺，中国人民银行已经开展评级工作，包括对个人征信评价、企业信用评级等，但数据的细化和覆盖范围仍需完善，尚不能成为运行风险信息的主要数据源。

行业统计分析数据。行业统计分析数据是按照客户所属的行业类别进行运行风险评估的重要数据源。国内对这方面的研究尚处于起步阶段，因此鲜有提供此类数据的专业供应商。商业银行可根据风险评估的需要，定位重点客户所属的行业，对行业中的大型企业或代表性企业开展深入分析，搜集相关数据，进行综合应用。

国内不同地区经济环境数据。经济环境的景气程度影响着商业银行的外部风险形势，容易滋生一些触发业务运行风险的不确定因素。尽管国内有众多经济数据供应商，地方政府也通过各类媒体发布本地区经济增长相关数据，但这些数据能否为商业银行运行风险评估所用，需要结合实际情况分析。

除了使用内、外部风险数据外，商业银行在全行层面开展运行风险评估时，还应考虑到关键的业务流程和内部控制因素，直接反映商业银行的控制环境和经营环境的质量，有助于商业银行按照风险管理的目标开展全面风险评估工作，及时发现并持续评价运行风险改善和恶化的信号，并采取针对性、根本性的管理措施。

四、风险评估的流程

（一）确定评估范围和评估对象

结合以往风险评估结果、业务检查结果、内部审计结果等内部风险资料，以及外部审计报告、监管部门的报告等外部资料，充分考虑经营环境、服务对象、产品流程、业务重点的变化和新发生的运行风险事件等因素，确定本期风险评估的范围和对象。

（二）制定评估方案

运行管理部门应针对每期评估计划制定具体实施方案，内容主要包括：评估目的，即本期风险评估要达到的基本效果；评估人员，区分主评人和参评人及各自的职责和任务；评估期间，即本期评估所覆盖的时间节点；评估范围，详细界定本期评估覆盖哪些具体的业务、产品、流程和风险环节；评估对象，明确列示纳入本期评估的机构和人员；评估方式，即实施评估的具体方式方法。

（三）逐项评估风险点

针对评估方案确定的重要产品和关键业务，逐项评估流程中的潜在风险点，分析风险的主要驱动因素、估计风险发生的频率和影响程度、评价风险控制措施的有效性，针对存在的问题提出解决措施。

（四）编制风险评估报告

为使银行高管层了解全行运行风险状况，需要对各层级机构或各职能部门对于管辖领域的风险点的逐项评估结果进行逐级的汇总分析，进而得到整个银行在关键流程、主要业务领域的运行风险状况，包括驱动因素、风险类型或影响后果等内容。一份高质量的评估报告可以帮助高管层作出既定的风险管理策略是否符合自身的风险容忍度与风险偏好的判断，可以告诉各级管理者运行风险的主要来源和管理重点，可以使各级机构明确操作风险的控制措施等。

（五）建立风险评估文档

各层级机构及各职能部门都需要将每期的风险评估结果整理成规范的文档，并建立严格的保管制度，为改进业务流程和规范业务操作提供参考依据，为强化运行风险管理、科学配置运行管理资源提供可靠的文件支持。

第二节　风险评估方法

开展风险评估需要运用一定的方法。根据评估目的、可获得的数据以及组织的决策需要，风险评估方法可以分为定量评估法和定性评估法。

一、定量评估法

定量评估法是对风险的危害程度用直观的数据表示出来的一种方法。通过对风险的各个构成要素和潜在的损失程度赋予相应的数值，得到量化的评估结果。

常用的定量评估法有趋势分析法、比率分析法和因素分析法。

（一）趋势分析法

趋势分析法又称水平分析法，是将两个时期或者连续数期的各项运行风险关键指标进行对比，确定其增减变动的方向、数额和幅度，以说明商业银行运行风险冲击程度或管理成效变动趋势的一种方法。采用这种方法，可以分析引起变化的主要原因、变动的性质，并对下一个时期运行风险管理的重点方向作出预测。

对不同时期运行风险指标的比较，可以有两种方法：

1. 同比动态比率。它是以某一时期的数额为固定基期数额计算的动态比率。其计算公式为

$$同比动态比率 = (分析期数额 - 固定基期数额) \div 固定基期数额$$

$$（11\text{-}1）$$

比如，2011年第一季度，某商业银行A分支机构的内部风险暴露水平为146‰，2012年第一季度，该机构内部风险暴露水平为113‰，则同比降幅为 $|113-146| \div 146 = 22\%$。

2. 环比动态比率。它是以每一分析期的前期数额为基期数额而计算出来的动态比率。其计算公式为

$$环比动态比率 = (分析期数额 - 前期数额) \div 前期数额 \qquad （11\text{-}2）$$

比如，2012年第一季度，某商业银行A分支机构的内部风险暴露水平为146‰，2012年第二季度，该机构内部风险暴露水平为113‰，则环比降幅为 $|113-146| \div 146 = 22\%$。

从理论上讲，如果商业银行同业间运行风险信息可以共享的话，趋势分析方法既可以在同一商业银行不同时期进行纵向比较，也可以用于不同商业银行之间的横向比较。这样就可以消除不同时期或不同银行间业务组成、规模差异等因素的影响，有利于更加全面地分析某一商业银行的运行风险管理状况。

但在采用趋势分析法时，应注意以下问题：第一，用于进行对比的各个时期的指标，在计算口径上必须一致；第二，剔除偶发性因素或结构性因素的影响，使作为分析的数据能够反映正常的经营状况，比如，某一机构由于其业务的特殊性，某月按照上级行的要求集中进行了数百笔账务的错账冲正，如果不剔除此因素影响，简单地从该月份该机构的内部风险暴露水平明显高于上一月份的数据上判断，就得出该机构运行风险管理状况趋于恶化的结论，显然是不合理的；第三，在某项指标有显著变动时，应用例外原则进行重点分析，研究其产生的原因，以便采取针对性措施，趋利避害。

（二）比率分析法

比率分析法是将某些彼此存在关联的项目加以对比，计算比率，据以确定风险管理状况真实变化程度的分析方法。比率的优点，在于其是相对数，采用这种方法，能够把某些条件下的不可比指标变为可以比较的指标，便于在同一层面上展开分析。

比率指标主要有以下三类：

1. 构成比率。构成比率又称为结构比率，它是某项运行风险指标的各个组成部分与总体的比率，反映部分与总体的关系。其计算公式为：构成比率 = 某个组成部分数额/总体数额。它是以某个核心指标作为100%，再计算出其各组成项目，即不同类型的风险事件，占该总体指标的百分比。通过比较各个项目百分比的增减变动来判断不同风险事件构成的变化趋势。这种方法可以提供更加明细的信息，从而更为准确地判断商业银行对不同风险事件的管理力度，预测风险管理的重点环节。

2. 效率比率。它是某项经济活动中所费与所得的比率，反映投入和产出的关系。利用效率比率指标，可以进行得失比较，考察风险管理成效。比如将最终确认的风险事件数量与监测人员下发的风险查询加以对比，可以考察查询书准确率，观察比较不同监测人员在风险识别敏感程度方面的差异，对风险识别能力较弱的监测人员实施有针对性的指导和管理。

3. 相关比率。它是将某个项目和与其有关但又不同的项目加以对比所得的比率，反映有关经济活动的相互关系。利用相关比率指标，可以考察有联系的相关业务安排得是否合理，运行风险管理措施是否得当，比如将某基层营业机构通过事后监督机构风险监测发现的风险事件数量，与该机构现场管理人员履职收集的风险事件数量进行对比比较，据以判断现场管理人员的履职是否到位。如果风险监测发现大量的风险事件，提示现场管理中存在较多问题，则现场管理人员在日常的履职中也应该收集更多的风险事件。

比率分析法的优点是计算简便，计算结果容易判断，而且可以使某些指标在不同规模的商业银行、分支机构之间进行比较，甚至也能在一定程度上超越行业间的差别进行比较，比如将商业银行的风险事件发生概率与工业界的事故发生概率进行比较。采用这一方法应该注意以下几点：

1. 对比项目的相关性。比率的分子项与分母项必须具有相关性，把不相关的项目进行对比是没有意义的。构成比率的部分指标必须是总体指标的一部分；效率比率的投入与产出之间必须有因果关系；相关比率的两个对比指标也要有内在联系，才能评价两项活动之间是否协调均衡。

2．对比口径的一致性。比率的分子项与分母项的计算时间、计算范围必须口径一致。

3．衡量标准的科学性。运用比率分析，需要选用一定的标准与之对比，以便对运行风险管理状况作出比较评价。通常而言，科学合理的对比标准包括：

（1）预定目标，如预先设定的内部风险暴露水平，或理论上的理想状态，如六西格玛的每百万笔业务量中产生3.4笔风险事件等；

（2）历史标准，如上期实际、上年同期实际、历史先进水平以及具有典型意义的时期实际水平等；

（3）行业标准，如主管部门或行业协会颁布的标准、优秀分支机构的标准、国内外同业的先进水平等；

（4）公认标准，如为业界所共知并广泛使用的标准等。

（三）因素分析法

因素分析法又称为因素替换法、基于要素的评估法、连环替换法等。它是用来确定几个相互联系的因素对分析对象影响程度的一种分析方法。这是一种较为简单直观的定量方法，应用于风险评估时，主要是通过影响风险的各要素之间的函数关系来确定风险大小。如

$$R=f(a,\ m,\ t) \tag{11-3}$$

其中：R 表示测算出来的组织面临的风险大小；a 为组织的风险暴露，可以是组织整体的资产价值，也可能是组织的部分资产价值；m 为组织本身的管理能力，描述组织对抗风险冲击的管理水平；t 为组织所面临的威胁，描述组织所面临风险冲击的程度。

因素分析法既可以全面分析各因素对风险管理的影响，又可以单独分析某个因素对风险管理的影响。在应用这一方法时，必须注意以下几个问题：

1．因素分解的关联性。因素分析法中确定的风险因素之间必须客观上存在因果关系，要能够反映风险指标差异的内在构成原因，否则就失去了因素分析的价值。

2．因素替代的顺序性。为保证计算结果的准确性，在使用因素替代时，必须按照一定的顺序替代，这一顺序是由各因素的依存关系决定的，不能随

意颠倒。

3. 顺序替代的连环性。在计算因素变动对风险管理的影响时，应在前一次计算的基础上进行，并采用连环比较的方法确定因素变动的影响结果。因为只有在计算程序上保持一定的连续性，才能保证加总各个因素的影响结果后的值与分析指标的总体变动差异相等。

4. 计算结果的假定性。各因素的变动对风险管理的影响结果也会因因素替代的顺序不同而有差别，因此，计算出来的结果不是绝对精准的，带有一定的假定性。也就是说，当前的结果只是在某种假定条件下的影响结果，如果假定条件改变了，结果也会随之改变。为此，在采用因素分析法时应力求使假定符合逻辑。

二、定性评估法

定性评估法是通过专业人员的经验和直觉或者业界的标准和惯例，为风险各相关要素的大小或高低程度定性分级的一种方法。定性评估法通常通过问卷、面谈及研讨会的形式进行数据收集和风险分析，带有一定的主观性。

（一）基于知识的评估法

基于知识的评估法又称做经验法。采用这种方法，不需要经过烦琐的流程和步骤，可以用较少的精力、人员、时间和资源，通过特定途径收集相关信息，识别组织所存在的风险和已采取的安全措施等信息，与特定的标准或最佳实践进行比较，从中找出不相符合的地方，并按照标准或最佳实践推荐选择安全措施，最终达到降低和控制风险的目的。

基于知识的评估法，重点在于完整详细地收集和评估信息，主要采用问卷调查、会议讨论、人员访谈等方式。

（二）矩阵评估法

矩阵评估法一般采用风险发生的可能性和风险发生造成的后果两种维度来确定组织的风险等级。例如，可以将发生风险的可能性分为A（几乎肯定）、B（很可能）、C（可能）、D（不太可能）、E（罕见）五个级次，把风险发生后造成的后果分为1（可以忽略）、2（较小）、3（中等）、4（较大）、5（灾难性）五个等次（见表11-1）。

表11-1 风险矩阵分析表

可能性＼后果	1	2	3	4	5
A	H	H	S	S	S
B	M	H	H	S	S
C	L	M	H	S	S
D	L	L	M	H	S
E	L	L	M	H	H

备注：S-超高风险 ▇ H-高风险 ▨ M-中等风险 ▨ L-低风险 ░

根据定性风险评估的结果，商业银行管理层需要采取不同的措施，其基本原则是集中精力处理更高重要性的风险（见表11-2）。

表11-2 根据定性风险评估的结果所采取的不同的后续行动

风险等级	描述	需要的行动
S-超高风险	不能容忍	应当立即落实流程上或管理上的控制措施，并立即进行整改。在不超过6个月内把风险降低到级别III或以下。
H-高风险	不希望发生	采取流程上或管理上的控制措施，在不超过12个月内把风险降低到级别III或以下。
M-中等风险	有条件的容忍	应当确认程序和控制措施已经落实，强调对这类风险的日常管理和维护工作。
L-低风险	可以容忍	不需要采取措施降低风险。

三、评估方法的选择

上述定量和定性两种分析方法各有利弊。定量分析相对客观，定性分析更加直观；定量分析的结果更容易理解，定性分析的结果较难进行统一解读；定量分析的精确度更高，定性分析的精确度较低但适用性稍好；定量分析通常以大量的基础信息收集为基础，需投入更多的人力和时间，成本相对较高，定性分析避免了复杂的赋值过程，简单且易于操作，实施成本相对较低，但对相关人员经验和能力的要求很高。根据2008年5月财政部联合证监会、审计署、银监会、保监会等多个部门联合印发的《企业内部控制基本规范》，金融企业应当采用定性与定量相结合的方法，按照风险发生的可能性及其影响程度等，对识别的风险进行分析和排序，确定重点关注和优先控制的风险。同时应当充分吸收专业人员，组成风险分析团队，按照严格规范的程序开展工作，确保风险分析结果的准确性。因此，在选择风险评估方法时，商业银行应围绕风险分析目的，结合组织自身的风险管理状况和实施成本等因素，恰当运用定量定性等分析方法对组织的运行风险作出合理评估。

第三节　风险评估报告

风险评估报告是通过风险数据的深入挖掘和风险冲击的全面分析，对商业银行面临的内外部威胁、风险管理状况、流程或系统等诸方面存在的弱点及可能造成的影响和损失进行客观评价，并提出针对性的管理措施和建议的分析报告。风险评估报告是揭示潜在风险隐患的重要途径，是提升风险管理水平的重要手段，也是体现风险管理成果的重要载体。

一、风险评估报告的分类

风险评估报告可以按照不同的维度进行不同的类别划分。以下分别从报告的报送对象、评估周期和评估对象三个维度进行举例说明。

按照风险评估报告的报送对象不同，可分为对内报送和对外报送两大类。对内报送的评估报告，主要是根据银行内部风险管理需要编制的，用于内部风险通报、风险决策和选择风险治理方案等，商业银行可视内部管理的需要，对风险评估报告的格式和内容制定具体的要求。对外报送的评估报告，虽可用于商业银行内部管理，但从报告内容、编制格式上更偏向于满足监管部门、政府机构、甚至投资者、贷款人、其他债权人、顾客、社会公众等外部使用者的信息要求。

按照风险评估报告的评估周期不同，可分为定期评估报告和不定期评估报告，其中定期评估报告又可分为年度评估报告、季度评估报告表和月度评估报告三类。年报是对年度运行风险状况进行全面评估的报告，能够完整反映商业银行一年来所面临的主要风险冲击、风险治理成效和下一步风险管理重点等信息；季报是每一季度末撰写的评估报告，内容比年报少一些，更多地关注一个季度内连续三个月风险暴露水平较高的机构、整改成效不理想的风险事件类型等，对当季度面临的风险管理形势提出有针对性的管理措施；月报是月终撰写的评估报告，主要对当月的典型风险事件、可控风险暴露水平排名靠前的重点机构、柜员及其触发风险事件的主要类型和成因进行分析通报。不定期评估报告主要用于对运行风险管理方面比较突出问题的专题分析，评估周期可以根据评估报告的选题灵活确定。

按照风险评估报告编报的评估对象不同，可分为分支机构评估报告和全面评估报告两类。分支机构评估报告主要反映商业银行某一分支机构的运行风险状况，报告内容要围绕该分支机构可控范围内的风险因素进行分析。比如某商业银行总行评估人员对某省级分行的风险管理状况进行单独评估，在评估时就需要考虑分行形成的部分风险事件是由于总行层面的制度流程缺陷引起的，对分行层面而言是不可控的，因此需要对该类不可控因素引起的风险事件予以剔除，以便真实客观地反映该分行的风险管理情况。全面评估报告将整个商业银行视为一个整体进行风险评估，应将全部风险事件和所有风险成因纳入分析范畴，清晰准确地反映整个商业银行面临的运行风险状况，以期为银行管理层提供可靠的决策依据。

二、风险评估报告的内容

风险评估报告是在完成运行风险识别、确认、计量和评估等环节后，由风险管理部门向银行管理层报告本行运行风险管理状况的书面报告。一般来说，运行风险评估报告包括风险评估结果、损失事件、风险诱因、关键指标、控制状况、资本金水平和管理建议等内容。

风险评估结果。报告应明确列示银行的风险评估结果，即银行的整体风险状况。一般情况下，风险评估结果可以风险坐标图或风险表的形式揭示。

损失事件。报告应对银行当期发生的损失事件进行分析，至少包括事件的经过、事件的成因、已经或准备采取的措施等。

风险驱动因素。报告应针对风险评估得出的运行风险管理现状，剖析不同类型的操作风险的驱动因素，说明是什么因素引发的风险。

关键指标。报告应列示关键风险指标，如运行风险损失金额、运行风险损失事件及分布等，同时应包括对异常变化的解释及指标的变化趋势等。

控制状况。运行风险报告应对采取的风险控制措施以及措施实施后的效果进行详细披露。

资本金水平。报告中应对操作风险计量结果及计量方法进行说明，并评估操作风险资本充足状况。

管理对策和建议。针对报告中提出的问题，应提出具体的管理措施或管理建议。

三、风险评估报告的撰写要求

一般来说，撰写风险评估报告时应遵守以下四项基本要求：

一是客观反映真实情况。风险评估报告中所采用的基础数据、资料必须真实准确，分析测算必须扎实认真，调查研究必须深入细致。报告应如实反映评估工作过程，包括评估期限、评估对象、评估方法、评估重点与发现的问题等。报告应充分利用数据说明问题，站在客观、公正、科学的角度展开分析论证，实事求是反映业务运行风险真实状况。

二是深入分析关键问题。风险评估报告宜突出重点，有的放矢，对某些重要领域、关键环节的高风险问题进行提炼归纳、深入剖析，以充分揭示潜在风险隐患，准确把握风险实质。

三是提出可行性管理建议。针对分析评估中发现的问题，须提出针对性强的、切实可行的、具有实际操作价值的管理措施与建议，切忌建议内容大而空，千篇一律，泛泛而谈。

四是具有较强的可读性。一份优秀的评估报告必须条理清楚，简明扼要，使阅读者一目了然，避免数据堆砌，材料杂乱。文字的表述应准确、简练、朴实、通畅，不能拖沓冗长，词不达意。

四、风险评估报告的撰写过程

银行运行风险数据和信息大量存在，在海量风险信息的基础上挖掘出对决策有用的信息，从众多的风险事件中剖析出典型的风险类型，合理布局分析结果，形成一篇高质量的风险评估报告，是评估人员撰写报告的初衷，也是撰写过程中需要解决的难题。经过长期的实践探索，评估人员发现，采取金字塔形的报告结构、分析思路由上至下展开，可以更加清晰地将报告的内容和思想呈现给读者。因此，评估报告的撰写可按照框架搭建、素材收集、结果展现、建议提出的逻辑顺序展开。

（一）应用金字塔原理搭建分析框架

金字塔原理的基本结构是：中心思想明确，结论先行，以上统下，归类分组，逻辑递进。表达思想的顺序是先重要后次要，先全局后细节，先总括后具体，先论点后论据，先结论后原因，先结果后过程。以金字塔原理构建分析框架，需要将所要表达的首要中心思想逐步细分，形成二级、三级或更为细化的思想或结论，并以真实的案例、丰富的图表作支撑，便于报告使用者理解。

1. 中心思想明确，从结论说起。理清表达思想的顺序，是写出条理清晰的风险评估报告的关键。根据金字塔原理，应该采用自上而下表达，自下而上思考，纵向总结概括，横向归类分组，序言讲故事，标题提炼思想精华的搭建方法，即将中心思想分为若干小的思想，再将小的思想细分为若干不同的更小的思想，直到不能细分，再用事实支撑论据，任一层次的思想必须是对其下一层次思想的总结概括，如图11-1所示。

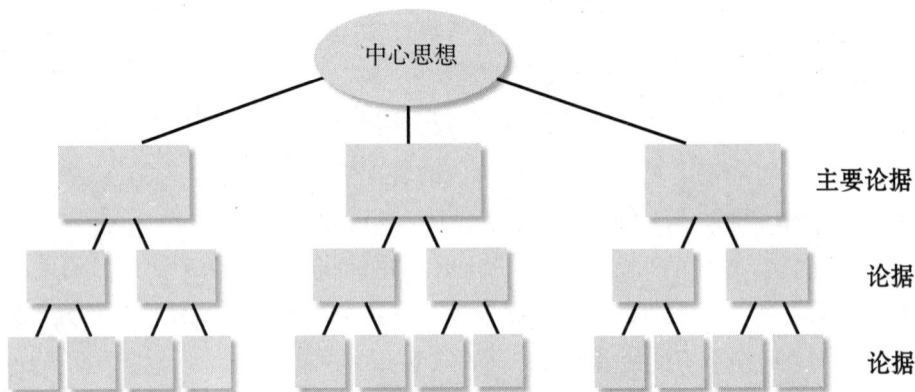

图11-1 "从结论说起"的文章结构

"从结论说起"是评估报告最终展现给读者的文章结构。然而，在撰写过程中，人们的思想实际上所遵循的是自下而上的思考过程，即从事实或最小的思想开始，相应的评估过程也应从金字塔结构的最底部层次开始构建。将思维按照一定的句子组成段落，然后将段落组成文章的章节，最后将章节组成完整的文章，而代表整篇文章的就是金字塔最顶端的中心思想。如果不断将所收集的事实、所反映的思想进行归类与概括，直到没有与之相关联的思想可以被概括进来时，撰写出的评估报告必然只支持我们最想表达的中心思想，而在其所有之下的思想则越往下越具体、越详细，对中心思想起着解释和支持的作用。将所有的信息进行归类分组、抽象概括，通过自上而下的方法予以表达，就会自然呈现出典型的金字塔结构。

提炼中心思想，应按照"有的放矢、贯穿整体、掷地有声、言之有据"的十六字方针进行，中心思想必须涵盖报告的所有内容，如拟在中心思想中揭示某一风险特征，就要有相关的证据、事实作为支撑。以某银行风险评估报告为例，该份报告的中心思想可归纳为："全行业务运行风险管理总体趋好，但各业务领域、行际间面临的风险冲击并不均衡，风险管理形势仍较严峻，必须采取针对性的措施"；第二层次细分为"业务运行风险管理总体趋势向好"、"各业务类别风险状况各异"、"各级行面临风险冲击程度不一"及"必须采取针对性的措施"等四个主要论据，第三层次再对上一层次的主要论据分别细述，这一过程借鉴的就是金字塔结构的搭建原理（见图11-2）。

在金字塔结构中，每一组的思想必须按照逻辑顺序组织，且各种思想之间必须相互关联。即所有思想都要找到归属，找到恰当的位置，在一篇风险评估报告中，不应该存在孤立于金字塔结构之外的思想。思想之间的联系方式有两种，一是纵向关联，即任何一个层次上的思想都是对其下一个层次上的思想的概括或总结，同时同一层次上的一组思想都是对其上一个层次的思想的解释和支持；二是横向关联，即属于同一范畴的多个思想，如具有某种类似的属性或共同组成一个推导式，则应并列组织在一起。仍以某商业银行业务运行风险状况评估报告为例，如图11-2中在论述"各业务类别风险状况各异"时，从不同的业务线去论证，这种对各业务线的具体风险状况的论述就是对"各业务类别风险状况各异"的进一步阐述，与其为纵向关联关系；而同时各业务线的风险状况相互之间又是一种横向关联关系，均同属运行风险所在的业务范畴。

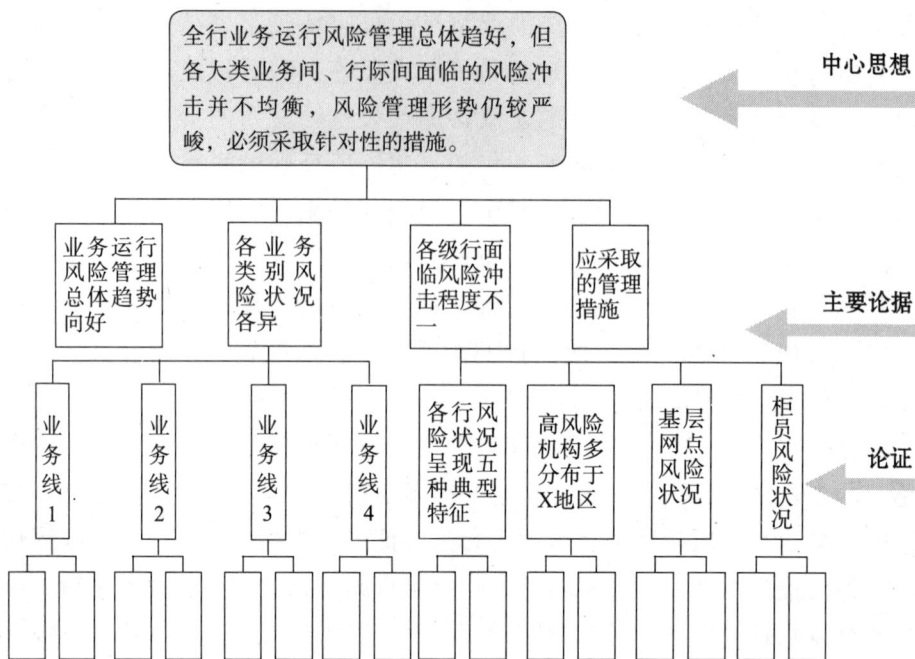

图11-2　中心思想的提炼过程

2. 逻辑论证有力，思路清晰。在金字塔的横向结构中，同一组别的思想之间存在着逻辑顺序，具体的顺序取决于该组思想之间的逻辑关系是演绎推理关系，还是归纳推理关系。

（1）演绎推理。演绎推理即逻辑论证，具体架构为首先以无可争议的事实来陈述情况，通过对事实的分析评价，从中获得启示，最终表达为想要阐述的中心思想。位于演绎推理过程的上一层次的思想是对演绎过程的概括，即由"因此"引出的结论（见图11-3）。

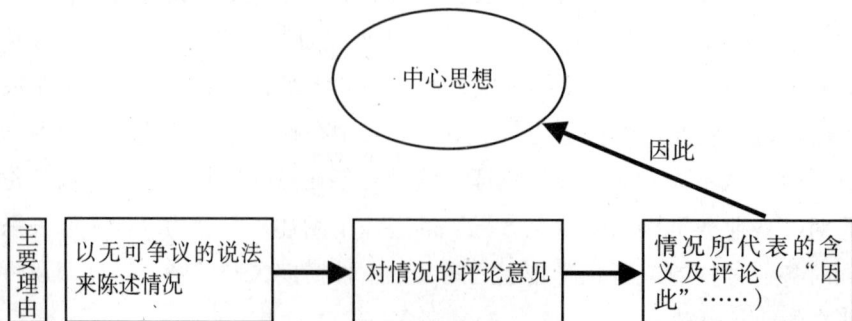

图11-3　演绎推理流程图

下面以某商业银行业务运行风险评估过程中发现的中介机构代理验资风险事件为例来说明演绎推理的过程。首先要向读者陈述无可争议的事实，即：中介机构代理验资风险事件最突出的特点——同笔资金用于多笔验资业务，短时间内存在大额资金在多个验资账户之间流转的情况，这一现象使大额资金监测更加困难。由于这一事实确实为代理验资风险事件较为突出的特征，故读者极易接受。之后，进一步分析，为什么中介机构短时间内能够用大额的资金在多个验资账户间这么迅速地流转呢？经过调查发现，验资企业的预留印鉴和支付凭证实际上是由中介机构人员掌握和控制的，若读者认可这一结论，则再进一步分析，就会极易出现中介机构利用其掌握的印鉴盗取企业资金的情况，同时也有可能利用其掌握的多个结算账户进行洗钱与诈骗活动。读者接受这一论点后继续分析，如若行内柜员、客户经理也参与其中，那么熟人文化将会带来更大的风险，外部的风险冲击将极有可能演变为内部的风险冲击，甚至引发案件。最终得出结论，也就是中心思想，即对中介机构代理验资风险事件的特点和危害性要有清楚的认识，并及时采取针对性的管理措施。这就是一个典型的演绎推理案例，如图11-4所示。

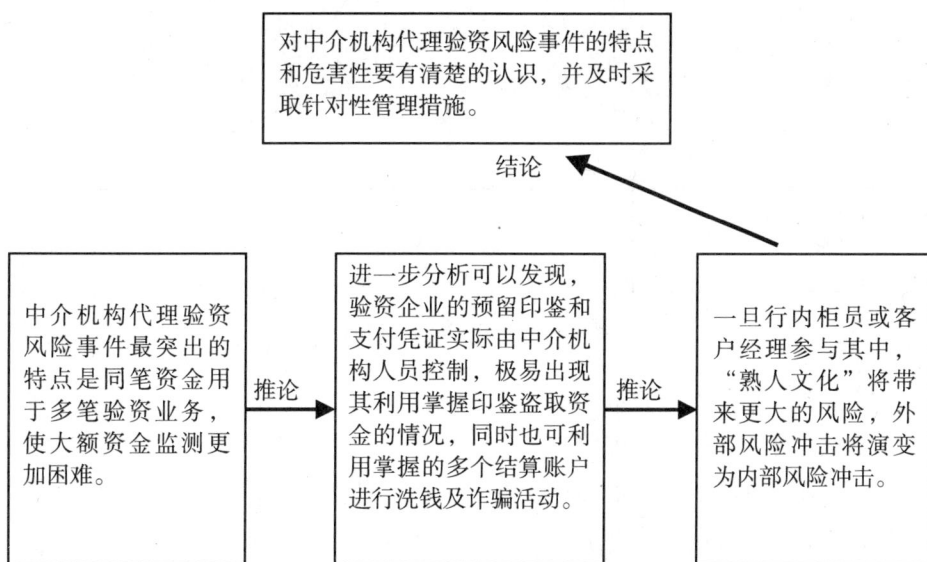

图11-4　演绎推理的案例分析过程

可见，演绎推理的过程清晰、导向明确，以无可争论的事实来陈述情况，证明事件的必然走向，得出最终的结论，这个过程是完全贯通的，没有第二个结论可供阐述，对有拒绝接受心理的读者尤为有效。结合我们日常撰写评估报告的特点，演绎论证时常存在，如评估报告的最后一部分通常为对策或管理建议，这即相当于是对之前的大量事实分析所得出的结论，也是一个演绎推理。但演绎推理的缺点也较为明显，如读者不同意所阐述的结论，则论证也就失去了说服力，并且读者在接受最终的结论之前，首先要记忆大量的信息，由于每一位读者的理解力、知识层次各不相同，故对于结论的接受可能存在一定困难。因此，在撰写评估报告时不宜过多地使用演绎推理，原则上不超过三次。

（2）归纳推理。归纳推理即逻辑组合，它是将具有共同点的事实、思想或观点归类分组，以例子和事实来支撑想法和理由，并概括其共同性（或论点），即归纳中心思想，是完全不同于演绎推理的一种分析路径（见图11-5）。

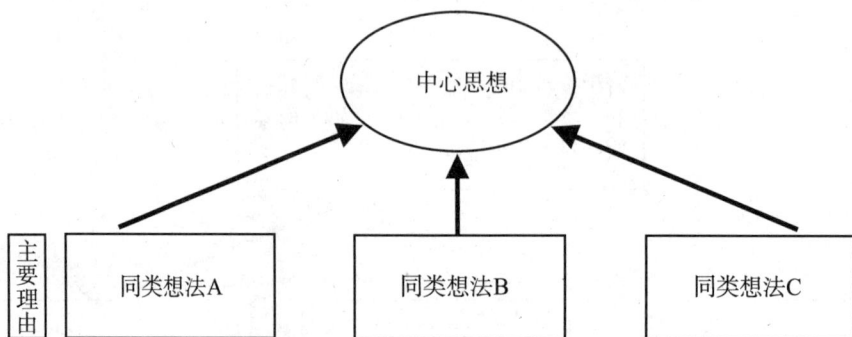

图11-5 归纳推理流程图

仍以中介机构代理验资风险事件为例说明归纳推理过程。这一分析的中心思想是"对中介机构代理验资风险事件的特点和危害性要有清楚的认识，并及时采取针对性的管理措施"，并列出三点理由：一是中介机构代理开立多个账户，账户管理的难度加大；二是同笔资金用于多笔验资业务，资金监测更加困难；三是一旦牵扯行内员工，风险冲击危害更大。通过不同事实的支撑与论证，读者会感觉分析过程较为清晰、明了，如图11-6所示。

归纳推理通过对若干同类思想进行提炼总结，得出最终结论，便于读者记住要点，对于注重具体措施的读者而言极为有效，且一旦若干思想中的某一点被读者否定，其余各点仍具有说服力。但缺点是，对一些知识背景掌握不透彻的读者而言，理解起来较为困难，有勉强之嫌。

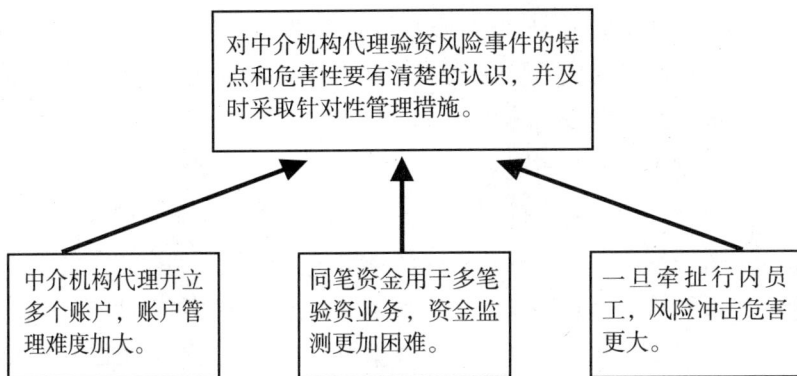

対中介机构代理验资风险事件的特点和危害性要有清楚的认识，并及时采取针对性管理措施。

中介机构代理开立多个账户，账户管理难度加大。

同笔资金用于多笔验资业务，资金监测更加困难。

一旦牵扯行内员工，风险冲击危害更大。

图11-6　归纳推理的案例分析过程

（3）论证方法的选择。演绎推理和归纳推理是两种不同的逻辑推理方式，也是建立思想逻辑关系仅有的两种模式。当我们试图进行演绎推理时，推理过程的第二个思想必须是对第一个思想的评述。如果不成立，则应当尝试归纳推理。归纳推理较演绎推理的运用难度大，因为归纳推理更需要创造性的思维，在适用性上，归纳推理也比演绎推理更容易让读者接受，更容易被人理解。如果可以选择，在关键层次上更适宜使用归纳推理而非演绎推理。对于报告底层起铺垫作用的思想可用演绎推理表述，也就是尽量将演绎推理放在金字塔结构中的较低层次上，如在介绍某类风险案例的具体段落中使用演绎推理是非常适当的，逻辑论证有力，思路清晰，读者较容易理解。

3．内容周密完整，不罗列堆砌。在评估报告的撰写中要遵循"不多不少"、"不重叠"、"不遗漏"的原则，既不能追求大而全，未经分析提炼即将所有的事件、问题、观点全部简单陈述；也不能避重就轻，轻描淡写，以偏赅全；同时各论点、论据、论证之间要具有排他性，逻辑上不能重叠、交叉，每一个观点、证据只可使用一次，且必须用在最适当的位置；就整体内容而言也要毫无遗漏，支持或辩护结论所需的全部观点要清晰、有序、完整地阐明。

（二）根据分析目的收集素材

搭建分析框架是一个非常重要的构思过程，形成了一篇报告的骨干支架，接下来就需要在此框架内进行丰富完善。通过更进一步的调查研究、数据分析，收集大量的鲜活素材来支撑中心论点，这是一个深入酝酿的过程。素材收集主要有数据挖掘、问卷调查和实地调研等方式。

1. 数据挖掘。数据挖掘是从数据库中获取有效的、新颖的、有用的、可理解的信息的过程。在撰写评估报告时，要充分挖掘、深度运用基础数据，实现对风险暴露水平的分析测算，对风险事件的归类分组，对风险成因的收集划分，对监督模型的调整优化等，为进一步的评估论证提供有力的数据支持。例如，监督系统自动计算的风险暴露水平中包含了政策性等因素驱动的风险事件，这类风险是基层营业机构和柜员所无法掌控和管理的，这就需要我们利用系统提供的基础数据，应用数据挖掘将此类风险驱动因素触发的风险事件剔除，以便掌握基层营业机构、柜员的可控风险暴露水平。再如，按监督模型收集风险事件，只能用来衡量某监督模型识别的准确性，无法反映该模型识别出来的各类风险事件背后隐藏的风险本质，也同样需要我们利用系统提供的基础数据，按照风险事件收集确认标准进行进一步的统计分析。

2. 问卷调查。问卷调查是一种发掘风险事实和风险现状的研究方式，目的是收集某一目标对象的各项基本资料，可分为描述性研究和分析性研究两大类。选择问卷法作为研究工具，应考量所要研究样本的信息是否能够在问卷上量化反映，也就是问卷内容与样本的拟合度有多高，问卷调查必须与研究主题相匹配才能达到既定的目标。评估人员可以把所要调查研究的事项，制作成"问题"或"表格"，以邮寄或访问的方式，请相关人员进行填答。根据分析评估的课题不同，评估人员可以有针对性地直接向相关管理层或一线员工了解所希望掌握的信息，据此测量相关人员的风险管理认知和业务知识能力，也可以通过调查问卷去发现事实，了解相关业务的处理流程及风险管理措施。某商业银行对当年各月内部风险暴露水平均大于全行平均水平1.5倍的165家高风险基层营业机构组织了专门的问卷调查，目的是找出这些机构所具有的共同特征。根据问卷反馈结果，发现该类基层营业机构在外部风险环境和内部人员管理上确有相似之处，如所在地区外部欺诈形势严峻，外部经营环境复杂，人员管理难度较大。触发风险事件的柜员总体上分为两种类型，一类是20～30岁的网点柜员，主要是新入行的大学生员工，往往由于工作疏忽或对业务流程不熟悉而触发风险事件，但该年龄段的员工接受新事物较快，在经过一段时间后风险暴露水平呈现不同程度的下降；另一类是40～50岁的年龄较大的员工，对传统业务流程较为熟悉，在办理传统业务时触发风险事件的概率较小，但往往接受新事物较慢，办理新业务时易触发风险事件。根据调查问卷反映的上述特征，评估人员对这些风险暴露水平较高的基层营业机构提出了针对性的管理建议。

3．实地调研。某些情况下，问卷调查无法完全满足调研目的，或收集的资料不够及时、准确，需要安排时间进行实地调研，以取得第一手的资料和信息。现场搜集信息的方法很多，可以采取召集相关人员召开座谈会的方式，也可以直接深入基层营业机构与一线柜员面对面直接交流，还可以调阅基层营业机构的监控录像和工作日志。影响实地调研成败的关键因素是受访者是否愿意并能够提供评估人员所需要和希望得到的信息，这就要求评估人员恰当运用沟通方式，注意语言艺术，正确引导受访者。

例如，某商业银行事后监督系统的履职管理渠道收集的风险事件一向不够全面，为此，该行专门进行实地调研，与基层营业机构的现场管理人员进行了面对面的沟通交流，了解到现场管理人员不愿意使用系统中的工作日志模块记载风险事件的原因。一是日志记载界面过于烦锁，且涵盖的项目不能反映日常管理的所有需求；二是各级专业部门检查时仍仅关注纸质日志记载情况，对电子日志的运用情况不重视；三是没有正确理解揭示风险事件与绩效考核的关系，担心风险事件的收集会影响基层营业机构的风险指标考核。据此，评估人员提出了"优化系统界面，增加日志记载项目，简化登记流程"、"各专业部门要更多地运用系统电子日志功能进行业务检查"、"开展现场管理人员业务培训，介绍绩效考核指标的计算方法"的管理建议。

（三）借助图表反映评估结果

图表是重要的数据分析工具之一，在评估报告中出现概率极高。通过图表可以将工作表中的数据以图形方式展现，弥补了单一使用文字表述的欠缺。图表使信息的表达更为直观、鲜明、生动，对某些复杂事件的解说更为清晰、具体、完善，能够更为迅速地向阅读者传达所要阐述的重点，更为明确地比较不同时期或不同对象的差别。为增强评估报告的可读性，评估人员应在收集素材和事实的基础上，有效运用各类图表展现风险特征、演变趋势、因果变化等内容。

评估报告中最常用的基本图表有五种——饼状图、条形图、柱形图、线形图和散点图，用于描述成分、排序、时间序列、频率分布、关联性五种不同类型的对比关系，对应关系如图11-7所示。

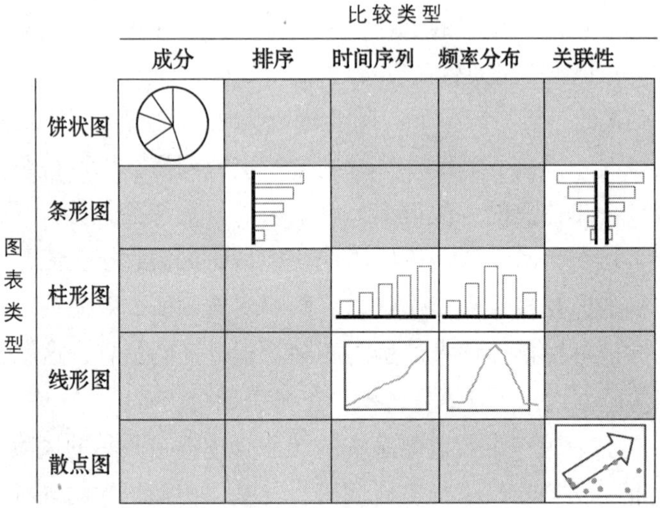

图11-7　通过不同的图表类型表达特定的比较关系

1. 饼状图。饼状图用于显示一个数据系列中各项的大小与总和的比例，清晰地反映各项目因素之间的比例关系，主要适用于结构分析。如果仅有一个需要绘制的数据系列，需要绘制的数值没有零值和负值，类别数目不超过7个，类别都是整个饼状图的一部分，这种情况下可以运用饼状图展现各个类别的结构关系。如图11-8所示，反映了个人金融、银行卡、对公业务、电子银行四种业务类型在总体风险暴露水平中的占比关系，从图中可以得出个人金融业务风险暴露水平占比最高的结论。

个人金融业务风险暴露水平占比最高

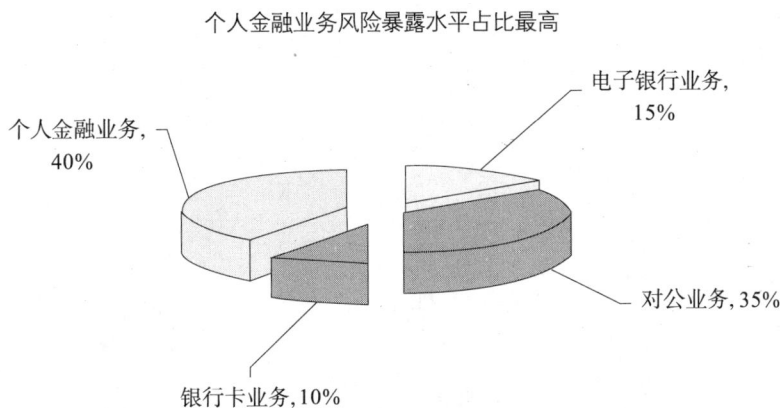

图11-8　反映各类业务风险暴露水平的饼状图

2. 条形图。条形图用于显示各个项目之间的比较情况，适用于项目对比关系和相关性对比关系。当轴标签过长并且显示的数值较为集中时，可以运用条形图展示。如图11-9所示，通过对比8家分行的风险暴露水平数值，发现H分行的风险暴露水平最高。

H分行风险暴露水平最高

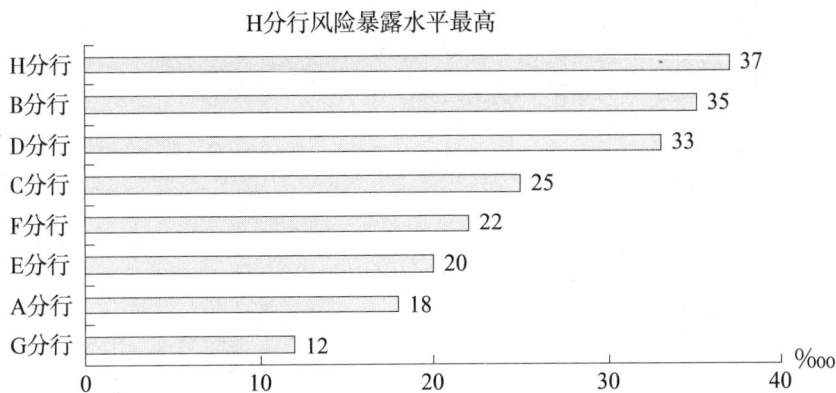

图11-9　反映各家分行风险暴露水平的条形图

3. 柱形图。柱形图主要用于显示一段时间内的数据变化情况和各项目之间的比较情况，适用于时间序列对比关系和频率分布对比关系。图11-10反映了某商业银行全行在第二、第三、第四三个季度的风险暴露水平，呈现出逐季下降的趋势。

%‰

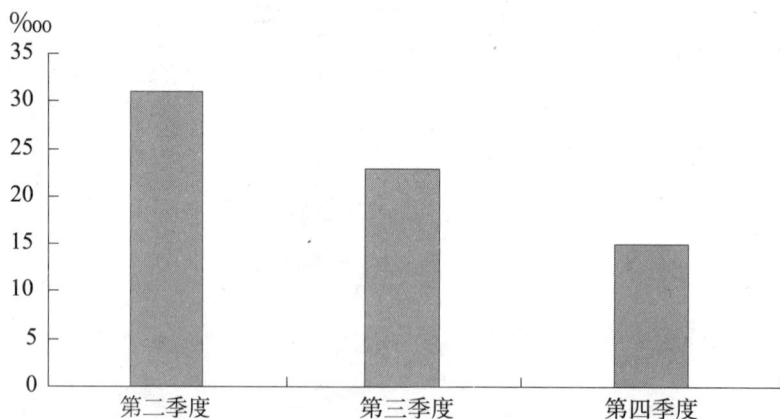

图11-10　反映全行三个季度的风险暴露水平的柱形图

4. 线形图。线形图可以显示随时间变化的连续数据，适用于描述在相等时间间隔下的数据趋势，主要用于展现时间序列对比关系和频率分布对比关系，在进行趋势分析时用得较多。图11-11反映的是A分行前10个月的风险暴露水平，虽然有所波动，但总体上是下降趋势的。

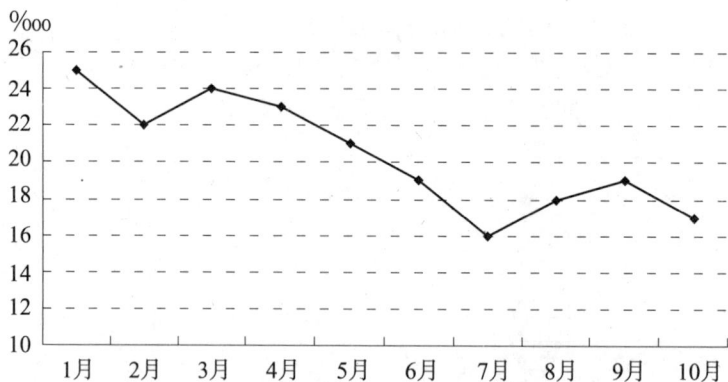

%‰

图11-11　反映A分行前10个月的风险暴露水平的线形图

5. 散点图。散点图用于显示若干数据系列中各数值之间的关系，能确定两个变量的关系是否符合预期，主要适用于相关性对比关系。在出现以下情况时可以运用散点图：水平轴上有许多数据点；水平轴的数值不是均匀分布的；需要显示大型数据集之间的相似性而非数据点之间的区别；需要在不考虑时间的情况下比较大量数据点。图11-12试图找到风险暴露水平与准风险事件数量之间的关系，通过使用某行一年中12个月的每月数据，最终以一些没有规律的散点呈现，表明二者之间没有直接关系。

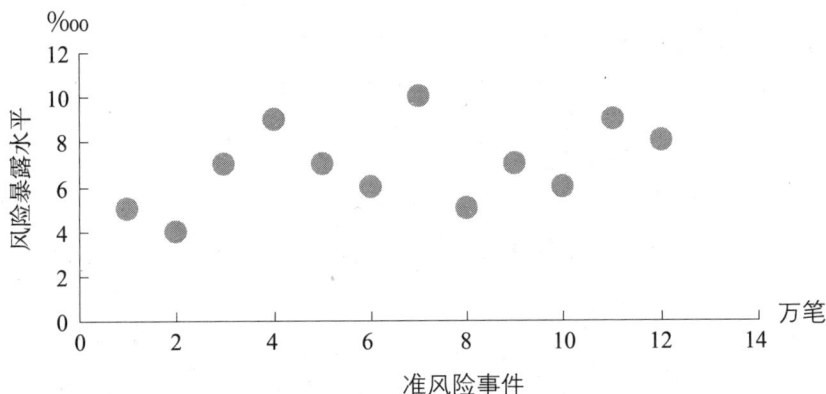

图11-12　反映风险暴露水平与准风险事件数量之间关系的散点图

（四）提出管理建议

撰写评估报告的目的是为了全面揭示机构、业务线、员工及其他相关领域的业务运行风险状况，发现业务运行管理中的缺陷，并提出相应的管理建议，以促进业务运行风险管理工作的持续改进。管理建议的提出，直接展现分析评估成果，体现风险评估报告撰写的质量和水平，是风险管理的重要环节。因此，管理建议的提出必须注重实效，并应具备以下三个特征。

一是针对性，即管理建议要有的放矢。评估人员对分析评估报告中所阐述的评估对象在业务运行风险管理中所存在的具体问题和薄弱环节，要从职业角度给予针对性的评价与建议。如报告中讲述的是内部管理中存在的问题，则管理建议就不能只提出外部环境方面的建议；报告中如对某一具体业务流程问题未予以揭示，则也不应提出此方面的管理建议。总之，管理建议要与评估报告中分析论证的问题对照呼应，而不能毫不相干，相去甚远。

二是可行性，即管理建议要可执行、可运用。评估人员提出的管理建议，要能够作为各级管理者或业务职能部门进行后续整改落实或深度治理的依据，操作上切实可行，效果上立竿见影，并有利于提高员工的综合业务素质和风险管理意识，有利于提升各级机构的风险管理能力和经营管理水平，而不应泛泛而谈，提出一些无法操作的管理建议。

三是顺序性，即管理建议要有主次、有先后。评估人员不仅要在揭示评估对象存在的问题时分清主次轻重，在提出管理建议时也要根据其重要性进行合理排序，优先提出最关键、最重要的管理建议，这样更能引起报告阅读者的关注，更有利于建议措施的贯彻实施。

五、风险评估报告的写作实践

为使读者更好地理解风险评估报告的写作方法和写作内容，我们通过搜集整理国内主要商业银行风险管理工作中撰写的风险评估报告，将对报告的一些主要构成要素的写作实践进行介绍。

（一）运行风险管理水平

运行风险暴露水平、风险率和风险度是计量业务运行风险管理水平的三项基本指标。根据风险事件的生成原因，风险暴露水平又可分为内部风险暴露水平和外部风险暴露水平。由于外部风险暴露水平反映商业银行受外部风险冲击的程度，主要由外部因素决定，银行自身在主观上较难控制，因此在评估报告中计量运行风险管理水平时，应侧重于对内部风险暴露水平、内部风险率和内部风险度的计量，以合理反映银行的风险管理成效。Z商业银行2010年四个季度业务运行风险重点指标变化情况见表11-3。

表11-3　　　2010年各季度业务运行风险重点指标变化情况表

风险指标	第四季度	第三季度	第二季度	第一季度
内部风险暴露水平	24.78‰	28.26‰	29.02‰	31.75‰
内部风险率	2.12‰	2.44‰	2.76‰	2.13‰
内部风险度	11.68	11.58	10.51	14.91
准风险事件数量	468.46万笔	488.72万笔	523.70万笔	376.28万笔
风险事件数量	37.59万笔	38.20万笔	48.13万笔	37.53万笔

在介绍风险计量方法时，我们已经得知，内部风险率与内部风险度是内部风险暴露水平的两个因子，内部风险率反映内部风险事件发生的概率，而内部风险度则反映了风险事件的严重程度，分别从不同的维度衡量一个机构的内部风险状况。Z商业银行所辖的12家分行的内部风险率和内部风险度的对比情况可通过图11-13这一坐标图形式展现。

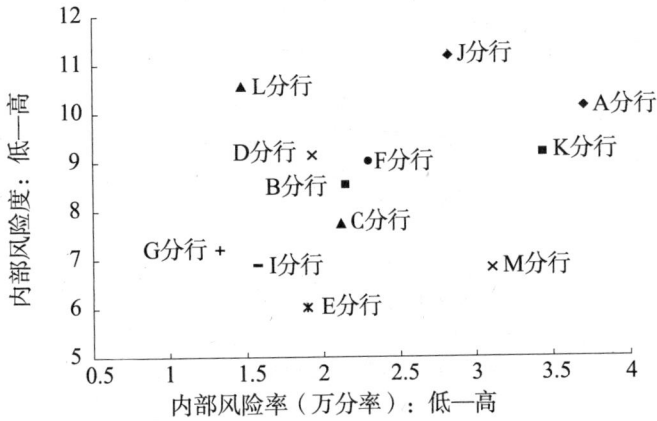

图11-13　各分行内部风险暴露水平分布图

（二）运行风险管理特征

通过对商业银行操作风险损失发生规律的观察分析，结合风险事件类型分布和发生概率的量化结果，可以发现损失事件的发生往往是内、外部风险因素综合作用的结果，比如两个机构在同等的风险管理水平下，面临相同的内部风险冲击，但面临外部风险冲击的严重程度不同，其中面临外部风险冲击更大的机构，其风险防线更容易被外部风险击破，同时诱发内部风险冲击，形成损失事件。通过四象限图，可以对组织的内、外部风险冲击进行全面分析，为各机构采取针对性的风险管理措施提供依据。图11-14是一个四象限图，反映的是Z商业银行所辖的12家分行面临的内外部风险特征。

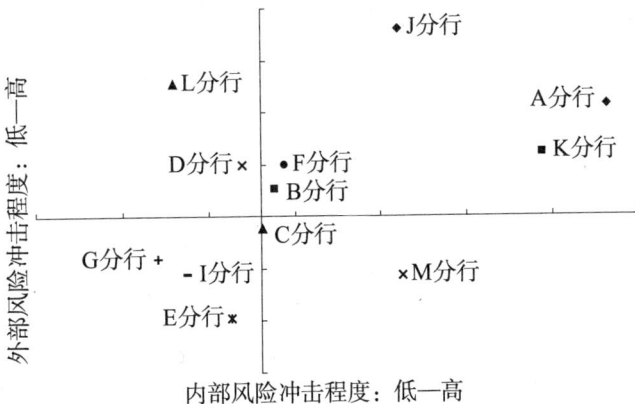

图11-14　各分行内、外部风险特征四象限图

（三）各业务条线运行风险状况

由于商业银行不同业务条线的业务特征差异较大，相应的各个业务条线的风险分布特点和风险管理要点也各不相同，因此，在对各业务线的运行风险状况进行分析时，风险评估人员应采用多种分析方法，深入剖析业务处理中的风险薄弱环节和业务流程中存在的风险敞口，挖掘风险源头。2011年第三季度Z商业银行主要业务条线运行风险情况见表11-4。

表11-4　　　　　　　主要业务条线运行风险情况

业务条线	准风险事件笔数（万笔）	风险事件笔数（万笔）	风险事件分布（万笔）			内部风险率（万分率）	内部风险度	内部风险暴露水平（万分率）
			1类	2类	3类			
个人金融	246.90	19.03	0.71	5.68	12.64	3.52	12.35	43.49
对公结算	175.22	17.64	0.48	2.76	14.40	10.54	10.20	107.50
电子银行	28.05	1.29	0.02	0.39	0.88	0.32	5.99	1.92
银行卡	10.72	0.60	0.01	0.10	0.50	1.32	10.39	13.69

（四）营业机构和柜员风险状况

事后监督体系具备了"透明式跟踪"、"直通式管理"的能力，各级管理机构能够直接对营业机构、柜员的风险状况进行准确计量、定位和通报。风险评估人员可根据风险暴露水平排序情况，按照高风险、中风险、低风险、零风险等几个等级深入分析营业机构、柜员的风险特征，运用趋势分析的方法揭示机构、柜员不同时期的风险变化趋势，为有针对性地加强业务运行风险管理提供依据。图11-15反映了在2011年10～12月期间某分行辖属的各风险等级网点占比的变化趋势。

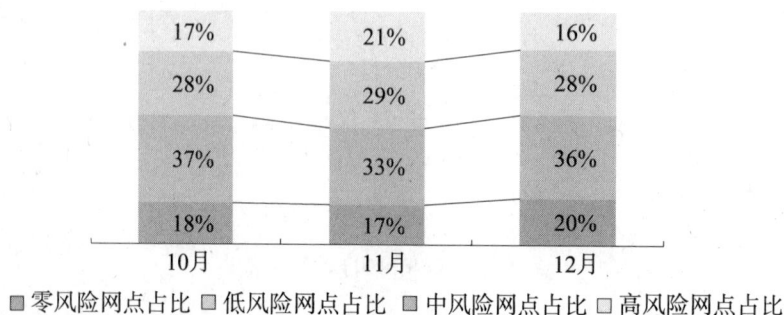

	10月	11月	12月
	17%	21%	16%
	28%	29%	28%
	37%	33%	36%
	18%	17%	20%

■零风险网点占比 □低风险网点占比 ▨中风险网点占比 ▥高风险网点占比

图11-15　2011年第四季度某分行辖属的各风险等级网点占比图

（五）风险驱动因素情况

风险驱动因素是导致风险事件发生最重要、最关键的因素，通过对风险驱动因素的归集与分析，可以找出触发风险事件的主要原因，可以厘清各级机构和人员的风险管理责任，可以为业务管理部门和产品设计部门推进业务流程改进和优化提供参考。比如，从商业银行总行管理层面看，按形成风险事件的决策影响力不同，风险驱动因素可分为分行可控因素与非分行可控因素。分行可控因素导致的风险事件通过分行层面采取针对性的措施可以进行有效管理；而非分行可控因素导致的风险事件则需要总行层面的各业务部门自上而下进行深层治理。

在分行可控的因素中，操作因素和执行因素占比最高。通过深入分析可以发现，操作因素风险事件的更细化成因是工作疏忽，风险主要表现在凭证要素缺失、账务处理不合规、漏客户签名或签名错误等方面。执行因素风险事件通常由于未按流程办理业务引发，风险集中在特殊业务凭证未经审批、未核实客户真实身份、无依据查询客户信息等环节。与分行可控因素相比，以制度、流程、系统、政策等为主的非分行可控因素的管理往往涉及面广、改造难度大，往往需要多方面研究论证，各业务部门联动合作。随着商业银行事后监督体系流程导向作用的充分发挥，相关部门根据风险评估结果实施业务流程改进和优化，在提升业务人员工作效率、改善客户体验的同时，减少了非分行可控因素风险事件的发生。如某商业银行风险评估人员对部分交易优化前后的风险事件数量进行了对比分析，发现流程优化次月，同类交易引发的风险事件数量呈现较大降幅（见表11-5）。

表11-5　某商业银行流程优化后部分交易引发风险事件数量下降明显

交易名称	优化内容	减少风险事件类型	优化前风险事件数量	优化后风险事件数量	降幅（%）
收费交易	转账收费交易的"默认"标志修改为无默认值	部分转账业务以现金方式收费，但系统默认为转账收费，自动扣划费用，造成重复收费	1 292	1 177	-9
同城代收代付交易	录入账号后自动回显户名	交易完成后发现账号户名不一致	722	636	-12
个人转账交易	联网核查时自动回显代理人户名	代理人户名信息输入错误	3 199	2 654	-17

（六）运行监管人员履职情况

通过对运行监管人员的履职行为进行分析，及时发现运行监管工作存在的待改进之处，提示有关部门及时采取相关措施强化运行监管人员管理。如某商业银行对2012年上半年全行事后监督体系运行情况进行了全面分析，发现存在如下两大问题：

一是部分行履职模块未得到有效运用。一些分行百万笔联机业务量在履职模块收集的风险事件不足20笔，检查履职效能未能充分发挥；一些分行未通过事后监督系统定义检查项目，总行统一组织的"五一"节查库及第二季度运行检查系统均无记录。此外，部分网点由于对履职事项认识不到位或为了应付履职考核，存在重复收集风险事件的现象，表现为履职模块重复录入监测查询事项或反交易、冲正等直接确认类风险事件。

二是部分行存在驱动因素选择不准确的情况，没有深入挖掘触发风险事件的最关键和最直接原因，影响了事后监督流程导向作用的有效发挥。部分监测人员不能准确区分执行因素和操作因素，未经深入分析随意选择"工作疏忽"驱动因素的现象较为突出，经总行抽查分析，其中存在将"执行因素——未按流程办理业务"误选为"操作因素——工作疏忽"现象。部分监测人员对"执行因素——未按流程办理业务"的原因分析不准确，对柜员未按流程办理业务没有深入挖掘触发风险事件的具体原因，没有清晰界定"以业务操作便捷性为借口"、"以考核为借口"和"为规避监控或授权"之间的差异，出现了误选现象。

根据发现的上述问题，该商业银行专门下发了通报，指导分行进行整改，有效提升了整个事后监督体系的运行质量和效率。

（七）重要风险点情况

为使每一份风险评估报告主题鲜明，重点突出，评估人员应在充分利用数据仓库工具开展数据挖掘的基础上，选取风险特征突出、风险隐患较大的风险点进行专题分析。例如，2012年上半年，结合外部经济环境景气度下降、信贷资金趋紧和不法分子盗取资金动机强烈的最新风险管理形势，部分商业银行的风险评估人员针对如下主题分别开展了专项分析。

一是个人客户代理开户分析。某城市商业银行的风险评估人员采用电话调查、现场访谈等方式对其所在城市的银行同业代理开户的管理进行了深入调研，揭示了在复杂的内外部风险冲击形势下，部分被代理账户被用做洗钱、非法外汇交易、虚假验资或者被资金掮客利用等亟待引起关注的风险隐患，得到该行管理层和相关业务部门的高度重视。该行根据代理开户的风险特征，下发专门通知，进一步细化柜面代理开卡受理、核实、开卡和启用等主要环节的风险控制手段。

二是P2P网贷平台公司潜在风险分析。P2P网贷是个人通过网络平台相互借贷的行为，其目标客户多为信用风险较大、还款能力较差、资金需求迫切、在银行较难申请贷款的小微企业主。与传统的银行贷款相比，P2P网贷手续简便、放款迅速、结算及时，近年来得到大规模的扩张，目前国内已有2 000余家P2P网络借贷公司，贷款规模已超过200亿元，但是无准入门槛、无行业标准、无机构监管的"三无"管理使得P2P网贷行业正面临着严峻的风险考验。通过分析这些网贷平台公司的相关业务情况可以发现，网贷公司往往利用开户银行管理上的漏洞，故意在业务办理时诱导基层网点人员办理存在瑕疵的账户开户、支付结算等业务，一旦其经营失败，则将风险转嫁至商业银行。为此，评估报告建议该行各层级的分支机构要牢固树立科学发展理念，按照"了解你的客户"原则强化结算账户尽职调查和结算环节风险管理，并建议相关业务部门立即下发通知予以整治，严格对此类网贷公司结算账户的准入管理和风险把控。

三是ATM频繁取现风险分析。通过对ATM取现行为的分析，发现除特定行业和个人通过ATM取现满足经营需要外，更多的情况是一些"专职取款人"利用掌握的多张银行卡介质频繁进行ATM取现，这些"专职取款人"的行为或是不法分子盗取客户资金，或是客户故意制造的虚假交易，也有基层机构虚增考核指标的情况。这些异常取现行为不仅存在不容忽视的风险隐患，也会增加银行的现金管理压力，给正常客户服务带来较大影响。

四是个别机构风险管理状况分析。某大型商业银行对第二季度曾发生重大风险事件的A分行的运行风险状况展开了全面分析，发现自2011年以来，A分行内部风险暴露水平持续高位，曾连续三个季度位居全行最高，A分行的柜员曾先后3次被总行通报，但未引起A分行的足够重视。通过对A分行业务办理情况的进一步分析，还发现该行在身份核查、客户信息管理、印鉴审核、网银注册、信用卡启用等关键业务环节的风险管理，以及现场人员履职管理等方面均较为薄弱。为此，风险评估人员将分析成果与A分行进行了深入的沟通交流，为A分行量身定制了运行风险治理计划，经过两个月的集中整治，至2012年8月，A分行内部风险暴露水平下降近40%，风险管理状况得到了根本改观。

第四节 风险评估结果应用

风险评估既是事后监督体系的重要功能之一，又是事后监督体系工作成果的最终体现。通过积累基础风险数据，应用数据管理工具，引入量化评估指标，出具风险评估报告，不仅有助于事后监督风险导向和流程导向作用的充分发挥，而且能够从根本上提高风险管理水平，提升商业银行的核心竞争力。

一、准确定位风险管理重点，合理分配风险管理资源

事后监督体系的风险评估功能是建立在全面完整收集风险事件的基础之上的，通过对风险监测、质量检测、履职管理等渠道收集风险事件的持续评估，能够更为准确地定位风险管理的重点所在。风险评估的结果反馈给监测、质检和履职模块，用于评估、修正、优化监督模型，用于选取高风险的质检柜员和网点，用于确定履职人员的工作重心，各个模块遵循风险导向原则的持续高效运行，实现了多种监督方式之间的有机互动和良性循环，全面提升了事后监督体系的整体工作效能。事后监督体系的运行始终处于一个动态调整的过程之中，既实现了对业务运行过程的全方位覆盖，又能根据风险不断变化和迁移的特点持续调整监督重点，锁定高风险对象，为实施与风险程度相匹配的监督、合理分配监督资源提供了有利前提。

根据巴塞尔委员会的要求，商业银行应建立一套识别、计量和报告重大风险的机制来了解自身的风险状况。中国银监会也要求商业银行应当建立和完善全面风险管理框架，确保主要风险得到充分识别、计量和评估。从提升内部风险管理水平的角度看，全面风险评估可以在集团层面对风险进行综合审视，可以评价整个机构面临风险冲击的现实状况，而重大风险评估可以帮助银行了解其所面临的某一重要的风险类别及其严重性程度，有效识别出对全行的收益、资本、员工、客户、声誉、市场地位和法律与监管存在潜在重大影响的重大风险，这也是商业银行事后监督体系"风险导向"理念在运行风险评估中的具体体现。在此基础上，重大风险评估的结果可以促使银行把资源集中在那些具有潜在重大影响的风险类别上，建立重大风险的管理流

程、管理措施和管理架构，规避或降低收益实现的不确定因素，从而为银行创造风险管理价值。

二、推动业务流程持续改进，提高精益运营水平

精益运营是企业由成功迈向卓越的关键性推动力，是流程再造工作在知识经济时代的成功实践。近年来，流程银行建设浪潮方兴未艾，以流程变革满足股东对财富增长的需求，满足管理者对于可持续发展道路的求索，抗衡同业竞争的压力，成为了各家商业银行孜孜不倦的追求。流程再造工作的多样性和再造需求的变化性，决定了精益运营是一个持续性的系统工程，其实施内容将随着股东、客户、经营、市场和竞争需求的不断变化动态升级。源于丰田汽车的精益生产理念，旨在对生产过程中要素、环节等冗余的精简，体现经济效益最优化，从而带动产业结构的根本变革。而商业银行业务运行流程在资源配置的契合度、服务管理的专业度、风险管理的容忍度、作业模式的精简度四方面所做的持续性改进，彻底摒弃了复杂烦琐的交易环节，正是结合了现代企业精益管理理念，将精益生产理论创造性地应用到商业银行业务运行领域的最佳力证。

经验表明，最优业务流程之旅如今已成为所有想要保持长期竞争优势、创造持续增长价值的组织的必经之路。基于流程导向的运行风险评估，契合了精益运营的核心理念，在大量数据挖掘和分析的基础上，通过建立"评估—反馈—改进—提升"的循环机制，深度挖掘引发风险事件的关键驱动因素，既可以有力推动业务流程一体化管理进程，解决分散管理模式下流程设计、业务管理、制度规范的部门化倾向弊病，又可以从产品竞争力、客户体验、运行资源占用、运行风险管理等方面进行深入评估，及时揭示和反馈流程设计的缺陷和待改进问题，充分发挥事后监督体系的流程导向作用，有效提高风险的过程控制能力，大幅降低运行风险的管理成本。

三、完善绩效管理体系，建立良性考核机制

以往商业银行传统的绩效考核以利润绝对额为指标，从而忽视了为取得相应利润应承担的风险。随着"价值管理"理念的推进，商业银行对收益和风险的关系有了更加深入、科学的认识，逐步将经风险因素调整的经济资本回报率（RAROC）指标引入银行的绩效考评体系。RAROC最早是由美国

信孚银行在1970年开发并应用到银行绩效管理领域的一种基于风险调整的盈利考核方法，将风险对商业银行长期价值的影响给予了充分考虑，因此成为国际银行业普遍采用的绩效评估指标。以RAROC为核心的考核评价体系将长期隐藏在产品和业务流程之中的风险因素以具体的可量化的数字形式展现出来，便于商业银行所有者、经营者和监管者清晰掌握风险与收益之间的关系，可以有效抑制商业银行盲目追求短期收益的冲动。

RAROC是风险管理与绩效管理的有机融合，在考核过程中充分考量风险因素，使企业能够平稳健康发展，降低收益的不确定性，进而提高总的期望收益，提升企业的内在价值。风险绩效考核的有效运行依赖风险评估的科学性和合理性，只有充分运用风险评估成果，将风险绩效指标纳入考核范畴，形成风险的激励约束机制，才能融合银行各有关部门的不同利益诉求，平衡银行长期发展与短期盈利的关系。RAROC指标体系既为不同部门、不同业务、不同产品和不同客户在占用风险资本基础上的比较收益提供了统一的衡量标准，从而消除业务发展和风险管理的对立关系，充分发挥各部门合力，提高银行整体的经营效益；又为经营管理决策提供了可靠的依据，可以在产品定价和资本结构优化方面充分考虑风险因素的影响，有助于合理调整产品结构、科学配置经济资本，从而达到防范风险和创造价值的最终目标。

四、强化操作风险管理，减少风险资本占用

风险控制是银行的生命线。在各种风险因素交织叠加的形势下，商业银行能否保持健康发展关键在于能不能有效控制住风险，风险管理水平已成为商业银行核心竞争力的重要组成部分。综观近年来国内商业银行发生的操作风险案件，可以发现，操作风险的管理水平不仅关系着商业银行风险损失的大小，而且对商业银行的声誉和形象有着决定性的影响。不完善的风险管理会导致风险事件大量产生，如不及时采取防控措施，根据海因里希的事故法则，一定会爆发重大的损失事件，形成无法挽回的风险损失，这对商业银行的业绩和声誉都会造成毁灭性的打击，尤其是对已成为公众持股公司的上市银行的影响更是灾难性的，无论是投资者还是客户，其投资信心和资产的安全感在短期内都是难以重新建立的，银行重塑社会形象、消除不良声誉的成本相较于操作风险的资金损失而言，更加高昂。

鉴于操作风险对商业银行经营发展的重要性，《巴塞尔新资本协议》

已经为商业银行搭建了涵盖信用风险、市场风险和操作风险的全面风险管理体系的基本框架。为与国际监管新标准接轨，中国银监会也结合国内银行业实际，制定了《商业银行资本管理办法（试行）》（以下简称《管理办法》），并定于2013年1月1日起开始实施。《管理办法》扩大了资本覆盖风险范围，除信用风险和市场风险外，操作风险也纳入了资本监管框架，因此，强化操作风险管理，减少操作风险资本占用，成为国内各家商业银行面临和研究的新课题。事后监督体系的风险评估成果正好为该领域研究的深入开展提供了一个新的突破口。通过对运行操作风险的持续分析评估，可以及时发现银行经营管理过程中存在的制度规范、流程设计、管理执行、人员配置、营销发展等方面的潜在风险隐患，并以评估报告的形式向经营管理层、各相关业务部门和各层级分支机构提出改进建议，促进商业银行各项产品、服务和业务流程的不断优化和完善，实现风险管理水平的不断提升，降低风险事件发生的频率和数量，在有效减少风险损失的同时节约资本占用，优化资本配置。

第十二章　商业银行事后监督组织体系

企业的组织体系决定了企业的生产行为方式，其对组织要素的整合程度、整合效果直接影响着企业的运行效率，关系着组织的成长发展，也间接作用于企业生产经营绩效的高低。一个良好的企业组织体系会在保持现有业绩的基础上，更以一种独特的协作关系使企业内的各个组织紧密地结合在一起，从而推动企业的不断进步。商业银行事后监督的组织体系是保证商业银行事后监督职能得以充分发挥的基础和前提，是实现商业银行操作风险管理和内部控制目标的根本保障。

第一节　商业银行事后监督的组织架构

一、组织与组织架构的含义

组织既有名词属性，又具动词属性。名词属性，即指静态组织，它指构成组织的各要素按一定的结构与功能关系构成的形态，是指组织存在所表现的态势；动词属性，即动态组织，是指组织在完成某种目标所呈现的运动过程。《管理学》中的组织是指为了某个共同的目的而结合起来协同行为的群体，它一般包括下列构成要素：

一是组织成员。任何组织，都是一定数量的个人的集合体。

二是组织目标。组织目标是不同组织成员的"黏合剂"，每个组织都应具有一个能被其成员广泛接受的目标。

三是组织活动。为了实现组织目标，组织必须从事某种活动，活动内容应由组织目标的性质决定。

四是组织资源。任何活动的进行都需要投入一定的资源，组织既是人的集合，也是资源的集合。

五是组织环境。作为人的集合体，组织总是存在于一定的社会环境中的，既受社会环境的影响，反过来又作用于社会环境。

综合上述五大构成要素，我们可以把组织理解为由两个以上的具有特定活动能力的人为实现共同追求的目标，按照一定的规则、特定的结构与关系体系组合而成的可以利用其他各种渠道资源进行团体性活动的集体。

组织架构描述的是一个组织的构成框架，或者说研究的是一个组织内部各构成要素以及它们之间的关系，它是为提高组织的运行效率而设计的。合适的组织架构将有助于企业更好地生存与发展。美国著名管理学家钱德勒提出了现代企业组织架构设计的四个原则：

一是集权与分权相结合的原则。在权力分配上，企业应"抓大放小"，即将必要的、重大的权力保留在总部，一般的权力则尽量下放，兼顾企业的决策效率和经营效率，保证企业经营管理的灵活性和适应性。

二是效率最大化原则。组织架构的设计要着眼于企业整体资源配置的优化，要有助于实现资源运用效率的最大化。企业的各职能部门都应实行专业化设置，使企业的各项工作都能精益求精，工作效率能够达到最高。

三是互相联系和协调原则。企业的规模越大、层级越多，相关之间的联系和沟通对于提高组织架构设计的有效性就越重要。企业不仅要有纵向的联系，即上下级分支机构间的联系，还应保持横向的联系，即各个平行职能部门之间的联系，并做好相互间的协调，以保证整体效益的最大化。

四是有效控制原则。企业必须通过建立健全各项规章制度、构建智能的管理信息系统来对各级机构和人员实行有效的控制和管理，实时掌握企业运营全貌和各级机构信息，为企业管理者的科学决策提供支持。

二、组织架构理论演进及发展趋势

组织架构理论是社会化大生产和专业化分工的产物，最早产生于20世纪初，在经过了一个世纪的演变和发展后，形成了不同的组织架构理论。按照理论演变的进程大体可分为传统组织架构理论和现代组织架构理论。

（一）传统组织架构理论

传统组织架构理论在从20世纪初到60年代的长达半个多世纪里都占据着主导地位。工业革命后期，企业组织制度逐渐建立和发展起来，也催生了对组织理论的研究，弗雷德里克·泰勒、亨利·法约尔和马克斯·韦伯等一批学者开创并且丰富了组织架构理论，像泰勒等人创立的科学管理理论、法约尔总结出的行政管理理论、韦伯发展的官僚模型等，这些理论被称为古典组织架构理论。20世纪30年代起，人们在古典组织架构理论中引进了行为科学的方法，形成了"行为科学组织理论"。这一理论发现了在正式组织中并存着非正式组织[①]，强调人在组织中的重要性，从动态角度研究组织中人的行为对组织的影响及其相互关系，这一理论又被称为新古典组织架构理论，代表人物主要有梅奥、马斯洛、麦格雷戈、赫茨伯格等人。

新古典组织架构理论与古典组织架构理论的区别主要体现在三个方面：一是在集权和分权的问题上，与古典组织架构理论强调的集权不同，新古典组织架构理论主张更多的分权，认为分权可以将更多的人纳入决策过程，充分调动组织成员的积极性，避免集权下组织决策质量不高、组织的适应能力较差和成员的工作热情较低的问题；二是在组织形态方面，新古典组织架构理论摒弃了传统的高耸型的组织架构，主张扁平化的组织架构，认为那种高耸的组织架构模式层级较多，属于集权制度下的管理模式，而扁平化的组织架构模式层次较少，易于进行分权管理，与前述的分权主张相一致；三是在专业分工方面，古典组织架构理论主要是针对个人来倡导分工和专业化，而新古典组织架构理论则提倡部门化，强调针对整个部门来实施专业化分工，二者的侧重点不同。

（二）现代组织架构理论

20世纪60年代以后，企业组织架构理论进入了新的发展时期，出现了很多新的组织架构理论，诸如系统权变组织架构理论、环境决定组织架构理论、经济学组织架构理论、新组织架构理论等，这些理论都被统称为现代组织架构理论。现代组织架构理论是对传统组织架构理论的补充与完善，其最

[①] 所谓非正式组织是指人们在工作过程中自然形成的以感情、喜好等情绪为基础的松散的、没有正式规定的群体。这些群体不受正式组织的行政部门和管理层次等的限制，也没有明确规定的正式结构，但在其内部也会形成一些特定的关系结构，形成一些不成文的行为准则和规范。

根本的创新之处在于考虑了多重权变因素的作用。例如，他们视企业组织为一个有机整体，认为一个适用于所有企业的、通用的和最好的组织架构是不存在的，企业必须根据其所处的外部社会经济环境的发展变化，以及诸如企业战略、工艺技术、资产规模、企业文化等内部因素的调整变化，来改变企业的组织架构。在权变理念的作用下，现代组织架构理论的内涵逐渐丰富，特别是在计算机、互联网等信息工具普遍运用的新形势下，人与人之间、生产者与消费者之间、上层决策者与基层执行者之间的距离越来越短，企业原有的组织架构模式再一次受到冲击和挑战，使得现代组织架构开始向新的集约化趋势发展。

集约化管理是现代企业集团提高效率与效益的基本取向。集约化的"集"就是指集中，集合人力、物力、财力、管理等生产要素，进行统一配置；集约化的"约"是指在集中、统一配置生产要素的过程中，以节俭、约束、高效为价值取向，从而达到降低成本、高效管理的目的，进而使企业集中核心力量，获得可持续竞争优势。集约化管理是一种通过提高管理要素质量、增加管理要素内涵、集中管理要素投入以及调整要素组合的方式来增进企业效益的经营方式。为便于理解，可以对与集约化管理相对的概念，也就是粗放式管理进行界定，粗放式管理被定义为一种高投入、高消耗、低质量、低产出的管理方式，与之相反，集约化管理应该是一种用最小的成本获得最大的投资回报的管理方式。

企业的集约化管理，要以资源配置原理为基础，以内涵式增长方式为指导，将企业中各种资源包括人员、资金、信息、技术设施等物质要素与科学的管理方法、运行机制等非物质要素相结合，遵循企业经营活动的规律性要求进行合理配置，使各要素得到有效地发掘和运用，形成更加理想的平衡组合方案，从而取得效益最大化。要深入理解其内涵，应把握以下几点：（1）实施集约化管理不能片面强调集中，集中只是集约化管理的手段，增强管理能力、提升运营效率和效益才是根本目的，手段必须为目的服务。（2）集中不是全面集中，而是重点集中，是对影响公司运营效率和效益的重点领域或关键环节进行集中，通过集中来提升运营效率和效益。（3）集约化管理是一项系统工程，不可操之过急，要在全面考虑企业各项业务之间、上下级之间以及企业与外部监管部门之间关系的基础上，整体规划、稳步推进。

现代企业全面推进集约化管理，具有重要的现实意义。一是有利于提高企业经营要素的使用效率。集约化管理可以变企业经营要素的分散管理为集中管理、变分级使用为统一调配，使企业的资源使用效率大幅提高，资源结构进一步优化。二是有利于防范企业的经营风险。集约化管理能够实现各项资源的有效配置和统筹运作，强化风险的集中监控，进一步发挥企业在风险管理领域的整体合力。三是有利于规范企业内部的基础管理。集约化管理可以打破企业的地域和组织界限，实现内部管理协同，改进工作流程和业务动态，消除信息孤岛，全面提高企业的经营管理质量。

三、事后监督的组织架构设计

为实现经营效益最大化，每个组织都在充分理解运用组织架构理论的基础上，试图寻找理论与实践的最佳结合点，也就是最适合组织运营实际的组织结构框架，以配合企业战略的顺利实施。但实际上，所谓最佳的组织架构设计并不存在绝对的准则，还需要结合企业自身的实际情况，确定合适的组织架构。作为银行会计结算业务的后台监督与审核部门，事后监督部门在网点业务处理完成后，由监督人员按照规定的程序和方法对日常业务核算进行复核和校验，这是商业银行内部控制和操作风险管理的重要环节。在银行业务经历逐年高速增长后，如何通过构建合适的事后监督部门组织架构降低监督成本、提高监督效率、保证监督质量，是商业银行事后监督亟待解决的问题。

（一）设计思路

事后监督的组织架构设计既要立足于我国商业银行整体组织架构实际，又要服务于银行的总体业务发展，还要实现节省运营成本、提高工作效率的目标，因此需要结合其内部改革进度和外部环境变化，在集约化理论指导下设计组织架构体系。

早期的事后监督是分散在各个基层营业机构进行的，在支行或网点都设有相应的监督机构并配有相关岗位人员专职从事事后监督工作，采取手工方式对每笔业务的凭证要素和业务处理结果进行全面复审。这样的组织架构设计显然造成了人力资源的浪费，对业务量较少的偏僻网点也同样要配置相应的岗位从事事后监督工作，工作量并不饱和；对业务量较大的中心城区网点如不增配事后监督人员，又难以保证监督质量。为此，事后监督的组织变革也要遵循集约化原则走从分散到集中的改革之路。

此外，事后监督的组织架构设计受制于商业银行整体的组织结构。我国商业银行的组织层次是总分行制。这种总分行制的结构不完全按照经济、集约的原则进行设置，很大程度上是为了和行政区划相一致，分支机构一般按照行政区域设置。工行、农行、中行、建行、交行等大型商业银行大致按照"总行、一级分行、二级分行、支行、网点"的五级模式设置，招商银行、民生银行、光大银行、中信银行、华夏银行等股份制商业银行分支机构相对较少，覆盖范围相对有限，基本上选择省会城市和经济发达的重点城市设立分行，在城市的核心商圈和繁华街区设立支行，一般是"总行、分行、支行"三级模式。城市商业银行则立足于所在城市，服务于地方经济和城市居民，一般是"总行、支行"两级模式。在我国商业银行总体组织结构框架下，按照现代组织架构的集约化理念，事后监督机构应在更高的管理层级上实现监督资源的集约化配置。针对组织层次不同、业务规模不同、地域范围不同的三类银行，应区分对待。对于五家大型商业银行，应至少在二级分行以上层面设置监督机构。对于城市商业银行，宜设在总行，即一家银行一个监督机构。对于股份制商业银行，则可折中，要因行而异，分支机构数量较少、业务量相对较小的，以设在总行为宜；分支机构数量较多、业务量较大的，则可打破分行界限、统筹考虑业务量大小，选择地理位置相近的省市分行，合并设立区域中心。在具体设计过程中，要遵循以下几个原则：

1. 合理布局效益优先原则。一个地区的经济总量决定了该地区的金融业务总量，金融业务总量又决定了该地区的金融机构总量，金融机构总量又决定了各家银行的分支机构布局，最终影响事后监督机构的层级设置。

2. 管理有效反馈灵敏原则。集约化后的监督机构，对操作风险的管理应该更加直接，更加有效，监督人员对基层行经办业务的制约、监督应更加规范化、标准化，相应的业务问题反馈速度应更快捷。

3. 信息畅达原则。必须保证监督机构与上级管理部门和辖属被监督机构之间的信息畅通，这是保证监督组织体系高效运行的基本条件。

4. 以客户为中心原则。"以市场为导向、以客户为中心"是商业银行最根本的经营理念，也是商业银行的基本行为准则。这一行为准则不仅体现在商业银行日常业务运营的全过程，也应充分体现在内部机构的设置方面。监督机构的设置要最大限度地体现为优质客户提供优质的风险管理服务的宗旨。

5. 以人为本原则。组织架构是由承担不同职责而又相互协作的人组成的一种相对稳定的资源配置状态，其对组织体系有着决定性的影响。所以，组织架构的设计应着眼于调动和发挥人的积极性和创造性，这就要求我们去研究人的利益和需要、能力和潜力、心理和思想，以及性格和状态。在事后监督机构整合重组过程中，也要充分考虑员工的需求，为每一名员工提供一个广阔的发展空间。

（二）实证分析

集约化的组织架构设计思路在我国商业银行事后监督领域得到了广泛的应用，并取得了良好的实践效果。以中国工商银行为例，为全面提升业务运行操作风险管理能力，该行自2008年开始实施监督体系改革，在创建以数据分析为基础、以监督模型为风险识别引擎的风险导向和流程导向的全新监督模式的同时，构建起省级分行集中监控和二级分行核查整改相结合的运行风险管理新模式。该行300多家二级分行监督中心升级整合为36家省级分行（含直辖市分行、直属分行）运行风险监控中心，完成了监督组织体系向更高层面集中的组织架构调整，实现了监督资源的集约化配置和高效率运行。省级分行层面统一设立运行风险监控中心使得高素质风险管理人才在更大范围和更高层级共享成为可能。通过设计知识含量高、挑战性强的监测岗、质检岗、风险评估岗、监理岗等全新的岗位体系，促进了监督人员由简单操作型向知识型、技能型专业人才的深刻转变。监督模式变革带来监督人员作业模式、工作方法和素质结构的转变，促使其更加关注所监督业务的风险形成机理，主动学习风险管理知识和技能，不断提升其综合素质和个人价值，使监督组织体系更具科学发展的活力。监督机构在省级分行层面实现集中后，所需的人力资源大幅精减，该行从原有的监督机构人员中择优选拔16%的人员集中配备在省级分行运行风险监控中心的监测、质检、监理、风险评估等关键岗位，业务操作标准更加规范统一，人员履职质量显著提升，形成了一支风险管理能力强、风险敏感程度高的专家型人才队伍。释放出的8 600余人充实至支行、营业网点等一线机构和二级分行的后台处理中心，为该行员工队伍结构优化创造了条件，人员分布岗位结构得到显著改善。

（三）事后监督机构与商业银行各部门的关系

事后监督机构作为商业银行从事事后监督工作的专业化机构，应妥善处理好与银行各业务部门和各级机构之间的关系。

商业银行总行的运行管理部门是事后监督体系的主管部门，负责银行事后监督体系的统一规划、设计、建设和管理，事后监督系统开发和制度体系的制定，以及监测、质检、风险评估等业务的管理，指导监督机构开展监督工作。具体职能为：制定银行业务运行风险管理战略和风险管理政策，制定银行统一的业务运行风险管理制度和操作规程；统一组织监督模型的研发、设计和优化，统一组织监督系统的规划、建设和管理；建立、实施业务监督准入和退出机制，核准业务监督重要事项；协调、指导各部门开展运行风险监控工作；对银行业务运行风险特征和风险水平进行评估和管理，对银行事后监督体系运行质量进行评价与考核。

事后监督机构负责辖内机构业务运行风险监控的组织实施。负责组织开展运行风险监控工作，依托事后监督系统识别风险、分析风险、确认风险，准确收集风险驱动因素和风险事件；负责组织开展分析评估工作，对风险事件总体状况、分布特征、变化趋势等进行持续分析，对机构、柜员的风险暴露水平进行有效评估，对现有业务流程的薄弱环节和风险驱动因素进行深度挖掘，推动业务流程的持续优化。

各级分支机构设立核查岗位，负责准风险事件的核查和检查。负责组织开展准风险事件的全面核查，及时回复核查结果；负责对各类准风险事件的核查结果进行分析判断，评定风险事件等级；负责风险事件的整改落实及责任认定工作，对核查中确认的风险事件，定期召开由相关部门参加的联席会议，对风险事件相关责任人、责任机构、责任部门提出处罚意见和建议，按照员工违规行为处理相关规定提交职能部门落实处理。

业务主管部门，如个人金融、电子银行、银行卡、对公结算、国际业务等，负责与本专业相关的业务运行风险管理工作，落实风险分级分类管理制度。负责根据准风险事件报告、风险事件报告和风险评估报告反映的本专业风险状况，及时采取有针对性的管理措施，消除风险隐患，切实有效防范风险；负责对本专业业务流程的设计缺陷，及时采取流程改进、优化等后续管理措施；负责落实业务监督的准入、退出机制，在业务流程、制度等发生变化以及新产品、新业务推出时，及时提交监督需求，并对监督机构人员开展专项培训。

综上所述，监督机构只有与各级机构、各业务部门联动配合，有效落实业务运行风险分级分类管理要求，才能充分发挥事后监督体系的整体效能与监管合力，形成监督高效、管理有序、信息共享、有机协作的业务运行风险管理体系。

第二节　商业银行事后监督的内部质量控制

一、内部质量控制的概念

内部质量控制是指内部机构及其人员为实现内部质量目标，按照规定的质量标准进行质量管理的活动和过程。商业银行作为金融服务企业，和生产企业不同，其经营的产品具有特殊性。商业银行内部质量控制指在内部控制体系框架内，银行各层级监督主体通过遵循风险导向原则和成本效益原则，优化内部监督的责、权、利配置，合理分配内部监督资源和能力，以各监督机构的有机协调为路径，以内部监督机制创新为手段，从而实现内部质量控制目标，并最终实现银行价值增值的一种制度设计和安排。它是银行内部监督资源、能力、环境、其他内控要素相互作用、相互协调的集成化系统化的结果。商业银行事后监督的内部质量控制应当嵌入银行总体的内部质量控制体系，是银行内部质量控制流程的一部分，而不是附加到现有的体系之上的。作为核算监督的主要手段，事后监督通过实施内部质量控制不断规范业务操作行为，有效防范操作风险，消除案件隐患，满足商业银行风险管理与内部控制的要求。

二、内部质量控制与质量检测的关系

事后监督的质量检测是对银行业务核算质量进行审查，纠正业务核算差错的质量控制活动，与风险监测、履职管理共同构成了商业银行事后监督体系的主体功能。质量检测标准规定了银行业务核算工作应达到的质量水平，而要想质量检测工作真正达到规定的质量水平，就必须实行内部质量控制。因此，事后监督的内部质量控制是为了确保事后监督机构的监督工作符合工作规范、达到运行风险管理要求而建立的制度。事后监督内部质量控制制度有两大基本作用：一是可以成为指导、监督事后监督机构的风险监测、质量检测、履职管理等工作应该怎么做、不该怎么做的指南和依据；二是可以成为衡量、判断和评价不同事后监督机构质量控制有效程度的标准和尺度，以鉴别谁控制得好、谁控制得差。

内部质量控制制度与质量检测标准，尽管都与事后监督业务及其质量有关，但它们是两个不同的概念。主要存在以下区别：

一是性质不同。质量检测标准是每个质检人员在检测业务核算质量时遵守的技术标准，是针对每笔质检业务的完成而制定的。而内部质量控制制度，则是每个监督机构所遵守的管理标准，是针对整个监督实务的控制而制定的。其性质的不同决定了其作用和内容的不同。

二是作用不同。质量检测标准是要求每次质检都照办的，是为了指导质检的具体工作，衡量银行业务核算质量的好坏。而内部质量控制制度，则是要求每个监督机构都注意的，是为了指导监督质量控制工作，衡量监督机构质量管理控制的有效程度。

三是内容不同。质量检测标准规定的是与质量检测工作相关的业务核算质量要求。而内部质量控制制度紧紧围绕质量控制，包括风险监测、质量检测、履职管理等各项运行风险管理活动应达到的质量要求。

综上所述，质量检测和内部质量控制密切联系，缺一不可。建立和执行内部质量控制制度，其重要目的之一就是为了促进质量检测工作的落实，真正保障商业银行的业务核算质量。

三、内部质量控制的目标与原则

对于商业银行事后监督来说，实施内部质量控制有助于实现以下目标：一是法律、法规的遵循性。即国家法律规定和商业银行内部规章制度的贯彻执行。依法经营是防范金融风险的前提和基础，执行内部规章制度是规范操作、统一管理的有效保证。商业银行构建事后监督内部质量控制体系主要是针对事后监督活动中的风险点，以制度规范为控制标准，以提高风险识别能力为导向，不断提高内部质量管理，来满足商业银行经营发展的需要和日趋严格的外部监管要求。二是风险的可控性。即在风险承受能力范围内保证商业银行发展战略和经营目标的实现。商业银行经营的本质就是对风险的承担与管理，这是银行业务不断创新发展的原动力。事后监督是商业银行管理操作风险的重要机制设计，对其进行内部质量控制有助于更好地发挥其在提升银行操作风险管理能力方面的重要作用，事后监督内部质量控制的职能主要是监督、评价和改进，包括对管理对象制度执行情况的监督，对管理对象工作结果的检查，对岗位履职质量的评价，提出事后监督机构及人员的工作改进措施与努力方向，以及协调解决事后监督体系运转过程中存在的问题等。三是控制活动的有效性。即通过内部质量控制活动的实施确保事后监督体系的运行效率和效果。所谓效率，是指一定的资源投入所带来的产量。所谓效果，就是实现组织目标的程度。事后监督内部质量控制的最主要目标是通过严格控制和科学评价，充分行使监督质量控制职能，发挥监督质量管理主体作用，确保事后监督体系风险管理效能的持续提升。在这一目标指引下，事后监督应深入落实精细化管理，准确把握岗位职责，发挥核心管理能力，使监督的成本与带来的收益相匹配。

事后监督的内部质量控制应遵循以下原则：一是全面性原则。内部质量控制必须渗透到商业银行事后监督的各项业务过程和各个操作环节，覆盖所有岗位，实现全业务、全过程、全人员控制。内部质量控制必须以防范风险、审慎经营为出发点，要充分考虑到业务过程中各个环节可能存在的风险，容易发生的问题，设立适当的操作程序和控制措施来避免和减少风险。二是有效性原则。内部质量控制制度应在事后监督各岗位得到严格的贯彻执行，具有高度的权威性，成为所有员工严格遵守的行动指南。在制度执行过程不能存在任何例外，任何人不得拥有超越制度或违反规章的权力。三是统一性原则。事后监督机构在内部管理过程中，应建立职责明晰、分工明确、管理有序、有机协作的统一风险管理机制，统一业务调度、统一监控标准、统一质量管理、统一分析评估，并统一对外发布风险监控成果。四是效益性原则。内部质量管理的设计与执行需要耗费一定的人力、财力和物力，但事后监督的资源是有限的，不能也不应为内部的再监督毫无节制地投入资源，而是应该将有限资源投入到能够提供更多价值的监督措施中去，以适当的成本实现有效监督。五是适应性原则。无论是在理论上还是在实践上都不存在一种适合于所有企业的内部质量控制标准模式，事后监督的内部质量控制模式应当与事后监督的业务范围、业务数量和风险水平等相适应。同时，这种质量控制模式也并非一成不变，当事后监督的内外部环境发生变化时，其内部质量控制模式也应作出及时、恰当的调整。

四、内部质量控制的分类

（一）内部质量控制活动的分类

内部质量控制活动按其发挥的功能，可分为预防型控制、检查型控制、指导型控制和纠正型控制（见图12-1）。

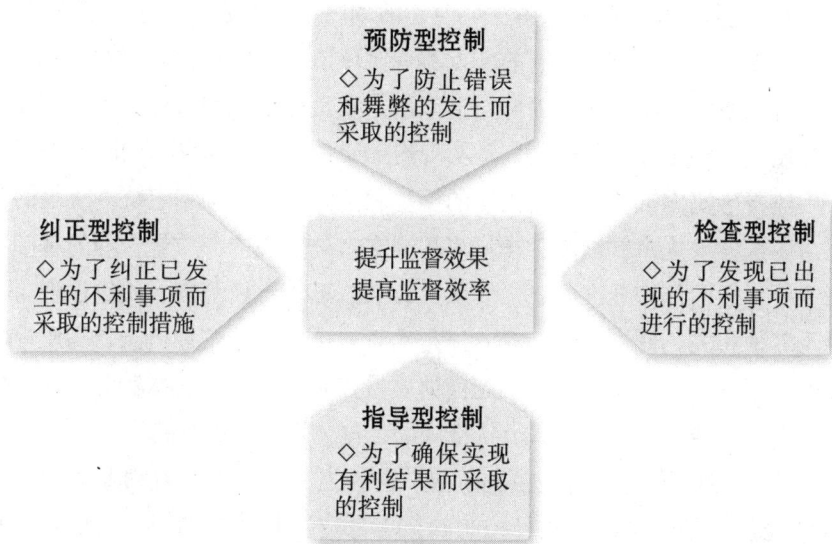

图12-1　内部质量控制活动按功能分类

预防型控制是为了防止错误和舞弊的发生而采取的控制。例如，建立内部质量控制体系和组织结构，要求工作人员具备相关专业资格和工作经历，将任务分配给具有胜任能力的员工，根据业务发展需要开展岗前培训，使用密码、授权等，都属于预防型控制。检查型控制是为了发现已出现的不利事项而进行的控制。它可以为管理层提供有关预防型控制有效性的反馈信息，例如，组织开展各岗位人员的工作质量检查，对工作质量偏离度较大人员的工作质量进行重点抽查，进行检查评价活动等都属于检查型控制。指导型控制是为了确保实现有利结果而采取的控制。例如，制定岗位职责及工作流程，统筹做好生产调度和任务分配，组织业务培训，开展岗位履职质量评价，提供质量分析报告，发布和应用工作成果，推动各业务部门的联动管理等都属于指导型控制。纠正型控制是为了纠正已发生的不利事项而采取的控制措施。主要是纠正已检查出来的和已报告的差错，例如，建立统一质量控制标准，科学划分岗位角色，实施有效岗位分离，及时纠正错误结果，实施全过程跟踪控制管理等都属于纠正型控制。

（二）内部质量控制手段的分类

内部质量控制手段按其发生控制的时间，又可分为前馈控制、同期控制和反馈控制[①]。

内部质量的前馈控制是在发生控制活动之前的控制，是对内部质量控制的总体规划，是内部质量控制的起点和首要环节。具体包括以下方面：一是建立和完善必要的组织体系。内部质量控制体系是控制论和系统工程论等理论、方法在质量管理中的具体应用，是实现内部质量管理的要求，同时也是商业银行事后监督落实内部质量控制机制的根基和落脚点。二是制定统一规范的制度体系。内部各项规章制度和工作流程的制定，是实现内部质量管理的基础和手段。主要包括内部作业准则、工作质量标准、工作责任范围、质量检查与考评制度及其他相关的制度、规定等。三是实行人员准入及培训机制。高质量、高素质的质量管理人员结构，是实施前馈质量控制的关键。包括针对不同岗位设置不同准入门槛，实行岗位人员资格认证，建立长效培训机制等。

内部质量的同期控制是在发生活动进行之中的控制，是对具体风险管理过程的控制，是实施内部质量控制的核心部分。具体包括以下方面：一是开展持续性监控活动。持续性监控活动是指对内部运作质量过程的例行监督，包括管理人员的日常管理和监督以及采取的其他行为。通过建立各司其职、各负其责的质量责任制，把工作质量落实到每个人，形成一个比较严密的质量责任体系。二是实施质量提升机制。质量提升是内部质量控制的重点和难点，应通过开展以提升风险管理能力为核心内容的自我评价，持续提高风险管理与质量控制能力，为各项业务的安全运行提供有力支撑。三是落实快速响应机制。快速响应的目的是为了实现共同的目标，由各环节间进行紧密合作，最大限度地提高供应链管理的运作效率。

内部质量的反馈控制是在控制活动发生之后的控制，即对工作质量的结果反馈，是落实管理的重要环节。具体包括以下方面：一是促进内生机制的良性循环。通过"监督—反馈—能力提升"的良性循环，不断改进内部工作质量。二是实行信息披露机制。应及时发布内部质量监督结果，建立充分的

---

① 北京兆泰投资顾问有限公司：《审计在治理、风险和控制中的作用》，294页，北京，西苑出版社，2008。

信息披露机制，为各级机构、各业务部门提供信息支持和决策依据。三是提升操作风险管理文化传导。操作风险与人的行为密切相关，要从根本上控制和减少操作风险，形成操作风险防范长效机制，全力抓住制度、文化和人三个关键要素，引导和强化对操作风险防范的文化认同，建立系统化、制度化的内部控制环境。

内部质量的前馈控制、同期控制和反馈控制互相联系、相互制约，共同构成一个完整的内部质量控制体系，是内部管理的自我监督和自我完善。

五、内部质量控制的构成要素

一个特定组织为了实现组织目标，必须要建立相应的内部质量控制体系，包括具体政策和程序。这些政策和程序有机地结合在一起，就构成了组织的内部质量控制要素。商业银行内部质量控制是由内部环境、内部监督、控制活动、风险评价、信息与沟通五大相互独立、相互联系又相互制约的要素组成。

从组成内部质量控制体系各要素的关系来看，内部环境是整个体系的基础，是影响内部控制作用发挥的主要因素，包括组织结构、内部制度等"硬控制"和控制文化、氛围以及员工的觉悟、意识等"软控制"；内部监督是管理人员对事后监督工作质量的控制、监督和纠正行为；控制活动是具体实施内部质量控制的过程及措施，是事后监督内部质量控制的核心；风险评价旨在发现和计量内部监督的结果，为控制活动指明方向；信息与沟通为各个要素之间的信息交流提供共享平台，为实现控制目标提供信息支持。商业银行事后监督内部质量控制构成要素如图12-2所示。

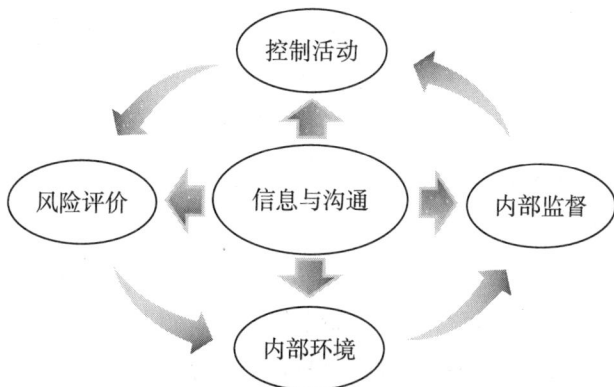

图12-2 商业银行事后监督内部质量控制构成要素

（一）内部环境

内部环境是内部质量控制机制的基础，它直接影响到其他要素功能的发挥，构建良好的内部环境是内部质量控制的关键，内部质量控制功能发挥的过程也是控制体系与控制环境相互作用的过程。一般来讲，商业银行事后监督的内部环境主要包括组织结构、内部制度、企业文化等。组织结构方面，商业银行事后监督应根据风险管理需要和内部控制要求，建立分工合理、职责明确、制约平衡、报告关系清晰的内部控制组织管理架构。内部制度方面，通过监督核准、人员准入、良性循环、快速响应、质量提升、信息披露等机制的建立，持续强化规章制度、运行机制和质量标准建设，促进自身价值的不断提升。企业文化方面，遵循中国银监会《商业银行内部控制指引》的要求建立科学、有效的激励约束机制，培育良好的企业精神和内部控制文化，从而创造全体员工均充分了解且能恪尽职责的环境。

（二）内部监督

内部监督是一个动态的管理过程，是对内部控制制度和执行情况的回顾和检查，并根据国家法律法规、金融监管规章变化、银行组织结构以及市场环境变化进行修订的管理活动。事后监督的内部监督包括以下四个方面内容：一是健全监督检查的统筹管理机制。统筹规划管理监督检查工作，明确监督检查职能和范围，规范监督检查工作流程、作业标准和报告路径，健全监督检查质量考核和尽职标准。二是明确监督检查职责分工。事后监督机构按照职责分工负责本机构相关业务领域的监督检查工作，并督促落实整改；组织本机构员工对自身岗位职责履行和制度流程执行情况进行自查自纠。三是完善监督检查方式。加强日常监督和专项检查，根据发展战略、组织结构、业务流程、岗位员工的变化情况等，从特定方面进行有针对性的监督检查。四是落实责任追究制度。监督检查人员应及时纠正存在的问题，对未执行检查方案、程序和方法导致重大问题未能被发现，对检查发现隐瞒不报或者未如实反映，检查结论与事实严重不符，对检查发现问题查处整改工作跟踪不力等行为，承担相应的责任。

（三）控制活动

控制活动是商业银行以内部质量控制为主的控制方法、程序、手段和风险控制技术的总称，是银行内部控制系统具体实施内部控制的过程，是内部控制系统的核心和神经中枢。事后监督作为操作风险管理的一部分，在商业银行内部控制中发挥着不可或缺的作用。从管理体系、规章制度的建立，到质量标准、运行机制的落实，商业银行事后监督根据内部控制目标，结合风险应对策略，通过手工控制与系统控制、预防性控制与发现性控制相结合的方法，综合运用控制措施，对各种业务和事项实施有效控制。控制活动覆盖内部质量管理的全过程，具体内容有：一是制度流程控制。事后监督应以统一的运行操作风险管理制度和操作规程为依托，结合各项业务实际，建立统一的监控标准和操作流程，提升风险管理的准确性和完整性。二是不相容职务分离控制。事后监督依照科学管理原则，在兼顾风险与效率的基础上，实施有效的岗位分离，形成各司其职、各负其责、相互制约的工作机制。三是工作质量控制。事后监督根据监督体系运行质量要求，结合运行风险管理重点变化，开展定期检查与重点抽查。定期制定工作质量检查计划，确定检查重点和抽查比例，发现问题的，及时查明原因并加以改进；定期开展岗位履职质量评价，对履职不到位人员实施针对性的业务培训，确保事后监督体系的高效运转。四是应急处理控制。事后监督在落实内部质量控制过程中，要建立重要事项报告制度和业务应急处理机制，并要求各岗位严格执行异常情况报告制度，按照规定的报送时限、级次、渠道及时传递信息，确保事项得到妥善处理，风险得到及时控制。

（四）风险评价

风险评价是及时识别、系统分析、准确评估风险管理活动中与实现内部质量控制目标相关的各类风险，合理确定风险应对策略。商业银行是现代金融体系的重要组成部分，它的安全与稳健运行是确保金融的稳定与健康发展的重要因素之一，根据《企业内部控制基本规范》的要求，商业银行应当根据设定的控制目标，全面系统持续地收集相关信息，结合实际情况，及时进行风险评价。商业银行事后监督作为履行运行操作风险管理职能的专门机构，通过组织开展监测、质检、履职管理、风险核查和风险评估等管理活动，对业务运行风险管理效果进行科学评价。主要包括：一是风险防控的及时性评价。事后监督机构内部质量管理人员根据系统展现的风险信息和各岗位人员的工作情况，科学测定工作量，统筹做好生产调度和任务分配，对每日风险监控业务处理情况进行跟踪管理，保证系统展现的风险事件全部处理完毕。二是风险管理的准确性评价。事后监督机构通过实施风险监控的标准化管理，以质量控制为主线，以履职质量评价、长效培训机制等为互补方式，准确定位风险点，不断提升事后监督的风险管理能力。三是风险控制的自我评价。通过建立有效的质量提升机制，发挥内部质量管理人员在事后监督体系中的监督质量控制作用，积极开展以风险管理能力为核心指标的自我评价；通过质量分析例会、针对性业务培训等多项举措，持续提高内部质量控制能力。

（五）信息与沟通

银行内部控制的过程实质上是一个信息运动的过程，信息与沟通是银行实施内部质量控制的媒介，是内部控制系统的血液。商业银行事后监督内部质量控制方面的信息流主要包括横向流和纵向流。横向流是事后监督机构与其他专业部门之间风险管理信息的流动，包括各业务条线运行风险管理情况分析、典型风险事件揭示、制度建设、流程优化建议等。依托运行风险管理平台，以运行风险管理信息共享为媒介，建立部门间定期沟通机制，发挥部门联管合力。纵向流是事后监督机构与上下级行之间信息的纵向交流和互通，包括先进理念和管理思路的传导、运行风险管理信息的动态发布、工作经验交流等，事后监督机构需要建立有效的内部信息交流机制，确保各项信息快捷传递，促使全体员工及时了解经营管理理念和内部控制要求。同时，通过相关岗位工作的有机结合，实现运行风险监控体系相关岗位履职信息共享，促进风险评估成果的内部转化应用，形成信息共享、良性循环的岗位履职格局。

六、内部质量控制的主体与客体

为有效实施内部质量控制，商业银行事后监督机构应设立相应的岗位人员来承担内部质量控制职责，即对内部质量进行监视、督察、控制和评价的具体执行者，也就是事后监督内部质量控制的实施主体，我们称为"监理"；监理的管理对象总和即为客体，也就是事后监督机构的监测、质检、风险评估等岗位人员及其工作内容。

（一）事后监督内部质量控制的主体

监理人员作为事后监督内部质量控制的主体，为提高事后监督工作质量所开展的内部控制活动主要包括：

1. 业务统筹调度。根据事后监督系统展现的风险信息和各岗位人员的工作情况，科学测定监督工作量，编制监督工作任务分配表，统筹做好生产调度和任务分配，对每日风险监控业务处理情况进行跟踪管理，并负责日结处理，保证风险防控的及时性和有效性。

2. 风险信息管理。按照事后监督体系统一管理的要求，对辖内各岗位人员的风险事件收集与风险驱动因素选择质量进行管理，确保风险事件信息准确、及时、全面地收集纳入风险事件库，保证按机构、柜员、客户、产品等不同维度计算的风险暴露水平合理反映风险状况。对风险驱动因素选择质量和风险事件确认质量开展检查，对风险驱动因素选择不合理和风险事件确认不准确、等级认定过高或过低的，要及时进行修改；对监督机构内部发起的风险事件修改申请以及网点（或支行）、相关业务部门发起的风险事件信息修改申请，进行最终审核和裁定，并及时反馈修改信息。定期将上述修改情况进行通报，以督促有关人员不断提升风险识别技能。

3. 质量控制管理。根据事后监督体系运行质量要求，结合内外部风险管理重点变化，按月制定工作质量抽查计划，确定合理的抽查比例。每周按照月度计划对监测、质检等岗位人员的工作质量进行抽查。抽查重点包括但不限于风险指标较高（低）机构或柜员、风险指标波幅较大机构或柜员、无风险事件机构或柜员、偏远机构或柜员、连续工作若干天或新入行（新持卡）柜员、重点业务环节或账户、特殊时间段的业务以及工作质量偏离度较大的监督人员。

开展岗位履职质量评价。根据工作质量抽查结果，按月对事后监督体系相关岗位履职情况进行评价，发布事后监督体系运行质量分析报告，为相关岗位人员履职考核评价或劳动组合优化提供客观依据。

组织召开质量分析例会。根据事后监督体系运行情况和经营管理需要，按月召开运行质量分析会，协调解决体系运转过程中存在的问题，确保体系高效运转。

4. 核心能力培训提升。按月制定事后监督体系相关岗位人员培训计划，根据监督内容变化和业务发展需要定期组织开展相关岗位人员的专项培训。根据事后监督体系岗位履职评价结果，对履职不到位的人员实施针对性的业务培训。定期组织事后监督体系相关岗位人员的业务测试，持续提升岗位履职能力。

5. 日常业务管理。审批新建查询查复书。向核查岗位人员下发查询查复书是监督人员了解风险事件信息的主要途径，但为充分利用有限的监督资源，监理要对监测、质检人员通过新建方式下发查询书的必要性和准确性审核把关，提升核查的针对性和风险管理的有效性。

业务指导。充分发挥监理在事后监督体系中的监督质量控制作用，及时对相关岗位进行业务指导，并对风险识别方法和分析技巧进行归纳总结；协调解决事后监督系统日常运行中的各类问题；及时整理上报系统功能和模型建设等工作建议。

典型风险事件收集。每月将整理的典型风险事件向上级管理部门报送；根据收集的风险事件，归纳典型风险特征，总结风险分布特点，挖掘潜在风险隐患，发布风险提示，指导事后监督体系相关岗位人员开展风险导向型监督，为各级机构、各业务部门有效管理运行风险提供有力支持。

（二）事后监督内部质量控制的客体

事后监督内部质量控制的客体包括监测、质检、风险评估岗位人员及其工作内容。

1. 监测岗位的工作内容。

（1）风险诊断分析。对监督模型识别的准风险事件，充分应用关联分析、逆向分析、情景分析、趋势分析等方法进行风险识别分析，完成首次确认。

对逐笔核实类准风险事件，通过分析客户交易习惯，跟踪大额资金流向，关注交易时间特征和业务发生渠道，聚焦柜员异常行为和客户频繁交易行为，综合运用搜索引擎、交易明细、业务报表等手段深入挖掘风险源头，密切跟踪资金流向，准确把握风险环节，充分揭示风险隐患；对统计分析类准风险事件，应用趋势分析、周期分析等方法进行识别并作出风险趋势判断。

（2）准风险事件合理分级。根据准风险事件首次分析结果，对分析有风险疑点或隐患的，按照其风险程度不同，分别确定为"一般关注"、"关注"、"重点关注"等级次下发查询查复书。

（3）风险驱动因素选择。根据模型监控规则，充分考虑交易情景，结合核查回复内容和风险等级评定结果进行综合分析，准确收集风险驱动因素，找出触发风险的主要原因。

（4）信息收集。典型风险事件收集。及时收集系统日常运行过程中发现的重大、典型、突出风险事件，研究风险动向，揭示风险特征。

优化建议提交。及时总结监测分析情况，按月向监理人员提交风险确认标准和风险驱动因素的完善建议、系统功能完善和模型建设的优化建议、流程改进和规范业务核算管理工作建议等。

（5）客户交易行为分析。根据资金异动类模型的监测分析情况，定期分析特定客户在一定时间内与交易对手发生的交易金额、交易频率等信息，发掘比较典型的、倾向性的客户交易行为特征，为风险管理和业务发展提供支持。

2. 质检岗位的工作内容。

（1）待质检信息分析。根据监理生产调度，选定待质检柜员，将系统展现的待质检信息与对应原始凭证进行核对，检查业务核算的正确性、凭证的完整性与合规性等。

（2）查询查复书下发。根据核对质量检测结果，对确认异常的待质检信息，按照"一般关注"、"关注"、"重点关注"级次向相应核查岗下发查询查复书。

（3）风险驱动因素选择。根据质量检测分析结果并充分考虑业务发生场景，结合核查回复内容和风险等级评定结果等进行综合分析，准确收集风险驱动因素，找出触发风险的主要原因。

（4）信息收集。典型风险事件收集。及时收集系统日常运行过程中发现的重大、典型、突出风险事件，研究风险动向，揭示风险特征。

优化建议提交。及时总结质检检测分析情况，按月向监理人员提交风险确认标准和风险驱动因素的完善建议、系统功能完善和模型建设的优化建议、流程改进和规范业务核算管理工作建议等。

（5）质检业务日结。质检柜员对系统展现的质检业务质量检测完毕后，进行柜员日结处理，以保证风险监控工作的序时性、连续性。

3. 风险评估岗位的工作内容。

（1）收集风险信息。利用先进数据分析工具，构建多维度、深层次、适用性强的数据信息库，为分析评估提供坚实基础。数据信息包括但不限于事后监督系统的报表数据、典型风险事件、业务专项检查报告、业务部门相关信息和重点业务领域报告等。

（2）研究报告选题。密切关注行内经营发展方向和工作重点，本着服务业务发展的原则，根据运行风险演变趋势和数据信息库相关资料，结合准风险事件、风险事件的分布特点和发生概率，准确定位当期风险评估对象，确保报告选题的针对性与实用性。

（3）运用评估工具。深入挖掘各项运行数据，综合运用多种评估方法，结合聚类分析、方差分析、因子分析等统计学知识，灵活运用柱形图、饼状图、折线图、散点图等图表工具，开展多维度分析评估，做到数据精准、图表匹配、逻辑清晰。

（4）撰写分析报告。风险评估报告撰写。分析业务运行信息数据，应用风险评估指标体系，对各级机构面临的运行风险管理环境进行统一计量分析，定期出具业务运行风险评估报告。开展监测、质检、履职渠道风险事件分析，按专业、机构、柜员、产品等维度深挖风险源头，多角度揭示运行风险特征及其演变趋势，定期撰写并发布运行风险专项分析报告。定位高风险机构、高风险柜员，对风险事件分布及发生概率进行定量与定性分析，对辖内运行风险状况进行月度通报。

业务流程报告撰写。对风险驱动因素进行深入分析，根据风险事件发生机理，揭示业务流程中存在的薄弱环节，反馈流程改进建议，定期撰写并发布流程分析报告，为业务管理部门和产品设计部门持续改进业务流程提供重要参考依据。流程分析内容包括但不限于流程优化建议、典型风险事件、流程评估质量等内容。

前瞻性专题分析报告撰写。充分应用先进数据分析评估技术，不定期开展前瞻性分析，并形成专题报告。分析内容包括但不限于：网点运行信息分析，为网点设立、布局、定位提供合理化建议；新产品分析评价，提出优化建议，提升客户体验效果；运行资源使用效率评价，减少无效资源占用；客户价值评价，引导行内经营资源的高效配置，支持市场发展。

监督模型评估报告撰写。依托运行风险管理平台，结合业务处理特点，对准风险事件生成情况、监督模型风险命中情况进行重点分析，开展监督模型的风险识别效率评估，提出监督模型优化的可行性建议，定期向监理人员报送。

（5）发布分析评估成果。根据经营管理和业务发展需要，深度挖掘业务运行综合信息，创新发布载体，包括但不限于业务运行风险提示、信息快报、专项分析、专题报告等，及时提供分析评估成果。加强与业务部门的沟通，促进评估成果转化应用，为经营发展提供决策支持，推动银行业务的不断发展和服务质量的持续提升。

第三节　商业银行事后监督的职业道德

一、银行业从业人员的职业道德要求

职业道德是指从业者在职业活动中应该遵循的符合自身职业特点的职业行为规范，是人们通过学习与实践养成的优良职业品质，它涉及了从业人员与服务对象、职业与职工、职业与职业之间的关系。职业道德行为规范是根据职业特点确定的，它是指导和评价人们职业行为善恶的准则。[①] 对于银行来讲，银行员工的职业道德内涵涵盖了职业道德所包含的内容。由于银行作为金融行业，有其固有的行业特点，因此其内涵是指"银行员工在银行职业活动中应遵循的、体现银行职业特征的、调整银行职业关系的职业行为准则和规范，是银行从业人员在进行银行活动、处理银行业务关系时所形成的职业规律、职业观念和职业原则、行为规范的总和。"

中国银行业监督管理委员会颁布的《中国银行业从业人员道德行为公约》和《银行业从业人员职业操守》，对银行业从业人员的道德行为和职业操守提出了明确的要求（见表12-1）。

---

① 陈璞：《职业道德》，8页，北京，中国劳动社会保障出版社，2010。

表12-1 中国银行业从业人员道德行为公约及银行业从业人员职业操守

中国银行业从业人员道德行为公约	爱岗敬业，顾全大局：热爱本职工作，认真贯彻执行国家制定的金融方针政策，以维护国家的金融稳定和银行业的声誉为己任。
	遵纪守法，规范操作：严格遵守各项法律、法规，坚持依法合规办事，自觉抵制各种违法违规行为。
	廉洁公正，自警自律：自觉抵制各种腐朽思想的侵蚀，防范和化解道德风险；工作中不徇私情，不弄虚作假，不营私舞弊，不行贿受贿。
	严守秘密，确保安全：树立保密观念，增强保密意识，严格遵守保密法规，自觉履行保密责任，做到不泄密、不失密，确保银行经营安全和客户的资金、信息安全。
	正直诚信，勤勉尽职：品行端正，公道正派，诚实守信，表里如一；忠于职守，尽心尽力，以高度的责任感和敬业精神投入本职工作。
	热情服务，细致周到：讲究工作效率，提高工作质量，努力为客户提供热情、周到、优质、高效的服务，以专业化、人性化的服务赢得客户的理解和支持。
	勤奋学习，精通业务：努力掌握专业知识及其他相关知识，刻苦钻研，精益求精，不断提高职业素养和业务水平。
	团结协作，和谐互助：增强团队意识，发扬协作精神，创造和维护和谐融洽、平等互助、团结共进的人际关系和工作氛围。
	遵守公德，崇尚科学：自觉遵守社会公德，文明礼貌，尊老爱幼，克勤克俭，爱护环境；崇尚科学，破除迷信，尊重知识，远离愚昧。
银行业从业人员职业操守	诚实信用：银行业从业人员应当以高标准职业道德规范行事，品行正直，恪守诚实信用。
	守法合规：银行业从业人员应当遵守法律法规、行业自律规范以及所在机构的规章制度。
	专业胜任：银行业从业人员应当具备岗位所需的专业知识、资格与能力。
	勤勉尽职：银行业从业人员应当勤勉谨慎，对所在机构负有诚实信用义务，切实履行岗位职责，维护所在机构商业信誉。
	保护商业银行与客户隐私：银行业从业人员应当遵守所在机构的商业秘密，保护客户信息的隐私。
	公平竞争：银行业从业人员应当尊重同业人员，公平竞争，禁止商业贿赂。

二、事后监督人员的职业道德要求

商业银行事后监督从业人员为实现执业目标，在日常工作中，除应严格遵守《中国银行业从业人员道德行为公约》、《银行业从业人员职业操守》外，鉴于事后监督工作的性质和要求，还应重点注意遵守下列基本原则：

（一）诚信原则

诚信，是指诚实、守信。也就是说，一个人言行与内心思想一致，不虚假；能够履行与别人的约定而取得对方的信任。诚信原则要求从业人员应当在所有的职业关系和商业关系中保持正直和诚实，秉公处事、实事求是。事后监督人员应当诚实、勤恳并负责地开展工作；应当遵守商业银行制度规定，真实完整、毫无隐瞒地披露业务运行风险。

（二）独立原则

独立，是指不受外来力量控制、支配，按照一定之规行事。事后监督人员在开展风险监控业务、出具风险评估报告时，应当独立于其监督对象，即被监督的机构和柜员。监督人员只有与被监督机构之间实实在在地毫无利害关系，才能从实质上保持独立，不受其干扰和影响，进而才能以客观、公正的心态去揭示风险。独立是事后监督人员的灵魂，事后监督人员只有具备独立性，才可能做到客观、公正，独立原则是客观、公正原则的基础。

（三）客观原则

客观，是指按照事物的本来面目去考察，不添加个人的偏见。客观原则是指事后监督人员对有关业务活动风险点的分析和判断应当基于客观的立场，以客观事实为依据，实事求是，不掺杂个人的主观意愿，也不为其他机构和个人的意见所左右，在分析问题、处理问题时，不能以个人的好恶或成见、偏见行事。贯彻客观原则，要求事后监督人员在风险监控过程中必须一切从实际出发，注重调查研究，只有深入了解实际，才能取得主观与客观的一致，做到风险评定结论有理有据。

（四）公正原则

公正，是指公平，正直，不偏袒。公正原则要求事后监督人员应当具备正直的品质，公正处事，不得由于偏见、利益冲突或他人的不当影响而损害自己的职业判断。事后监督人员不应参与可能损害或被认为会损害其公正评价的活动，包括参与与商业银行利益相冲突的活动；不能接受可能损害或被认为会损害其职业判断的任何物品；应当披露已知的风险事实，发现异常情况应立即向管理部门报告，不得与相关营业机构直接联系；重大异常情况可直接报告本级行负责人。

（五）主动原则

主动，是指人在完成某项活动的过程中，来源于自身并驱动自己去行动的动力的强度。事后监督人员应主动披露并充分揭示业务运行过程中的操作风险，持续、客观、真实地反映各级机构和各类业务面临风险冲击的程度。

（六）保密原则

保密，是指保守事物的秘密不被泄露。事后监督人员在工作中可以接触到大量的客户信息，包括交易金额、交易对手、账户信息、资金数量等，一旦该类信息被泄露或被利用，往往会给银行客户造成损失。事后监督人员应当谨慎对待和保护履行职责过程中获取的信息；不应当利用信息牟取私利，或者以任何有悖商业银行制度规定的方式使用信息。

三、事后监督人员职业道德培养的意义

（一）提高自身的思想道德素质和职业道德水准

银行每天都要与货币打交道，银行员工在经营货币这个"近水楼台"的特殊岗位上，很容易产生不正当的价值取向，表现在工作中轻则工作情绪消极懒散、业务操作疏忽大意，重则利用手中的权力和职务之便盗取银行资金，形成极大的操作风险隐患。商业银行事后监督人员在同样面临上述诱惑的情况下，还要行使其商业银行操作风险最后一道防线的职责，这对事后监督人员是极大的挑战和考验。因此，加强事后监督人员的职业道德培养显得十分必要和重要。只有通过不断的职业道德培养来提高事后监督人员的职业道德素质，适应市场经济和外部环境发展的需要，才能抵御操作风险产生的负面影响。通过对事后监督人员进行全方位、多角度、持续不断的职业道德培养，高素质、严要求，不断深入其思想和内心，从而使其思想道德素质得到提高、职业道德水准也会得到提升，对操作风险点的识别就更加精准，把控就更加严密，从而促进银行各项业务的安全运行。

（二）适应外部竞争环境对事后监督的新要求

市场经济环境下服务行业都要以优质服务为前提，但银行是经营风险的行业，其优质服务的范围不仅要求语言文明、服务温馨、环境幽雅、信誉至上，还要求安全可靠、合规经营。市场经济环境下的银行，其经营目标就是

在风险可控的前提下追求利润的最大化，因此，银行员工职业道德的基本要求还应该包括通过合法合理积极有效的服务和竞争，在取得社会效益的同时求得银行经营效益的最大化。但在实际经营过程中，往往存在着不当竞争、无序竞争、盲目竞争等现象，网点人员为了争取客户创造效益可能会违规操作，甚至内外勾结、挪用资金，迫切需要事后监督机构切实担负起风险管理的重任，保障"风险可控"这一银行健康经营的前提。而这一切都以事后监督人员优良的职业道德为前提，只有通过持续不间断地对事后监督人员进行职业道德培养，才能使事后监督人员的职业道德水准不断提高，在从事风险监控工作时才能由被动变主动，从他律变自律，最终转化成有效的风险识别和风险揭示，及时化解风险隐患，防止资金损失。

（三）推动整个银行业的可持续健康发展

银行作为经营货币的企业，具有依赖信用、服务社会、高风险的特征。银行人员每天都要与金钱打交道，必须具备良好的职业道德，在工作中忠于职守、遵纪守法、诚实守信。与所有其他企业一样，银行的经营目标也是要实现利润最大化，但不能以牺牲风险为代价，因此需要有防范风险的规章制度，其中也包含对员工行为的约束。规章制度以其强制性和严格性对员工的心理产生震慑作用，影响和制约员工的行为，但总有制度执行不到位的情况，也是操作风险产生的源头。事后监督人员依靠现代风险监控技术和先进风险识别手段，对运行操作风险进行甄别分析，挖掘其产生动因并通过进一步完善制度设计加以防范。因此，事后监督人员的职业道德培养非常重要，其勤勉认真的工作是保证操作风险得到有效防控的重要途径。对事后监督人员的职业道德培养能弥补制度控制的不足，督促银行员工从主动的角度做到规范、合规操作，从而提高内部控制的有效性。说到底制度规范不是万能的，重点还是要用政治思想教育和职业道德教育来调动员工的内在潜力，激发员工的工作热情。只有让员工从他律转为自律，从根本上解决人的思想问题，最大限度地发挥员工的积极主动性，保证各项业务工作顺利完成，才能在市场竞争中立于不败之地，提高银行的综合竞争力。为此，必须从员工职业认知的提高、职业感情的陶冶、职业意志的锻炼、职业理想的树立以及良好的职业行为和习惯的形成等多方面加强员工职业道德培养，提高员工职业道德素质，培养造就银行的新型人才，才能以优秀的人才来推动整个银行业的可持续健康发展。

第四节 商业银行事后监督的组织文化

组织文化是组织的灵魂，既是组织成员共同的精神信仰，也是组织可持续发展的内在动力和物质基础，更是组织保持永久竞争优势的思想源泉。商业银行是以经营工商业存、贷款为主要业务，并以获取利润为目的的货币经营企业，由于经营对象的特殊性，创建特色企业文化，提升核心竞争力，成为其经营发展的长远之策。事后监督作为商业银行操作风险管理重要的微观实践主体，秉承商业银行企业文化基因，在长期管理实践中也形成了独具特色的组织文化。

组织文化是组织在建设和发展中形成的物质文明和精神文明的总和，包括外显文化和内隐文化两部分。外显文化指组织的物质文化、制度文化，是能够看得见、摸得着的文化，是组织文化的物质载体、表现形式和传播方式，给人们以直观感觉形象，对组织的第一印象往往取决于外显文化。内隐文化是用来指导组织开展生产经营活动的各种价值观念、群体意识及员工素质，是组织在协调解决各类关系中，以人的精神为主导的各种文化现象，如创造、开拓、进取的工作态度以及意识形态方面的竞争意识、改革意识、危机意识等。内隐文化是组织核心文化与运行理念相结合的产物，是核心文化在组织运行中的体现和具体化。

商业银行事后监督的组织文化，是监督机构人员普遍认可和共同遵守的、以银行稳健经营和可持续发展为目标、以操作风险价值管理为取向的一系列物质和精神成果的总和。

一、事后监督组织文化建设的必要性

组织文化是一种客观存在，无论你是否意识到它，是否重视它，都无法改变它的存在这一客观事实。客观存在的组织文化也有良莠之分，优良的组织文化能够创造出和谐奋进的组织氛围，产生源源不断的动力；不良的组织文化会阻碍组织前进的步伐，甚至导致组织走向衰退和灭亡。优秀的组织应该意识到组织文化的存在，不断地提倡和发扬组织中好的传统、好的精神，摒弃和消除组织中不良的观念、习惯和风气，主动引导组织文化的形成、运行和完善，自觉运用组织文化的"软管理"手段，为组织赢得竞争优势。商业银行事后监督由于其工作任务、工作性质和历史沿革具有一定的特殊性，更要开展特色的组织文化建设，来帮助事后监督机构实现其管理目标。其必要性主要体现为以下三个方面：

首先，我国商业银行正处于改革发展的转型期。在金融改革开放不断深入，市场化、多元化、综合化发展步伐加快的形势下，银行业竞争的广度、深度和力度持续加大。为紧跟改革发展步伐，在激烈的市场竞争中立于不败之地，国内商业银行纷纷实行股份制改造，完善公司治理结构，推进经营战略转型，通过转变发展方式推进银行业向更高层次发展。事后监督机构作为商业银行重要的操作风险管理机构，积极探索构建集约高效的事后监督运行模式成为商业银行事后监督战略转型的主攻方向。为确保这一战略目标实现，创建富有特色的组织文化，营造和谐的监督氛围，培养高效的工作团队，提升监督管理价值已经势在必行。

其次，我国商业银行事后监督机构的风险管理水平仍有待提升。长期以来，事后监督机构主要采取业务复审的方式对银行业务核算进行简单人工复核，工作量大，监督效果差。随着银行业务的快速发展和外部环境的不断变化，银行面临的操作风险形势更加复杂化和多样化，商业银行事后监督机构通过革新风险管理技术，完善风险管理制度，建立起流程导向和风险导向的全新事后监督运行模式。为确保新的监督模式能够发挥更大的作用，需要借助先进的组织文化，树立科学的风险管理理念，制定严密的风险管理制度，营造良好的风险管理氛围，提升事后监督机构的操作风险管理水平。

最后，我国商业银行事后监督人员队伍建设不尽理想。国内大部分商业银行在20世纪90年代组建了专门的事后监督机构实行集中监督。由于监督人员队伍流动性较小，人员业务知识结构单薄，平均年龄较大，多为40～50岁，难以适应信息技术快速发展、商业银行业务不断拓展以及监督模式转型带来的新变化。要带领这样一支人员队伍高质高效地承担起日益复杂繁重的监督任务，需要以组织文化建设为抓手，以先进文化培育人、激励人，调动监督人员的工作热情和创造力，深入挖掘员工潜能与价值，打造一流监督团队，在事后监督发展实践中提高自身的业务素质，适应监督转型对人员转型的要求。

二、事后监督组织文化的构成

组织文化由四个层次构成，即组织的精神文化（核心层）、制度文化（中层）、行为文化（浅层）和物质文化（表层）四个方面的内容（见12-3）。

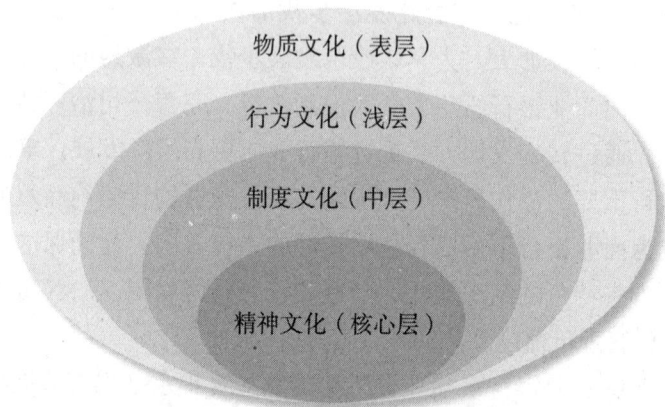

物质文化（表层）

行为文化（浅层）

制度文化（中层）

精神文化（核心层）

图12-3　构成组织文化的四个层次

（一）核心层：精神文化

组织的精神文化处于整个组织文化的核心层，决定着其他三个层次的内容。是指企业组织在生产经营过程中，受一定的内外部环境影响所形成的独具本组织特征的意识形态和文化观念，这种意识形态和文化观念为组织全体员工所认可，并通过文化系统中的行为文化来促进物质文化的增长。主要包括企业精神、价值观念和企业理念等内容，是企业意识形态的总和。

1. 企业精神。企业精神是现代意识与企业个性相结合的一种群体意识。一般地说，企业精神是企业全体或多数员工共同认可、彼此共鸣的内心态度和思想境界。企业精神是企业经营宗旨、方针目标、管理信条、发展规划的综合体现，是整个企业活动的灵魂。商业银行事后监督的组织目标是在服从于商业银行整体发展战略和经营管理目标前提下，采取先进风险监控技术，通过开展风险导向、流程导向监督，不断增强风险管理能力，持续推动业务流程改进，以确保银行稳健经营和可持续发展。"高效运作、精益求精、铸造品质"是事后监督的三个基本信念，"细心、精心、用心，品质永保称心；眼到、手到、心到，风险自然可控"是事后监督的管理信条，引导着事后监督人员劲往一处使，促使事后监督人员为达到统一的风险管理目标而不懈努力。

2．价值观。价值观是客观的价值体系在人们主观意识中的反映，是价值主体对自身需要的理解，以及对价值客体的意义、重要性的总的看法和根本观点，是组织人格化的产物。成功企业的经验证明，积极向上的企业价值观，能使员工把维护企业利益、促进企业发展看做最有意义的工作，从而激发员工极大的劳动热情和工作积极性，企业也由此获得成功和发展。共同的价值观是组织文化的核心和基石，它为组织全体员工提供了共同的思想意识、信仰和日常行为准则，是达成组织目标、取得成功的必要条件。在商业银行事后监督实践过程中，坚持风险管理与价值增值并重，以服务经营、服务发展为原则，不断创造并提升风险管理价值，已成为监督人员一致认可和共同遵循的价值观念。

3．组织理念。组织理念一般是在长期的生产经营实践中建立起来的，表现为组织所追求的基本原理和全体员工对共同理想、信念的追求，是组织文化中经营哲学、价值观、经营宗旨等内容的凝结和提炼，是组织的灵魂。IBM公司的创始人在谈到组织理念时说，任何一个组织想要生存、成功，首先就必须拥有一套完整的信念，作为一切政策和行为的最高准则。在千变万化的世界里要迎接挑战，就必须时刻准备自我转变，唯一不能变的就是组织理念。理念的重要性远远超过技术经济资源、组织结构、创新和实效。"创建和谐风控、引领专业标准、实现健康运营"作为商业银行事后监督的组织理念，是事后监督机构凝聚人心，激励向上的"集结号"，是事后监督生命力和创造力的综合反映。

（二）中层：制度文化

组织的制度文化在整个组织文化结构中处于中层，是连接物质层面文化和精神层面文化的桥梁。无规矩不成方圆，制度是组织为了自身的生产经营目的而制定的一系列行为规范和准则，明确员工的权利和义务以保证组织的正常运转，主要包括生产流程、规章制度、考核制度、奖惩制度等。制度文化是塑造精神文化的主要载体，传输着组织的精神文化，对组织文化的建设具有重要作用。如果说将组织文化中的企业精神、价值观、组织理念等视为软件的话，那么规章制度就是硬件部分，配合软件促使组织文化在组织内部得以贯彻落实。为有效培养商业银行事后监督人员的职业水准和道德规范，更好地履行操作风险管理职责，需要制定完善的工作制度、管理办法、操作流程、履职标准和评价体系等，来约束和规范事后监督人员行为，保证各项监督工作的有序开展。

（三）浅层：行为文化

组织的行为文化，是指组织员工在生产经营、学习娱乐中产生的文化，包括企业经营、宣传教育、人际关系活动、文体活动中产生的文化现象。它是企业经营作风、精神面貌、人际关系的动态体现，也折射出企业精神和企业的价值观。组织文化是企业员工信奉并能付诸实践的文化，这一点在行为文化里体现得更为生动。商业银行事后监督以风险事件识别为重点，以风险事件管理为主线，以促进流程改进为目的，在对操作风险的事后监督过程中，发现制度设计、流程管理中的缺陷并加以改进，更好地发挥操作风险事前预警、事中控制和事后监督的整体功效。事后监督作为操作风险管理最重要的一道防线，承担的责任非常重大，稍有疏忽即可能造成银行或客户的重大损失。鉴于事后监督人员的工作职责所在，培养员工的竭诚奉献、锐意创新、开拓进取精神，锻造兢兢业业、严谨细致、真抓实干的工作作风，养成踏实做事、忌浮戒躁、稳步提高的工作习惯，成为建设事后监督行为文化的重要内容。

（四）表层：物质文化

物质文化是组织人员创造的产品和各种物质设施等所构成的器物文化。它主要包括组织名称、标识、组织外貌、产品结构、办公环境、文化设施、传播途径等。处于表层的物质文化是员工理想、价值观、精神面貌的具体反映，集中体现了一个现代企业的外在形象，是社会对企业总体评价的起点。物质文化的载体是指物质文化赖以存在和发挥作用的物化形态。相对于组织文化的其他内容，物质载体能给人们更直观的感觉，能够在第一时间给人们留下印象，有助于组织文化的宣传。商业银行事后监督机构是银行操作风险管理的专业机构，其组织文化的物质载体多体现为机构标识、办公环境、风险管理文化宣传专栏以及宣传刊物等。

由上可知，商业银行事后监督组织文化的精神层、制度层、行为层、物质层这四个层次紧密相连，互相作用，互为补充，共同服务于事后监督机构的最高目标或宗旨。精神层是形成制度层、行为层及物质层的思想基础，是组织文化的核心和灵魂。制度层则制约和规范着精神层、行为层及物质层的建设，没有严格的规章制度，组织文化建设也就无从谈起。行为层集中反映了组织文化的精神层、制度层和物质层对员工行为的影响，是组织文化在员工日常经营管理活动中的具体体现。物质层是组织文化的外在表现，是精神层、制度层和行为层的物质基础，折射出组织的经营思想、管理哲学、工作要求和行为规范。

三、事后监督组织文化的功能

有效的组织文化能够较好地调动员工的主观能动性，迅速解决制度无力解决的一些问题，提升企业核心竞争力，使企业维持可持续发展。具体而言，组织文化有六大功能。

（一）导向功能

理念决定行为，行为决定结果。导向功能是指通过组织文化对组织的领导者和成员起到引导的作用，主要体现为经营哲学和价值观念的指导以及组织目标的指引两个方面。组织共同的价值观念规定了组织的价值取向，使组织成员对事物的评判形成共识，朝着他们所认定的价值方向去行动。组织目标代表着组织发展的方向，没有正确的目标就等于迷失了方向。完美的组织文化会从实际出发，以科学的态度去制定组织的发展目标，这种目标一定具有可行性，组织成员则在这一目标的指导下从事经济或社会活动。商业银行事后监督组织文化导向功能主要表现在倡导科学风险管理理念，引导员工朝着监督高效、管理有序、信息共享、有机协作的现代化事后监督发展方向前进，并将监督人员的个体思想、事业心、责任心自觉统一到事后监督总体发展目标上来，激发员工工作潜能，帮助其实现监督管理目标。

（二）约束功能

组织文化的约束功能主要是通过完善管理制度和道德规范来实现的。组织制度是组织文化的内容之一，是组织内部的法规，组织成员必须遵守和执行。道德规范是从伦理关系的角度来约束组织成员，如果人们违背了道德规范的要求，就会受到舆论的谴责和内心的自责。商业银行事后监督组织文化的约束功能表现在：通过建立事后监督工作机制，健全各类规章制度，制定工作流程，颁布行为准则，明确履职内容，规范监督人员工作行为，为组织文化提供制度保障，以此约束员工自觉践行组织文化。

（三）凝聚功能

组织文化以人为本，尊重人的感情，强调团体意识，倡导在组织中营造团结友爱、相互信任的和睦气氛，使组织成员之间形成强大的凝聚力和向心力。共同的价值观念形成了共同的目标和理想，组织成员把组织视为一个命运共同体，把本职工作看成实现共同目标的重要组成部分，整个组织步调一致，形成统一的整体。商业银行事后监督一直以"相信自己、相信同伴，建立专家团队、打造价值中心"为行动口号，将监督人员紧紧凝聚在一起，同心同德、言行一致，在行动上表现为强大的合力，为实现事后监督组织发展目标努力拼搏，使整个组织在逆境中，能够经受失败与挫折，团结一致地迎接挑战，在顺境中，能够再接再厉，更上一层楼。

（四）激励功能

共同的价值观念使组织成员感受到自己存在和行为的价值，自我价值的实现是人最高精神需求的一种满足，这种满足必将形成强大的激励。建立和建设组织文化，就是让组织及其成员寻求自己工作的价值和意义，真正调动起组织成员的主动性、积极性和创造性，为组织的蓬勃发展献计献策。当组织建设取得成功并在社会上产生影响时，组织成员会产生强烈的荣誉感和自豪感，他们会加倍努力，用自己的实际行动去维护组织的荣誉和形象，形成循环的正向激励。商业银行事后监督的组织文化，是监督人员强大的精神支柱，它的激励功能的发挥，使监督机构及其成员在共同目标指引下，相互依存、相互激励，奋发图强、凝心聚力，推动事后监督机构生机勃勃地向前发展。

（五）调适功能

调适就是调整和适应。组织各部门之间、员工之间，由于各种原因难免会产生一些矛盾，解决这些矛盾需要各自进行自我调节；组织与顾客、与环境、与社会、与国家之间都会存在不协调、不适应之处，这也需要进行调整和适应。组织哲学和组织道德规范使管理者和员工能够科学地处理这些矛盾，自觉地约束自己，完美的组织形象就是不断自我调适的结果。调适功能实际也是组织能动作用的一种表现。商业银行事后监督的组织文化具有为员工创造一种良好环境和氛围的功用和能力，这就是调适功能。通过各种文化娱乐活动的举办、各种业务技能竞赛的开展以及各种兴趣爱好协会的成立，来沟通思想、互递信息、协调相互之间的关系，克服矛盾、减少摩擦，营造理解互信、沟通协作的监督工作环境。

（六）辐射功能

文化不止在组织中起作用，也能通过各种渠道对外界产生影响。"企业文化是企业在特定历史背景下、特定的人文环境、社会道德、文化价值观、社会关系中自然形成并总结出的本企业在社会群体中体现出来的一种文化现象，不是企业在起步初期就让人给设计出来的一种固有的文化发展模式，也并非是企业用金钱打造出来的灌输给社会群体的一种文化现象。企业文化起源于某企业，但其表现在社会公众中，并会影响着社会某一群体的思维、生活和工作"[①]。文化辐射的渠道很多，主要包括传播媒体、公共关系活动等。商业银行事后监督组织文化是一种极具特色的操作风险管理文化，近年来操作风险案件频发并日益受到媒体关注，事后监督工作也因此广受重视，其在防堵资金欺诈、防控操作风险方面发挥的重要作用为社会所共知，对外部环境和社会的影响日渐增大，对不法分子也起到了一定的震慑作用。

四、事后监督组织文化的建设实践

组织文化是一个组织所崇尚并践行的思想与行为的总和，是组织最高目标、价值标准、基本信念和行为规范的集合。商业银行事后监督的组织文化与其风险管理实践密不可分，是一种极具特色的风险管理文化。

（一）组织文化建设的特征

商业银行事后监督组织文化建设具有以下特征：一是人本性。人是文化生成与承载的第一要素，商业银行事后监督组织文化建设主要突出人本管理，关心人、尊重人、理解人和信任人是文化建设的核心内容。二是一致性。商业银行事后监督组织文化建设主要从组织成员的思想观念入手，树立正确的价值观念和哲学思想，统一思想观念，统一行为准则，在此基础上形成组织特有的精神和形象，言行一致，不搞形式主义是组织文化建设遵循的基本原则。三是个异性。文化是在组织本身发展历程中逐步形成的，每个组织应建设具有自己特色的文化。商业银行事后监督因其管理对象的特殊性，其组织文化具有典型的风险管理文化特征。四是经济性。商业银行事后监督

---

① 艾君：《六论市场经济发展期的企业文化现象》，http：//www.cntheorg.com/new/Qycxyfzqyfc/2008/1128/081128102840G2E5K9BKGFC09E6E3BJ9.html。

机构组织文化服务于商业银行的经济活动，服务于商业银行的经营和发展。五是传承性。马克思主义认为："人们自己创造自己的历史，但他们并不是随心所欲地创造，而是在直接碰到的从过去继承下来的条件下创造。"[①] 商业银行事后监督组织文化借鉴了我国传统文化中的民本、务实等思想精髓，从中提炼、演绎出与事后监督管理相接轨的文化精神，使员工产生强烈的主人翁意识，自觉参与组织管理和文化建设中来，使组织文化保持了旺盛的生命力。

（二）组织文化建设的内容

商业银行事后监督组织文化建设是一项系统工程，涉及组织中的每一位成员，应遵循一定的方法与路径，按照既定的框架与内容来开展。一般来说，可以围绕人才团队建设、管理体系建设、价值体系建设、岗位履职建设、监督环境建设、文化活动建设等方面进行组织文化建设的具体实践。

1. 人才团队建设。事后监督机构在人员选拔、配备方面需要实行必要的岗位资格认证制度，确保相关岗位人员具备必要的资质和专业胜任能力，打造符合事后监督体系发展需要的专家型人才队伍。事后监督机构负责人应具备先进的风险管理理念、广阔的风险管理视野和敏锐的风险管理意识，具有商业银行经营管理工作经验，同时熟悉商业银行业务运行相关工作，具有较强的组织领导和创新管理能力。其他监督人员除符合银行岗位任职基本条件外，还必须熟悉银行的业务运行流程和制度，具有较高的风险敏感度。此外，监理岗位人员还应具备较强的组织协调能力和专业的风险综合判断能力；风险评估岗位人员还应熟练掌握各项数据分析技巧，并具备较强的逻辑思维和文字综合能力。

2. 管理体系建设。监督机构应不断夯实事后监督体系的运行基础，持续强化规章制度、运行机制和质量标准建设，充分发挥监督机构的核心地位和主体作用。一是规章制度建设。监督机构开展工作应遵循独立、主动、统一的原则，制定内部各项规章制度和工作流程，推动运行风险管理制度的有效落实。二是运行机制建设。监督机构应以管理创新为支撑，将相关岗位的工作有机结合，实现事后监督体系相关岗位履职结果的信息共享，充分体现岗位之间良性循环的内生机制。三是质量标准建设。监督机构应按照事后监督

---

① 《马克思恩格斯选集》第1卷，603页。

体系的运行标准和管理要求，定期组织开展自我评价，促进风险管理与质量控制能力的全面提升。

3. 价值体系建设。监督机构应坚持改革创新精神，着力发挥其在商业银行业务经营和发展中的重要支持作用，促进事后监督机构价值的不断提升。通过持续有效风险评估，揭示各级机构、柜员的风险特征，为制定风险管理战略提供决策支持；通过揭示业务流程缺陷和薄弱环节，推进业务流程的持续优化，改善客户体验效果，提高客户服务效率；通过科学分析客户结构信息，深入开展客户价值评价，引导银行经营资源的高效配置，支持市场营销和业务发展；通过深入挖掘网点运行信息，为网点设立、布局、定位提供合理化建议，推动网点功能转型，提升网点核心竞争力。

4. 岗位履职建设。监督机构应以提升相关岗位人员履职能力为目标，通过建立长效培训机制，根据不同岗位人员需求，开展针对性的培训工作。通过建立激励约束机制，加强对相关岗位人员的履职考核，从提升科学风险管理理念、丰富风险管理知识、运用数据分析工具、提升文字综合能力等方面入手，提高事后监督体系岗位人员的整体业务素质，促进员工工作能力的提升和履职空间的拓展。

5. 监督环境建设。监督机构应拥有满足工作开展需要的独立办公场所，设置相对独立的功能分区，创造良好的办公环境，科学配置设备，保证监督业务的高效运作。在监督机构全面推进"6S管理"对于强化监督现场管理、创造良好的工作气氛和优美的办公空间具有重要的战略意义。"6S管理"起源于日本，是对现场的各种生产要素进行的一种行之有效的管理方法，其作用是提高效率，保证质量，使工作环境整洁有序，预防为主，保证安全。"6S"的主要内容如下：

整理（SEIRI）——将工作场所的任何物品区分为有必要和没有必要的，有必要的留下来，其他的都消除。目的是腾出空间，空间活用，防止误用，塑造清爽的工作场所。

整顿（SEITON）——把留下来的必要用的物品依规定位置摆放，并放置整齐加以标识。目的是让工作场所一目了然，消除寻找物品的时间，塑造整整齐齐的工作环境，消除过多的积压物品。

清扫（SEISO）——将工作场所内看得见与看不见的地方清扫干净，保持工作场所干净、亮丽的环境。目的是稳定品质，减少工业伤害。

清洁（SEIKETSU）——将整理、整顿、清扫进行到底，并且制度化，经常保持环境处在美观的状态。目的是创造明朗现场，维持上面3S的成果。

素养（SHITSUKE）——每位成员养成良好的习惯，并遵守规则做事，培养积极主动的精神（也称习惯性）。目的是培养有好习惯、遵守规则的员工，营造团队精神。

安全（SECURITY）——重视成员安全教育，每时每刻都有安全第一观念，防患于未然。目的是建立起安全生产的环境，使所有的工作都建立在安全的前提下。

监督机构应牢固树立6S管理理念，在"整理"中学会判断、在"整顿"中学会节约、在"清扫"中学会标准化、在"清洁"中学会制度化、在"素养"中养成习惯，在工作中学会"安全"。从实际出发，划分不同的工作区域，对每个工作区域的环境和服务进行梳理整顿，制订统一标准，大到对监督业务处理流程、员工岗位职责进行统一修订，小到对每个位置的物品摆放、每个抽屉的功能分类都进行统一详细的规定，并通过全员参与，培养员工自我管理的意识和能力，营造清洁、舒适、高效的工作环境，不断提升员工的整体素养，打造追求卓越、追求细节的监督文化。

6. 文化活动建设。监督机构可根据自身实践特点，广泛开展形式多样的文化活动，凝聚人心，鼓舞士气，将员工职业发展自觉统一到事后监督事业中来。根据实际情况不同，监督机构可通过组织专业竞赛、思想教育、学习培训、文艺娱乐、体育竞技等活动来巩固、提升和传播组织文化。充分利用目视文化载体，如文化看板、文化标语、文化宣传栏等，与所有员工共同分享文化活动的精彩瞬间与活动成果，展示员工风采，让监督文化外在于形，固化于心，让监督人员理解监督文化、践行监督理念，自觉宣传组织文化、传播组织文化，树立事后监督专业形象，营造良好文化氛围，更好地服务于商业银行经营发展。

通过上述六个方面，全面加强事后监督组织文化建设，使事后监督机构牢固树立奋发向上的组织文化理念和以人为本的核心价值观，进一步增强员工的凝聚力、向心力、创造力，激发员工主动工作的热情，努力营造人人都作贡献、人人都能成才的文化环境。

（三）组织文化建设的典型案例

为全面提升业务运行操作风险管理能力，中国工商银行自2008年开始实行监督体系改革，事后监督机构完成了在省级分行层面的集中，实现了监督资源的集约化配置和高效率运行。为巩固改革成果，更好地发挥事后监督机构在该行操作风险管理中的重要作用，该行十分重视事后监督组织文化建设工作。通过培育风险管理价值观念，塑造杰出组织精神，改善物化环境，传播组织的良好形象等一系列工作措施，将科学风险理念、组织发展目标、团队人文管理等特色文化贯穿于事后监督工作始终，在事后监督组织文化建设方面进行了有益的探索。尤其是江西省分行运行风险监控中心（以下简称"中心"），自2009年组建以来经过三年多的组织文化建设实践，培育出"风险控制高于一切的责任文化、创新争先的竞争文化、团结和谐的家和文化"，积累了丰富的实践经验，为中国工商银行以及国内整个银行业事后监督组织的发展提供了源源不断的精神动力。

1. 创新特色风控文化理念，打造一流团队精神。理念是文化的先导，理念新则文化新，理念有特点则文化有特色。

（1）培育责任文化理念。以"风控责任重于泰山、安全使命高于一切"为核心理念，以"做最好的自己，创一流的团队"为最高目标，树立团队至上、高效执行，爱岗敬业、和谐奋进，学习创新、激情超越，心怀感恩、乐于奉献的团队精神，做到人人遵章守纪、事事讲求精细，时时防控风险、处处体现和谐。

（2）培育竞争文化理念。以"只为成功想办法、不为失败找理由"为操作理念，以"有为才有位、有位才有为"、"岗位靠竞争，收入凭贡献"为激励理念，积极倡导"不比物质比素质、不比学历比学识、不比资历比能力、不比客观比主观、不比无为比有为、不比金杯比口碑"，引导员工宣誓承诺"做最好的自己，做中年员工转岗的模范，做高效能的员工"，在实际工作中践行"认真第一、责任第一、要事第一、效率第一、创新第一、学习第一"，明确要求全体员工快速转变角色，努力从操作型员工向管理型员工转变、从监督中心员工向风险管理专家转变，以快速提升自己，实现自我价值。

（3）培育"家和"文化理念。打造"以人为本、以和为贵"为核心的"家和"文化，主要内容包括"三共三相三珍惜"（共识、共为、共享；心相通、情相融、力相合；珍爱岗位、珍爱家庭、珍爱身体）、"四同四力四形成"（共同的愿望目标、共同的价值追求、共同的制度规范、共同的行为习惯；凝聚力、安全力、和谐力、竞争力；形成一种强势的力量、形成一种统一的步调、形成一种和谐的声音、形成一个前进的方向）、"六多六少六互相"（多一点欣赏他人，少一点牢骚满腹；多一点宽容他人，少一点自以为是；多一点换位思考，少一点狭隘本位；多一点坦诚交流，少一点相互抱怨；多一点彼此开放，少一点自我封闭；多一点感激关爱，少一点冷淡无情。互相尊重、互相宽容、互相谦让、互相信任、互相帮助、互相提高）、"阳光心态四则运算"（用加法方式去友爱，用减法方式去抱怨，用乘法方式去感受，用除法方式去憎恨），进一步丰富了运行风险监控中心的组织文化，让每一位员工时刻处在一个团结、奋进、充满活力的团队之中，有效激发员工的工作热情。

2. 创新特色组织文化环境，营造浓厚文化氛围。为使组织文化外在于形，以乔迁新的办公大楼为契机，将新的工作环境设计成独具特色的事后监督组织文化环境，让监督人员随时随地都有强烈的组织文化视觉冲击和熏陶。

（1）设计敞开式、透明式的办公区域，悬挂"工于至诚行以致远、风控责任重于泰山"的标识门牌，刻有团队队名、队旗、队歌、全员合影的灯箱，还开辟了员工生日海报展示区、文化窗、宣传栏、文化活动室等充满浓厚文化气息的文化长廊，精心营造了阳光和谐的文化氛围。

（2）制作了主题为"做最好的自己，创一流的团队"全体成员合影图片，作为每个员工电脑屏保桌面；定期制作"风控之旅"画册，真实记录员工走过的心路历程，印制风控文化手册笔记本，人手一册，将风控中心文化根植于员工心中；实行了统一工号牌、统一着装、统一电脑画面、统一茶杯、统一笔筒等"五统一"；在省分行网站上开设"风控中心专栏"，为员工提供交流学习园地，打造文化"软环境"。

3. 创新特色风控文化载体，让组织文化成为提升风险监控能力的强力引擎。为使组织文化内化于心，在员工心中生根发芽、开花结果，中心创新组织文化载体，让组织文化真正融入日常运行风险监控工作，让员工身体力行，在工作中践行组织文化。

（1）制定"班后例会"制度。专门印制"班后例会"笔记本，以中心组织文化彩页作为笔记本的封面和封底，使组织文化随"笔记本"根植于每天的"班后例会"。"班后例会"要求员工不仅谈监控业务，谈风险案例，更要求员工多做思想交流。要求会前互相问好，互相握手击掌，互相播报心情指数，分享快乐，破解烦忧；要求会中有点评，真诚鼓励，说出"好、很好、非常好"；结束时要大声说出"今天真好、大家都好"，高唱队歌《咱们风控人》。以快乐的心情结束一天工作，把和谐的感觉带回家里，将中心大家与个人小家紧密融会在一起。

（2）构筑长效学习机制。本着各取所长、自愿参加的原则，中心成立之初就组建了学习培训、评估分析、网讯写作、案例分析、电脑科技等5个兴趣小组，要求每个人至少参加一个兴趣小组，让兴趣引领员工去学习去提高。制定了全员学习培训方案与考核办法，结合每阶段风险监控工作要求，先后以"业务知识学习月"、"监控工作主题研讨月"、"业务技能竞赛月"等为主题，开展专项培训月活动。启动"创建学习型团队、争做学习型员工"的全员培训工程，开展"每日一内容、每周一点评、每月一主题"的专题培训，利用远程教育培训网络、省行网讯风控专栏、专题交流等多种载体，重点围绕风险识别方法、数据分析技巧、事后监督系统应用等方面进行多层次、多维度培训。

（3）举办创先争优活动。通过创先争优、绩效考核等手段，以5个兴趣小组为单位，持续开展竞赛评比活动，各组都有组名、理念和口号等。充分挖掘员工潜能，从工作数量、质量及执行力等三方面开展竞赛，按季评选优胜小组和优秀员工，在全中心形成比态度、比效率、比水平、比速度、比能力的你追我赶的文化氛围。对年度先进个人、考核优秀员工制作海报祝贺，对员工在总行级刊物发表风险控制专题文章给予奖励，不断激发员工斗志，在和谐中竞争、在竞争中提高。

4. 创新特色风控文化活动，营造员工精神家园。为让员工劳逸结合，保持身心健康，组织开展了一系列丰富多彩的文化活动。

（1）开展集体生日主题活动。中心每月为生日员工制作本月寿星海报，每月举办集体生日庆贺活动，通过"生日"纽带，实现月月有活动、人人都参与，让员工记住每一次生日的快乐时光，感受大家庭的温暖。

（2）举行文艺会演活动。针对监督机构转型带来的员工转岗问题，举办"转岗培训风采展示会"、"创先争优风控行、超越梦想一起飞"等汇报演出活动，激发员工工作热情，帮助员工打消转岗畏难情绪，顺利走上新的工作岗位。

（3）举办重大节日庆贺活动。包括新年的"庆元旦、迎新年"环湖长跑比赛活动、春节的"激情唱响"联欢晚会活动、"五一"的"劳动光荣"扶贫活动、"七一"的"传承抗洪精神、争当风控先锋"、"缅怀革命先烈、重温入党誓词"的纪念活动；"十一"的"我与祖国同生日、我与风控共成长"的庆祝活动等。

（4）组织户外拓展采风活动。分不同季节开展"桃花映面红、风控显英姿"踏青春游、"拥抱自然、融情山水"夏季漂流、"橘黄采撷、品味丰收"秋季采摘活动，形成团结、和谐、共进的良好精神风貌。

经过几年来的探索与实践，中国工商银行江西省分行运行风险监控中心已经成功在事后监督领域形成了较具认可度的文化品牌。通过建立先进的组织文化模式、科学的组织行为方式和有效的组织管理机制，使全体监督员工心相通、情相融、力相合，形成了一种强势的力量、一种统一的步调、一种和谐的声音、一个前进的方向，有力地推动事后监督体系向更深层级发展，风险控制能力向更高水平迈进。

第十三章 商业银行事后监督发展展望

商业银行事后监督经过数十年的发展，其理论研究和实践应用都取得了丰硕的成果，有效地保障了商业银行各项业务的健康发展和安全运营。然而随着我国银行业综合化经营、国际化经营和金融创新的发展，个性化、复杂性、跨市场、跨领域等新兴产品和复杂产品不断推出，电子信息化程度进一步提高，使得商业银行面临的风险管理形势比以往更为严峻。事后监督作为商业银行操作风险管理体系的重要组成部分，如何在复杂多变的风险管理形势下更好地发挥作用，是摆在事后监督研究和管理人员面前的新课题。为此，我们从战略高度对事后监督体系的未来发展进行统筹规划，以期构筑起更具前瞻性和实用性的风险管理体系，满足现代商业银行的经营管理需要。

第一节 现代商业银行的发展趋势

一、综合化经营

商业银行综合化经营又称为混业经营，是与分业经营相对应的概念。在综合化经营体制下，商业银行至少从事着两种以上的银行、证券、保险、信托等金融业务，不仅能经营存款、贷款、结算和汇兑等传统银行业务，还能经营代理股票的发行与买卖、基金管理、资产管理、保险销售等原属于证券、投资、保险、信托公司的业务以及金融期货、金融期权和金融互换等衍生金融业务。商业银行综合化经营的实质，就是在风险可控的前提下，通过经营多领域金融业务，实现现代商业银行资本集约化、收入多元化和竞争差异化的目标和要求。

（一）国际银行业综合化经营的发展历程

综合化经营是目前世界主要发达国家金融业经营的主流模式，美日等发达国家多年来以综合经营的方式培育出了一些具有世界顶级竞争实力的金融集团，也使其综合经营的优势贯穿到经济发展的方方面面，在世界经济金融领域的竞争中占据领先地位。纵观西方发达国家银行业的发展史，可以看出，其经营模式大体上经历了"混业→分业→混业"的发展历程。

第一阶段：20世纪30年代之前的自然综合经营阶段。在20世纪30年代之前，由于各国政府并没有对综合经营进行明文限制，随着证券市场的日益繁荣和膨胀，证券市场上的投资、投机、包销等经济活动空前活跃，商业银行与投资银行各自凭借雄厚的资金实力大量地向对方行业扩张业务，这是金融业最初的混业经营。

第二阶段：20世纪30年代至20世纪70年代的现代分业阶段。1929~1933年经济危机的爆发使商业银行、投资银行混业的弊端暴露无遗，分业经营逐渐成为各国监管当局的共识。为了消除混业经营给银行体系带来的不稳定因素，防范和化解金融风险，美国金融管理当局重新划定了银行业与证券业的界限。1933年美国通过了影响深远的《格拉斯—斯蒂格尔法案》，从此，商业银行与投资银行的业务分界在法律上得到了确认。随后，许多国家也纷纷效仿，形成了西方金融分业经营的格局。分业经营的管理模式在很大程度上弥补了综合经营体制的缺陷，在当时金融监管不完善以及商业银行信息处理能力不强的情况下，提高了整个金融体系的抗风险能力。

第三阶段：20世纪80年代至2008年金融危机爆发前的现代综合经营阶段。20世纪80年代，信息技术与世界金融市场不断发展，促使各种金融工具推陈出新，金融业之间的渗透融合力度逐步加大，原来的分业经营与分业监管的机制阻碍了金融业务的创新和服务效率的提高。在此背景下，西方各国金融管理当局纷纷进行改革，打破了已经建立数十年的金融分业经营格局，形成了现代银行混业经营的趋势。英国政府于1986年通过制定一系列改革措施，放松金融管制，促进各种金融业务间的相互渗透，开始向综合化经营方向迈进。日本政府于1997年推出金融体制改革一揽子方案，放宽对银行、证券、保险业的限制，允许跨行业经营业务。美国的金融改革是以花旗银行与旅行者集团的合并为背景的，于1999年正式通过了《金融服务现代化法案》，允许银行、证券、保险跨业经营，标志着长期实行金融分业的美国在世纪之交最终废弃了这一制度。从国际银行业综合化经营的实践看，优势是明显的，不仅提高了服务效率，降低了经营成本，增加了盈利能力，还有效地分散和降低了经营风险。

然而，2008年金融危机爆发以来，很多大型金融集团遭受重创，致使业界再次对综合化经营的适用性和有效性产生怀疑，甚至认为综合化经营是造成金融风险迅速传递的主要原因。事实上，金融危机发生后，综合经营的优势反而更为明显了。综合经营使得商业银行具有更强的抗周期性和抗风险性，在应对危机的过程中，多元化业务模式起到了至关重要的支持作用。如花旗集团、JP摩根等虽然也遭受了巨大损失，但由于其主体商业银行业务具有公众存款以及稳定的现金流为支撑，有效地抵御了次级抵押贷款和公司债券违约带来的损失，都没有陷入生存危机。比较而言，最终被金融危机击垮的大多是业务单一的金融机构（比如独立的投资银行、专门从事按揭贷款的公司）或者规模较小的银行，由于缺乏稳定的现金流以及多元化的收益来源，极易受到金融危机的冲击而倒闭。由此可见，在这场罕见的金融危机中，综合化经营在分散风险、应对危机方面发挥了重要作用。

（二）我国银行业综合化经营的发展趋势

在我国，实行分业经营还是综合经营一直是颇具争议的金融问题，它既涉及金融企业的经营管理体制，也涉及政府的金融监管体制。在1993年以前，我国的金融板块曾以综合经营方式运行，国内大型商业银行大都拥有证券公司、保险公司、信托公司、租赁公司和财务公司中的一个或多个，但是由于经营管理不善，出现了大量银行信贷资金通过同业拆借进入证券市场的情况，导致金融秩序混乱，最终以严格的分业经营①来扭转乱局收场。

事实上，在2000年以后全球金融业走向综合经营的大背景下，我国传统

---

① 1993年11月召开的十四届三中全会通过了《中共中央关于建立社会主义市场经济体制若干问题的决定》，明确提出了"银行业与证券业实行分业管理"。同年12月，国务院公布《关于金融体制改革的决定》，提出"把国家专业银行办成真正的国有商业银行"，并要求"国有商业银行不得对非金融企业投资……在人、财、物等方面要与保险业、信托业和证券业脱钩，实行分业经营"。随后，1995年通过了《商业银行法》、《保险法》。1997年全国金融工作会议确定了我国分业监管的框架。1998年通过了《证券法》，进一步明确了我国金融实行银行、证券、保险、信托分业经营、分业管理的基本原则。

的分业经营模式受到了严峻挑战。外资银行大都利用综合经营的优势向客户提供多种产品的交叉销售和"金融超市"式服务，而国内金融机构的业务都被限制在单一范围内，这种实际上的不平等使得国内金融机构在激烈的市场竞争中面临不利的处境。为此，我国金融分业经营的限制开始有所松动[1]。

我国金融机构真正开始试点综合经营是从2006年开始的。2006年通过的"十一五"规划纲要和2007年的全国金融工作会议明确提出了"稳步推进金融业综合经营试点"的要求，这是顺应全球金融发展趋势、加快我国金融业改革发展的战略性举措。与之相适应，各监管机构相应出台了一系列推进综合经营的办法[2]。在这些监管制度的规范和监管机构的指导下，国内商业银行积极探索并加快综合经营的步伐。多家试点银行已经投资设立或入股了保险公司、证券公司、信托公司、金融租赁公司以及基金管理公司。据不完全统计，截至2011年3月底，除了境外成立的机构，境内有8家银行投资设立基金管理公司，6家银行投资入股保险公司，11家银行设立或投资入股金融租赁公司，3家银行投资入股信托公司[3]（见表13-1）。可见，我国商业银行综合经营的基本框架已经初步形成，标志着我国银行业进入了快速发展的新阶段。

---

[1]　2000年开始实行的《开放式证券投资基金试点办法》允许商业银行接受基金管理人委托，办理部分基金业务。2005年中国人民银行、中国银监会和中国证监会共同发布了《商业银行设立基金管理公司试点管理办法》，正式允许商业银行直接设立基金公司，银行纷纷进入基金管理领域。

[2]　2006年10月，保监会出台了《关于保险机构投资商业银行股权的通知》，规定保险资金可以投资商业银行的股权。2007年3月，银监会出台了《信托公司管理办法》和《信托公司集合资金信托计划管理办法》，重新审批信托公司的金融牌照。2007年3月，银监会实施《金融租赁公司管理办法》，允许符合资质的商业银行、租赁公司、制造商及银监会认可的合格金融机构，作为金融租赁公司的主要出资人。2009年11月，银监会颁布了《商业银行投资保险公司股权试点管理办法》。

[3]　肖钢：《关于商业银行综合经营的几个问题》。

表13-1 国内主要商业银行综合经营情况

项目		工商银行	农业银行	中国银行	建设银行	交通银行	国家开发银行	民生银行	浦发银行	招商银行	北京银行	光大银行	华夏银行	兴业银行
信托公司	公司名称	—	—	—	建信信托	交银国际信托	—	—	—	—	—	—	—	联合国际信托
	所持股份	—	—	—	绝对控股	绝对控股	—	—	—	—	—	—	—	绝对控股
金融租赁公司	公司名称	工银金融租赁	农银金融租赁	中银航空租赁	建信金融租赁	交银金融租赁	国银金融租赁	民生金融租赁	—	招银金融租赁	—	光大金融租赁	华夏金融租赁	兴业金融租赁
	所持股份	全资	全资	全资	绝对控股	全资	绝对控股	绝对控股	—	全资	—	绝对控股	绝对控股	全资
证券公司	公司名称	工银国际	农银国际	中银国际	建银国际	交银国际	国开证券	—	—	—	—	—	—	—
	所持股份	全资	全资	全资	全资	全资	全资	—	—	—	—	—	—	—
基金管理公司	公司名称	工银瑞信	农银汇理	中银基金	建信基金	交银施罗德	—	民生加银	浦银安盛	招商基金	—	—	—	—
	所持股份	绝对控股	绝对控股	绝对控股	绝对控股	绝对控股	—	绝对控股	45%	33.30%	—	—	—	—
保险公司	公司名称	工银安盛	农银嘉禾	中银集团保险、中银保险	太平洋安泰	交银康联 交银保险	—	—	—	—	首创安泰	—	—	—
	所持股份	绝对控股	绝对控股	全资	绝对控股	绝对控股	—	—	—	—	50%	—	—	—

资料来源：根据公开信息整理，时间截至2011年3月底。

二、国际化经营

商业银行国际化经营是指银行以国际市场作为其业务活动范围，营销网络覆盖全球或世界主要地区，按照国际通行的规则进行金融合作与竞争，在国际金融市场上直接或间接参与全球性金融服务。具体来说，商业银行的国际化经营主要包括市场的国际化、业务的国际化、机构的国际化，以及金融资产和收益的国际化。商业银行从事国际化经营的根本目的是为了获取经济利益，其基本动力源于取得比较优势、规避经营限制、降低税收负担以及分散经营风险等方面，最终实现效益最大化和成本最小化。

（一）国际银行业国际化经营的发展历程

商业银行的国际化经营有其产生发展的轨迹和历史规律可循。翻开国际银行业的发展史，我们不难发现其全球化进程早在100多年前就已经开始。第二次世界大战前期，随着帝国主义国家不断加强对外经济扩张和掠夺，商品输出和资本输出异常活跃，各国之间的经济往来和世界范围内的资本流动更加频繁，国际结算关系由此产生，导致资本主义国家的银行逐渐跨出国界，在国际范围内充分开展各项国际业务，这是早期的国际化经营。到了20世纪60年代，西方各国的经济发展进入了高速增长的繁荣时期，银行国际化经营也随之得到空前的发展，根据其地域特征和经营业务内容的不同，这半个世纪以来的发展大体可分为以下三个阶段。

第一阶段：20世纪60年代至80年代，以欧美跨国银行的发展为主要特征。这一时期欧洲货币市场和欧洲债券市场的形成以及跨国公司的迅速发展，极大地促进了银行海外分支机构的扩张。欧美银行的海外经营重点放在批发业务上，通过在国外设立自己的分支机构，或者与当地的大型商业银行合作、参股设立联合银行机构等进行国际化布局。

第二阶段：20世纪80年代至21世纪初，以日本银行业主导、全球银行业争抢席位为特征。这一时期发达国家和亚欧新兴发展中国家的跨国公司竞相在世界各国建立分公司和子公司，掀起了国际直接投资的新高潮。为满足跨国公司国际资金流动和结算需要，各国的大型银行纷纷开始在别国设立分支机构和代表处，满足本国客户的国际业务发展需要。80年代后期，日本经济的崛起助推了日本银行业称霸世界的进程，相对削弱了美国和欧洲在银行国际化经营中的地位，这种局面一直持续到90年代中期，直到日本经济泡沫的破裂才使得几乎所有的日本银行全面陷入亏损。而此时金融自由化的浪潮已经席卷美国和欧洲，欧美各国银行频频出手并购，很多都是"大象联姻"、强强联合，一系列并购形成的超大型银行彻底摧毁了日本银行业的全球性霸主地位。根据英国《银行家》杂志统计，到2002年底全球有15家大型商业银行的海外资产占其总资产的比重已经超过50%（2002年全球排名前列的十家银行海外资产情况见表13-2）。

表13-2　　　　　2002年全球排名前列的十家银行的海外资产情况

银行名称	海外资产比重（%）	银行名称	海外资产比重（%）
美国运通银行	86.17	瑞士银行	84.41
阿拉伯银行	83.50	瑞士信贷银行	79.62
渣打银行	69.64	德意志银行	66.44
汇丰银行	65.69	荷兰银行	65.17
法国巴黎银行	63.48	荷兰国际银行	56.07

资料来源：根据《银行家》相关资料整理。

第三阶段：21世纪以来，并购浪潮依旧，全球银行业迈向三足鼎立。2003年美国全年进行了216起银行并购，涉及金额达659亿美元。从2003年10月到2004年1月不到4个月的时间里，接连进行了两起国际大银行之间的并购，美国银行以470亿美元的价格收购波士顿银行，摩根大通银行以580亿美元的价格收购美国第一银行。同样的大手笔收购也发生在英国、德国、日本等发达国家，最引人注目的是日本银行业的五大并购，基本完成了日本银行业的完全重组，美国、欧洲和日本在银行规模上势均力敌，三分天下。与此同时，全球经济重心转移，一些新兴工业化、市场化国家和地区的银行也积极拓展国际业务，加入到跨国银行的行列，获取全球金融服务利润。一般来说，真正国际化的全球性银行的海外机构布局在80个国家左右。目前，大多数全球性银行的海外业务都已超过其业务总量的20%以上。特别是对于总部位于竞争激烈、市场相对饱和的国家和地区的银行，海外业务已经成为其利润增长的主要支柱。

（二）我国银行业国际化经营的发展趋势

对于中国银行业而言，加速推进从本土商业银行向全球化金融机构的转变是其无法回避的唯一选择。一方面，国际化是中资金融机构适应经济金融环境变化、更好地为中资企业服务的客观要求。我国已经成为全球生产、贸易和投融资市场的重要参与者，而且随着全球产业链的形成，境内企业对海外市场、资源、技术依赖程度越来越深，企业"走出去"步伐明显加快。截至2010年底，我国境外投资额已累计超过3 000亿美元，在全球177个国家和地区设立1.3万家境外企业。中国经济的国际化，客观上要求商业银行的经营也要国际化，更好地满足客户的跨境金融服务需求。另一方面，国际化是提高中资银行经营管理水平的根本出路。从国内的形势看，随着中国经济逐步走向成熟，利率市场化和金融脱媒将持续推进，本土盈利和发展空间势必收窄。同时，各大商业银行对境内市场划分已基本形成定局，利润分化较为严重，传统市场已经遭遇到利润增长的瓶颈，在这样的形势下，只有实施经营转型，拓展海外市场，才能减少对单一经济体的依赖程度，在更大更广的市场范围内利用和配置资源，开辟新的利润增长点，增强自身实力和竞争能力。

事实上，自2006年12月15日新《外资银行管理条例》实施、中国银行业全面对外开放以来，中国金融市场的国际化发展程度和中资银行的国际化经营水平都达到了空前的高度。截至2011年底，共有45个国家和地区的181家银行在华设立209家代表处，14个国家和地区的外国银行在华设立37家外商独资银行（下设分行245家）、2家合资银行（下设分行7家，附属机构1家）、1家外商独资财务公司，26个国家和地区的77家外国银行在华设立94家分行。获准经营人民币业务的外国银行分行为45家、外资法人银行为35家；获准从事金融衍生产品交易业务的外资银行机构为54家。外资金融机构根据自身业务发展需要和中国区域发展战略，正在进一步优化在华区域布局。同时，伴随着中国企业"走出去"后衍生出的巨大跨境金融服务需求，中国5家大型商业银行在亚洲、欧洲、美洲、非洲和大洋洲共设有105家一级境外营业性机构，收购或参股10家境外机构；8家中小商业银行设立14家海外机构，2家中小商业银行收购或参股5家境外机构。截至2011年底中国5家大型商业银行海外机构数目见表13-3。

其中，中国银行作为我国国际化程度最高的银行，于1929年在伦敦设立第一家海外分行，此后在世界各大金融中心相继开设分支机构。截至2011年底，已在遍布全球亚、欧、澳、非、南美、北美六大洲的31个国家和地区拥有分行、子公司、代表处等形式的分支机构共984家，与1 500家国外代理行及47 000家分支机构保持了代理业务关系，建立了全球布局的金融服务网络。中国工商银行为我国国际化发展最快的银行，从1992年设立第一家境外机构——

新加坡代表处起步，到2011年末工行已建成覆盖33个国家和地区、由239家境外机构组成的牌照完备、运营高效、服务优良的全球网络，并通过持有南非标准银行集团20%股权实现了战略布局非洲大陆。作为海外经营网络的重要补充，代理行网络从1992年覆盖60个国家和地区的208家银行，发展到如今覆盖136个国家和地区的1 553家银行[①]，实现了海外机构布局的跨越式发展。

表13-3　　　　截至2011年底中国5家大型商业银行海外机构数目

银行名称	海外机构数目	机构级别及数量		
		分行	子公司	代表处
中国银行	984	共计984家境外机构		
中国工商银行	239	共计239家境外机构		
中国建设银行	13	9	2	2
中国农业银行	10	3	3	4
交通银行	12	10	1	1

资料来源：各大银行网站。

三、金融创新

所谓金融创新，是将金融领域内部的各种要素进行重新组合和创造性变革所形成和引进的新事物，包括新的金融产品、金融市场、金融制度、金融业务和金融组织等。创新是银行业可持续发展的根本动力，贯穿于银行业发展的全过程，推动着全球金融的进步，也关系着实体经济发展的速度，对整个人类社会都产生着广泛而深刻的影响。

（一）国际银行业金融创新的发展历程

西方发达国家的金融创新始于20世纪中叶，各种新的金融工具不断出现，70年代金融创新日益活跃，80年代达到高潮。90年代以来，以金融自由化为浪潮的创新仍方兴未艾。新技术的不断采用，新工具的不断推出，新服务的不断提供，逐渐形成一个个新的市场，创新浪潮冲击着整个金融领域。这半个多世纪以来的金融创新大致可分为三个阶段。

第一阶段：规避管制为主的金融创新（20世纪50～60年代）。20世纪50年代中后期开始，美国《Q条例》的实施导致通货膨胀率上升，一度高达

[①] 姜建清：《工商银行的国际化发展之路》，载《中国金融》，2012（4）。

20%。由于银行的存款利率受到严格管制，资金大批逃往资本市场和货币市场，"脱媒"情况非常严重。为了争取存款，银行开始绕开管制，开展了大量的负债业务创新，先后推出了大额可转让定期存款（CD）、可转让支付命令账户（NOW）等一系列新型存款工具。

第二阶段：规避风险为主的金融创新（20世纪70~80年代）。1973年，由于布雷顿森林体系崩溃，浮动汇率制取代了以美元为中心的固定汇率制，商业银行国际结算和货币汇兑的业务风险大幅增加。70年代，英镑对美元汇率的波动幅度比60年代扩大了1倍多，80年代又比70年代扩大了近1倍。同时，利率市场化导致银行利差大幅缩窄，利率波动频繁。所以这一时期的金融创新，主要集中在管理利率和汇率风险方面，利率期货和汇率期货产品都在这一时期推出。80年代，拉美的债务危机和美国的储贷危机爆发，使银行业对规避风险的需求更加迫切，货币互换、利率互换、期权交易等金融创新先后出现。

第三阶段：衍生化为主的金融创新（20世纪90年代至今）。随着信息技术的革新和互联网的广泛运用，金融领域再次迸发出了强大的创新活力，金融工具的创造和推广力度加大、速度加快。这一时期的金融衍生品层出不穷，包括债务抵押债券（CDO）、信用违约互换合约（CDS）等。这些产品被誉为"20世纪最重要的金融创新"。但随后的发展则远远超出了人们的预料，CDO平方、CDO三次方接连出现，产品链条越来越长，复杂性也越来越高，最终成为2008年全球金融危机的导火索。

从国际银行业金融创新的发展历程可以看出，市场对创新的需求、信息技术对创新的支持以及银行业自身规避管制和转移风险的动机，共同推动了金融创新的迅猛发展。银行业也正是通过这些创新成果，才获得源源不断的发展动力，成为现代金融体系中最重要的组成部分。

（二）我国银行业金融创新的发展趋势

我国银行业的金融创新起步较晚，从整体来看，金融创新的水平与西方国家相比还处于较低的水平上，仍然处于追赶国际先进同业的阶段。但是，近年来我国金融体制改革步伐加快，信息技术和网络技术快速发展，我国银行业的金融创新也获得了巨大发展，取得了一系列的创新成果。

一是在体制创新上，国有商业银行完成股改上市。从2003年开始，我国采取市场化改革方式，启动了国有商业银行的股份制改革，成为银行业体制创新的重要内容。公开上市是国有银行股份制改革的最后一个环节，实现股权多元化，真正接受市场的选择和检验。作为最后一家股改上市的国有商业银行，中国农业银行于2010年7月顺利实现了A+H股上市，标志着国有商业银行股份制改革圆满收官。股改上市为银行业的产品和服务创新提供了巨大的生机和活力。上市后，国有商业银行与国际先进同业处在一个平台上，面临更为激烈的市场竞争、更加挑剔的评判标准和更加严格的监管，要求银行进一步转换经营机制，提升风险管理和内控水平，强化创新能力和基础管理。

二是在渠道创新上，电子化服务实现跨越式发展。随着国内信息技术和网络基础设施的发展，电子支付环境明显改善，银行业电子渠道的建设步伐加快，形成了包括自助银行、网上银行、电话银行、手机银行等在内的全方位电子化服务体系。截至2010年末，整个银行业的电子业务分流率达到45%，工行、农行、中行、建行、交行五家大型商业银行平均分流率更是高达57%，建立起电子化渠道和物理渠道平分秋色的发展格局，成为了一个划时代的历史变革。

三是在产品创新上，银行产品体系得到了极大丰富。面对日益激烈的市场竞争和不断变化的金融需求，各大银行纷纷成立了专门的产品研发机构，加大产品创新的力度，加快产品创新的速度，银行的负债、资产和中间业务产品线得到了逐步丰富和完善，一些历史上较难解决的金融服务得到了缓解。例如，应收账款质押成为破解小企业融资难的一大战略性创新。同时，为满足广大客户日益增长的财富管理需要，商业银行理财产品创新也发展较快。2005年，银行发行的理财产品只有631款，而到2010年，整个银行体系的理财产品将近1万款，规模超过7万亿元。

第二节　商业银行事后监督的发展规划

商业银行综合化经营、国际化经营和金融创新的深度发展，在给金融市场带来新的逐利机会的同时，也带来了一系列的金融风险。那么，如何处理好盈利和风险的关系，保证我国商业银行健康高效地开展金融活动，最重要的就是要构建牢固的风险管理体系。在此背景下，商业银行事后监督也应主动适应经营环境的发展变化，满足新形势下的风险管理需要，在继承中不断发展，在发展中不断创新，以期在商业银行风险管理领域发挥更大的作用。

一、覆盖全球的事后监督共享服务中心

国际化、综合化经营使得商业银行的业务领域大幅拓展，开始在全球范围内提供更高层次、更宽领域的跨境和跨市场金融服务，这就要求事后监督机构与时俱进，同步开展组织模式创新，提供覆盖全球的事后监督服务，具体可以借鉴国际大型跨国集团的共享服务中心管理模式。

（一）共享服务中心的产生

现代企业集团的全球化国际化战略导致跨国经营日益频繁，企业规模不断扩大，为抢占市场份额，开拓业务领域，企业开始在各地设立大大小小的分公司、子公司。为保证这些公司的正常运转，需要在成立一线部门的同时，设立如财务、人事、行政、风控等后台保障支持部门，以配合一线部门的生产运作，于是企业集团的规模越发膨胀，组织架构重复建设，无效劳动不断增加，资源浪费日趋严重。在市场竞争日益激烈的大背景下，企业控制成本和改进服务的压力不断增大，靠遍地设立分支机构的粗放增长模式是难以为继的，迫使企业越来越重视对后台功能的优化整合，"共享服务中心"应运而生。

共享服务中心（Shared Service Center，SSC）是一种新型的运营模式，它具体指企业集团将其标准化的运行保障业务导出到一个自主的业务单元，这个业务单元就像外部市场的公司一样为企业集团提供计价服务，设有专门的管理部门自主管理，旨在规范操作，提高效率，降低成本。一般认为，通过实施共享服务，合并原先散布在组织中的信息资源以及行政、交易和业务操作，可以实现集团内的资源共享和高效利用，形成规模经济效应，进而提高资源运行效率和生产效率、提高客户满意度和市场竞争力。将分散进行的共性事务集中处理见图13-1。

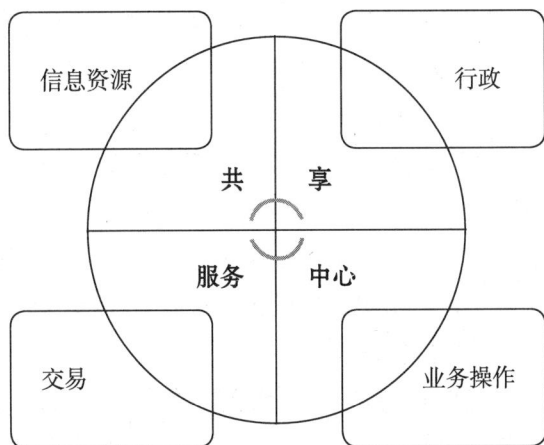

共享服务中心是新的组织架构、内部外包形式及管理的变革

图13-1 将分散进行的共性事务集中处理

（二）共享服务中心运行模式的特点

需要指出的是，共享服务中心并不完全等同于服务或者部门人员的集中化管理，而是通过流程重组和整合来达到规模经济效应，即我们所谓的1+1大于2的效应。共享服务中心作为一种新型运行模式，具有其独特的特点。

1. 通用专业性。共享服务中心是把企业集团内部的非核心业务导出所形成的业务单元，这些非核心业务通常具有一定的普遍适用性和技术专业性。通过目前的研究发现，在企业业务内容横向拓展、纵向延伸、种类日益繁多的情况下，最多被共享的服务通常是财务、会计、法律、人事、行政、采购、风险控制等具有专业性的通用职能部门。

2. 内部服务性。共享服务中心与企业集团的其他核心业务部门相辅相成，为集团内部的客户提供服务，在某种程度上也是一种业务合作伙伴关系，这就要求共享服务中心的人员要具有高度的服务意识。同时，由于共享服务中心也是整个企业集团的一部分，所以与外部的咨询公司和外包公司相比，更了解企业集团的战略、业务、文化和需求，可以提供更周到、更快速、更满意的服务。

3. 标准统一性。共享服务中心通常与其服务的业务单位签订服务水平协议（Service Level Agreement，SLA）。服务水平协议明确界定共享服务中心与企业内部客户的关系，明确要提供服务的时间期限、服务内容和服务标准。由于企业将服务"共享"的目的就是要整合流程、实现规模经济，所以对每个业务单位的服务都必须在统一服务内容、统一服务标准、统一服务水平的前提下进行，不可能根据业务单位的差异化需求提供专项特殊的服务。

4. 信息系统性。共享服务中心在很大程度上都要依赖于能够覆盖整个集团范围的高度集成的软件系统和通信系统等信息系统，来进行快速及时的信息传递，提供灵活便捷的专业服务。如果没有高效的信息系统作依托，共享服务中心将无法应对突发的情况，也就失去了将分布在不同地区的分公司、子公司的非核心业务整合共享的意义。

5. 独立核算性。共享服务中心原则上不隶属于任何一个业务部门，属于单独核算的业务单位。共享服务中心由其专属的管理机构组成，很多共享服务中心甚至有其独立的董事会，以决定共享服务中心的长期发展战略等问题。共享服务中心提供的服务可以明确计价，并有统一的考核体系，可以独立核算其收益成本，考核其绩效，这成为共享服务中心不断提高效率、提升服务的动力。

（三）事后监督共享服务中心的组建设想

共享服务中心运行模式的特点决定了其主要适用于大型跨国企业、跨地区企业。因为这样的企业规模比较大、分布区域比较广，将各业务单元的非核心业务整合到共享服务中心既可大大减少业务人员，降低人力成本，又有利于快速统一服务标准、行为方式、业务规则等，继而大大提高效率和标准化程度，形成规模经济，间接降低企业经营成本。

随着国内银行业竞争的日益加剧，大多数商业银行都正在进行或准备进行跨国经营，在世界各地设立分支机构的数量也越来越多，为每家营业机构单独设立事后监督机构的做法是不切实际的，因此，共享服务中心将是事后监督机构未来的发展方向。通过将分散在不同国家、不同地区、不同业务单位的事后监督资源整合到一起，采用相同的监督模式、监督流程和规则，为银行内部分支机构提供标准化、规范化的监督服务，并为每笔监督服务确定一个合理又有市场竞争力的价位，实行成本收益核算，有利于对监督服务进行准确的成本计价，进而达到严格控制成本、转变发展方式的目的，促进商业银行实现内涵式、可持续增长。

商业银行事后监督共享服务中心的定位应是面向全球地区，涵盖各个业务线、产品线的设施齐全、功能完备、管理严格的共享服务中心，统一监测、识别、评估和管理境内外各分支机构、各业务条线的运行风险，形成对全球范围的业务运作的强大支持。在组建和管理时应坚持标准化、集约化、自动化和精细化的原则。具体如下：

标准化。在监督资源迁移至共享服务中心的过程中，重点研究不同地区之间、不同业务之间、不同流程之间的差异，通过标准化改造推进各境外机构特色业务监督流程的梳理，将其中的共性环节提取出来，采取统一的监督流程，提供统一的监督服务，进一步推动产品和服务的标准化。

集约化。综合考虑境内外监管要求、政策环境、组织架构和运行模式的差异，改变国内商业银行现行的境内外机构分散式监督的布局，实现跨国别的业务集中监督，将标准化程度较高的业务纳入共享服务中心进行集中监督。

自动化。提高事后监督共享服务中心的自动化处理效率，通过模型识别、自动预警，降低事后监督业务量，从而降低中心营运成本。通过风险的集中控制，改变目前商业银行在全球各地的分支机构风险管理水平不一、监管标准多样的情况，提高风险控制能力，提升业务合规水平，改进运行服务质量。

精细化。在全球范围内统计分析业务数据，为产品研发、市场营销和管理层决策提供全面、科学、准确的数据信息。作为成本中心，事后监督共享服务中心根据其监督效率、监督质量和客户（提交业务监督需求的银行内部分支机构）满意度接受商业银行总部的量化评估考核，进而优化资源配置，降低营运成本，实现监督效益最大化。

二、境内外一体化的运行风险管理网络

与国内银行业由本土银行到国际银行、由单一银行到综合银行、由传统银行到新型银行的战略转变相适应，构建一套覆盖全球、标准统一、运作高效的运行风险监控体系，全面延伸运行风险管理触角，建立以客户为中心的风险监控，打造运行风险全球统一视图，是事后监督未来发展的主要任务。

（一）全面延伸运行风险管理触角

国内商业银行建立起的以数据分析为基础、以监督模型为风险识别引擎的风险导向和流程导向的现代事后监督体系，与国内商业银行业务运营实际紧密结合，与产品创新、业务发展步伐一致，内涵不断丰富、外延不断拓

展。本着业务开展到哪里、监督就覆盖到哪里的宗旨，也需要同步将这套风险监控体系向商业银行的境外分支机构拓展、向新的服务渠道拓展、向新的业务领域拓展，将境内外不同地域、不同形式（如内外部欺诈）、不同客户、不同渠道、不同业务的运行风险均纳入风险监控范围，延伸运行风险管理触角，确保业务监督不留死角、不留盲区，以科学的运行风险管理为整个银行集团保驾护航，驱动集团价值的持续增长。

当然，在事后监督体系的全球拓展延伸过程中不能简单地复制和照搬现行的模式，应统筹规划，灵活调整。以境外业务监督为例，可采取"通用模型+特色模型"的设计思路，将国内成熟的模型规则推广应用，实现境内外业务运行的统一标准管理，同时充分考虑各国不同的监管规则、经营环境、业务特点、风险特征和文化背景等因素，"因地制宜"地设计特色风险模型，实现对海外业务的个性化风险监控，构建境内外兼具统一性和灵活性的运行风险管理机制。

（二）建立以客户为中心的风险监控

随着智能芯片技术、电子身份识别技术、二维码和互联网技术等越来越多的前沿信息技术在商业银行领域的创新应用，商业银行传统的业务受理突破了在时间和空间上的限制，越来越多的客户"随时"、"随地"通过网络、手机等渠道完成了业务办理。在此背景下，事后监督也应从传统的对柜面业务、正常营业时间的监督转向全渠道、全天候、全业务的监督，加强对网络、手机、电话、自助银行和POS渠道的监督，在"金融业务虚拟化、银行服务移动化、客户服务非接触化、多领域业务融合化"的新趋势下发挥更大的作用。

考虑到现行的商业银行事后监督体系以专业或产品为中心进行监督模型设计与管理，各专业、各产品线间的风险确认标准各异，风险信息相对分散，对同一客户不同渠道交易的运行风险信息缺乏有机整合，制约了对客户进行"风险—成本—贡献"的整体评价，因此，未来的事后监督应以客户为中心开展运行风险监控。通过分析客户各类渠道交易数据，将客户的交易频率、交易渠道、交易金额、交易对手等作为研究对象，全面研析客户的交易行为习惯，将客户间交易行为倾向特征的研究成果扩展至客户交易关联方面，通过分析跨行客户之间以及系统内不同客户之间的交易往来，准确掌握客户上、下游关系，构建客户的上、下游关系链条，为商业银行各层级的经营机构和各业务部门全方位把握客户特征，提供更加优质安全的服务提供有力支持。以客户为维度建立运行风险信息档案，整合和利用银行集团范围内各业务条线的风险监控信息，实现风险管理的信息共享，及时发现潜在的风险隐患，满足单一客户在集团项下的全部业务监督需求，以更低的资源投入实现最佳的风险管理效果。以此为基础，逐步构建起中长期的客户风险识别、风险度量、风险评价体系，为客户的分层管理、分类营销奠定坚实基础。

（三）打造全球运行风险统一视图

1. 统一视图的内涵。

视图是不同视角所呈现事物的面貌，统一视图则是一个完整的360度的视图概念。例如，在信息分散的情况下，财务部门看到的仅仅是财务状况、销售部门看到的仅仅是销售机会、市场部门看到的仅仅是客户活跃度等，而统一视图则可以从以上所有角度完整反映企业的全面信息，从不同维度全方位满足企业的经营管理需要。商业银行作为经营货币的特殊企业，其统一视图的复杂度要远大于一般企业。以银行的单一客户为例，其统一视图应包括但不限于产品、流程、客户、风险等内容（见图13-2）。

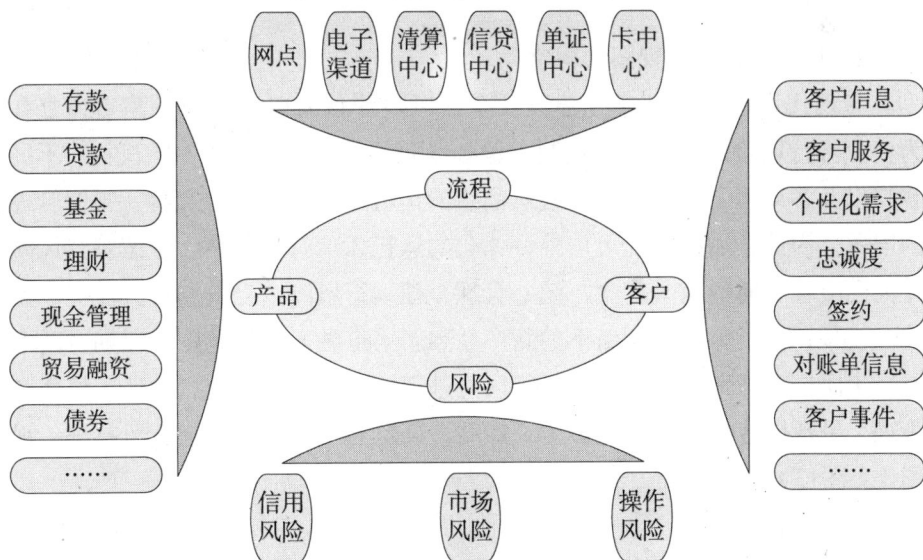

图13-2　单一银行客户的统一视图

通过无数个单一客户视图信息的集中、整合、共享和挖掘，充分发挥和利用有价值的信息，以帮助管理者判断市场、发现价格、创新产品、设计流程、评估风险、配置资源，提供可靠的决策信息支持。当然，这些数据信息还可以根据具体使用需要进行不同维度的组合，如可以形成某一客户的产品视图等（见图13-3）。

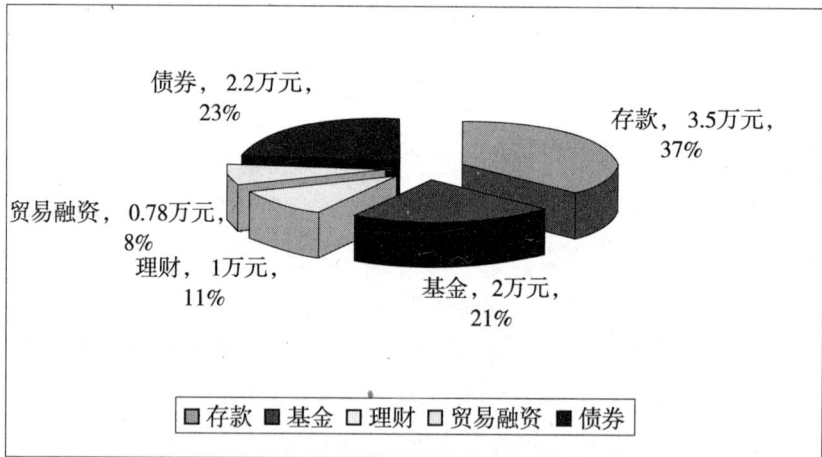

图13-3 某银行客户的产品视图

2. 运行风险统一视图的构建。

与现代商业银行信息化建设及全面风险管理需要相适应，事后监督作为商业银行风险管理的重要机制，也必然面临着不同地域、不同机构、不同客户以及各渠道、各业务线、各产品线的运行风险资源整合和统一视图管理的问题，因此，需要依托境内外一体化的运行风险管理网络，继续坚持风险导向和流程导向的监督理念，统一管理全球运行风险监控的制度、流程、系统、模型，及时将金融创新下的新产品和新渠道纳入监控范围，以期对整个银行集团在全球范围内面临的运行风险进行统一识别、监控、确认、评估和管理，呈现以客户、机构、员工、产品、渠道为不同维度的运行风险统一视图（见图13-4）。

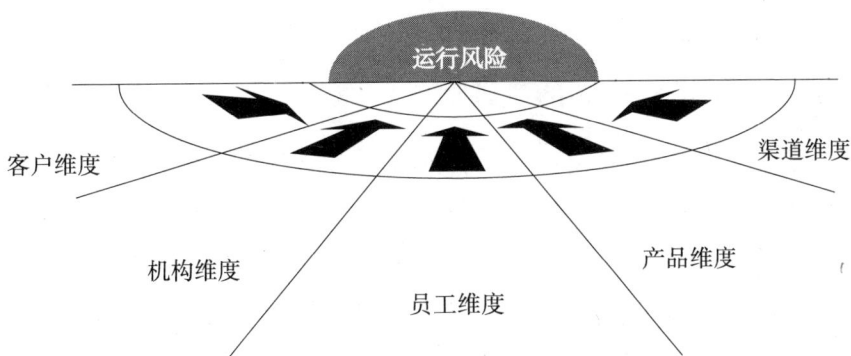

图13-4 全球运行风险统一视图

在统一视图的构建过程中，需要将与此相关联的各类信息要素收集、融入至统一平台，以同一标准进行加工处理。以构建客户统一风险视图为例，不仅涉及银行内部与风险相关的所有信息系统的数据，而且需要将外部机构曝光、处罚的客户信息一并纳入（见图13-5），以全面反映客户的风险状况，再以客户编号为标准进行加工汇集。此外，客户在银行办理每笔业务都会涉及业务办理的具体机构、柜员和渠道等信息，都可以根据管理需要从不同维度构建风险视图，如机构风险视图、柜员风险视图、渠道风险视图等。

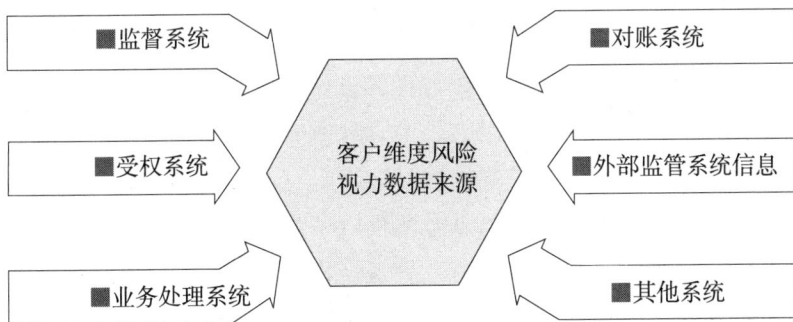

图13-5 客户维度风险视图数据源构成

通过运行风险信息的标准统一和全面共享，可以拓展客户交易行为分析在风险管理、客户关系管理领域的运用，将客户、机构、员工、产品、渠道等不同维度形成的运行风险监控成果向境内外各机构、各部门开放共享，为整个银行集团的风险管理、客户营销、绩效考核、管理决策提供支持，全面评价各维度面临的风险、消耗的成本和创造的贡献，倾力打造与现代商业银行发展趋势相适应的，跨渠道、跨业务线、跨产品线的运行风险统一管理平台。

三、基于过程控制的风险管理体系

通常将运行（Operation）定义为过程。根据《柯林斯词典》，运行是指"运作或发挥功能的活动或过程"（the act or process of operating or functioning）。由此可见，运行管理本身即是对过程的管理，对运行过程实施全面、系统、科学、有效控制是运行管理的核心内容。

（一）过程控制的内涵

过程控制（Process Control）一般指管理者为实现战略目标对从目标确定到取得结果期间的全过程进行系统识别、程序控制、偏差纠正及过程优化等一系列控制活动的总和。现代管理学理论及管理实践告诉我们，只有把战略思考和过程控制有机结合起来，使目标和过程有机统一，才能更好地达到预定目标。加强过程控制的价值不仅在于以较低的管理成本取得最佳的管理效果，而且在于通过管理推进过程的不断优化，促进业务流程的持续改进。过程控制关注三点：一是过程环节分解的合理性，基于预定目标对全过程进行科学分解；二是环节控制的实用性，更加注重过程关键点的控制；三是环节设计的科学性，广泛应用现代科学管理模型，对影响生产目标实现的变量进行精密分析并制定针对性改进措施。

运行管理是商业银行各项业务的基础平台，承担着业务核算组织实施、业务流程设计管理和操作风险一线管理的重要职责。这种独特的地位作用决定了运行管理必须以过程而非以结果为管理重心，即更加重视过程控制。经过多年的实践，我们对过程控制的内涵和特征有了越来越清晰的认识。过程控制就是以创造价值为导向，以提升流程效率为主要手段、以风险管理为基础内容的运行管理活动。具体地说，就是强化"以客为尊"理念，对传统的流程进行最大限度的集成，减少不必要的和不为客户创造价值的运营流程，达到提高价值创造能力的目的；对运行的过程采取整合、自动化、集约化等不同的控制措施，减少或剔除非增值过程所造成的浪费，降低运营成本，提高运营效率；将风险管理与业务发展协调统一，将风险管理与价值创造紧密结合，通过一系列预控制的方法和手段来降低风险，减少风险发生的可能性，在控制损失的同时创造价值。

过程控制不同于内部控制①。一是内涵和外延不同。内部控制是依据有关法律法规，对企业经营管理活动中偏离目标的风险进行识别、应对、评价、改进的过程，是企业内部管理的重要组成部分；而过程控制是在现代经营管理实践基础上发展起来的经营理念和思想，在各个领域被广泛应用、演化和不断发展完善，并形成了以PDCA②为基础的一套完整方法论。从这个意义上讲，内部控制是过程控制思想在企业经营管理中的实践应用。二是控制目标不同。内部控制以风险控制为主、兼顾运营效率，重在建立企业内部管理各环节的制约、监督关系，确保企业目标实现；而过程控制以价值为导向，增值是对过程的期望，为了获得稳定和最大化的增值，应当策划过程设计、建立过程控制方法和过程评价体系，并持续改进和创新。过程控制超越了内部控制风险的识别与防范，要求实现效率、质量、风险与企业价值的有机结合。三是控制对象不同。内部控制本质上以目标或结果为导向，重点关注影响目标实现的关键风险点，并进行风险应对和采取针对性控制措施；而过程控制强调对构成过程的众多相互关联、相互作用的环节，及环节和环节之间的联系、组合和相互作用进行连续控制和持续改进，最终实现过程控制的自动化、智能化。内部控制以结果为管理重心，而过程控制以过程为管理重心。四是控制手段不同。内部控制以建立健全和有效组织实施内部控制制度为主要管理手段，如不相容岗位分离、授权批准、财产保全、内部报告等制度；而过程控制关注构成过程各个环节的高效衔接、精益运营和螺旋上升，强调采用先进统计计量方法，加强过程设计的科学有效性，注重过程中发现问题的及时反馈、果断处理和过程设计的调整优化，期望以最低成本达到最高效率、质量和安全水平的理想状态。五是主体责任不同。过程控制和内部控制都主张全员参与，但内部控制由内控部门或内审部门主导，参与者主要通过遵守内部控制制度的规定来体现主体责任；而过程控制强调各环节参与人员均应当对改进过程设计、实施控制措施、评价控制效果建言献策，并对优化过程管理、全面提升过程质量、效率和风险管理水平负有直接责任。

---

① 最早的内部控制建立在查错防弊的基础上，主要着眼于保护财产的安全完整、会计信息资料的正确可靠，侧重于岗位分离、授权审批、预算执行、内部报告等制度执行；根据财政部2008年发布的《企业内部控制基本规范》，内部控制是由企业董事会、监事会、经理层和全体员工实施的，以合理保证企业经营管理合法合规、资产安全、财务报告及相关信息真实完整，提高经营效率和效果，促进企业实现发展战略的过程。

② 过程策划（P）、过程实施（D）、过程监测（C）、过程改进（A）。

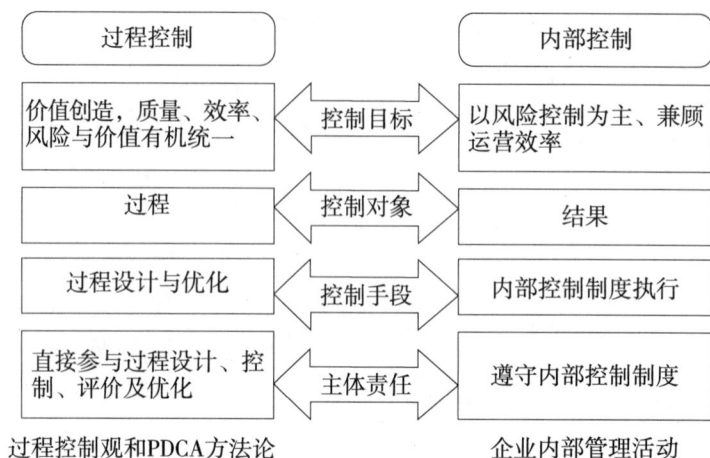

图13-6 过程控制与内部控制的区别

过程控制也不同于事中控制。过程控制集过程识别、控制、计量、监测、评估、报告和考核为一体，涵盖事前、事中、事后全流程，覆盖全机构、全业务、全人员。事中控制主要相对于事前控制和事后控制而言。事前控制是在实际活动前拟定计划标准、预警机制和控制程序，以防控未来可能发生的问题，也叫前馈控制。事中控制是对进行中的活动进行判断，并采取及时控制程序，也叫实时、现场控制。事后控制是问题发生之后，采取控制程序、改正问题，又称为回馈、反馈控制。事前控制最好，但需要及时、准确的信息和对未来的合理估计；事中控制可以让活动程序规范化，但需要准确的判断和迅速的行动；事后控制实施难度最小，但往往所耗费的成本或导致的损失更大。过程控制通过事前、事中、事后控制间的科学设计，互相衔接、互相弥补，共同构成循环上升的过程控制机制。

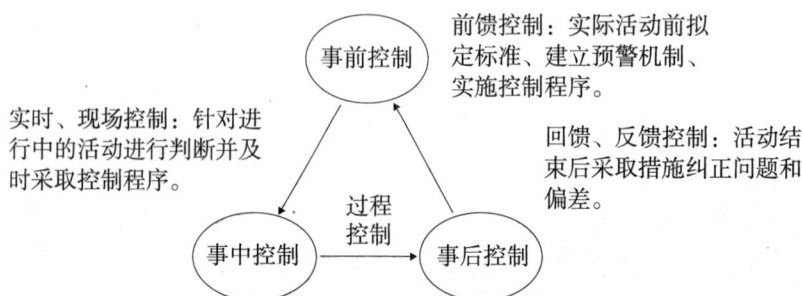

图13-7 过程控制与事中控制的区别

　　过程控制的改进客户服务质量、提升运营效率、科学管理风险等内容是商业银行价值最大化目标的具体体现。我们在第三章曾指出，效果最好、效率最高的风险管理策略应该是利用业务流程和系统硬控制方式在事中管理风险。这实质上就是过程控制理念在运行操作风险管理领域的应用。商业银行特殊的经营对象和高负债的本质决定了银行高风险的特征，相对一般企业而言商业银行将面临更多的风险，风险管理的好坏很大程度上影响着商业银行的收益与成本。商业银行的风险管理意味着避免损失和利用机会，有效控制收益不确定性，将风险控制在可容忍的水平，在风险约束下实现价值增长。商业银行的风险存在于运行的各个管理过程，而价值创造的过程就是风险产生的过程，从过程控制的视角来管理风险，使风险管理与业务发展协调统一，将风险管理与价值创造紧密结合起来，通过过程设计、过程优化等控制环节实现对风险的源头控制、全程控制和主动控制，使商业银行减少、降低和缓释风险，才能完成既定的价值最大化目标。

　　（二）运行风险过程控制体系的构建框架

　　过程控制体系按照价值实现的不同阶段将过程分为过程设计、事项识别和过程评价管理。就风险管理而言，过程设计着眼于商业银行风险管理价值的创造、控制识别保证风险管理价值的实现，而通过对过程的评价管理进一步促进商业银行风险管理价值的增值。

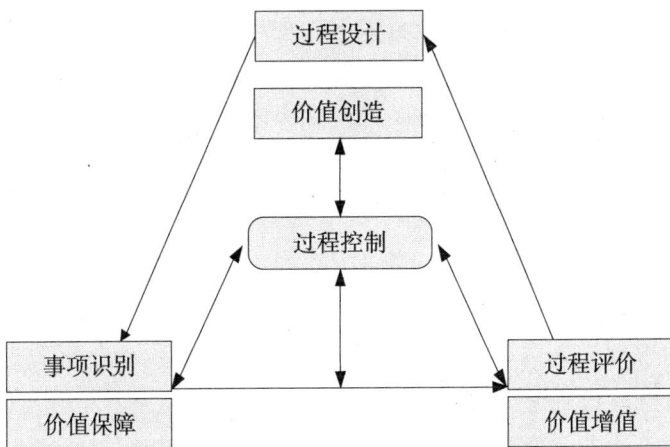

图13-8　基于过程控制价值实现循环图

1. 布局过程设计。

过程管理以流程的设计、改造和优化为基础，通过优化流程结构，影响整个商业银行价值创造和管理的组织结构基础和决策权力分配，进而影响商业银行的风险管理能力。商业银行的价值创造活动以流程为载体，日常经营通过各种处理流程实现，管理活动通过管理流程实现。商业银行的一切价值创造和管理活动均通过各类过程或流程渠道进行传输和执行，这一过程是否合理和顺畅直接关系着管理的效率，影响价值创造的结果。商业银行的价值创造就像人的生命存续过程，过程管理机制就是输送血液的血管，过程设计的合理性是价值创造高效进行的必要条件。在流程设计环节，要求商业银行从客户服务的角度出发，设计符合客户需求的流程，为客户提供安全、高效、优质的服务体验，在为客户创造价值的过程中实现银行自身的价值增值；减少业务操作中的中间环节，删除无效的、不产生价值甚至产生风险的冗余环节，降低资源传输成本和风险管理成本，从而提高商业银行风险管理执行力和价值创造力。通过设计精益、集成的业务流程，提升运营效率，从产品和业务流程设计源头进行科学控制，持续不断地改进、调整和优化业务流程，实现业务运行风险的事前控制，实现资源的最优配置，集中体现了商业银行过程控制体系的价值创造作用。

2. 建立事项识别机制。

通过对影响银行成功实现战略目标的异常事件及其潜在后果进行有效识别，有助于商业银行发现各类业务关键处理环节是否处于有机衔接，业务处理效率是否高效；发现各类风险是否能够在银行内的不同部门、不同分支机构及其业务经营中按照统一的判断标准和程序进行管理；发现过程设计所建立的种种机制与措施是否得以执行，预期的价值是否被有效创造，发现经营管理过程中是否存在超出银行战略发展目标和风险容忍程度的超常规发展，进而有针对性地采取控制措施，将过程控制在合理范围内，实现业务发展与风险控制的均衡。

有效的事项识别需要建立一套系统化、程序化、动态化的识别机制：一是通过情景分析确定识别对象。以银行设定的目标为出发点，对潜在影响目标实现的事项进行分析，强调事项覆盖的精度、频度、深度和广度，形成详细事项目录清单，在管理策略和偏好、风险容忍度等要素的基础上确定风险识别标准。二是通过模型构建确定动态识别工具。针对上一环节分析结果，从其发展动向、风险特征、发生频率、事件性质等维度深入研究，对可能产生的后果作出合理的预测和判断，研究模型的具体设计思路，包括规则设计、参数设计等要素，合理选取专家系统、人工神经网络等人工智能新技术，将监督模型设计需求嵌入到系统中，并运用先进的数据仓库等计算机技术工具进行开发。三是分析识别结果。对模型识别出的结果，还需要进一步甄别分析并完成最终判断与定性。一笔结果其背后往往有大量隐含的信息，并非人们看到就能认知，需要通过还原场景，采用专业的分析方法，运用一定的技术手段，再加上专家经验，按照已认知的管理知识与甄别标准，对其进行综合分析、诊断，查找疑点，揭示特征，总结变化趋势或规律，通过对各种事项之间的内在关系的评价，可以更好地揭示事项的影响及其相互关系，为后续的分析评估管理提供基础信息。

事项识别是过程控制体系中发现风险的关键环节。通过自下而上、由内到外对银行各种业务种类和业务流程存在的潜在因素进行全方位梳理，可以将运行风险关键环节定义为客户身份识别、核算授权、现场审核、运行督导、客户参与等。首先，以客户准入为基础，严格执行客户身份识别制度。银行账户是社会资金运动的起点和终点，账户开立环节的关键风险控制，是防控支付结算风险，保障银企资金安全的核心。"了解你的客户"（KYC）被认为是账户开户环节风险控制的基本原则，健全的KYC制度和程序是银行有效管理风险的核心手段之一。严格的客户接受政策、完善的客户身份识别手续及科学的客户风险等级分类方法是商业银行客户尽职调查体系的核心要素。其次，以核算授权和网点现场审核为核心，强化关键环节管理。通过建立集中式、跨机构的授权管理体系和专业化、标准化、流程化的授权管理模式，强化交易完整性、合规性管理。利用系统的业务自动随机分配机制，业务经办与授权在机构、人员、空间上实现彻底分离，防止现场授权中迫于网点服务、人情压力而进行不合规甚至违规的业务授权，授权人员的独立性、专业素质得到有效保证；通过集中管理授权人员、授权流程和授权标准，实现集中授权对前台业务操作流程的统一和规范。通过网点现场管理审核强化事中风险控制，业务办理的真实性是现场管理的主要内容，主要包括客户身份真实性、交易实质真实性、核算要素真实性三个层面内容，现场管理人员是业务真实性的责任主体，需要不断提高现场管理人员履职能力，明确其在业务办理和审批流程中的管理职责，强化其在业务真实性管理中的风险管理作用。再次，以运行督导检查为手段，有效识别过程控制中的偏差。在新的过程控制格局和风险管理分工体系下，检查督导工作应遵循风险导向原则，由原来侧重对营业机构核算制度执行规范性和业务操作严密性的日常性检查，转变为结合风险事件信息，将督导检查力量集中在管理较为薄弱、受内外部风险冲击较大的机构和人员，检查重点内容也应向业务复杂程度较高、未能实现系统硬控制、违规现象发生率较高的高风险业务倾斜。要坚持督导并重，对受风险冲击程度较高、风险管理较为薄弱的机构进行重点检查和辅导，协助营业机构解决影响其规范运作的根本问题，推动运行风险管理水平的持续提升。最后，以客户参与风险控制为补充，形成交易风险过程控制合力。通过增加客户端显示屏设备将柜员的业务操作过程信息同步推送至客户端显示，使客户从业务处理的旁观者角色转变成参与者角色，不仅可以监督业务办理流程，及时发现与自身交易目的不符的操作，减少因沟通理解不足而导致的业务差错，提高风险管理水平，而且客户端交互回终端后的交易信息是经过客户确认的交易，因此可将部分交易的授权模式进行简化，减轻授权负担，提高授权效率。

3. 构建过程评价管理指标体系。

过程评价管理内含于整个银行的价值创造和价值管理活动过程中，贯穿于银行运营的各个管理流程和各个业务模块。商业银行需建立一套行之有效的过程评估系统，以完整的评价指标体系对流程设计和风险管理的效果进行评价，通过不同指标反映过程控制环节的有效性。

（1）流程评价方法。过程控制体系强调通过定期的业务流程评估来强化流程对风险的控制能力，建立完善的业务流程统一评估体系。要以业务流程能力成熟度模型为根本，运用模型建立流程改进的基线，准确预测和度量流程管理能力，构建科学、完整的业务流程成熟度评估体系。通过定义成熟度模型评估层级（见图13-9），收集流程准确性、实效性、经济性、满意性方面的改进意见，判断业务流程管理所处阶段，了解流程管理现状及薄弱环节，为后期业务流程的持续改进指明方向。

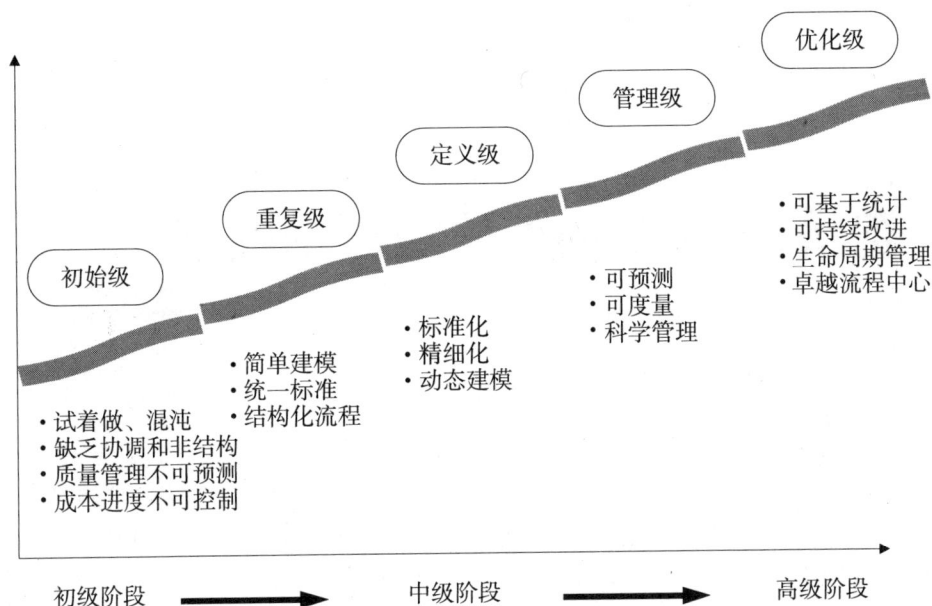

图13-9 成熟度模型评估层级

（2）风险与控制自我评估（RCSA）。商业银行对自身经营管理中存在的操作风险点进行识别，确定自我评估计划和实施方案，评估固有风险和现有控制活动的有效性，估计剩余风险，提出并落实风险应对方案等一系列活动。固有风险是在没有考虑控制有效性或其他风险缓释措施付诸实施之前就已经存在的风险，针对固有风险的评估主要从其严重程度（风险损失造成的极端后果）和发生频率（风险损失发生的可能性）两个方面进行。控制措施是能够减少风险发生可能性或风险引发后果的所有制度、流程或行动，针对控制措施有效性的评估主要从控制设计的有效性和控制措施实施的有效性两个方面进行评价。剩余风险是现有控制活动或其他风险缓释措施不能消除的风险，根据固有风险、控制有效性评估结果得到剩余风险水平，并采取有针对性的管理措施。

附录1 企业内部控制基本规范

第一章 总 则

第一条 为了加强和规范企业内部控制，提高企业经营管理水平和风险防范能力，促进企业可持续发展，维护社会主义市场经济秩序和社会公众利益，根据《中华人民共和国公司法》、《中华人民共和国证券法》、《中华人民共和国会计法》和其他有关法律法规，制定本规范。

第二条 本规范适用于中华人民共和国境内设立的大中型企业。

小企业和其他单位可以参照本规范建立与实施内部控制。

大中型企业和小企业的划分标准根据国家有关规定执行。

第三条 本规范所称内部控制，是由企业董事会、监事会、经理层和全体员工实施的、旨在实现控制目标的过程。

内部控制的目标是合理保证企业经营管理合法合规、资产安全、财务报告及相关信息真实完整，提高经营效率和效果，促进企业实现发展战略。

第四条 企业建立与实施内部控制，应当遵循下列原则：

（一）全面性原则。内部控制应当贯穿决策、执行和监督全过程，覆盖企业及其所属单位的各种业务和事项。

（二）重要性原则。内部控制应当在全面控制的基础上，关注重要业务事项和高风险领域。

（三）制衡性原则。内部控制应当在治理结构、机构设置及权责分配、业务流程等方面形成相互制约、相互监督，同时兼顾运营效率。

（四）适应性原则。内部控制应当与企业经营规模、业务范围、竞争状况和风险水平等相适应，并随着情况的变化及时加以调整。

（五）成本效益原则。内部控制应当权衡实施成本与预期效益，以适当的成本实现有效控制。

第五条　企业建立与实施有效的内部控制，应当包括下列要素：

（一）内部环境。内部环境是企业实施内部控制的基础，一般包括治理结构、机构设置及权责分配、内部审计、人力资源政策、企业文化等。

（二）风险评估。风险评估是企业及时识别、系统分析经营活动中与实现内部控制目标相关的风险，合理确定风险应对策略。

（三）控制活动。控制活动是企业根据风险评估结果，采用相应的控制措施，将风险控制在可承受度之内。

（四）信息与沟通。信息与沟通是企业及时、准确地收集、传递与内部控制相关的信息，确保信息在企业内部、企业与外部之间进行有效沟通。

（五）内部监督。内部监督是企业对内部控制建立与实施情况进行监督检查，评价内部控制的有效性，发现内部控制缺陷，应当及时加以改进。

第六条　企业应当根据有关法律法规、本规范及其配套办法，制定本企业的内部控制制度并组织实施。

第七条　企业应当运用信息技术加强内部控制，建立与经营管理相适应的信息系统，促进内部控制流程与信息系统的有机结合，实现对业务和事项的自动控制，减少或消除人为操纵因素。

第八条　企业应当建立内部控制实施的激励约束机制，将各责任单位和全体员工实施内部控制的情况纳入绩效考评体系，促进内部控制的有效实施。

第九条　国务院有关部门可以根据法律法规、本规范及其配套办法，明确贯彻实施本规范的具体要求，对企业建立与实施内部控制的情况进行监督检查。

第十条　接受企业委托从事内部控制审计的会计师事务所，应当根据本规范及其配套办法和相关执业准则，对企业内部控制的有效性进行审计，出具审计报告。会计师事务所及其签字的从业人员应当对发表的内部控制审计意见负责。

为企业内部控制提供咨询的会计师事务所，不得同时为同一企业提供内部控制审计服务。

第二章 内部环境

第十一条 企业应当根据国家有关法律法规和企业章程，建立规范的公司治理结构和议事规则，明确决策、执行、监督等方面的职责权限，形成科学有效的职责分工和制衡机制。

股东（大）会享有法律法规和企业章程规定的合法权利，依法行使企业经营方针、筹资、投资、利润分配等重大事项的表决权。

董事会对股东（大）会负责，依法行使企业的经营决策权。

监事会对股东（大）会负责，监督企业董事、经理和其他高级管理人员依法履行职责。

经理层负责组织实施股东（大）会、董事会决议事项，主持企业的生产经营管理工作。

第十二条 董事会负责内部控制的建立健全和有效实施。监事会对董事会建立与实施内部控制进行监督。经理层负责组织领导企业内部控制的日常运行。

企业应当成立专门机构或者指定适当的机构具体负责组织协调内部控制的建立实施及日常工作。

第十三条 企业应当在董事会下设立审计委员会。审计委员会负责审查企业内部控制，监督内部控制的有效实施和内部控制自我评价情况，协调内部控制审计及其他相关事宜等。

审计委员会负责人应当具备相应的独立性、良好的职业操守和专业胜任能力。

第十四条 企业应当结合业务特点和内部控制要求设置内部机构，明确职责权限，将权利与责任落实到各责任单位。

企业应当通过编制内部管理手册，使全体员工掌握内部机构设置、岗位职责、业务流程等情况，明确权责分配，正确行使职权。

第十五条 企业应当加强内部审计工作，保证内部审计机构设置、人员配备和工作的独立性。

内部审计机构应当结合内部审计监督，对内部控制的有效性进行监督检查。内部审计机构对监督检查中发现的内部控制缺陷，应当按照企业内部审计工作程序进行报告；对监督检查中发现的内部控制重大缺陷，有权直接向董事会及其审计委员会、监事会报告。

第十六条　企业应当制定和实施有利于企业可持续发展的人力资源政策。人力资源政策应当包括下列内容：

（一）员工的聘用、培训、辞退与辞职。

（二）员工的薪酬、考核、晋升与奖惩。

（三）关键岗位员工的强制休假制度和定期岗位轮换制度。

（四）掌握国家秘密或重要商业秘密的员工离岗的限制性规定。

（五）有关人力资源管理的其他政策。

第十七条　企业应当将职业道德修养和专业胜任能力作为选拔和聘用员工的重要标准，切实加强员工培训和继续教育，不断提升员工素质。

第十八条　企业应当加强文化建设，培育积极向上的价值观和社会责任感，倡导诚实守信、爱岗敬业、开拓创新和团队协作精神，树立现代管理理念，强化风险意识。

董事、监事、经理及其他高级管理人员应当在企业文化建设中发挥主导作用。

企业员工应当遵守员工行为守则，认真履行岗位职责。

第十九条　企业应当加强法制教育，增强董事、监事、经理及其他高级管理人员和员工的法制观念，严格依法决策、依法办事、依法监督，建立健全法律顾问制度和重大法律纠纷案件备案制度。

第三章　风险评估

第二十条　企业应当根据设定的控制目标，全面系统持续地收集相关信息，结合实际情况，及时进行风险评估。

第二十一条　企业开展风险评估，应当准确识别与实现控制目标相关的内部风险和外部风险，确定相应的风险承受度。

风险承受度是企业能够承担的风险限度，包括整体风险承受能力和业务层面的可接受风险水平。

第二十二条　企业识别内部风险，应当关注下列因素：

（一）董事、监事、经理及其他高级管理人员的职业操守、员工专业胜任能力等人力资源因素。

（二）组织机构、经营方式、资产管理、业务流程等管理因素。

（三）研究开发、技术投入、信息技术运用等自主创新因素。

（四）财务状况、经营成果、现金流量等财务因素。

（五）营运安全、员工健康、环境保护等安全环保因素。

（六）　其他有关内部风险因素。

第二十三条　企业识别外部风险，应当关注下列因素：

（一）经济形势、产业政策、融资环境、市场竞争、资源供给等经济因素。

（二）法律法规、监管要求等法律因素。

（三）安全稳定、文化传统、社会信用、教育水平、消费者行为等社会因素。

（四）技术进步、工艺改进等科学技术因素。

（五）自然灾害、环境状况等自然环境因素。

（六）其他有关外部风险因素。

第二十四条　企业应当采用定性与定量相结合的方法，按照风险发生的可能性及其影响程度等，对识别的风险进行分析和排序，确定关注重点和优先控制的风险。

企业进行风险分析，应当充分吸收专业人员，组成风险分析团队，按照严格规范的程序开展工作，确保风险分析结果的准确性。

第二十五条　企业应当根据风险分析的结果，结合风险承受度，权衡风险与收益，确定风险应对策略。

企业应当合理分析、准确掌握董事、经理及其他高级管理人员、关键岗位员工的风险偏好，采取适当的控制措施，避免因个人风险偏好给企业经营带来重大损失。

第二十六条　企业应当综合运用风险规避、风险降低、风险分担和风险承受等风险应对策略，实现对风险的有效控制。

风险规避是企业对超出风险承受度的风险，通过放弃或者停止与该风险相关的业务活动以避免和减轻损失的策略。

风险降低是企业在权衡成本效益之后，准备采取适当的控制措施降低风险或者减轻损失，将风险控制在风险承受度之内的策略。

风险分担是企业准备借助他人力量，采取业务分包、购买保险等方式和适当的控制措施，将风险控制在风险承受度之内的策略。

风险承受是企业对风险承受度之内的风险，在权衡成本效益之后，不准备采取控制措施降低风险或者减轻损失的策略。

第二十七条 企业应当结合不同发展阶段和业务拓展情况，持续收集与风险变化相关的信息，进行风险识别和风险分析，及时调整风险应对策略。

第四章 控制活动

第二十八条 企业应当结合风险评估结果，通过手工控制与自动控制、预防性控制与发现性控制相结合的方法，运用相应的控制措施，将风险控制在可承受度之内。

控制措施一般包括：不相容职务分离控制、授权审批控制、会计系统控制、财产保护控制、预算控制、运营分析控制和绩效考评控制等。

第二十九条 不相容职务分离控制要求企业全面系统地分析、梳理业务流程中所涉及的不相容职务，实施相应的分离措施，形成各司其职、各负其责、相互制约的工作机制。

第三十条 授权审批控制要求企业根据常规授权和特别授权的规定，明确各岗位办理业务和事项的权限范围、审批程序和相应责任。

企业应当编制常规授权的权限指引，规范特别授权的范围、权限、程序和责任，严格控制特别授权。常规授权是指企业在日常经营管理活动中按照既定的职责和程序进行的授权。特别授权是指企业在特殊情况、特定条件下进行的授权。

企业各级管理人员应当在授权范围内行使职权和承担责任。

企业对于重大的业务和事项，应当实行集体决策审批或者联签制度，任何个人不得单独进行决策或者擅自改变集体决策。

第三十一条 会计系统控制要求企业严格执行国家统一的会计准则制度，加强会计基础工作，明确会计凭证、会计账簿和财务会计报告的处理程序，保证会计资料真实完整。

企业应当依法设置会计机构，配备会计从业人员。从事会计工作的人员，必须取得会计从业资格证书。会计机构负责人应当具备会计师以上专业技术职务资格。

大中型企业应当设置总会计师。设置总会计师的企业，不得设置与其职权重叠的副职。

第三十二条 财产保护控制要求企业建立财产日常管理制度和定期清查制度，采取财产记录、实物保管、定期盘点、账实核对等措施，确保财产安全。

企业应当严格限制未经授权的人员接触和处置财产。

第三十三条 预算控制要求企业实施全面预算管理制度，明确各责任单位在预算管理中的职责权限，规范预算的编制、审定、下达和执行程序，强化预算约束。

第三十四条 运营分析控制要求企业建立运营情况分析制度，经理层应当综合运用生产、购销、投资、筹资、财务等方面的信息，通过因素分析、对比分析、趋势分析等方法，定期开展运营情况分析，发现存在的问题，及时查明原因并加以改进。

第三十五条 绩效考评控制要求企业建立和实施绩效考评制度，科学设置考核指标体系，对企业内部各责任单位和全体员工的业绩进行定期考核和客观评价，将考评结果作为确定员工薪酬以及职务晋升、评优、降级、调岗、辞退等的依据。

第三十六条 企业应当根据内部控制目标，结合风险应对策略，综合运用控制措施，对各种业务和事项实施有效控制。

第三十七条 企业应当建立重大风险预警机制和突发事件应急处理机制，明确风险预警标准，对可能发生的重大风险或突发事件，制定应急预案、明确责任人员、规范处置程序，确保突发事件得到及时妥善处理。

第五章 信息与沟通

第三十八条 企业应当建立信息与沟通制度，明确内部控制相关信息的收集、处理和传递程序，确保信息及时沟通，促进内部控制有效运行。

第三十九条 企业应当对收集的各种内部信息和外部信息进行合理筛选、核对、整合，提高信息的有用性。

企业可以通过财务会计资料、经营管理资料、调研报告、专项信息、内部刊物、办公网络等渠道，获取内部信息。

企业可以通过行业协会组织、社会中介机构、业务往来单位、市场调查、来信来访、网络媒体以及有关监管部门等渠道，获取外部信息。

第四十条　企业应当将内部控制相关信息在企业内部各管理级次、责任单位、业务环节之间，以及企业与外部投资者、债权人、客户、供应商、中介机构和监管部门等有关方面之间进行沟通和反馈。信息沟通过程中发现的问题，应当及时报告并加以解决。

重要信息应当及时传递给董事会、监事会和经理层。

第四十一条　企业应当利用信息技术促进信息的集成与共享，充分发挥信息技术在信息与沟通中的作用。

企业应当加强对信息系统开发与维护、访问与变更、数据输入与输出、文件储存与保管、网络安全等方面的控制，保证信息系统安全稳定运行。

第四十二条　企业应当建立反舞弊机制，坚持惩防并举、重在预防的原则，明确反舞弊工作的重点领域、关键环节和有关机构在反舞弊工作中的职责权限，规范舞弊案件的举报、调查、处理、报告和补救程序。

企业至少应当将下列情形作为反舞弊工作的重点：

（一）未经授权或者采取其他不法方式侵占、挪用企业资产，牟取不当利益。

（二）在财务会计报告和信息披露等方面存在的虚假记载、误导性陈述或者重大遗漏等。

（三）董事、监事、经理及其他高级管理人员滥用职权。

（四）相关机构或人员串通舞弊。

第四十三条　企业应当建立举报投诉制度和举报人保护制度，设置举报专线，明确举报投诉处理程序、办理时限和办结要求，确保举报、投诉成为企业有效掌握信息的重要途径。

举报投诉制度和举报人保护制度应当及时传达至全体员工。

第六章　内部监督

第四十四条　企业应当根据本规范及其配套办法，制定内部控制监督制度，明确内部审计机构（或经授权的其他监督机构）和其他内部机构在内部监督中的职责权限，规范内部监督的程序、方法和要求。

内部监督分为日常监督和专项监督。日常监督是指企业对建立与实施内部控制的情况进行常规、持续的监督检查；专项监督是指在企业发展战略、组织结构、经营活动、业务流程、关键岗位员工等发生较大调整或变化的情况下，对内部控制的某一或者某些方面进行有针对性的监督检查。

专项监督的范围和频率应当根据风险评估结果以及日常监督的有效性等予以确定。

第四十五条　企业应当制定内部控制缺陷认定标准，对监督过程中发现的内部控制缺陷，应当分析缺陷的性质和产生的原因，提出整改方案，采取适当的形式及时向董事会、监事会或者经理层报告。

内部控制缺陷包括设计缺陷和运行缺陷。企业应当跟踪内部控制缺陷整改情况，并就内部监督中发现的重大缺陷，追究相关责任单位或者责任人的责任。

第四十六条　企业应当结合内部监督情况，定期对内部控制的有效性进行自我评价，出具内部控制自我评价报告。

内部控制自我评价的方式、范围、程序和频率，由企业根据经营业务调整、经营环境变化、业务发展状况、实际风险水平等自行确定。

国家有关法律法规另有规定的，从其规定。

第四十七条　企业应当以书面或者其他适当的形式，妥善保存内部控制建立与实施过程中的相关记录或者资料，确保内部控制建立与实施过程的可验证性。

第七章　附　则

第四十八条　本规范由财政部会同国务院其他有关部门解释。

第四十九条　本规范的配套办法由财政部会同国务院其他有关部门另行制定。

第五十条　本规范自2009年7月1日起实施。

附录2　商业银行内部控制指引

第一章　总　则

第一条　为促进商业银行建立和健全内部控制，防范金融风险，保障银行体系安全稳健运行，依据《中华人民共和国银行业监督管理法》、《中华人民共和国商业银行法》等法律规定和银行审慎监管要求，制定本指引。

第二条　内部控制是商业银行为实现经营目标，通过制定和实施一系列制度、程序和方法，对风险进行事前防范、事中控制、事后监督和纠正的动态过程和机制。

第三条　商业银行内部控制的目标：

（一）确保国家法律规定和商业银行内部规章制度的贯彻执行。

（二）确保商业银行发展战略和经营目标的全面实施和充分实现。

（三）确保风险管理体系的有效性。

（四）确保业务记录、财务信息和其他管理信息的及时、真实和完整。

第四条　商业银行内部控制应当贯彻全面、审慎、有效、独立的原则，包括：

（一）内部控制应当渗透商业银行的各项业务过程和各个操作环节，覆盖所有的部门和岗位，并由全体人员参与，任何决策或操作均应当有案可查。

（二）内部控制应当以防范风险、审慎经营为出发点，商业银行的经营管理，尤其是设立新的机构或开办新的业务，均应当体现"内控优先"的要求。

（三）内部控制应当具有高度的权威性，任何人不得拥有不受内部控制约束的权力，内部控制存在的问题应当能够得到及时反馈和纠正。

（四）内部控制的监督、评价部门应当独立于内部控制的建设、执行部门，并有直接向董事会、监事会和高级管理层报告的渠道。

第五条 内部控制应当与商业银行的经营规模、业务范围和风险特点相适应，以合理的成本实现内部控制的目标。

第二章 内部控制的基本要求

第六条 内部控制应当包括以下要素：

（一）内部控制环境。

（二）风险识别与评估。

（三）内部控制措施。

（四）信息交流与反馈。

（五）监督评价与纠正。

第七条 商业银行应当建立良好的公司治理以及分工合理、职责明确、相互制衡、报告关系清晰的组织结构，为内部控制的有效性提供必要的前提条件。

第八条 商业银行董事会、监事会和高级管理层应当充分认识自身对内部控制所承担的责任。

董事会负责保证商业银行建立并实施充分而有效的内部控制体系；负责审批整体经营战略和重大政策并定期检查、评价执行情况；负责确保商业银行在法律和政策的框架内审慎经营，明确设定可接受的风险程度，确保高级管理层采取必要措施识别、计量、监测并控制风险；负责审批组织机构；负责保证高级管理层对内部控制体系的充分性与有效性进行监测和评估。

监事会负责监督董事会、高级管理层完善内部控制体系；负责监督董事会及董事、高级管理层及高级管理人员履行内部控制职责；负责要求董事、董事长及高级管理人员纠正其损害商业银行利益的行为并监督执行。

高级管理层负责制定内部控制政策，对内部控制体系的充分性与有效性进行监测和评估；负责执行董事会决策；负责建立识别、计量、监测并控制风险的程序和措施；负责建立和完善内部组织机构，保证内部控制的各项职责得到有效履行。

第九条　商业银行应当建立科学、有效的激励约束机制，培育良好的企业精神和内部控制文化，从而创造全体员工均充分了解且能履行职责的环境。

第十条　商业银行应当设立履行风险管理职能的专门部门，负责具体制定并实施识别、计量、监测和控制风险的制度、程序和方法，以确保风险管理和经营目标的实现。

第十一条　商业银行应当建立涵盖各项业务、全行范围的风险管理系统，开发和运用风险量化评估的方法和模型，对信用风险、市场风险、流动性风险、操作风险等各类风险进行持续的监控。

第十二条　商业银行应当对各项业务制定全面、系统、成文的政策、制度和程序，在全行范围内保持统一的业务标准和操作要求，并保证其连续性和稳定性。

第十三条　商业银行设立新的机构或开办新的业务，应当事先制定有关的政策、制度和程序，对潜在的风险进行计量和评估，并提出风险防范措施。

第十四条　商业银行应当建立内部控制的评价制度，对内部控制的制度建设、执行情况定期进行回顾和检讨，并根据国家法律规定、银行组织结构、经营状况、市场环境的变化进行修订和完善。

第十五条　商业银行应当明确划分相关部门之间、岗位之间、上下级机构之间的职责，建立职责分离、横向与纵向相互监督制约的机制。

涉及资产、负债、财务和人员等重要事项变动均不得由一个人独自决定。

第十六条　商业银行应当根据不同的工作岗位及其性质，赋予其相应的职责和权限，各个岗位应当有正式、成文的岗位职责说明和清晰的报告关系。

商业银行应当明确关键岗位及其控制要求，关键岗位应当实行定期或不定期的人员轮换和强制休假制度。

第十七条　商业银行应当根据各分支机构和业务部门的经营管理水平、风险管理能力、地区经济和业务发展需要，建立相应的授权体系，实行统一法人管理和法人授权。

授权应适当、明确，并采取书面形式。

第十八条　商业银行应当利用计算机程序监控等现代化手段，锁定分支机构的业务权限，对分支机构实施有效的管理和监控。

下级机构应当严格执行上级机构的决策，在自身职责和权限范围内开展工作。

第十九条 商业银行应当建立有效的核对、监控制度，对各种账证、报表定期进行核对，对现金、有价证券等有形资产及时进行盘点，对柜台办理的业务实行复核或事后监督把关，对重要业务实行双签有效的制度，对授权、授信的执行情况进行监控。

第二十条 商业银行应当按照规定进行会计核算和业务记录，建立完整的会计、统计和业务档案，妥善保管，确保原始记录、合同契约和各种资料的真实、完整。

第二十一条 商业银行应当建立有效的应急预案，并定期进行测试。在意外事件或紧急情况发生时，应按照应急预案及时作出应急处置，以预防或减少可能造成的损失，确保业务持续开展。

第二十二条 商业银行应当设立独立的法律事务部门或岗位，统一管理各类授权、授信的法律事务，制定和审查法律文本，对新业务的推出进行法律论证，确保各项业务的合法和有效。

第二十三条 商业银行应当实现业务操作和管理的电子化，促进各项业务的电子数据处理系统的整合，做到业务数据的集中处理。

第二十四条 商业银行应当实现经营管理的信息化，建立贯穿各级机构、覆盖各个业务领域的数据库和管理信息系统，做到及时、准确提供经营管理所需要的各种数据，并及时、真实、准确地向中国银监会及其派出机构报送监管报表资料和对外披露信息。

第二十五条 商业银行应当建立有效的信息交流和反馈机制，确保董事会、监事会、高级管理层及时了解本行的经营和风险状况，确保每一项信息均能够传递给相关的员工，各个部门和员工的有关信息均能够顺畅反馈。

第二十六条 商业银行的业务部门应当对各项业务经营状况进行经常性检查，及时发现内部控制存在的问题，并迅速予以纠正。

第二十七条 商业银行的内部审计部门应当有权获得商业银行的所有经营信息和管理信息，并对各个部门、岗位和各项业务实施全面的监督和评价。

第二十八条 商业银行的内部审计应当具有充分的独立性，实行全行系统垂直管理。

下级机构内部审计负责人的聘任和解聘应当由上一级内部审计部门负责，总行内部审计负责人的聘任和解聘应当由董事会负责。

第二十九条 商业银行应当配备充足的、具备相应的专业从业资格的内部审计人员，并建立专业培训制度，每人每年确保一定的离岗或脱产培训时间。

第三十条 商业银行应当建立有效的内部控制报告和纠正机制，业务部门、内部审计部门和其他人员发现的内部控制的问题，均应当有畅通的报告渠道和有效的纠正措施。

第三章 授信的内部控制

第三十一条 商业银行授信内部控制的重点是：实行统一授信管理，健全客户信用风险识别与监测体系，完善授信决策与审批机制，防止对单一客户、关联企业客户和集团客户授信风险的高度集中，防止违反信贷原则发放关系人贷款和人情贷款，防止信贷资金违规使用。

第三十二条 商业银行应当设立独立的授信风险管理部门，对不同币种、不同客户对象、不同种类的授信进行统一管理，设置授信风险限额，避免信用失控。

第三十三条 商业银行授信岗位设置应当做到分工合理、职责明确，岗位之间应当相互配合、相互制约，做到审贷分离、业务经办与会计账务处理分离。

第三十四条 商业银行应当建立有效的授信决策机制，包括设立授信审查委员会，负责审批权限内的授信。

行长不得担任授信审查委员会的成员。

授信审查委员会审议表决应当遵循集体审议、明确发表意见、多数同意通过的原则，全部意见应当记录存档。

第三十五条 商业银行应当建立严格的授信风险垂直管理体制，对授信实行统一管理。

第三十六条 商业银行应当对授信实行统一的法人授权制度，上级机构应当根据下级机构的风险管理水平、资产质量、所处地区经济环境等因素，合理确定授信审批权限。

第三十七条 商业银行应当根据风险大小，对不同种类、期限、担保条件的授信确定不同的审批权限，审批权限应当采用量化风险指标。

第三十八条 商业银行各级机构应当明确规定授信审查人、审批人之间的权限和工作程序，严格按照权限和程序审查、审批业务，不得故意绕开审查、审批人。

第三十九条 商业银行各级机构应当防止授信风险的过度集中，通过实行授信组合管理，制定在不同期限、不同行业、不同地区的授信分散化目标，及时监测和控制授信组合风险，确保总体授信风险控制在合理的范围内。

第四十条 商业银行应当对单一客户的贷款、贸易融资、票据承兑和贴现、透支、保理、担保、贷款承诺、开立信用证等各类表内外授信实行一揽子管理，确定总体授信额度。

第四十一条 商业银行应当以风险量化评估的方法和模型为基础，开发和运用统一的客户信用评级体系，作为授信客户选择和项目审批的依据，并为客户信用风险识别、监测以及制定差别化的授信政策提供基础。客户信用评级结果应当根据客户信用变化情况及时进行调整。

第四十二条 商业银行对集团客户授信应当遵循统一、适度和预警的原则。对集团客户应当实行统一授信管理，合理确定对集团客户的总体授信额度，防止多头授信、过度授信和不适当分配授信额度。商业银行应当建立风险预警机制，对集团客户授信集中风险实行有效监控，防止集团客户通过多头开户、多头借款、多头互保等形式套取银行资金。

第四十三条 商业银行应当建立统一的授信操作规范，明确贷前调查、贷时审查、贷后检查各个环节的工作标准和尽职要求：

（一）贷前调查应当做到实地查看，如实报告授信调查掌握的情况，不回避风险点，不因任何人的主观意志而改变调查结论。

（二）贷时审查应当做到独立审贷，客观公正，充分、准确地揭示业务风险，提出降低风险的对策。

（三）贷后检查应当做到实地查看，如实记录，及时将检查中发现的问题报告有关人员，不得隐瞒或掩饰问题。

第四十四条 商业银行应当制定统一的各类授信品种的管理办法，明确规定各项业务的办理条件，包括选项标准、期限、利率、收费、担保、审批权限、申报资料、贷后管理、内部处理程序等具体内容。

第四十五条　商业银行实施有条件授信时应当遵循"先落实条件、后实施授信"的原则，授信条件未落实或条件发生变更未重新决策的，不得实施授信。

第四十六条　商业银行应当对授信工作实施独立的尽职调查。授信决策应依据规定的程序进行，不得违反程序或减少程序进行授信。在授信决策过程中，应严格要求授信工作人员遵循客观、公正的原则，独立发表决策意见，不受任何外部因素的干扰。

第四十七条　商业银行对关联方的授信，应当按照商业原则，以不优于对非关联方同类交易的条件进行。

在对关联方的授信调查和审批过程中，商业银行内部相关人员应当回避。

第四十八条　商业银行应当严格审查和监控贷款用途，防止借款人通过贷款、贴现、办理银行承兑汇票等方式套取信贷资金，改变借款用途。

第四十九条　商业银行应当严格审查借款人资格合法性、融资背景以及申请材料的真实性和借款合同的完备性，防止借款人骗取贷款，或以其他方式从事金融诈骗活动。

第五十条　商业银行应当建立资产质量监测、预警机制，严密监测资产质量的变化，及时发现资产质量的潜在风险并发出预警提示，分析不良资产形成的原因，及时制定防范和化解风险的对策。

第五十一条　商业银行应当建立贷款风险分类制度，规范贷款质量的认定标准和程序，严禁掩盖不良贷款的真实状况，确保贷款质量的真实性。

第五十二条　商业银行应当建立授信风险责任制，明确规定各个部门、岗位的风险责任：

（一）调查人员应当承担调查失误和评估失准的责任。

（二）审查和审批人员应当承担审查、审批失误的责任，并对本人签署的意见负责。

（三）贷后管理人员应当承担检查失误、清收不力的责任。

（四）放款操作人员应当对操作性风险负责。

（五）高级管理层应当对重大贷款损失承担相应的责任。

第五十三条 商业银行应当对违法、违规造成的授信风险和损失逐笔进行责任认定，并按规定对有关责任人进行处理。

第五十四条 商业银行应当建立完善的授信管理信息系统，对授信全过程进行持续监控，并确保提供真实的授信经营状况和资产质量状况信息，对授信风险与收益情况进行综合评价。

第五十五条 商业银行应当建立完善的客户管理信息系统，全面和集中掌握客户的资信水平、经营财务状况、偿债能力和非财务因素等信息，对客户进行分类管理，对资信不良的借款人实施授信禁入。

第四章 资金业务的内部控制

第五十六条 商业银行资金业务内部控制的重点是：对资金业务对象和产品实行统一授信，实行严格的前后台职责分离，建立中台风险监控和管理制度，防止资金交易员从事越权交易，防止欺诈行为，防止因违规操作和风险识别不足导致的重大损失。

第五十七条 商业银行资金业务的组织结构应当体现权限等级和职责分离的原则，做到前台交易与后台结算分离、自营业务与代客业务分离、业务操作与风险监控分离，建立岗位之间的监督制约机制。

第五十八条 商业银行应当根据分支机构的经营管理水平，核定各个分支机构的资金业务经营权限。

对分支机构的资金业务应当定期进行检查，对异常资金交易和资金变动应当建立有效的预警和处理机制。

未经上级机构批准，下级机构不得开展任何未设权限的资金交易。

第五十九条 商业银行应当完善资金营运的内部控制，资金的调出、调入应当有真实的业务背景，严格按照授权进行操作，并及时划拨资金，登记台账。

第六十条 商业银行应当根据授信原则和资金交易对手的财务状况，确定交易对手、投资对象的授信额度和期限，并根据交易产品的特点对授信额度进行动态监控，确保所有交易控制在授信额度范围之内。

第六十一条 商业银行应当充分了解所从事资金业务的性质、风险、相关的法规和惯例，明确规定允许交易的业务品种，确定资金业务单笔、累计最大交易限额以及相应承担的单笔、累计最大交易损失限额和交易止损点。

高级管理层应当充分认识金融衍生产品的性质和风险，根据本行的风险承受水平，合理确定金融衍生产品的风险限额和相关交易参数。

第六十二条　商业银行应当建立完备的资金交易风险评估和控制系统，制定符合本行特点的风险控制政策、措施和定量指标，开发和运用量化的风险管理模型，对资金交易的收益与风险进行适时、审慎评价，确保资金业务各项风险指标控制在规定的范围内。

第六十三条　商业银行应当根据资金交易的风险程度和管理能力，就交易品种、交易金额和止损点等对资金交易员进行授权。

资金交易员上岗前应当取得相应资格。

第六十四条　商业银行应当按照市场价格计算交易头寸的市值和浮动盈亏情况，对资金交易产品的市场风险、头寸市值变动进行实时监控。

第六十五条　商业银行应当建立资金交易风险和市值的内部报告制度。有关资金业务风险和市值情况的报告应当定期、及时向董事会、高级管理层和其他管理人员提供。商业银行应当制定不同层次和种类的报告的发送范围、程序和频率。

第六十六条　商业银行应当建立全面、严密的压力测试程序，定期对突发的小概率事件，如市场价格发生剧烈变动，或者发生意外的政治、经济事件可能造成的潜在损失进行模拟和估计，以评估本行在极端不利情况下的亏损承受能力。

商业银行应当将压力测试的结果作为制定市场风险应急处理方案的重要依据，并定期对应急处理方案进行审查和测试，不断更新和完善应急处理方案。

第六十七条　商业银行应当建立对资金交易员的适当的约束机制，对资金交易员实施有效管理。

资金交易员应当严格遵守交易员行为准则，在职责权限、授信额度、各项交易限额和止损点内以真实的市场价格进行交易，并严守交易信息秘密。

第六十八条　商业银行应当建立资金交易中台和后台部门对前台交易的反映和监督机制。

中台监控部门应当核对前台交易的授权交易限额、交易对手的授信额度和交易价格等，对超出授权范围内的交易应当及时向有关部门报告。

后台结算部门应当独立地进行交易结算和付款，并根据资金交易员的交易记录,在规定的时间内向交易对手逐笔确认交易事实。

第六十九条 商业银行在办理代客资金业务时,应当了解客户从事资金交易的权限和能力,向客户充分揭示有关风险,获取必要的履约保证,明确在市场变化情况下客户违约的处理办法和措施。

第七十条 商业银行资金业务新产品的开发和经营应当经过高级管理层授权批准,在风险控制制度和操作规程完备、人员合格和设备齐全的情况下,交易部门才能全面开展新产品的交易。

第七十一条 商业银行应当建立资金业务的风险责任制,明确规定各个部门、岗位的风险责任:

(一)前台资金交易员应当承担越权交易和虚假交易的责任,并对未执行止损规定形成的损失负责。

(二)中台监控人员应当承担对资金交易员越权交易报告的责任,并对风险报告失准和监控不力负责。

(三)后台结算人员应当对结算的操作性风险负责。

(四)高级管理层应当对资金交易出现的重大损失承担相应的责任。

第五章 存款和柜台业务的内部控制

第七十二条 商业银行存款及柜台业务内部控制的重点是:对基层营业网点、要害部位和重点岗位实施有效监控,严格执行账户管理、会计核算制度和各项操作规程,防止内部操作风险和违规经营行为,防止内部挪用、贪污以及洗钱、金融诈骗、逃汇、骗汇等非法活动,确保商业银行和客户资金的安全。

第七十三条 商业银行应当严格执行账户管理的有关规定,认真审核存款人身份和账户资料的真实性、完整性和合法性,对账户开立、变更和撤销的情况定期进行检查,防止存款人出租、出借账户或利用存款账户从事违法活动。

第七十四条 商业银行应当严格管理预留签章和存款支付凭据,提高对签章、票据真伪的甄别能力,并利用计算机技术,加大预留签章管理的科技含量,防止诈骗活动。

第七十五条 商业银行应当对存款账户实施有效管理,建立和完善银行与客户、银行与银行以及银行内部业务台账与会计账之间的适时对账制度，对对账频率、对账对象、可参与对账人员等作出明确规定。

第七十六条 商业银行应当对内部特种转账业务、账户异常变动等进行持续监控，发现情况应当进行跟踪和分析。

第七十七条 商业银行应当对大额存单签发、大额存款支取实行分级授权和双签制度，按规定对大额款项收付进行登记和报备，确保存款等交易信息的真实、完整。

第七十八条 商业银行应当对每日营业终了的账务实施有效管理，当天的票据当天入账，对发现的错账和未提出的票据或退票，应当履行内部审批、登记手续。

第七十九条 商业银行应当严格执行"印、押、证"三分管制度，使用和保管重要业务印章的人员不得同时保管相关的业务单证，使用和管理密押、压数机的人员不得同时使用或保管相关的印章和单证。

使用和保管密押的人员应当保持相对稳定，人员变动应当经主管领导批准，并办好交接和登记手续。

人员离岗，"印、押、证"应当落锁入柜，妥善保管。

第八十条 商业银行应当对现金收付、资金划转、账户资料变更、密码更改、挂失、解挂等柜台业务，建立复核制度，确保交易的记录完整和可追溯。

柜台人员的名章、操作密码、身份识别卡等应当实行个人负责制，妥善保管，按章使用。

第八十一条 商业银行应当对现金、贵金属、重要空白凭证和有价单证实行严格的核算和管理，严格执行入库、登记、领用的手续，定期盘点查库，正确、及时处理损益。

第八十二条 商业银行应当建立会计、储蓄事后监督制度，配置专人负责事后监督，实现业务与监督在空间与人员上的分离。

第八十三条 商业银行应当认真遵循"了解你的客户"的原则，注意审查客户资金来源的真实性和合法性，提高对可疑交易的鉴别能力，如发现可疑交易，应当逐级上报，防止犯罪分子进行洗钱活动。

第八十四条 商业银行应当严格执行营业机构重要岗位的请假、轮岗制度和离岗审计制度。

第六章 中间业务的内部控制

第八十五条 商业银行中间业务内部控制的重点是：开展中间业务应当取得有关主管部门核准的机构资质、人员从业资格和内部的业务授权，建立并落实相关的规章制度和操作规程，按委托人指令办理业务，防范或有负债风险。

第八十六条 商业银行办理支付结算业务，应当根据有关法律规定的要求，对持票人提交的票据或结算凭证进行审查，并确认委托人收、付款指令的正确性和有效性，按指定的方式、时间和账户办理资金划转手续。

第八十七条 商业银行办理结汇、售汇和付汇业务，应当对业务的审批、操作和会计记录实行恰当的职责分离，并严格执行内部管理和检查制度，确保结汇、售汇和收付汇业务的合规性。

第八十八条 商业银行办理代理业务，应当设立专户核算代理资金，完善代理资金的拨付、回收、核对等手续，防止代理资金被挤占挪用，确保专款专用。

第八十九条 商业银行应当对代理资金支付进行审查和管理，按照代理协议的约定办理资金划转手续，遵循银行不垫款的原则，不介入委托人与其他人的交易纠纷。

第九十条 商业银行应当严格按照会计制度正确核算和确认各项代理业务收入，坚持收支两条线，防止代理收入被截留或挪用。

第九十一条 商业银行发行借记卡，应当按照实名制规定开立账户。

对借记卡的取款、转账、消费等支付业务，应当制定并严格执行相关的管理制度和操作规程。

第九十二条 商业银行发行贷记卡，应当在全行统一的授信管理原则下，建立客户信用评价标准和方法，对申请人相关资料的合法性、真实性和有效性进行严格审查，确定客户的信用额度，并严格按照授权进行审批。

第九十三条 商业银行应当对贷记卡持卡人的透支行为建立有效的监控机制，业务处理系统应当具有实时监督、超额控制和异常交易止付等功能。

商业银行应当定期与贷记卡持卡人对账，严格管理透支款项，切实防范恶意透支等风险。

第九十四条 商业银行受理银行卡存取款或转账业务，应当对银行卡资金交易设置必要的监控措施，防止持卡人利用银行卡进行违法活动。

第九十五条　商业银行发卡机构应当建立和健全内部管理机制，完善重要凭证、银行卡卡片、客户密码、止付名单、技术档案等重要资料的传递与存放管理，确保交接手续的严密。

第九十六条　商业银行应当对银行卡特约商户实施有效管理，规范相关的操作规程和处理手续，对特约商户的经营风险或操作过失应当制定相应的应急和防范措施。

第九十七条　商业银行从事基金托管业务，应当在人事、行政和财务上独立于基金管理人，双方的管理人员不得相互兼职。

第九十八条　商业银行应当以诚实信用、勤勉尽责的原则保管基金资产，严格履行基金托管人的职责，确保基金资产的安全，并承担为客户保密的责任。

第九十九条　商业银行应当确保基金托管业务与基金代销业务相分离，基金托管的系统、业务资料应当与基金代销的系统、业务资料有效分离。

第一百条　商业银行应当确保托管基金资产与自营资产相分离，对不同基金独立设账，分户管理，独立核算，确保不同基金资产的相互独立。

第一百零一条　商业银行应当严格按照会计制度办理基金账务核算，正确反映资金往来活动，并定期与基金管理人等有关当事人就基金投资证券的种类、数量等进行核对。

第一百零二条　商业银行开展咨询顾问业务，应当坚持诚实信用原则，确保客户对象、业务内容的合法性和合规性，对提供给客户的信息的真实性、准确性负责，并承担为客户保密的责任。

第一百零三条　商业银行开办保管箱业务，应当在场地、设备和处理软件等方面符合国家安全标准，对用户身份进行核验确认。

对进入保管场地和开启保管箱，应当制定相应的操作规范，明确要求租用人不得在保管箱内存放违禁或危险物品，防止利用商业银行场地保管非法物品。

第七章　会计的内部控制

第一百零四条　商业银行会计内部控制的重点是：实行会计工作的统一管理，严格执行会计制度和会计操作规程，运用计算机技术实施会计内部控制，确保会计信息的真实、完整和合法，严禁设置账外账，严禁乱用会计科目，严禁编制和报送虚假会计信息。

第一百零五条 商业银行应当依据企业会计准则和国家统一的会计制度，制定并实施本行的会计规范和管理制度。

下级机构应当严格执行上级机构制定的会计规范和管理制度，确保统一的会计规范和管理制度在本行得到实施。

第一百零六条 商业银行应当确保会计工作的独立性，确保会计部门、会计人员能够依据国家统一的会计制度和本行的会计规范独立地办理会计业务，任何人不得授意、暗示、指示、强令会计部门、会计人员违法或违规办理会计业务。

对违法或违规的会计业务，会计部门、会计人员有权拒绝办理，并向上级机构报告，或者按照职权予以纠正。

第一百零七条 商业银行会计岗位设置应当实行责任分离、相互制约的原则，严禁一人兼任非相容的岗位或独自完成会计全过程的业务操作。

第一百零八条 商业银行应当明确会计部门、会计人员的权限，各级会计部门、会计人员应当在各自的权限内行事，凡超越权限的，须经授权后，方可办理。

第一百零九条 商业银行应当对会计账务处理的全过程实行监督，会计账务应当做到账账、账据、账款、账实、账表和内外账的六相符。

凡账务核对不一致的，应当按照权限进行纠正或报上级机构处理。

第一百一十条 商业银行应当对会计主管、会计负责人实行从业资格管理，建立会计人员档案。

会计主管、会计负责人和会计人员应当具有与其岗位、职位相适应的专业资格或技能。

第一百一十一条 商业银行下级机构会计主管的变动应当经上级机构会计部门同意。

会计人员调动工作或离职，应当与接管人员办清交接手续，严格执行交接程序。

第一百一十二条 商业银行应当对会计人员实行强制休假制度，联行、同城票据交换、出纳等重要会计岗位人员和会计主管还应当定期轮换，落实离岗（任）审计制度。

第一百一十三条　商业银行应当实行会计差错责任人追究制度，发生重大会计差错、舞弊或案件，除对直接责任人员追究责任外，机构负责人和分管会计的负责人也应当承担相应的责任。

第一百一十四条　银行应当做到会计记录、账务处理的合法、真实、完整和准确，严禁伪造、变造会计凭证、会计账簿和其他会计资料，严禁提供虚假财务会计报告。

第一百一十五条　商业银行应当建立规范的信息披露制度，按照规定及时、真实、完整地披露会计、财务信息，满足股东、监管当局和社会公众对其信息的需求。

第一百一十六条　商业银行应当完善会计档案管理，严格执行会计档案查阅手续，防止会计档案被替换、更改、毁损、散失和泄密。

第八章　计算机信息系统的内部控制

第一百一十七条　商业银行计算机信息系统内部控制的重点是：严格划分计算机信息系统开发部门、管理部门与应用部门的职责，建立和健全计算机信息系统风险防范的制度，确保计算机信息系统设备、数据、系统运行和系统环境的安全。

第一百一十八条　商业银行应当明确计算机信息系统开发人员、管理人员与操作人员的岗位职责，做到岗位之间的相互制约，各岗位之间不得相互兼任。

各级机构应当配备计算机安全管理人员，明确计算机安全管理人员的职责。

第一百一十九条　商业银行应当对计算机信息系统的项目立项、开发、验收、运行和维护整个过程实施有效管理，开发环境应当与生产环境严格分离。

技术部门与业务部门之间应当进行沟通协调，确保系统的整体安全。

第一百二十条　商业银行购买计算机软、硬件设备，应当对供应商的资格条件进行严格审查，在使用前进行试用性安全测试，明确产品供应商对产品在使用期间应当承担的责任，确保产品的正常使用和有效维护。

第一百二十一条　商业银行计算机机房建设应当符合国家的有关标准，

出入计算机机房应当有严格的审批程序和出入记录，确保计算机硬件、各种存储介质的物理安全。

计算机机房和营业网点应当有完备的计算机监控系统，确保计算机终端的正常使用。

第一百二十二条 商业银行应当建立和健全网络管理系统，有效地管理网络的安全、故障、性能、配置等，并对接入国际互联网实施有效的安全管理。

第一百二十三条 商业银行应当对计算机信息系统实施有效的用户管理和密码（口令）管理，对用户的创建、变更、删除、用户口令的长度、时效等均应当有严格的控制。

员工之间严禁转让计算机信息系统的用户名或权限卡，员工离岗后应当及时更换密码和密码信息。

第一百二十四条 商业银行应当对计算机信息系统的接入建立适当的授权程序，并对接入后的操作进行安全控制。

输入计算机信息系统的数据应当核对无误，数据的修改应当经过批准并建立日志。

第一百二十五条 商业银行应当及时更新系统安全设置、病毒代码库、攻击特征码、软件补丁程序等，通过认证、加密、内容过滤、入侵监测等技术手段，不断完善安全控制措施，确保计算机信息系统的安全。

第一百二十六条 商业银行的网络设备、操作系统、数据库系统、应用程序等均应当设置必要的日志。

日志应当能够满足各类内部和外部审计的需要。

第一百二十七条 商业银行应当严格管理各类数据信息，数据的操作、数据备份介质的存放、转移和销毁等均应当有严格的管理制度。

第一百二十八条 商业银行运用计算机处理业务，应当具有可复核性和可追溯性，并为有关的审计或检查留有接口。

第一百二十九条 商业银行的电子银行服务应当具备客户身份识别、安全认证等功能，防止发生泄密事件，确保交易安全。

第一百三十条 商业银行应当尽可能利用计算机信息系统的系统设定，防范各种操作风险和违法犯罪行为。

第一百三十一条 商业银行应当建立计算机安全应急系统，制定详细的应急方案，并定期进行修订和演练。

数据备份应当做到异地存放，应当建立异地计算机灾难备份中心。

第九章 内部控制的监督与纠正

第一百三十二条 商业银行应当指定不同的机构或部门分别负责内部控制的建设、执行和内部控制的监督、评价。

内部控制的建设、执行部门负责设计内部控制体系，组织、督促各业务部门、分支机构建立和健全内部控制。

内部控制的监督、评价部门负责组织检查、评价内部控制的健全性和有效性，督促管理层纠正内部控制存在的问题。

第一百三十三条 商业银行应当建立内部控制的报告和信息反馈制度，业务部门、内部审计部门和其他控制人员发现内部控制的隐患和缺陷，应当及时向董事会、管理层或相关部门报告。

第一百三十四条 商业银行内部控制的监督、评价部门应当对内部控制的制度建设和执行情况定期进行检查评价，提出改进建议，对违反规定的机构和人员提出处理意见。

第一百三十五条 商业银行上级机构应当根据自身掌握的内部控制信息，对下级机构的内部控制状况定期作出评价，并将评价结果作为经营绩效考核的重要依据。

第一百三十六条 商业银行应当建立内部控制问题和缺陷的处理纠正机制，管理层应当根据内部控制的检查情况和评价结果，提出整改意见和纠正措施，并督促业务部门和分支机构落实。

第一百三十七条 商业银行应当建立内部控制的风险责任制：

（一）董事会、高级管理层应当对内部控制的有效性负责，并对内部控制失效造成的重大损失承担责任。

（二）内部审计部门应当对未执行审计方案、程序和方法导致重大问题未能被发现，对审计发现隐瞒不报或者未如实反映，审计结论与事实严重不符，对审计发现问题查处整改工作跟踪不力等行为，承担相应的责任。

（三）业务部门和分支机构应当及时纠正内部控制存在的问题，并对出现的风险和损失承担相应的责任。

（四）高级管理层应当对违反内部控制的人员，依据法律规定、内部管理制度追究责任和予以处分，并承担处理不力的责任。

第十章 附 则

第一百三十八条 本指引第三章至第八章未作具体规定的商业银行其他业务或环节，应当按照本指引的要求建立和完善内部控制。

第一百三十九条 本指引适用于在中华人民共和国境内依法设立的商业银行。

政策性银行、农村合作银行、城市信用社、农村信用社、村镇银行、贷款公司、农村资金互助社、金融资产管理公司、邮政储蓄机构、信托公司、财务公司、金融租赁公司、汽车金融公司、货币经纪公司等其他金融机构参照执行。

第一百四十条 中国银监会及其派出机构依据本指引及《商业银行内部控制评价试行办法》对商业银行作出的内部控制评价结果是商业银行风险评估的重要内容，也是中国银监会及其派出机构进行市场准入管理的重要依据。

第一百四十一条 本指引由中国银监会负责解释。

第一百四十二条 本指引自公布之日起施行。

附录3　商业银行操作风险管理指引

第一章　总　则

第一条　为加强商业银行的操作风险管理；根据《中华人民共和国银行业监督管理法》、《中华人民共和国商业银行法》以及其他有关法律法规，制定本指引。

第二条　在中华人民共和国境内设立的中资商业银行、外商独资银行和中外合资银行适用本指引。

第三条　本指引所称操作风险是指由不完善或有问题的内部程序、员工和信息科技系统，以及外部事件所造成损失的风险。本定义所指操作风险包括法律风险，但不包括策略风险和声誉风险。

第四条　中国银行业监督管理委员会（以下简称银监会）依法对商业银行的操作风险管理实施监督检查，评价商业银行操作风险管理的有效性。

第二章　操作风险管理

第五条　商业银行应当按照本指引要求，建立与本行的业务性质、规模和复杂程度相适应的操作风险管理体系，有效地识别、评估、监测和控制/缓释操作风险。操作风险管理体系的具体形式不要求统一，但至少应包括以下基本要素：

（一）董事会的监督控制；

（二）高级管理层的职责；

（三）适当的组织架构；

（四）操作风险管理政策、方法和程序；

（五）计提操作风险所需资本的规定。

第六条　商业银行董事会应将操作风险作为商业银行面对的一项主要风险，并承担监控操作风险管理有效性的最终责任。主要职责包括：

（一）制定与本行战略目标相一致且适用于全行的操作风险管理战略和总体政策；

（二）通过审批及检查高级管理层有关操作风险的职责、权限及报告制度，确保全行的操作风险管理决策体系的有效性，并尽可能地确保将本行从事的各项业务面临的操作风险控制在可以承受的范围内；

（三）定期审阅高级管理层提交的操作风险报告，充分了解本行操作风险管理的总体情况、高级管理层处理重大操作风险事件的有效性以及监控和评价日常操作风险管理的有效性；

（四）确保高级管理层采取必要的措施有效地识别、评估、监测和控制/缓释操作风险；

（五）确保本行操作风险管理体系接受内审部门的有效审查与监督；

（六）制定适当的奖惩制度，在全行范围有效地推动操作风险管理体系的建设。

第七条　商业银行的高级管理层负责执行董事会批准的操作风险管理战略、总体政策及体系。主要职责包括：

（一）在操作风险的日常管理方面，对董事会负最终责任；

（二）根据董事会制定的操作风险管理战略及总体政策，负责制定、定期审查和监督执行操作风险管理的政策、程序和具体的操作规程，并定期向董事会提交操作风险总体情况的报告；

（三）全面掌握本行操作风险管理的总体状况，特别是各项重大的操作风险事件或项目；

（四）明确界定各部门的操作风险管理职责以及操作风险报告的路径、频率、内容，督促各部门切实履行操作风险管理职责，以确保操作风险管理体系的正常运行；

（五）为操作风险管理配备适当的资源，包括但不限于提供必要的经费、设置必要的岗位、配备合格的人员、为操作风险管理人员提供培训、赋予操作风险管理人员履行职务所必需的权限等；

（六）及时对操作风险管理体系进行检查和修订，以便有效地应对内部程序、产品、业务活动、信息科技系统、员工及外部事件和其他因素发生变化所造成的操作风险损失事件。

第八条　商业银行应指定部门专门负责全行操作风险管理体系的建立和实施。该部门与其他部门应保持独立，确保全行范围内操作风险管理的一致性和有效性。主要职责包括：

（一）拟定本行操作风险管理政策、程序和具体的操作规程，提交高级管理层和董事会审批；

（二）协助其他部门识别、评估、监测、控制及缓释操作风险；

（三）建立并组织实施操作风险识别、评估、缓释（包括内部控制措施）和监测方法以及全行的操作风险报告程序；

（四）建立适用全行的操作风险基本控制标准，并指导和协调全行范围内的操作风险管理；

（五）为各部门提供操作风险管理方面的培训，协助各部门提高操作风险管理水平、履行操作风险管理的各项职责；

（六）定期检查并分析业务部门和其他部门操作风险的管理情况；

（七）定期向高级管理层提交操作风险报告；

（八）确保操作风险制度和措施得到遵守。

第九条　商业银行相关部门对操作风险的管理情况负直接责任。主要职责包括：

（一）指定专人负责操作风险管理，其中包括遵守操作风险管理的政策、程序和具体的操作规程；

（二）根据本行统一的操作风险管理评估方法，识别、评估本部门的操作风险，并建立持续、有效的操作风险监测、控制/缓释及报告程序，并组织实施；

（三）在制定本部门业务流程和相关业务政策时，充分考虑操作风险管理和内部控制的要求，应保证各级操作风险管理人员参与各项重要的程序、控制措施和政策的审批，以确保与操作风险管理总体政策的一致性；

（四）监测关键风险指标，定期向负责操作风险管理的部门或牵头部门通报本部门操作风险管理的总体状况，并及时通报重大操作风险事件。

第十条　商业银行法律、合规、信息科技、安全保卫、人力资源等部门在管理好本部门操作风险的同时，应在涉及其职责分工及专业特长的范围内为其他部门管理操作风险提供相关资源和支持。

第十一条 商业银行的内审部门不直接负责或参与其他部门的操作风险管理，但应定期检查评估本行的操作风险管理体系运作情况，监督操作风险管理政策的执行情况，对新出台的操作风险管理政策、程序和具体的操作规程进行独立评估，并向董事会报告操作风险管理体系运行效果的评估情况。

鼓励业务复杂程度较高和规模较大的商业银行委托社会中介机构对其操作风险管理体系定期进行审计和评价。

第十二条 商业银行应当制定适用于全行的操作风险管理政策。操作风险管理政策应当与银行的业务性质、规模、复杂程度和风险特征相适应。主要内容包括：

（一）操作风险的定义；

（二）适当的操作风险管理组织架构、权限和责任；

（三）操作风险的识别、评估、监测和控制/缓释程序；

（四）操作风险报告程序，其中包括报告的责任、路径、频率，以及对各部门的其他具体要求；

（五）应针对现有的和新推出的重要产品、业务活动、业务程序、信息科技系统、人员管理、外部因素及其变动，及时评估操作风险的各项要求。

第十三条 商业银行应当选择适当的方法对操作风险进行管理。具体的方法可包括：评估操作风险和内部控制、损失事件的报告和数据收集、关键风险指标的监测、新产品和新业务的风险评估、内部控制的测试和审查以及操作风险的报告。

第十四条 业务复杂及规模较大的商业银行，应采用更加先进的风险管理方法，如使用量化方法对各部门的操作风险进行评估，收集操作风险损失数据，并根据各业务线操作风险的特点有针对性地进行管理。

第十五条 商业银行应当制定有效的程序，定期监测并报告操作风险状况和重大损失情况。应针对潜在损失不断增大的风险，建立早期的操作风险预警机制，以便及时采取措施控制、降低风险，降低损失事件的发生频率及损失程度。

第十六条 重大操作风险事件应当根据本行操作风险管理政策的规定及时向董事会、高级管理层和相关管理人员报告。

第十七条 商业银行应当将加强内部控制作为操作风险管理的有效手

段，与此相关的内部措施至少应当包括：

（一）部门之间具有明确的职责分工以及相关职能的适当分离，以避免潜在的利益冲突；

（二）密切监测遵守指定风险限额或权限的情况；

（三）对接触和使用银行资产的记录进行安全监控；

（四）员工具有与其从事业务相适应的业务能力并接受相关培训；

（五）识别与合理预期收益不符及存在隐患的业务或产品；

（六）定期对交易和账户进行复核和对账；

（七）主管及关键岗位轮岗轮调、强制性休假制度和离岗审计制度；

（八）重要岗位或敏感环节员工八小时内外行为规范；

（九）建立基层员工署名揭发违法违规问题的激励和保护制度；

（十）查案、破案与处分适时、到位的双重考核制度；

（十一）案件查处和相应的信息披露制度；

（十二）对基层操作风险管控奖惩兼顾的激励约束机制。

第十八条　为有效地识别、评估、监测、控制和报告操作风险，商业银行应当建立并逐步完善操作风险管理信息系统。管理信息系统至少应当记录和存储与操作风险损失相关的数据和操作风险事件信息，支持操作风险和控制措施的自我评估，监测关键风险指标，并可提供操作风险报告的有关内容。

第十九条　商业银行应当制定与其业务规模和复杂性相适应的应急和业务连续方案，建立恢复服务和保证业务连续运行的备用机制，并应当定期检查、测试其灾难恢复和业务连续机制，确保在出现灾难和业务严重中断时这些方案和机制的正常执行。

第二十条　商业银行应当制定与外包业务有关的风险管理政策，确保业务外包有严谨的合同和服务协议、各方的责任义务规定明确。

第二十一条　商业银行可购买保险以及与第三方签订合同，并将其作为缓释操作风险的一种方法，但不应因此忽视控制措施的重要作用。

购买保险等方式缓释操作风险的商业银行，应当制定相关的书面政策和程序。

第二十二条　商业银行应当按照银监会关于商业银行资本充足率管理的要求，为所承担的操作风险提取充足的资本。

第三章 操作风险监管

第二十三条 商业银行的操作风险管理政策和程序应报银监会备案。商业银行应按照规定向银监会或其派出机构报送与操作风险有关的报告。委托社会中介机构对其操作风险管理体系进行审计的，还应提交外部审计报告。

第二十四条 商业银行应及时向银监会或其派出机构报告下列重大操作风险事件：

（一）抢劫商业银行或运钞车、盗窃银行业金融机构现金30万元以上的案件，诈骗商业银行或其他涉案金额1 000万元以上的案件；

（二）造成商业银行重要数据、账册、重要空白凭证严重损毁、丢失，造成在涉及两个或两个以上省（自治区、直辖市）范围内中断业务3小时以上，在涉及一个省（自治区、直辖市）范围内中断业务6小时以上，严重影响正常工作开展的事件；

（三）盗窃、出卖、泄露或丢失涉密资料，可能影响金融稳定，造成经济秩序混乱的事件；

（四）高管人员严重违规；

（五）发生不可抗力导致严重损失，造成直接经济损失1 000万元以上的事故、自然灾害；

（六）其他涉及损失金额可能超过商业银行资本净额1‰的操作风险事件；

（七）银监会规定其他需要报告的重大事件。

第二十五条 银监会对商业银行有关操作风险管理的政策、程序和做法进行定期的检查评估。主要内容包括：

（一）商业银行操作风险管理程序的有效性；

（二）商业银行监测和报告操作风险的方法，包括关键操作风险指标和操作风险损失数据；

（三）商业银行及时有效地处理操作风险事件和薄弱环节的措施；

（四）商业银行操作风险管理程序中的内控、检查和内审程序；

（五）商业银行灾难恢复和业务连续方案的质量和全面性；

（六）计提的抵御操作风险所需资本的充足水平；

（七）操作风险管理的其他情况。

第二十六条 对于银监会在监管中发现的有关操作风险管理的问题，商业银行应当在规定的时限内，提交整改方案并采取整改措施。

对于发生重大操作风险事件而未在规定时限内采取有效整改措施的商业银行，银监会将依法采取相关监管措施。

第四章 附 则

第二十七条 政策性银行、金融资产管理公司、城市信用社、农村信用社、农村合作银行、信托投资公司、财务公司、金融租赁公司、汽车金融公司、货币经纪公司、邮政储蓄机构等其他银行业金融机构参照本指引执行。

第二十八条 未设董事会的银行业金融机构，应当由其经营决策机构履行本指引规定的董事会的有关操作风险管理职责。

第二十九条 在中华人民共和国境内设立的外国银行分行，应当遵循其总行制定的操作风险管理政策和程序，按照规定向银监会或其派出机构报告重大操作风险事件并接受银监会的监管；其总行未制定操作风险管理政策和程序的，按照本指引的有关要求执行。

第三十条 本指引所涉及的有关名词见附录。

第三十一条 本指引自发布之日起施行。

附录4 操作风险管理与监管的稳健做法[①]

巴塞尔银行监管委员会（2003年2月）

一、营造适宜的风险管理环境

如果对操作风险不了解、欠管理（实际上存在于各种银行业务与经营活动中），可能会导致部分风险不被识别而失控。董事会与高级管理层都有责任营造这样一种公司文化，即将有效的操作风险管理与坚持稳健的营运控制确立为重中之重。当一家银行的文化以高标准的道德操守严格要求各级管理者时，操作风险的管理才会最为有效。董事会与高级管理层应通过各种活动和言语，努力促进这种公司文化的建立，使全体员工在从事银行业务中遵守统一的行为规范。

原则1：董事会应了解本行的主要操作风险所在，把它作为一种必须管理的主要风险类别，核准并定期审核本行的操作风险管理系统。该系统应对存在于本行各类业务中的操作风险进行界定，并制订识别、评估、监测与控制/缓释操作风险所应依据的原则。

1. 这里所称的管理结构包括董事会和高级管理层。关于董事会和高级管理层的职能，各国的立法和管理框架存在重大差异。在某些国家，董事会主要（如果不是全部）负责监督执行机构（高级管理层、一般管理层），以确保后者完成任务。由于这个原因，在某些情况下，它被称为监事会，这就是说董事会没有行政职能。在其他国家，董事会职权较广，负责制定银行管理

---

① 摘自中国银行业监督管理委员会官方网站，www.cbrc.gov.cn/chinese/home/docview/991.html。

层的整体工作框架。由于这些差异，本文中使用的术语"董事会"和"高级管理层"，并不是去确定它们的法律结构，而是把它们当作一家银行的两个决策职能机构。

2. 董事会应批准在全行范围内采用操作风险管理系统，并将操作风险作为一种主要风险来管理，以确保银行的安全与稳健。董事会应为高级管理层就这些原则制订明确的指引，并核准其拟订的相应政策。

3. 操作风险管理系统应建立在对操作风险的适当定义之上，该定义应列明本行操作风险的具体构成。该系统应通过制订具体的风险管理政策、操作风险管理行动的先后顺序（包括向银行外转嫁操作风险的程度和方法），以阐明本行对操作风险的喜好和容忍度。该系统还应包括具体的政策规定，列明本行识别、评估、监测和控制/缓释风险的方法。一家银行操作风险管理系统的规范与复杂程度应与其风险状况相称。

4. 董事会应负责建立一个能够有效执行操作风险管理系统的管理架构。由于操作风险的管理在很大程度上依赖于内控的完善与否，因此董事会应对管理层的职责、权限与报告制度作出明确的规定，这一点至关重要。此外，操作风险控制、业务操作和后台服务等部门间的职责与报告渠道也应分离，以避免出现利益冲突。管理系统还应在关键程序上作出明确规定以便于操作风险的管理。

5. 董事会应对本行的操作风险管理系统进行定期检查，以应对由于外部市场变化和其他环境因素导致的操作风险以及与新的产品、业务、系统相关的操作风险。检查的另一目的还在于，探寻适宜本行业务、系统和程序的操作风险管理的最佳业界做法。如有必要，董事会还可根据相关分析对本行的操作风险管理系统进行修订，以便将主要操作风险纳入管理系统之中。

原则2： 董事会要确保本行的操作风险管理系统受到内审部门全面、有效的监督。内审部门必须拥有一支独立运作、训练有素、业务精良的内审队伍。内审部门不应直接负责操作风险的管理。

6. 银行应有完善的内审制度，以使本行的经营方针和各项规章制度得以有效实施。董事会应（直接地或通过审计委员会间接地）确保审计的范围和频度与本行的风险状况相适应。内审部门应定期检查本行的操作风险管理系统是否由上至下得到有效贯彻。

7. 由于内审部门负责对操作风险管理系统的监督，因此董事会必须确保审计部门的独立性。如果内审部门直接参与到操作风险的管理过程中去，则其独立性就会大打折扣。内审部门可以向操作风险管理人员提供有价值的意见，但本身不应直接负责操作风险的管理。委员会发现，在现实情况中，有些银行（特别是小银行）的内审部门可能会负责最初阶段的操作风险管理方案的制订。如有银行存在这种情况，则应将操作风险的日常管理职能及时从内审部门转移出去。

原则3：高级管理层应负责执行经董事会批准的操作风险管理系统。该系统应在银行内各部门得以持续的贯彻执行，并且各级员工也应了解自己在操作风险管理中的责任。高级管理层还应负责制订相关政策、程序和步骤，以管理存在于银行重要产品、活动、程序和系统中的操作风险。

8. 管理层应将董事会建立的操作风险管理系统转化成为具体的政策、程序和步骤，以便于不同业务部门贯彻落实和对照检查。虽然各级管理者要在各自的权限内负责相关政策、程序、步骤和监控的适宜性与有效性，高级管理层必须对各职能部门的责权关系和上下级报告关系作出明确的界定，以使各部门对自身的权限与职责始终保持清晰的认识，并调动足够的资源对操作风险进行有效的管理。此外，高级管理层在对风险监控程序的适用性进行评估时，还应将各部门的业务政策本身所固有的风险纳入到考虑范围之内。

9. 高级管理层应确保本行的业务经营是由一批拥有必要的经验、技能和资源的称职员工来承担，而且负责本行风险监控与合规性检查的员工必须拥有独立于其所监控的部门的权力。管理层应确保所有在存在重大操作风险的岗位工作的员工都清晰了解本行的操作风险管理政策。

10. 高级管理层应确保负责操作风险管理的员工与负责信贷、市场和其他风险的员工，以及本行内诸如负责购买保险和联系外仓业务的人员进行有效的沟通。否则很可能会导致全行风险管理出现真空或职责重叠。

11. 高级管理层要确保银行的薪酬政策与其对风险的喜好相适应。鼓励员工偏离既定政策（如超过规定的限额）的薪酬制度会弱化银行的风险管理过程。

12. 对文件控制质量和交易处理方式也需特别注意。有关政策、程序和步骤（特别是与支持巨额交易量的先进技术相关的），必须形成书面文件并传达到所有相关员工。

二、风险管理：识别、评估、监测和缓释/控制

原则4：银行应该识别和评估所有重要产品、活动、程序和系统中固有的操作风险。银行还应该确保在引进或采取新产品、活动、程序和系统之前，对其中固有的操作风险已经经过了足够的评估步骤。

13．风险识别对后续开发可行的操作风险监测和控制系统至关重要。有效的风险识别要同时考虑内部因素（例如银行的结构、银行业务的性质、银行人力资源的素质、组织机构的变化、员工的流动性）和外部因素（如行业的变化和技术的进步）。这些因素可能对银行目标的实现造成重大不利影响。

14．在识别绝大多数潜在的不利风险的同时，银行还应该评估自身对这些风险的承受能力。通过有效的风险评估，银行可以更好地掌握其风险状况和最有效地使用风险管理资源。

15．银行用于识别、评估操作风险的工具可能包括：

● 自我或风险评估：银行对其经营和业务中一系列可能蒙受的潜在操作风险进行评估。这一过程属于内部驱动并且经常通过列出清单和/或使用工作组的形式来识别操作风险环境的优劣。例如，记分卡把定性评估转换成定量指标，这样就可以对不同的操作风险类别进行相对排序。某些分数对应的风险可能仅与某类特别业务系列有关，而另一些分数可能对应许多类业务系列的风险。分数可能根据固有风险来定，也可能根据缓释风险的控制措施来打分。另外，银行可以用记分卡，即根据各部门在管理和控制各类操作风险方面的业绩，来决定经济资本的分配。

● 风险对应关系：在这一过程中，各业务单位、机构职能部门或程序流程都与风险类别之间建立起对应关系。这一行动可以暴露弱点所在，并且有助于突出后续管理行动的重点。

● 风险指标：风险指标是指用来考察银行的风险状况的统计数据和/或指标（通常是财务方面的）。对这些指标要进行定期（逐月或逐季）审查，以提醒银行有关风险可能的变化。这些指标可能包括失败交易的次数、员工流动比率、错误和遗漏的频率和/或严重程度。

● 计量：一些公司已经开始使用许多方法来量化其操作风险程度。例如，银行历史损失记录的数据可以用于帮助评估银行蒙受操作风险的程度以

及开发缓释/控制风险的政策。充分利用这些信息的有效方法之一是建立一种制度来系统跟踪和记录每项损失事件的频率、严重性和其他相关信息。一些公司还已合并使用内外部损失数据、方案分析和风险评估因素。

原则5：银行应该制定一套程序来定期监测操作风险状况和重大损失风险。对积极支持操作风险管理的高级管理层和董事会，应该定期报告有关信息。

16．一套有效的监测程序对充分管理操作风险至关重要。定期监测行为有利于快速发现并且纠正管理操作风险的政策、程序和步骤中的缺陷。迅速发现和处理这些缺陷可以大大减少损失事件的频率和/或严重程度。

17．除监测操作损失事件外，银行应该明确适当的指标，以便为将来损失增大的风险提供早期预警。这样的指标（通常被称为关键风险指标或早期预警指标）应该具有前瞻性，并且可以反映操作风险潜在的原由，例如快速增长、推广新产品、员工流动、交易中断、系统检修等等。如果这些指标都设有门槛值，那么一套有效的监测程序可以帮助明确识别各项重大风险，并且促使银行对这些风险采取适当的行动。

18．监测的频度应该反映所包含的风险以及操作环境变化的频率和性质。监测应该是银行业务活动的不可分割的一部分。这些监测活动的结果应该写入定期的管理层和董事会报告之中，就好比由内部审计和/或风险管理职能部门进行合规性检查一样。由（和/或及为）监管当局撰写的报告内容应包括监测方面的情况，并且如果适宜的话，应该内部抄报给高级管理层和董事会。

19．各业务单位、集团内职能部门、操作风险管理办公室和内部审计等相关机构应该定期向高级管理层呈送报告。操作风险报告内容应该包括内部财务、操作和合规性数据以及有关决策的事件和情况的外部市场信息。报告应该分发给相应的各级管理层以及可能受到影响的银行内有关单位。报告应该充分反映所有识别出的问题，并且应该提议对突出的问题及时采取纠错行动。为了确保这些风险和审计报告的有效性和可靠性，管理层应该定期核实报告制度和内部控制在总体上的及时性、准确性和相关性。管理层还应该使用外部人员（审计师、监管者）撰写的报告，以便评估内部报告的有效性和可靠性。对报告要进行分析，以便改善目前的风险管理业绩以及开发新的风险管理政策、步骤和做法。

20．一般说来，董事会应该收到足够的高层信息以便使他们了解银行的整个操作风险状况并专注于重大和具有战略意义的业务。

原则6：银行应该制定控制和/或缓释重大操作风险的政策、程序和步骤。银行应该定期检查其风险限度和控制战略，并且根据其全面的风险喜好和状况，通过使用合适的战略，相应地调整其操作风险状况。

21．控制行动针对的是银行已经识别出的操作风险。对于所有已经被识别的重大操作风险，银行应该决定是采用合适的步骤来控制和/或缓释风险，还是忍受风险。对于那些不能控制的风险，银行应该决定是否接受这些风险，减少相关业务活动程度，或完全停做此类业务。银行应该制定控制程序和步骤，并且制定一套书面的制度以确保遵循有关风险管理系统的内部政策。原则要素可以包括如下：

- 高层审查银行朝着预定目标的进展情况；
- 检查遵守管理控制措施的情况；
- 审查、处理和解决违规问题的有关政策、程序和步骤；
- 确保有一套相应管理层责任明确的成文的审批和授权制度。

22．虽然一整套书面正式的政策和步骤很关键，但是更需要一种强有力的促进稳健风险管理的控制文化。董事会和高级管理层都有责任建立强有力的内部控制文化，因为控制措施是银行正常业务活动不可分割的一部分。控制措施与正常业务活动的有机结合可以使银行对变化的情况作出快速反应，并且避免发生不必要的成本。

23．一个有效的内部控制系统还要求职责的适当分解，而且在划分责任时应避免利益冲突。如果职责划分给某些个人或一个小团体时出现利益冲突，这些人就可能会隐藏损失、错误或不当行为。因此，潜在的利益冲突领域应该被识别、减少，并要经受独立的认真监测和审查。

24．除了职责分解之外，银行还应该确保制定了其他内部做法来适当控制操作风险。这些做法的实例包括：

- 密切监测遵守指定风险限度或门槛的情况；
- 对接触和使用银行资产的记录进行安全防卫；
- 确保员工拥有适当的技能和培训；
- 识别某些回报似乎与合理预期不符的业务系列或产品（例如：某种低风险、低收益的交易活动出现高回报，就要怀疑是否如此回报的取得源自内部控制违规）；

• 定期对交易和账户进行复核和对账。

最近几年，因为没有执行此类做法已经导致某些银行发生了重大的操作风险损失。

25．操作风险更加明显的领域包括：银行从事新业务或开发新产品（特别是这些业务活动或产品与银行的核心业务战略不符）、进入不熟悉的市场、在远离总部的地区从事的业务。在上述情况中，公司没有保证其风险管理控制基础设施跟上业务活动的增长速度。近几年发生的几起金额最大、影响最广的损失事件或多或少地存在上述情形。因此，银行必须确保：如果此类情形存在，则要特别关注内部控制行为。

26．一些重大操作风险发生的概率虽低，但潜在的财务影响却非常大。而且，并非所有的风险事件都能够被控制（例：自然灾害）。风险缓释工具或方案可以用来减少此类事件的风险、频率和/或严重性。例如，对那些具有迅速并且明确的支出特点的业务，保险单可以用来转嫁低频率、很严重的损失风险，而这种损失风险可能是由于错误和遗漏、证券的有形损失、雇员或第三方欺诈以及自然灾害而引起的第三方索赔。

27．然而，银行只能把风险缓释工具作为补充手段，而不能代替全面的内部操作风险控制。建立快速识别和纠正合法操作风险错误的机制可以大大地减少风险。还应该认真考虑风险缓释工具（诸如保险）真正减少风险、把风险转嫁到其他业务或领域甚至产生一种新风险（如法律风险或交易对手风险）的程度。

28．对适当的处理技术和信息技术安全进行投资，对于风险缓释也很重要。然而，银行应该明白，自动化增加可以把高频率、低数额的损失转换为低频率、高数额的损失。后者的原因可能是由内部因素或超出银行直接控制的因素（如外部事件）造成的损失或长时间的服务中断。此类问题或许给银行造成严重困难，并且可能损害一家机构从事主要业务活动的能力。正如下面原则7所讨论的，银行应该建立灾难恢复和业务连续方案来应对这种风险。

29．银行应该制定政策来管理与外仓行为有关的风险。业务外仓可以减少机构的风险状况，因为它可以把相关业务转给具有较高技能和规模的其他人来管理。然而，银行借助第三方的力量并不能减少董事会和管理层确保第三方的行为安全稳健并且遵守相关法律的责任。业务外仓应该有严谨的合同和/或服务协议做基石，以确保外部服务提供者和银行之间责任划分明确。而且，银行需要管理与外仓安排有关的后续风险，包括服务中断。

30．根据业务活动的规模和性质，银行应该了解任何潜在缺陷对其经营和客户的潜在影响，这种缺陷是指供应商和其他第三方或集团内部服务供应者提供服务的缺陷，包括营业中断和潜在的业务失败或外部合同方违约。董事会和管理层应该确保各方的期望和义务规定明确、理解无误并且具有可操作性。外部供应方的责任限度以及因其错误、疏忽和其他操作失败而对银行进行财务补偿的能力应该被明确地列入风险评估的一部分。银行应该进行初始尽职测试并且监测第三方供应商的业务（特别是那些缺乏银行业规范环境从业经验的），银行还应该定期审查这一过程（包括尽职重估）。对于关键业务，银行可能需要考虑应急方案，包括外部替代方的可行性以及可能在短期内转换外部合同方所需要的资源和成本。

31．在某些情况下，银行可以决定是否保留一定水平的操作风险或自我防范那种风险，如果风险重大，那么保留或自我防范风险的决定在机构内应该是透明的，并且与银行的整体业务战略和对风险的喜好相吻合。

原则7：银行应该制定应急和连续营业方案，以确保在严重的业务中断事件中连续经营并控制住损失。

32．由于存在银行不可控制的因素，当银行的物资、电讯或信息技术基础设施严重受损或不可用时，可能导致银行无力履行部分或全部业务职责，结果给银行带来重大经济损失，或通过诸如支付系统等渠道而造成更广的金融系统瘫痪。这种可能性的存在要求银行建立灾难恢复和业务连续方案，即考虑银行可能遭受的各种可能的情形，方案还应该与银行经营的规模和复杂性相适应。

33．银行应该识别那些迅速对恢复服务至关重要的关键业务程序，包括那些依赖外部供应商或其他第三方的业务。对于这些程序，银行应该明确在中断事件中恢复服务的替代机制。应该特别关注恢复电子或物理记录功能，因为这是恢复业务必备的。如果这样的记录是由非现场设施进行数据备份的话，或当银行的营业必须搬迁到一个新地点时，则要注意这些地点与受到影响的营业保持足够的距离，以便减少主要记录及设施与备份同时瘫痪的风险。

34．银行应该定期检查其灾难恢复和业务连续方案，以保证与其目前的经营和业务战略吻合。而且，对这些方案要进行定期测试，以确保银行在低概率的严重业务中断事件发生时能够执行这些方案。

三、监管者的作用

原则8：银行监管者应该要求所有的银行，不管其大小，制定有效的制度来识别、评估、监测和控制/缓释重大操作风险，并且作为全面风险管理方法的一部分。

35．监管者应该要求银行开发操作风险管理系统，并遵循本文中的指引且与银行的规模、业务复杂性和风险状况相适应。考虑到操作风险对银行的安全与稳健构成威胁，监管者有责任鼓励银行开发和使用更好的技术来管理这些风险。

原则9：监管者应该直接或间接地对银行有关操作风险的政策、程序和做法进行定期的独立评估。监管者应该确保有适当的机制保证他们知悉银行的进展情况。

36．监管者独立评估操作风险的内容应该包括以下：

● 银行风险管理程序的有效性，以及有关操作风险的全面控制环境；

● 银行监测和报告其操作风险状况的方法，包括操作风险损失数据和其他潜在操作风险指标；

● 银行及时有效解决操作风险事件和薄弱环节的步骤；

● 银行为保证全面操作风险管理程序的完整性的内控、审查和审计程序；

● 银行努力缓释操作风险的效果，例如使用保险的效果；

● 银行灾难恢复和业务连续方案的质量和全面性；

● 银行根据其风险状况和其内部资本目标（如果适合的话），评估操作风险的整体资本充足率水平。

37．如果银行是一家金融集团的一部分，监管者应该努力确保它已经制定了一些步骤来保证操作风险的管理适宜于整个集团并且得到有机结合。在执行此类评估时，有必要根据现有步骤与其他监管者进行合作和信息交流。一些监管者或许会选择外部审计师来完成这些评估程序。

38．监管检查中发现的缺陷应该通过一系列行动来处理。监管者应该挑选最适合银行特殊情况和经营环境的工具。为了使监管者及时收到有关操作风险的信息，可以提出直接与银行和外部审计师建立报告机制（例如，银行内部有关操作风险管理的报告可以定期呈送监管者）。

39．考虑到目前许多银行的操作风险综合管理程序还处于制定之中，监管者应该积极鼓励持续的内部开发努力，并且监测和评估银行的近期进展和未来的制定计划。对各银行的努力进行比较并且反馈给各银行来改进各自的工作。而且，如果发现某些开发努力效果不佳的原因属实，应对这样的信息进行归纳总结以供计划制定之用。此外，监管者应该集中关注银行在操作风险管理过程中与组织机构有机结合的程度，以确保有效的业务系列操作风险管理，保证交流畅通并且责任明确，鼓励积极的自我评估当前做法和思考可能的风险缓释良策。

四、信息披露的作用

原则10：银行应该进行足够的信息披露，允许市场参与者评估银行的操作风险管理方法。

40．委员会认为，银行对公众进行及时和经常的相关信息披露，可以提高市场约束力，并且促成更加有效的风险管理。信息披露数量应与银行经营的规模、风险状况和复杂性相适应。

41．操作风险的披露领域目前尚未规定好，主要是因为银行还正在开发操作风险评估的技巧。然而委员会认为，一家银行应该对其操作风险管理框架进行一定的披露，并且足以使投资者和交易对手判断这家银行是否有效地识别、评估、监测和控制/缓释操作风险。

参考文献

[1] 埃克哈德·普拉腾、大卫·西斯著，陈代云译：《数理金融基准分析法》，55～93页，上海，上海人民出版社，2011。

[2] 艾森·拉塞尔（美）、保罗·弗里嘉（美）著，龚华燕译：《麦肯锡意识》，北京，机械工业出版社，2010。

[3] 芭芭拉·明托（美）著，汪洱、高愉译：《金字塔原理》，海口，南海出版公司，2010。

[4] 巴塞尔银行监管委员会：《巴塞尔协议 II》，2004。

[5] 保罗·H.艾伦：《银行再造》，87～93页，北京，中国人民大学出版社，2006。

[6] 彼得·S.罗斯、西尔维娅·C.郝金斯：《商业银行管理》，24～25页，北京，机械工业出版社，2011。

[7] 边纲领：《全行视频监控大联网建设起步》，载《平顶山日报》，2011-02-01。

[8] 边肇祺：《模式识别》，北京，清华大学出版社，2000。

[9] 卞志村：《金融监管学》，北京，人民出版社，2011。

[10] 财政部注册会计师考试委员会办公室：《财务管理》，大连，东北财经大学出版社，1999。

[11] 财政部注册会计师考试委员会办公室：《审计》，大连，东北财经大学出版社，1999。

[12] 曹兴亮：《风险企业的风险评估与价值评估研究》，西南石油大学博士论文，2006。

[13] 陈宝智：《安全原理》，21～55页，北京，冶金工业出版社，2002。

[14] 陈佳亭：《商业银行营业网点服务运营管理研究》，南京理工大学博士论文，2007。

[15] 陈靓：《社会主义市场经济环境下银行员工职业道德培养研究》，成都，西南大学出版社，2011。

[16] 陈立云、金国华：《跟我们做流程管理》，北京，北京大学出版社，2010。

[17] 陈野华：《行为金融学》，成都，西南财经大学出版社，2006。

[18] 崔奕：《商业银行监管与风险监测及危机预警应用分析》，天津大学管理学院博士论文，2003。

[19] 戴维·A.科利尔、詹姆斯·R.埃文斯著，马风才译：《运营管理》，233~236页，北京，机械工业出版社，2010。

[20] 丹尼尔·A.雷恩著，孙建敏等译：《管理思想史》，522~539页，北京，中国人民大学出版社，2009。

[21] 杜芳修：《上市公司财务风险监测与危机预警研究》，天津财经学院博士论文，2001。

[22] 杜后扬、陶勇：《经济资本应用商业银行绩效考评分析》，载《银行家》，2010（1）。

[23] 杜岐昭：《商业银行风险管理研究》，湖南大学博士论文，2000。

[24] 段钢：《中国农业银行股份制改造上市后企业文化重构研究》，成都，西南财经大学出版社，2008。

[25] 菲利普·乔瑞（美）著，郑伏虎译：《VaR：风险价值——金融风险管理新标准》，北京，中信出版社，2005。

[26] 费伦苏：《我国商业银行操作风险理论与实证研究》，武汉理工大学博士论文，2008。

[27] 弗雷德里克·S.米什金著：《货币金融学》，36~45页，北京，机械工业出版社，2010。

[28] 高隽：《人工神经网络原理及仿真实例》（第2版），北京，机械工业出版社，2007。

[29] 高朗：《论银行集约化管理》，武汉，华中师范大学出版社，2001。

[30] 高翔：《我国商业银行全面风险管理研究》，大连海事大学学位论文，2011。

[31] 顾林琦：《农电企业集约化管理模式研究》，大连海事大学学位论文，2011。

[32] 顾治、贾学奇：《农行加快推进监控中心建设》，载《中国城乡金

融报》，2009-09-16。

[33] 关莹、吴艳薇：《浅谈会计监督职能》，载《财经与管理》，2009（4）。

[34] 郭红霞：《金融风险监测预警机制研究》，河南农业大学学位论文，2000。

[35] 郭雷：《精益生产在企业经营管理中的应用研究——以YLS科技公司为例》，河南大学学位论文，2012。

[36] 国汉芬：《煤矿安全事故致因因素经济学分析与风险管理方法》，对外经济贸易大学学位论文，2007。

[37] 国家质量监督检验检疫总局：《质量专业综合知识（中级）》，北京，中国人事出版社，2010。

[38] 郝里特·扬·范登布林克：《金融机构运营管理》，61~83页，北京，中国人民大学出版社，2008。

[39] 郝勇、胡昌桂：《事故因果连锁理论评析》，载《交通科技》，2003（1）。

[40] 何福章：《论我国商业银行的集约化经营与管理》，成都，西南财经大学出版社，2004。

[41] 何桢：《六西格玛绿带手册》，2~38页，北京，中国人民大学出版社，2011。

[42] 黄媛媛：《金融全球化背景下的商业银行全面风险管理研究》，武汉大学学位论文，2005。

[43] 霍华德·S.吉特洛、艾伦·J.奥本海姆、罗莎·奥本海姆、戴维·M.莱文：《货币金融学》，474~485页，北京，机械工业出版社，2008。

[44] 基恩·泽拉兹尼（美）：《用图表说话》，北京，清华大学出版社，2008。

[45] 季建华、邵晓峰：《运营管理》，4~14页，上海，上海人民出版社，2010。

[46] 姜建清：《工商银行的国际化发展之路》，载《中国金融》，2012（4）。

[47] 焦霞：《论海因里希因果连锁理论对企业安全管理的启示》，载

《科技情报开发与经济》，2007（36）。

[48] 金海燕：《共享服务管理模式在企业财务管理中的运用研究》，苏州，苏州大学出版社，2011。

[49] 康宁：《全面风险管理视角下商业银行风险预警的研究》，东北大学学位论文，2009。

[50] 赖周静：《我国保险公司操作风险及其管理的适用性研究》，西南财经大学学位论文，2011。

[51] 李昌明：《证券公司操作风险的识别与评估及其信息系统研究》，同济大学学位论文，2007。

[52] 李怀祖：《管理研究方法论》，41～79页，西安，西安交通大学出版社，2004。

[53] 李年有、范谷岚、冯淑贤：《中央银行会计凭证影像事后监督系统运行中存在的问题和建议》，载《金融服务》，2009（1）。

[54] 李万帮、肖东升：《事故致因理论评述》，南华大学学位论文，2007。

[55] 李雯莉：《中央银行会计凭证影像事后监督系统作用发挥与功能拓展的探讨》，载《金融经济》，2008（16）。

[56] 李贤功：《中国煤矿重大瓦斯事故致因复杂性机理及其管控研究》，中国矿业大学学位论文，2010。

[57] 李晓庆、郑垂勇：《VaR的方法比较及其应用研究》，载《金融问题研究》，2006（7）。

[58] 李心丹：《行为金融学——理论及中国的证据》，上海，上海三联书店，2004。

[59] 李忠民、武琦：《中国商业银行风险管理体系建设进展与完善》，载《西安邮电学院学报》，2009（6）。

[60] 梁丽霞：《商业银行操作风险案例研究》，西南财经大学学位论文，2010。

[61] 梁秋鸿：《精益生产方式组织文化要素及其度量研究》，南开大学学位论文，2010。

[62] 梁世栋：《商业银行风险计量理论与实务》，267～286页，北京，中国金融出版社，2009。

[63] 梁志万：《E公司运营管理的实践研究》，复旦大学学位论文，2009。

[64] 刘海龙、王惠：《金融风险管理》，北京，中国财政经济出版社，2009。

[65] 刘凌飞：《商业银行操作风险管理框架研究》，厦门大学学位论文，2006。

[66] 刘亭芳：《商业银行内部审计中的风险评估》，西南财经大学学位论文，2004。

[67] 刘桐：《商业银行风险评估方法浅析》，东北财经大学学位论文，2005。

[68] 刘侠：《中国商业银行的渐进式国际化推进》，载《求索》，2012（6）。

[69] 刘园：《金融风险管理》，204～232页，北京，首都经济贸易大学出版社，2008。

[70] 卢现祥：《西方新制度经济学》，北京，中国发展出版社，1996。

[71] 吕晋：《XD实业集团精益经营管理研究》，南京理工大学学位论文，2007。

[72] 罗伯塔·S.拉塞尔、伯纳德·W.泰勒：《运营管理》，27～54页，北京，中国人民大学出版社，2010。

[73] 罗伯特·安东尼、维杰伊·戈文达拉扬：《管理控制系统》，5～16页，北京，人民邮电出版社，2011。

[74] 罗春红、谢贤平：《事故致因理论的比较分析》，载《中国安全生产科学技术》，2007（5）。

[75] 罗平：《巴塞尔新资本协议研究文献及评述》，北京，中国金融出版社，2004。

[76] 罗亚辉：《组织再造：北京银行迈向现代化必经之路》，厦门大学学位论文，2009。

[77] 马克思：《资本论》（第2卷），北京，人民出版社，1975。

[78] 马威：《论我国商业银行全面风险管理体系的构建》，四川大学学位论文，2006。

[79] 毛海峰：《现代安全管理理论与实务》，29～32页，北京，首都经

济贸易大学出版社，2000。

[80] 米歇尔·克劳伊（美）、丹·加莱（美），罗伯特·马克（美）：《风险管理精要》，北京，中国财政经济出版社，2010。

[81] 聂鹏娟：《我国商业银行企业文化建设浅析》，西南财经大学学位论文，2011。

[82] 潘勐：《A市农行网点运营管理研究》，山东大学学位论文，2011。

[83] 乔治·李·赛伊：《六西格玛精益流程》，9～24页，北京，东方出版社，2011。

[84] 齐伯利、毛宁、杨棚、苏万龙：《银行风险核查方法与技巧》，哈尔滨，哈尔滨工程大学出版社，2000。

[85] 曲绍强：《我国商业银行操作风险管理——基于管理框架设计的视角》，北京，中国财政经济出版社，2009。

[86] 全国会计专业技术资格考试领导小组办公室：《中级会计实务》，北京，中国财政经济出版社，1999。

[87] 张云：《全球化背景下中国银行业"走出去"的风险和策略》，载《金融时报》，2011-07-08。

[88] 日本名古屋QS研究会：《质量管理定律》，2～10页，北京，经济管理出版社，2004。

[89] 日本钻石社六西格玛研究组：《图解六西格玛》，150～164页，北京，电子工业出版社，2010。

[90] 荣倩：《大型商行与中小型商行组织架构的比较分析》，山西财经大学学位论文，2011。

[91] 沈清：《实施监管模式变革增强风险防控能力——农业银行苏州分行会计集中监控中心运营情况调查》，载《现代金融》，2010（5）。

[92] 宋保维等：《基于质量标准的计数抽样检验优化方法》，载《计算机工程》，2008（3）。

[93] 宋江云、李群：《对银行事后监督工作中电子影像应用的几点建议》，载《时代金融》，2008（4）。

[94] 宋良荣：《银行业金融机构内部控制》，上海，立信会计出版社，2010。

[95] 宋明顺：《质量管理学》，北京，科学出版社，2005。

[96] 孙涛：《中国工商银行操作风险管理案例研究》，西南财经大学学位论文，2009。

[97] 泰英忠：《浦发银行沈阳分行运行操作风险管理研究》，大连理工大学学位论文，2011。

[98] 谭成：《我国商业银行全面风险评估研究》，湖南师范大学学位论文，2009。

[99] 田美玉、陈卫东：《商业银行信用卡业务操作风险评估与风险资本计量》，载《湖南医科大学学报（社会科学版）》，2007（4）。

[100] 王克研：《企业内部控制风险评估体系研究》，沈阳工业大学学位论文，2005。

[101] 王敏：《企业应从质检报告中挖财源》，载《中国质量技术监督》，2002（6）。

[102] 王艺科：《基于全面风险管理理论的我国商业银行风险管理对策研究》，云南大学学位论文，2010。

[103] 闻岳春：《金融业综合经营的风险预警与控制》，75～80页，北京，化学工业出版社，2010。

[104] 吴玉虎：《我国商业银行会计运行操作风险控制研究与实证分析》，山东大学学位论文，2007。

[105] 肖宏：《先进的运营管理理论在P公司的应用》，复旦大学学位论文，2008。

[106] 邢益瑞：《建设工程事故致因相互影响关系研究》，清华大学学位论文，2010。

[107] 邢勇：《巴塞尔资本协议下的银行风险管理》，华中科技大学学位论文，2011。

[108] 徐秀华：《我国商业银行风险管理机制研究》，山东大学学位论文，2008。

[109] 徐振东：《银行家的全面风险管理——基于巴塞尔Ⅱ追求银行股东价值增值》，433～518页，北京，北京大学出版社，2010。

[110] 薛振华：《煤矿安全事故致因因素研究》，西北大学学位论文，2010。

[111] 严启：《钢铁企业设备管理中6σ精益运营理论应用研究》，合肥工业大学学位论文，2007。

[112] 阎庆民：《操作风险管理"中国化"探索》，北京，中国经济出版社，2012。

[113] 严晓燕：《商业银行客户服务管理》，北京，中国金融出版社，2009。

[114] 杨凯生、罗熹：《商业银行合规管理手册》，北京，中国金融出版社，2011。

[115] 杨学凤：《中央银行会计凭证影像事后监督系统有待进一步完善》，载《黑龙江金融》，2008（7）。

[116] 游鹏飞、寇玮华：《浅析墨菲定律及海因里希法则对控制事故的作用》，载《安全技术》，2008（8）。

[117] 于尔根·韦贝尔、乌茨·舍费尔：《管理控制引论》，395～427页，上海，上海人民出版社，2011。

[118] 于福明：《内部审计与会计稽核的区别》，载《财会月刊》，1995（6）。

[119] 于秀慧、李宝山：《管理系统工程》，7～44页，北京，中国人民大学出版社，2011。

[120] 虞莉：《基于共享服务中心的成本管理》，复旦大学学位论文，2008。

[121] 约翰·郝尔：《风险管理与金融机构》，267～279页，北京，机械工业出版社，2010。

[122] 詹姆斯·P.沃麦克、丹尼尔·T.琼斯：《精益思想》，18～27页，北京，机械工业出版社，2010。

[123] 张保军：《银行业务操作岗位权限管理探析》，载《金融电子化》，2009（1）。

[124] 张弛、张永嘉：《精益六西格玛——精益生产与六西格玛的完美整合》，53～92页，深圳，海天出版社，2010。

[125] 张广进：《港口企业管理事故致因因素的识别、评价和控制》，天津理工大学学位论文，2012。

[126] 张慧毅、徐荣贞、蒋玉洁：《VaR模型及其在金融风险管理中的

应用》，载《价值工程》，2006（8）。

[127] 张兢：《商业银行运营管理研究》，大连理工大学学位论文，2001。

[128] 张连丰、金晶：《论商业银行操作风险评估框架的构建》，载《金融发展研究》，2009（6）。

[129] 张露影：《我国商业银行国际化发展战略研究——基于SWOT分析》，河北大学学位论文，2009。

[130] 张维：《农村信用社风险评价与防治体系构建研究》，华中农业大学学位论文，2010。

[131] 张晓佳：《精益成本管理模式与应用研究》，天津大学学位论文，2009。

[132] 张新国：《新科学管理》，64～82页，北京，机械工业出版社，2011。

[133] 张振东：《银行家的全面风险管理》，北京，北京大学出版社，2010。

[134] 章忠志：《中国商业银行风险监测预警的模型与方法研究》，大连理工大学学位论文，2005。

[135] 赵娟：《基于会计操作风险视角下我国商业银行内部控制研究》，西南财经大学学位论文，2009。

[136] 赵立祥、刘婷婷：《海因里希事故因果连锁理论模型及应用》，载《经济论坛》，2009（9）。

[137] 赵伟：《QDAA银行柜台业务运营模式优化研究》，吉林大学学位论文，2011。

[138] 郑承满：《数据仓库技术在商业银行中的应用与发展趋势》，载《中国金融电脑》，2010（7）。

[139] 郑文通：《金融风险管理的VaR的方法及其应用》，载《国际金融研究》，1999（9）。

[140] 中国工商银行城市金融研究所课题组：《商业银行综合经营战略与路径研究》，载《金融论坛》，2009（6）。

[141] 中国工商银行史编辑委员会：《中国工商银行史（1994~2004年）》，530～560页，北京，中国金融出版社，2008。

[142]　中国工商银行西藏自治区分行课题组：《经济资本管理下的商业银行绩效考评体系研究》，载《金融管理与研究》，2011（2）。

[143]　中国建设银行：《2009年社会责任报告——中国建设银行股份有限公司》，2010。

[144]　中国人民银行：《进一步加强人民银行会计内部控制和管理的若干规定》，http：//www.pbc.gov.cn，1997-06-20。

[145]　中国人民银行：《全国银行统一会计基本制度》，http：//www.pbc.gov.cn，1987-04-11。

[146]　中国人民银行：《中国人民银行储蓄所管理暂行办法》，http：//www.pbc.gov.cn，1982-12-27。

[147]　中国人民银行：《中国人民银行会计事后监督办法》，http：//www.pbc.gov.cn，2002-05-21。

[148]　中国人民银行：《中国人民银行加强金融机构内部控制的指导原则》，http：//www.pbc.gov.cn，1997-05-16。

[149]　中国银监会宣传工作部、中央国家机关工委宣传部：《辉煌银行业——回顾"十一五" 展望"十二五"形势报告文集》，北京，中国检察出版社，2011。

[150]　中国银行业从业人员资格认证办公室：《风险管理》，北京，中国金融出版社，2007。

[151]　中国注册会计师协会：《财务成本管理》，北京，经济科学出版社，2007。

[152]　中国注册会计师协会：《会计》，北京，经济科学出版社，2007。

[153]　周建松、夏慧：《金融控股公司：中国商业银行综合化经营的可行选择》，载《上海金融学院学报》，2007（5）。

[154]　朱宝英：《银行会计稽核及会计档案管理系统设计方案》，载《华南金融电脑》，2005（7）。

[155]　朱红兵：《商业银行操作风险的内部审计评估与管理研究》，南京财经大学学位论文，2009。

[156]　卓涛：《国有商业银行组织结构变革研究——以Z市分行为例》，南京理工大学学位论文，2007。

[157] 宗良、王家强：《中国银行业与国际同业的优势、差距与对策——兼评2011年全球1000家大银行排行榜》，载《银行家》，2011（11）。

[158] Abraham Silberschatz、Henry F.Korth、S.Sudarshan著，杨冬青、马秀莉、唐世渭译：《数据库系统概念》（第5版），北京，机械工业出版社，2006。

[159] F.罗伯特·雅各布斯，理查德·B.蔡斯著，任建标译：《运营管理》，419~420页，北京，机械工业出版社，2011。

[160] Joseph C.Giarratano（美）等著，陈忆群、刘星成译：《专家系统原理与编程》（第4版），北京，机械工业出版社，2006。

[161] S.托马斯·福斯特著，何桢译：《质量管理集成的方法》，33~64页，北京，中国人民大学出版社，2006。

[162] W.H.Inmon著，王志海、林友芳等译：《数据仓库》，北京，机械工业出版社，2003。

[163] Dowd K，Beyond Value At Risk，Weley，New York，1998.

[164] Duffie D，Pan J.，An Overview of Value at Risk，Journal of Derivatives，1997（4）.

[165] Kahneman.D.，Paul.Slovice，Tversky.A.，Judgment Under Uncertainty：Heuristics and Biases, New York，Cambridge University Press，1982.

[166] Kahneman.D.，Tversky.A.，Prospect theory：An Analysis of Decision under Risk，Econometric，1979.

后记

随着宏观经济形势的不断发展变化和我国金融体制改革的日渐深入，商业银行的经营管理体制和运行机制也发生着一系列深刻的变革。与之相适应，事后监督作为国内商业银行运行管理与内部控制的重要制度设计，一直在励精图治中革故鼎新，在阵痛嬗变中日臻卓越，不断取得重要的阶段性成果。《商业银行事后监督——理论实务与战略转型》一书是对商业银行运行风险管理理论探索与事后监督工作实践经验的积累与总结。

本书的撰写得到了中国工商银行姜建清董事长的大力支持。全书由中国工商银行易会满行长策划并主持撰写，运行管理部牛刚总经理对内容和体例提出原则性要求，戴志华副总经理拟定了本书的写作大纲并对全书给予了重点指导，易会满、牛刚、戴志华撰写了书稿的全部内容。各章节其他撰写人员及分工如下：戴志华（第一、三、六章）、丁志勇（第二、八章）、徐志（第四章）、胡明国（第五、十章）、刘艳妮（第七、十二、十三章）、窦宁（第九章）、杜盈（第十一章）。全书由牛刚、戴志华总纂，刘艳妮统稿。易会满对全书进行了审定。

参加本书部分撰写和资料收集工作的还有王光生、刘振阳、顾昕、张云、阚红瑛、刘明勇、石雪芹、李燕。赖勤俭、白江、岳珉、熊建钢、苏万龙、王新潮、姜文瑞、肖艺、罗筱霞对本书亦有贡献。

在本书撰写过程中，我们参考了国内外专家、学者的相关文献和著作，他们的研究成果给予我们很多帮助。中国金融出版社在本书编辑、出版过程中也做了大量工作。在此，向所有对本书撰写工作给予关心、帮助和支持的单位、个人一并表示衷心感谢！

作　者

2013年3月